ŒUVRES COMPLÈTES

DE

SAINT-AMANT

Paris. — Impr. GUIRAUDET et JOUAUST, 338, rue Saint-Honoré.

OEUVRES COMPLÈTES
DE
SAINT-AMANT

NOUVELLE ÉDITION

Publiée sur les manuscrits inédits et les éditions anciennes

Précédée d'une Notice et accompagnée de notes

PAR M. CH.-L. LIVET

TOME II

A PARIS
Chez P. JANNET, Libraire

MDCCCLV

DERNIER RECUEIL

DE

DIVERSES POËSIES

DU SIEUR DE

SAINT-AMANT

Imprimé à Rouen, et se vend
A PARIS,
Chez ANTOINE DE SOMMAVILLE, au Palais,
sur le deuxième perron allant à la Sainte-Chapelle,
à l'Escu de France.

M. DC. LVIII

EPISTRE

A MONSEIGNEUR LE DUC DE MORTEMAR[1].

ONSEIGNEUR,

Je serois tout à fait indigne de la bienveillance dont il vous a plû m'honorer depuis tant d'années, et je meriterois encore moins l'estime que vous avez toûjours daigné faire de mes ouvrages, si je ne laissois quelques marques à la posterité des profonds ressentiments que j'en ay. Il est vray, Monseigneur, et je l'avoue à ma confusion, que le recueil de ceux que je vous offre devroit estre em-

---

1. Gabriel de Rochechouart, duc de Mortemart, pair de France, chevalier des ordres du roi, premier gentilhomme de sa chambre, et, plus tard, gouverneur de Paris; né en 1600, mort en 1675. — Il eut un fils et quatre filles, dont la première devint Mme de Thianges (1655), la seconde, religieuse à Chaillot; la troisième, Mme de Montespan (1663); la quatrième, abbesse de Fontevrault.

belly et rehaussé de quelque piece illustre qui fust propre et particuliere à vostre gloire; mais c'est une chose que j'ay toujours trouvée si difficile, par le grand nombre des rares vertus et des nobles qualitez qui la composent, que, quelque envie que ma plume ait eue de la celebrer, elle ne l'a jamais osé entreprendre. En effet, Monseigneur, de quelle maniere pourroit-on depeindre un esprit de la trempe du vostre? Qui pourroit dire ceste egalité de vie et d'humeur dans laquelle vous avez veu tous les changements du monde sans changer, non pas mesme de visage, tant la force de l'ame a de pouvoir sur le temperament du corps en ceux qui, dans toutes leurs actions, sçavent agir selon les regles d'une prudence achevée, comme vous avez toujours fait? Je sçay bien, Monseigneur, qu'il y a quelque exception en ce que je dis, et qu'en tous les hommes le dehors ne respond pas toujours au dedans, plusieurs ne laissant pas de tesmoigner une vigueur interieure au milieu d'une foible et delicate constitution naturelle; mais que celuy-là est heureux qui possede l'une et l'autre. Vous me confesserez, s'il vous plaist, Monseigneur, que les nobles exercices qui font une partie de vos divertissements, joints à l'honneste joye que l'honneste liberté permet aux plus serieux et aux plus graves, n'ont pas peu servy à vous maintenir en l'estat où vous estes, et que, si vous n'aviez sceu user à propos et d'eux et de vous-mesme, vous ne seriez pas encore aujourd'huy la fleur et les delices de la cour comme vous l'estiez il y a trente ans. Je vous y reveray, Monseigneur, dès l'heure que vous la vinstes ennoblir de vostre presence. J'eus l'honneur de vous y faire les offres de mon très-humble service peu de jours après. Mais je ne diray point que je vous y ay veu faire fortune, car vostre fortune et vostre grandeur sont nées avecque vous; que s'il y a eu quelque surcroist soit dans les charges, soit dans les dignitez, tout cela s'est fait naturellement et de soy-mesme, et vostre propre merite le peut disputer sans orgueil à la juste reconnoissance des roys qui vous en ont gratifié. Au reste, Monseigneur, si je ne dis rien de ce courage que vous avez fait paroistre en tant de belles occasions à leur veue; si je ne parle point de la splendeur, de la noblesse et de l'antiquité de vostre maison, qui sans doute est une des premieres et des plus illustres du royaume; si j'obmets cette merveilleuse conduite à vous gouverner à la cour, dont vous sçavez toutes les ruses, tous les destours et toutes les souplesses, sans les avoir jamais pratiquées que lorsqu'elles sont devenues honorables et legitimes en vostre personne, et que vous les avez purgées de tout ce qu'elles ont de vicieux; enfin, si je me tais de cent choses excellentes qui font parler toutes les bouches, ou plus-tost qui leur imposent silence comme à moy pour laisser jouir les oreilles de tout ce qu'il y a de plus ravissant et de plus divin dans l'harmonie, quand vous luy faites l'honneur de vous y amuser, c'est, Monseigneur, que je crains qu'au lieu d'attirer à vous les rochers par les charmes de vostre noble voix, vostre rare modestie ne me jette des pierres *pour m'empescher de m'estendre davantage sur le sujet de vos louanges, ainsi qu'on en jetteroit aux grenouilles dans un marests, lorsque, parmy la fange et le limon, elles s'ingerent de celebrer d'un son importun la douceur de l'air et la beauté du ciel qu'elles regardent, particulierement quand il y a quelque rossignol qui chante et quelque amoureux de la musique qui l'escoute. Aussy, Monseigneur, après avoir dit un mot en passant de ces vives et hautes lumieres qui vous donnent une parfaite science de connestre et de juger de toutes les productions de l'esprit, non pas à la façon de certains critiques et surtout de certains pedants d'espée que vous sçavez, et qu'il faudroit lapider à frais communs, mais comme font les ames grandes et genereuses qui sçavent excuser les deffauts, et qui, se faisant justice à elles-mêmes, la rendent aux autres esgalement; après, dis-je, vous avoir très humblement supplié de faire grace aux miens et de pardonner aux enfants pour l'amour du père qui vous les presente avec toute sorte de respect, quelque libertins et quelque negligez qu'ils soyent, je termineray cette lettre, osant vous conjurer seulement, par cette bonté que vous avez toujours eue pour moy, de croire que je ne me mets pas beaucoup en peine que le monde les trouve bons ou mauvais, forts ou foibles, sages ou fous, pourveu qu'ils vous puissent divertir à quelques heures perdues, avec quelques uns de ces grands et dignes amis que vous entendez bien, et que, me raffraichissant en l'honneur de vostre memoire et de vos bonnes gra-*

ces, ils m'en impetrent la glorieuse continuation pour toute ma vie, que je n'ayme qu'à cause qu'elle est à vous, et que j'ay fait vœu d'estre jusques à la fin, et par delà encore,

Monseigneur,

Vostre très-humble, très-obeissant
et très-passionné serviteur.

SAINT-AMANT.

A Monseigneur le DUC DE MORTEMAR.

EPIGRAMME.

Rare Duc, je t'offre ce livre ;
Daigne t'en faire le soustien.
Il aspire à ton entretien,
Et s'ose promettre de vivre
Non par mon nom, mais par le tien.

PREFACE

Celle-cy, estant comme pour ma derniere main dans le coup de partie que je joue, où il y va de mon reste, devroit estre une des plus estendues et des plus circonstanciées que j'aye encore faites. Mais la repugnance que j'ay à escrire sur ces matières là, jointe au peu de satisfaction que l'on en reçoit, les uns disant, si elles sont trop longues, que c'est un livre qui est tout preface, comme certain ballet de la vieille cour, où se representoyent les tout-pourpoints et les tout-haut-de-chausses; les autres disant, si elles sont trop courtes, que cela ne valoit pas la peine de mettre la main à la plume; ces choses, dis-je, bien considerées, m'avoyent presque fait resoudre à n'en faire point du tout. Neantmoins, l'obligation où je me voy de respondre aux demandes et à la curiosité de quelques uns de mes amis, tant sur quelques pieces dont j'avois parlé dans mes autres volumes que pour esclaircir quelques endroits de celuy-cy, m'ont porté à les satisfaire en quelque sorte.

Je diray donc que le poëme de Samson, lequel je m'estois avancé de promettre dans mes premieres œuvres, et dont il y avoit dejà environ quatre ou cinq cens vers de faits qui ont esté perdus, ne se doit point attendre, et que le siecle present non plus que la posterité n'en diront ni bien ni mal; car le desplaisir que j'eus de cette perte m'en fit laisser l'entreprise, et je n'y ay point songé depuis, ne m'en ressouvenant pas mesme d'un seul mot. Peut-estre a-c'esté autant pour mon bon-heur que pour mon desavantage; et peu s'en faut que je ne die que je voudrois avoir aussi bien perdu toutes les autres pieces que j'ay faites en suitte, quand je viens à me representer la difficulté qu'il y a de plaire à tout le monde, et de quelle façon les plus grands et les plus beaux ouvrages sont traittez aujourd'huy. Ce n'est pas que je ne sache que ceux qui exposent les leurs au public exposent leur reputation à l'avanture, et que la fortune se mesle de presider quelquefois avec autant d'empire sur ces choses-là comme sur toutes les autres. Ce n'est pas mesme que je n'avoue que chacun a droit de dire son advis de tout ce qu'il voit et d'en parler selon son goust; mais, la pluspart du temps, il est si estrange et si depravé, et ses jugements sont si depourveus de jugement, qu'on a raison d'en appeler à un avenir où, à tout le moins, et comme il est croyable, la preoccupation aveugle et la jalousie personnelle ne regneront plus. Il est vray que ce n'est pas une chose de si grande importance qu'il s'en faille desesperer, et que la gloire d'un honneste homme, laquelle consiste en des choses bien plus solides que celles-là, ne doit pas mesme s'en formaliser ni s'en plaindre. Aussy, laissant faire aux envieux et aux mesdisants tout ce qu'ils voudront sans que j'en aye aucun ressentiment, pourveu que mon propre et veritable honneur n'y soit point interessé, je poursuivray à rendre compte de mon petit fait, et diray en bon franc bourgmestre du païs des Idylles, comme m'a si galamment vesperisé, pour ne pas dire baptisé avec de l'encre, le très-cher Monsieur de Furetiere, en son excellente *Nouvelle allegorique*[1], que pour respondre à ceux qui me demandent ce qu'est devenu certain ouvrage de ma jeunesse, meslé de prose et de vers en raillerie, et qui portoit pour titre *le Roman des Fleurs* ou *la Fleur des Romans*, dans lequel, par une invention assez gentille et assez particuliere, faisant trouver toutes les fleurs, toutes les plantes et tous les

---

1 Furetière fait le recensement des troupes envoyées par la princesse Poésie à la reine Éloquence: « Le grand Corneille en amena beaucoup des quatre cantons dramatiques que la princesse Poésie lui avoit donnés en souveraineté.... Il vint aussi beaucoup de forces de la province des Idylles, sous la conduite de Saint-Amant, qui en étoit le bourgmestre », p. 69. — La *Nouvelle allégorique* de Furetière, achevée d'imprimer le 25 avril 1658, n'avoit précédé que de quelques mois ce dernier recueil de Saint-Amant, achevé d'imprimer le 15 uillet 1658.

arbustes au mariage de Zephyre et de Flore, en l'une des Isles Fortunées, j'en disois l'histoire naturelle, les proprietez et les avantures, et dont, si je voulois m'estendre, je pourrois dire encore icy l'ordre et la disposition ; je respondray, dis-je, qu'il est demeuré imparfait entre les mains d'une personne à qui je l'avois presté, et qui l'est allé lire en l'autre monde sans en avoir laissé aucune copie. Cette digression est un peu longue et embarrassée ; mais peut-estre quelqu'un sera-t-il bien aise de la voir et de la demesler, pour se servir de ce mesme dessein quelque jour. Au reste, je me viens d'aviser que j'ay dejà fait une table à la fin de ce recueil, où l'on pourra trouver une partie de ce que je voulois dire en ce lieu touchant les pieces qui y sont contenues ; c'est pourquoy j'y renvoie le lecteur, et l'avertiray seulement en gros que, cette impression ayant esté faicte à bastons rompus, comme on le pourra voir par la signature et par le chiffre, les choses n'y sont pas mises en l'ordre qu'elles seroyent si elle avoit esté faite tout de suitte. Je le dis mesme en quelque part des advis que j'ay trouvé à propos d'y joindre pour beaucoup de raisons. Et quand à ce qui est des epigrammes, je puis jurer en verité qu'elles sont presque toutes âgées de plus de vingt ou vingt-cinq ans : car qui est-ce qui seroit assez hardy pour se mesler d'en faire, après avoir lu celles du rare monsieur de Gombaud[1] ? Je n'ay pas laissé neantmoins de les donner à la presse, puisqu'on les a desirées, et qu'il y en a quelques unes qui avoyent dejà couru en manuscrit ; et, si j'avois veu ce que mon très-cher et très-singulier amy monsieur Colletet[2], un des premiers de nostre Parnasse, a fait voir depuis peu sur cette sorte de poëme, où, sans doute, il n'aura rien oublié à dire, je ne dirois pas qu'on s'y doit figurer la pluspart du temps deux personnes, et que les Equivoques et les Allusions n'y sont permises que dans quelques Impromptus. C'est ce que je croy y avoir observé.

Et là-dessus je parleray par occasion d'une, entre autres,

---

[1]. Les poésies de Gombauld ont été publiées in-4º en 1646.
[2]. Le *Traité de l'épigramme* du sieur Colletet parut, 2ᵉ édit., en 1658, 1 vol. in 12. — On le trouve ordinairement réuni aux autres traités qui forment *la Poétique* de Colletet.

que j'ay imitée de l'espagnol, et dont, peut-estre, on ne sera pas marry de sçavoir le sujet. Le duc d'Ossuna, ce fameux viceroy de Naples de qui on a fait tant de bons contes, passant un jour par une galerie de son palais et entendant quelque bruit dans une chambre voisine, eut la curiosité de regarder par le trou de la serrure pour sçavoir ce que ce pourroit estre. A peine y eut-il jetté l'œil et presté l'oreille qu'il vit que c'estoit un de ses *cavalleros*, lequel, en estant aux prises avec une des *donzellas* de la duchesse sa femme, et luy faisant mille serments, soit de l'espouser, soit de luy donner une grosse somme d'argent après l'affaire faite, l'avoit presque reduite à y consentir, quand, pour en rompre le coup, et comme excellent qu'il estoit en ce qu'ils appellent *cosas de repente*, s'escria tout haut, en parlant à la *senora* :

> No te fies de prometido,
> Pues que peccas de contado;
> Que quien no paga tentado,
> Mal pagara arrepentido.

Cette epigramme a esté trouvée si belle de tout le monde qu'encore que je ne me plaise gueres à travailler sur les pensées d'autruy, je n'ay pas laissé de la mettre en françois; et on la trouvera sur la fin des miennes. Cependant, à la bien considérer, on y remarquera une faute en ces mots de *peccas de contado* : car, si elle peschoit presentement, comme cela veut dire, la tentation n'avoit plus de lieu, et l'homme estoit deja en pleine jouissance de ce qu'il desiroit. Aussy n'en ay-je point parlé, et je me persuade que la chose n'en est pas moins juste. J'en laisse la decision, aussy bien que tout le reste, à quiconque se voudra donner la peine de le lire, prenant congé de luy et des Muses en mesme temps, et peut-estre pour jamais.

LA VISTULE SOLLICITÉE[1]

Pour un voyage de Varsovie à Danzic.

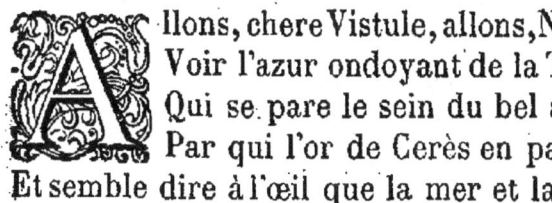llons, chere Vistule, allons, Nymphe aquatique,
Voir l'azur ondoyant de la Thétis Baltique,
Qui se pare le sein du bel ambre doré,
Par qui l'or de Cerès en paille est attiré ;
Et semble dire à l'œil que la mer et la terre
De leur muette haine et de leur vieille guerre
Voudroyent bien estouffer la dure opinion,
En des baisers d'amour, de paix et d'union.

Allons, il faut partir ; il est temps que ta course
Favorise la mienne et m'emporte vers l'Ourse,
Sous qui brille l'honneur d'un illustre flambeau[2]
Qui n'a rien que de grand, d'admirable et de beau.

Déjà la Renommée a fait bruire à sa trompe

---

1. Cette pièce a esté faite l'an 1650. — Il n'y a que la mer Baltique où il se trouve de l'ambre jaune, et particulierement du costé de Danzic et de la Prusse ducale. (S.-A.) Cette note et celles qui suivent, signées S.-A., sont extraites de la table faite par Saint-Amant pour ce *dernier recueil*. Nous avons cru rendre la lecture du texte plus facile en mettant en leur lieu ces annotations.

2. La reine de Suède. Saint-Amant avoit été envoyé de Pologne pour son couronnement. Il y réussit assez mal, dit T. des Réaux, et voici un passage qui le prouve, *Négociations inédites de Chanut, anno* 1650 : « Pendant tout ce grabuge (il s'agit de

Le futur appareil de la plus riche pompe
Pour qui jamais la Gloire ait employé les mains
De ceux que l'art esleve au dessus des humains.
Dejà l'esclat, le luxe et la magnificence,
Donnant à l'orgueil mesme une juste licence,
Ont epuisé partout dans les inventions
L'esprit industrieux de mille nations :
L'orient, le midy, les climats où se ferme
L'œil qui de nos labeurs chaque soir clost le terme,
En leurs dons embarquez ont desjà veu le nort,
Et desjà de cent ports Stokholm est le seul port;
Tout se met en devoir, tout marche, tout s'appreste,
Au grand couronnement de cette auguste teste,
Qui du bras paternel a poussé le destin
Au-delà du cercueil dont il fut le butin;
Qui releva son nom, fit refleurir ses armes,
Et du sang ennemy payer les jeunes larmes
Que ce trespas amer, quoyque victorieux,
Tira de son malheur funeste et glorieux.

Mais à quoy m'engageay-je, en ouvrant ces merveilles?
Quels travaux assidus, quelles fecondes veilles,
Pourroyent venir à bout d'un si vaste sujet,
Où le nombre d'objets fait suspendre l'objet?
Et quand j'aurois encor cette vigueur entiere

discussions de préseance), le sieur de Saint-Amant arriva de Pologne. Il estoit domestique et pensionnaire du roy et de la reyne, et on le croïoit envoyé en Suède pour donner part à la reine de la naissance de leur fille; mais il n'avoit aucune lettre de créance, et il estoit seulement chargé de faire tel compliment à la reyne de Suède qu'il trouveroit bon estre. S'estant donc ouvert là-dessus au sieur Chanut, il luy dit qu'il ne pouvoit passer pour envoyé sur sa parole, sans lettres, et il advoua luy-mesme qu'il trouvoit estrange qu'après luy avoir fait feste de cet employ, on l'eust laissé aller sur sa bourse. »

Qui jamais ne trouva de trop haute matiere;
Quand l'astre qui preside au regne de mes jours
Des aages les plus lents me promettroit le cours,
Mes doigts oseroyent-ils promettre à la memoire
Un des moindres tableaux de cette rare histoire?
Seroyent-ils bien si vains? et la posterité
Ne riroit-elle pas de leur temerité?

   Tenons-nous donc au choix d'un sentier plus facile;
Ecartons des rochers notre barque inbecile,
Puisque cette entreprise est à l'entrepreneur
Un abisme de honte au lieu d'un mont d'honneur.

   Peut-estre que l'aspect de ce noble miracle
Où luisent les vertus, où parle leur oracle,
Ranimera ma veine, et d'un pouvoir ardent
Repeindra mon aurore en mon froid occident;
Peut-estre que l'esclat de cette vive estoile
Excitera ma nef à desployer sa voile;
Et qu'un mot genereux, obligeant et hardy,
Fera rebouillonner mon courage attiedy.

   Esperons en la grâce, attendons en l'espreuve,
Et revenons à toy, nymphe de ce grand fleuve,
A qui mon œil demande, au pied de ce chasteau,
Le commode secours d'un agile bateau.
Les Nayades, tes sœurs, dans leurs grottes fluides,
Bruslent de se changer en grandes Nereïdes.
Permets-leur ce beau sort; les belles me suivront,
Et durant quelque temps chez Neptune vivront,
Puis, reprenant leur forme et penetrant la route
Où les flots sousterrains se philtrent goutte à goutte,
Elles t'yront revoir, et d'un nouveau cristal
Grossiront le tresor de ton antre natal.

   Que si sur tes sablons ma nacelle s'eschoue,
Si sur leur dos mourant elle enfonce la proue,

Ces filles aux yeux verts, ces coulantes beautez,
Qui pour la secourir bruiront à ses costez,
Luy presteront soudain les bras et les espaules,
Et d'instruments aigus, faits de tes propres saules,
Avec un peu d'effort à souslever son flanc,
Rendront sa proue à l'onde et l'osteront au banc.

Cette action courtoise est bien deue à la peine
Que d'un sublime ton, d'une puissante haleine,
J'ay prise sur ta rive à te faire honorer
Jusqu'où de tous les flots le nom peut aspirer.
Je n'en fy jamais tant pour les eaux precieuses
Qui, coupant des beaux lys les terres gracieuses,
Abbreuvent la contrée où, proche de leur cour,
J'augmentay ma famille et vy mon premier jour.

Il est vray qu'en ces eaux du dernier de ma vie
J'ay pensé, par trois fois, voir la mort assouvie;
Et que moy, qui sans crainte ay razé les dangers
Et des bords naturels et des bords étrangers;
Qui du large Océan ay traversé le gouffre,
Qui sur l'un de ses bras ay veu luire le souffre
Que vomit la montagne où, d'un coup renvoyé,
Tonne contre le ciel l'enorme foudroyé,
Et de sanglots de feu, que par cette caverne
Il darde en panthelant, du noir fond de l'Averne
Montre à l'air obscurcy sa peine en son cercueil,
Mais luy montre bien plus sa rage et son orgueil;
Moy, dis-je, qui, pour voir et l'un et l'autre monde,
Ay veu sous mille horreurs la Parque vagabonde,
J'ay creu perir plustost, je me suis veu plus près
De voir le pin naval se changer en cyprès,
J'ay sur la Seine enfin couru plus de fortune
Que sur l'onde soumise au trident de Neptune,
Et bien peu s'en fallut qu'à moy plus que la mer
Ce fleuve au cours si doux alors ne fust amer.

SOLLICITÉE.

Si je pouvois icy de ces trois avantures
Exposer à tes yeux les estranges peintures ;
Si ma voix pathetique, au deffaut de pinceau,
Offroit à ton oreille un homme en un vaisseau
Qui vinst pendant la nuit frayer de sa carene
Le dos traistre et secret d'un invisible arene ;
Qui, le timon rompu, les costez entr'ouvers
D'avoir heurté le fond de battemens divers ;
Qui sous l'aspre tempeste et qui vente et qui flote,
Se vist enfin contraint, malgré l'art du pilote,
D'abandonner sa course aux effroyables pas
D'un rapide reflus que tu ne connois pas ;

Si je te depeignois, avec ma tendre lyre,
Sous le septieme hyver du siecle où je respire,
Cet homme encore enfant, sur un fresle glaçon
Qui se creva sous luy d'une horrible façon,
Qui pourtant le soustint, qui pourtant à la veue
De toute une cité sensiblement esmeue,
Le gardoit du naufrage et se montroit humain,
Tandis que le chetif, d'une debile main
Et d'un bras estendu dessus l'onde gelée
Taschoit à prolonger sa trame desolée,
Et donnoit cependant aux autres le loisir
De tromper le trespas qui le vouloit saisir ;

Si je te racontois qu'en la mesme riviere
Cet homme à qui cette eau fut pitoyable et fiere
Tomba sous un autre aage, et sans sçavoir les tours
Où les membres au corps fournissent de secours,
Sans avoir esté duit, comme on le devroit estre,
Au bel art de nager, si profitable au maistre,
Toucha du pié l'abisme, en vit les sombres lieux
Et fut si fortuné que de revoir les cieux ;

Si de ces trois hazars, par tes propres instances,
Je t'estalois au vif toutes les circonstances,

Encor que de pareils soyent trop sçeus de tes eaux,
Tu dresserois d'effroy tes tr essses de roseaux,
Je les ferois transir, et leur verdure mesme
Se secheroit d'horreur sur ton front rendu blesme,
Et tu ne serois plus dans l'esbaïssement
De me voir te flater en ce juste moment.

    Ha! j'aperçois desjà l'effet de ma requeste;
Le bateau demandé contre le bord s'appreste;
Allons, chere Vistule, et que tes vierges-sœurs
Me fassent en chemin gouster mille douceurs.

    Je laisse Varsovie au comble d'une joye
Qui par cent beaux excès luit, tonne et se desploye.
Je le laisse en l'estat si long-temps desiré;
Son estoile apparoist, son œil est esclairé
D'une aube aux yeux riants, dont la blanche lumiere,
Imitant icy-bas, en sa pointe premiere,
La clarté qui surprend la nuit et le sommeil,
Nous promet le grand feu d'un astre au teint vermeil.
Je le laisse et m'en vay, dans une conjecture
Qui, sçachant remarquer l'ordre de la nature,
Croit que cette princesse, aymable au souvenir,
D'un prince fraternel assure l'avenir;
Que dis-je, l'avenir? Desjà l'œil en ses charmes
De ce prince futur voit reluire les armes;
Que dis-je, un futur prince? En elle il est present,
Et de ses coups mortels nul ne doit estre exent :
En elle il s'anticippe, il introduit sa gloire;
Il est né mesme en elle en un jour de victoire;
Le frere est en la sœur, et la rebellion
Tremble de sa venue à deux pas du Lyon.

    Les filles de VAZA[1], pour qui s'ouvrent les trones,
N'ont rien que de viril, sont autant d'amazones;

---

1. C'est le nom de la famille royale de Suède, dont il ne

Les honneurs feminins de cet illustre sang
Portent leur brave nom jusques au plus haut rang :
Tesmoin cette fameuse et royale Christine ;
Tesmoin cette merveille à qui ma main destine
Du Parnasse françois les plus superbes fleurs,
Et des pinceaux parlants les plus riches couleurs.

Allons, chere Vistule, où son grand sort m'appelle ;
Allons comme un Virgile, et non comme un Appelle,
Qui ne pouvoit tirer que les graces du corps,
Peindre de son esprit les immenses tresors.
Allons, et que l'ardeur qui dans moy s'esvertue
Fasse que ce portrait me vaille une statue ;
Allons luy desployer, encore qu'imparfaits,
Ceux où de Cazimir brillent les premiers traits,
Ceux où du rare tronc de cette rare branche,
Où de ma chere reine, et si belle et si franche,
Une esbauche assez noble ouvre assez le dessein
Que pour ces demy-dieux je couve dans mon sein.
Allons luy faire voir que ces deux grandes ames
Ont pour son amitié les plus sinceres flames,
Que l'estroit parentage, en son juste motif,
Doive et puisse exiger de l'esgard respectif :
Qu'outre la liaison, ce merite adorable
Qui la fait jusqu'au ciel nommer l'incomparable ;
Ce cœur si magnanime en ses graves projets ;
Ce bruit, ce vaste bruit, l'objet de tant d'objets,
Invite leur desir à mettre en evidence
Les reciproques soins de la correspondance ;
Et qu'il ne tiendra pas à leur affection
Que l'œuvre n'en atteigne à la perfection.

Secondez-en l'espoir, Cieux, il y va du vostre,

reste plus aujourd'huy que Cazimir, roy de Pologne, et la reyne Christine. (S.-A.)

Allons, transportons-nous d'un beau prodige à l'autre,
Passons de sceptre en sceptre et laissons pour un temps
Ces bords qu'un nouvel astre a rendus si contens.
Leur plaisir est le mien, tout prend part à nostre aise;
Et, quoy qu'un dur meslange et de glace et de braise,
Un accès pasle et rouge en Louyse enfermé,
Ait esmû quelques jours son albastre animé,
Quoy que sous les beaux monts de sa gorge d'yvoire
Le lait, dont un dieu seul seroit digne de boire,
Le lait qui garderoit un mortel de mourir,
Ait eu bien de la peine à se laisser tarir,
Et n'ait pu, sans douleur, voir ses sources quittées
Pour les ruisseaux communs des pommes empruntées;
A present, toutesfois, le ciel en soit beny,
Ces maux ont fait leur tour et l'orage est finy.

  Cet auguste heros que l'amour et la crainte
Touchoyent en ce peril d'une fidelle attainte;
Ce roy qui fait son tout de sa chaste moitié,
Ce roy que son travail a comblé de pitié,
Et qui, pour exprimer un point inexprimable,
Dit et montre qu'il l'ayme autant qu'elle est aymable,
N'est plus dans les frayeurs d'un noir evenement,
Et le salut d'un autre a gueri son tourment;
Si la raison permet qu'un autre on puisse dire,
Ce cher, ce rare bien par qui seul il respire,
Qui seul mesme est sa vie, et qui sans un doux sort,
O malheur! ô desastre! auroit esté sa mort.

  Mais à nos humbles vœux les arbitres celestes
Ont detourné le coup des menaces funestes;
La foudre en est esteinte, et par leurs saints decrets
Un genie admirable en tous les hauts secrets
Qui du dieu d'Epidaure enserrent la science
Et qui consulte et croit sa longue experience,
Ayant bien reconnu, de penser en penser,

Que pour guerir Louise il la falloit blesser,
Ordonna qu'une playe et delicate et saine,
De son beau bras de marbre ouvrant la noble veine,
Sous un soin qui paroist avare et liberal,
Fist couler dans l'argent le liquide coral.

L'effet de ce remede en un temps peu plausible
Fut pour son propre honneur si prompt et si visible
Que la mort mesme avoue, en ses heureux deffaus,
Qu'un simple bout d'acier triomphe de sa faus.

Allons donc, chere Nimphe, allons voir tes rivages
Qui sont en mille endroits si beaux et si sauvages,
Tirons vers la Suede, et, loin de tout ennuy,
Chantons au gré des airs que quand mesme aujourd'huy
Le metal arraché de ses propres entrailles
Pour battre et pour deffendre un cercle de murailles,
Quand, dis-je, son airain se changeroit en or,
Mes sentiments ravis ne croiroyent pas encor
Qu'elle eust dequoy payer les pierres éclatantes,
Les globes precieux des plaines inconstantes
Qu'il faudroit à ce front, en gloire sans pareil,
Dont les astres jumeaux effacent le soleil,
Dont le sçavoir divin, dont la prudence exquise,
La grâce naturelle avec la grâce acquise,
La force, la grandeur, la generosité,
L'esprit qui perce tout, la rare majesté,
La justice, la foy, l'estude, la sagesse,
La noble ambition, l'honorable largesse,
Et mille autres vertus, mille autres dons charmans,
Forment les vrays rubis, sont les vrays diamans,
Les perles, les saphirs, qui d'un lustre suprême
Peuvent luy faire seuls un digne diadême,
Et, sans autre couronne, en rond illuminer
Celle que plein d'honneur je verray couronner.

LA POLONOISE[1].

À Theandre.

Forme d'Epistre.

ncore que Saint-Omer[2]
A Saint-Amant fût amer,
Il est couronné de gloire;
Son bonheur est restably,
Et dans un cristal à boire
Il trouve un fleuve d'oubly.

Sans mentir, je ne crois plus
Avoir esté là reclus ;
La Pologne, où je suis libre,
M'en efface la prison,
Et les gens de mon calibre
L'estiment avec raison.

C'est, cher Theandre, un pays
Où plusieurs sont esbays ;

---

1. Cette pièce a esté faite l'an 1658. J'ay à advertir que les sixains en sont contre l'ordre, qui veut que le repos en soit toujours au troisième vers ; mais, pour quelque raison particulière, je l'y ay mis au second ; et cela soit dit afin que personne ne s'y trompe. (S.-A.)

1. En allant en Pologne par la Flandre, je fus pris et emmené en la ville de Saint-Omer par les coureurs de sa garnison. (S.-A.) — Voyez la préface du *Moïse sauvé*.

Mais pour ceux aux panses fortes
Dans les brindes obstinez
Quoy qu'en ait chanté Desportes[1],
Ils n'y sont point estonnez.

C'estoit un mignon de cour,
Qui ne respiroit qu'amour ;
Il sentoit le musc et l'ambre,
On le voit bien à ses vers,
Et jamais soif en sa chambre
Ne mit bouteille à l'envers.

Ce gentil, ce dameret,
N'entroit point au cabaret :
La seule onde aganipide
Luy faisoit faire de l'eau ;
Il l'aymoit, et l'insipide
Fuyoit Ronsard et Belleau[2].

Regnier, son rare neveu,
S'entendoit mieux à ce jeu,
Et, s'il eust veu cette terre
Où Bacchus est en credit,
Je jurerois sur le verre
Qu'il n'en auroit pas medit.

Non que du cher bois tortu
S'y nourrisse la vertu ;
Mais le serment de Hongrie

---

1. Il y fut du temps de Henri III, et a fait une piece contre ce pais-là, qui commence :

Adieu Pologne, adieu plaines desertes, etc. (S. A.)

2. Ces deux poëtes, les premiers de leur temps, avoient fait quantité de pieces qui temoignoient que le piot ne leur déplaisoit pas. (S.-A.)

Nous fournit d'une liqueur
Qui fait qu'à table je crie
Masse et toppe, de grand cœur.

Cerès avec majesté
En ces plaines luit l'esté :
On n'y voit nulle eminence
Comme on voit en d'autres lieux :
Cela me charme, et je pense
Qu'on ne peut dire tant mieux.

Une reine m'y retient
Qui comme un roy m'entretient.
Je suis aussi frais qu'un moine,
Je nage dans les douceurs
Et fay gagner son avoine
Au bon Bayard des Neuf-Sœurs.

Nargue du sort indigent !
Mon pié marche sur l'argent,
Et ma main, mon espatule
De l'or fait si peu de cas
Que je fay sur la Vistule
Des ricochets de ducas.

Renards, loutres et putois,
A me fourrer sont courtois ;
J'ay des martres, j'ay des bièvres
Qui m'échauffent tous les jours,
Et les nuits, de peur des fièvres,
Je me veautre sur des ours.

Tous ces animaux pelus
Sont de moy fort bien-voulus :
Car par eux au froid j'obvie ;
Aussi, chés monsieur le Nort,
Confessai-je que ma vie
Est redevable à leur mort.

J'en ay manchons, mouffles, gans,
Et bonnets des plus fringans;
Et sous l'horrible casaque
Dequoy tu me vois meublé,
Ny Tartare ny Cosaque
Ne me feroit pas trembler.

Je danse à talons ferrez
Sur de beaux marbres carrez;
Mon chef s'emplume de grues,
Je porte le sabre au flanc
Et quand je vay par les rues,
Mon coursier tient bien son ranc.

Il est vray que je languy
Pour une illustre gaguy[1];
Mais quand je m'approche d'elle
Criant : Grace, ma dondon,
Elle me dit : Sois fidelle
Et tu seras mon bedon.

Voilà, noble ambassadeur,
Des traits de ma gaye ardeur;
Et voicy dans les peintures
Où son air est observé
Les dernieres avantures
De mon voyage achevé.

Depuis que je te quittay,
Le deuil au cœur je portay :
Le passé, trop agreable,
Tourmentoit mon souvenir,
Et me rendoit effroyable
Le present et l'avenir.

---

1. Jeune et jolie fille, et agréable, avec un peu trop d'embonpoint (*Furet.*); une *dondon* (*Richelet.*)

L'Elbe sçeût par mes regrets,
Mes ennuis les plus secrets :
Ma douleur pesante et sombre
Affligeoit ses vastes bords,
Et je n'estois plus qu'une ombre
Qui gemit loin de son corps.

Ou plustost mon corps s'apprit
A vivre sans son esprit :
L'amitié me servoit d'ame,
Ce fleuve en peut faire foy,
Car ta vertu qui m'enflame
M'avoit separé de moy.

Je vins sans ouvrir le bec
De Hambourg jusqu'à Lubec.
C'est une assez belle ville,
Luther y berne Calvin ;
Mais sa façon rude et vile
M'y rend aigre le bon vin.

J'y fus par quatre soleils
En suspens sous les conseils :
Le chemin de la Baltique
Estoit un peu hazardeux,
L'autre estoit un peu rustique,
Et je flottois entre deux.

Non que l'apprehension
Sur moy fist impression ;
Mais pour eslire en ces routes
Ou le char ou le vaisseau,
Je branlois parmy les doutes
Comme aux vents un arbrisseau.

Enfin le dé se jetta
Et la terre l'emporta ;
L'onde fut mise en arriere,

LA POLONOISE.

Et la chance du cocher,
Dans l'incertaine carriere,
Vainquit celle du nocher.

Ma haste à grands coups d'estoc
Perça Vismar et Rostoc ;
J'enfilay Stetin en suitte,
Où, mieux que je n'eusse crû,
Autre liqueur que l'eau cuitte
Refit l'Appolon recrû.

Bacchus y chargea mes dois
Entre des Mars suedois ;
Et, sur l'ais où l'on festine,
Un grand tresor presanté
De Louyse et de Christine
Contint l'auguste santé.

Ce beau gouffre de buffet
Ne parut pas sans effet ;
Je l'assechay sans haleine,
Chose formidable à voir,
Et pour l'une et l'autre reine
Fy triompher mon devoir.

De là, dans un coche bleu
Je montay, le front en feu ;
La vaste Pomeranie
Resonna sous nos chevaux,
Et corbeille bien garnie
M'en fit vaincre les travaux.

Un quidan la visitoit
Durant qu'on nous cahotoit ;
Puis riants de nos bricoles
Sans interprete au secours,
Avec deux ou trois paroles
Nous faisions mille discours.

Quoy qu'en terre où l'ouy soit ya,
Les Vormans y disent dia ;
La remarque en est fort belle ;
Elle est digne du papier,
Aussy sur une escabelle
L'escrivy-je en un clapier.

Que l'on boit d'estranges nuits
Dans ces gistes[1] pleins d'ennuis !
Là, couchez sous toit de chaume,
On tremble au son d'un crachat,
Et comme à la longue-paume
La main s'appreste au rachat.

Les yvrongnes passagers
Y font courre cent dangers :
Ils petunent sur la paille,
Où, pesle-mesle estendus,
Du noble et de la canail
Les ordres sont confondus.

Le silence et le repos
Y cedent au bruit des pots,
Et par un farouche usage
Avec qui l'orgueil se joint,
Le respect est un visage
Que l'on n'y reconnoist point.

L'esclat des ris insolens
Regne en ces lieux pestilens,
La communauté les porte ;
Et l'honneur, mis au bas bout,
Y voit escrit sur la porte,
Le Ghelt[2] autorise tout.

---

1. Les poisles d'Allemagne, où tout le monde est couché pesle-mesle. (S.—A.)

2. L'argent. (S.—A.)

On seroit bien mieux couché
En halle un jour de marché;
L'un y tousse, l'autre y ronfle,
L'autre y fait peter un rot,
Et l'autre son ventre y gonfle
De vilaine biere-en-brot[1].

Mais ma plus aspre douleur
C'est l'excessive chaleur;
Je ne puis souffrir la mode
Du poisle estouffant et vain,
Et trouverois plus commode
Le froid antre d'un Silvain.

Cependant, sans murmurer,
Il la falut endurer.
J'essuyay bien d'autres peines
Avant que d'estre à Danzic;
Mais il faudroit six semaines
Pour narrer tout ric-à-ric.

Je passay par des marests,
Je traversay des forests ;
Là, sous de vers Briarées[2],
D'autres ombres que les leurs
Semblent en voix esplorées
Crier : Garde les voleurs.

On rencontre à chaque pas
Des marques de leur trepas:
Sans cy-gist ces meurtris gisent
Sous des branches d'arbres morts,

---

1. Certain tripotage fait de biere, de beurre et de pain bouillis ensemble. (S.-A.)

2. C'est une forest de pins qui se trouve à une lieue au-delà de Stetin, et qui en dure pour le moins six grandes d'Allemagne. Il s'y est commis autresfois de grands meurtres et de grands brigandages. (S.-A.)

Et les yeux sans lire y lisent
L'infortune de leurs corps.

Ce n'est pas qu'en ces jours-cy
La gorge on y traite ainsy :
Ce sont encore des restes
D'une Bellonne-à-manans[1] ;
Mais ces vestiges funestes
N'en sont pas moins estonnans.

Une taciturne horreur
En augmente la terreur,
Et la noire solitude
Qui dort en ces bois espais
Fait qu'avec inquietude
On y voit leur triste paix.

Là le maistre et le valet
Roulent, main au pistolet :
On regarde si le glaive
S'offre à quitter le fourreau,
Et dès qu'un zephir se leve
On fremit sur le carreau.

Je coulay des jours entiers
Dans ces lugubres sentiers :
Je n'y vis ni bruns ni fauves,
Et tant de monts je bravay
Qu'en la Prusse, bagues sauves,
A la fin je me trouvay.

Danzic, du haut d'une tour,
M'offrit son ample sejour :
J'en saluay la contrée
Sous le solstice hyvernal,

1. Durant les premieres guerres du grand Gustave, roy de Suède, lorsqu'il descendit en Pomeranie, quantité de paysans se retirerent dans les bois, où ils assomoyent tout le monde, et on eut bien de la peine à les en chasser. (S.—A.)

Et dedans fis mon entrée
Comme pièce en arsenal.

J'y logeay jusqu'au mardy
Qui de graisse est rebondy :
Je solennisay sa feste
Presqu'au nez du lendemain,
Et pour m'eschauffer la teste
Un pié me glaça la main [1].

Magnus [2], brave et genereux,
M'y fit voir trois jours heureux :
Il m'honora de sa table,
Et j'avoue avecques toy
Qu'un tel fils de connestable
Meriteroit d'estre roy.

Ton nom, que j'estime tant,
Y fit un bruit esclatant :
Nous le busmes à la ronde
Selon les formalitez,
Et j'enivray tout le monde
De tes rares qualitez.

Le regne maigre venu,
Je cendray mon poil chenu :
Puis, entre joyeux et morne,
Du temps, entre laid et beau,
Je m'en allay voir à Thorne
Le copernique tombeau [3].

Ce docte maistre tourneur
Y tourne avec grand honneur :

1. Le froid etoit si grand que le pié du verre se gela entre mes doigts. (S.-A.)
2. Le comte Magnus de la Gardie. — En 1647, il étoit ambassadenr de Suède en France.
3. Copernicus est enterré à Thorne, et j'en ay veu le portrait dans une eglise où est sa sepulture. (S.-A.)

Dans le marbre qui l'enserre
Il est couché gravement,
Et son corps trouve en la terre
Le repos au mouvement.

Enfin, après quelques jours
Mes pas bornerent leur cours :
Je parvins à Varsovie,
Et l'on m'y receut si bien,
Que, de crainte de l'envie,
Mon bonheur n'en dira rien.

J'y baisay ces dignes mains
Qui regissent tant d'humains :
Ma muse y fit ses offrandes
Avec des vœux immortels,
Et de deux riches guirlandes
Para deux riches autels.

Sa lyre eut l'heur d'endormir
Les hauts soins de Cazimir,
Et Louyse, sans pareille,
En trouva les airs si doux
Que du bien de son oreille
Son bel œil devint jaloux.

Les puissances de ce bruit
Esmurent son noble fruit :
Il tressaillit d'allegresse
A l'oracle de mes vers,
Et confirma la grossesse
Qui suspendoit l'univers.

Cher Theandre, c'est assez :
Adieu, mes doigts sont lassez :
Il est vray que je t'envoye
Un bizarre hocqueton ;
Mais pour l'amour de la soye
Excuses-en le cotton.

STANCES

A la Serenissime Reine de Suède, *sur ce qu'elle s'estoit travestie en fille de Northolande, en un jeu où toute sa cour representoit une hostellerie hollandoise*[1].

uguste et brillante princesse,
Vous avez donc voulu trahir votre splendeur,
Et cacher sous l'habit d'une feinte bassesse
Une veritable grandeur?
Vous avez donc voulu de l'ombre la plus noire
Obscurcir le royal yvoire
Qui forme un front si noble à votre majesté?
Et vostre cœur a donc fait gloire
D'en suspendre la dignité?

Ha! que l'entreprise en fut vaine!
Qu'elle eut peu de succès à vous aneantir!
Vous éclatiez toujours, et vostre aspect de reine
Jamais ne put se dementir,
Malgré tous les efforts de l'humble personnage
D'une fille adroite au menage

---

1. Cette piece a esté faite l'an 1651. Il faudroit trop de temps pour expliquer ce que c'est que ce jeu, et comment l'on y procede. Je diray seulement que chaque personnage s'en represente selon les billets que l'on tire, et que cela se fait à visage demasqué (S.-A.)

Que vous representiez en ce deguisement,
    L'honneur, vostre cher appanage,
    Relevoit vostre habillement.

    Ce visible et saint caractere
Que sur le front des rois ont imprimé les dieux
A de ce jeu moral descouvert le mystère,
    Et rien n'a sceu tromper nos yeux.
Nous avons reconnu, dans l'indecence mesme,
    Cet air magnifique et suprême
Qui sur vostre beau char vous a fait adorer,
    Et vostre propre diadême
    Sembloit encore vous parer.

    Il est vrai qu'une autre couronne
Suppleoit au defaut de ce riche tresor,
Et que vos blonds cheveux, que la grace environne,
    Vous en composoyent une d'or.
On la voyoit briller sur vostre illustre teste,
    Comme on voit après la tempeste
Luire le globe ardent au milieu de son tour,
    Et dans la nuit de cette feste
    Elle faisoit regner le jour.

    Mais qui pourroit dire les charmes
Qu'admiroit le respect en ces rares flambeaux
Qui, dedaignant l'Amour, en ont pourtant les armes
    Et sont si chastes et si beaux ?
Quelle ame n'y fut pas de merveille saisie
    Quand la liqueur la moins choisie
Se changeoit en nectar dans vos royales mains,
    Sous la courtoise fantaisie
    De traiter en dieux les humains.

    Certes à la divine troupe
Jamais la jeune Hebé ne versa rien de tel,
Et depuis que vos doits m'ont presenté la coupe

SONNET.

Je ne croy plus estre mortel.
Cet honneur sans pareil, m'enlevant sur les nues,
    M'ouvre toutes les avenues
De la double montagne et du sacré valon,
    Et par des routes inconnues
    Me place au trône d'Appolon.

    C'est là que ma superbe lyre
Fera naistre des chants si graves et si dous
Que les plus envieux du laurier où j'aspire
    Les jugeront dignes de vous.
C'est en ce seul endroit que l'ardeur qui m'allume
    D'un feu plus grand que de coustume
Dejà de vos vertus dit le nombre et le prix ;
    En lieu moins haut, l'art de ma plume
    Ne l'auroit jamais entrepris.

SONNET[1]

A la Serenissime REYNE DE SUEDE, *sur la beauté
de la Serenissime Reyne sa mère.*

Ne t'imagine pas, noble et fameuse reine,
Qu'on s'estonne de voir avec tant de beauté
Ce venerable objet, cette divinité
De qui seule tu fais et la joye et la peine.

Le plaisir qu'ont ses yeux, et qui, de veine en veine,
Luy court par tout le sang devant ta majesté,
S'oppose à son hyver, le tient loin escarté,
Et le rend, comme elle est, et si fraische et si saine.

---

1. Il a esté fait l'an 1651, et il n'y a rien à expliquer. (S.-A.)
— Dans le recueil inédit des lettres de l'ambassadeur Chanut
(Bibl. impér., S. G. F. 752, f° 58, v°), on lit : « De la reyne-

Ta gloire, ta vertu, ta grace, ton amour,
Et surtout le bonheur de t'avoir mise au jour,
D'une Latône au ciel luy font gouster la vie.

Toy, tu vis en Diane, et veux l'estre en effet ;
Hà ! qu'un beau desespoir t'en inspira l'envie !
Tu ne ferois jamais ce que ta mere a fait.

SONNET SUR AMSTERDAM[1]

A M. Chanut, *estant alors ambassadeur et plenipoten-
tiaire de France au traité de Lubec.*

Je revoy, grand Chanut, ce miracle du monde,
Ce fameux Amsterdam, ce petit univers ;
Je revoy ces canaux enrichis d'arbres vers,
Mais bien plus d'arbres secs qui fleurissent sur l'onde.

Je revoy ces palais de qui l'orgueil se fonde
Sur d'autres arbres morts au bout de cent hyvers
Qui, le sommet en bas et de pierres couvers,
Dans l'abyme de feu semblent porter la sonde.

mère du grand Gustave, roy de Suède : Cette princesse n'eust jamais grande part aux affaires de son estat ; le feu roy Gustave avoit beaucoup d'amour pour elle et prenoit plaisir à la voir parée, et qu'elle eust soing de sa personne, parce qu'elle estoit belle et d'une humeur fort douce. Mais comme elle se devoit toute au personnage de femme, et que les affaires ne chargeoient pas tant l'esprit de ce prince qu'il s'en entretint dans le domestique, la reyne n'en prenoit aucune connoissance.... Ses grandes profusions estoient capables de ruiner le royaume... Elle vescut ensuite fort incommodée, parce que les trente mille escus que la Suede luy donnoit ne suffisoient pas à ses despences. »

1. Il a esté fait l'an 1651 ; et, s'il m'estoit permis de faire

SONNET.

Je revoy ces remparts sur Neptune conquis,
Où tout ce que l'Aurore a de rare et d'exquis
De la Meuse et du Rhin fait l'Indus et le Gange.

Le commerce m'en plaist ; hé ! sçais-tu pour quel bien ?
C'est parce qu'ycy mesme, ô trop aimable eschange !
Le seul don de mon cœur me fit gagner le tien.

AUTRE SONNET[1]

A Monsieur CHANUT *sur le sujet precedent.*

nfin je me retrouve en ces terres perdues,
  Où Cybelle et Thetis s'entr'usurpent leurs bords ;
  Où leur sceptre est douteux, et de qui les discords
Exigent des humains les veilles assidues.

J'admire de nouveau ces plaines confondues,
Ces lieux où les maisons sont presqu'autant de ports,
Ces havres dont les nefs sont les mobiles forts
Qui bravent l'Ocean à voiles estendues.

voir en ce lieu une lettre que le grand monsieur Chanut me fit l'honneur de m'escrire un peu après que je luy eus envoyé, je ferois voir la plus galante et la plus belle chose du monde sur ce mot de grand qu'il refuse et qui luy appartient avec tant de justice. Mais j'aurois peur que sa modestie et sa gravité ne s'en formalisassent, outre que quelqu'un pourroit dire, en me raillant, que monsieur Chanut n'est pas un homme de table, et il auroit raison. Je diray encore que ce fut à Amsterdam où, par un bonheur extraordinaire pour moy, je vy la premiere fois un si digne et si celebre personnage. (S.-A.)

1. Il a esté fait au mesme temps. (S.-A.)

J'admire, ô mon Chanut, ce repos intestin ;
J'admire cette arène, où notre beau destin
Bastit une amitié si ferme et si durable.

Mais, cecy passe tout, sans rien exagerer,
J'y trouve chaque objet à tel point admirable
Que mon ravissement n'y sçait plus qu'admirer.

EPISTRE[1]

A Monsieur l'Abbé DE VILLELOIN.

Bien que la mort, cet horrible squelette,
S'offre à mes yeux pour plier ma toilette;
Bien que déjà le roy des moissonneurs
De mes beaux ans ait fauché les honneurs,
Et qu'en un mot, ce demon aux trois faces
Qui de ses pieds ne laisse aucunes traces,
Qui toujours dure, et qui n'est qu'un moment,
De mon dernier presse l'avenement;
Si veux-je encore esperer de la muse
Le doux octroy de quelque grace infuse,
Quelque regard, quelque baiser discret,
Quelqu'autre don plus vif et plus secret
De qui l'ardeur, rechauffant mon genie,
Fera couler ma veine rajeunie
Jusqu'en ta chambre, illustre Villeloin,
Que je salue et qui fais tout mon soin.

Mais, noble amy, qu'en ce siecle infidelle
J'admire en tout comme un rare modelle
De loyauté, d'honneur et de vertu,
Qu'en ecriray-je et qu'en devines-tu?

---

1. Elle a esté faite l'an 1654, et s'explique assez d'elle-mesme. (S.-A.)

EPISTRE.

Croirois-tu point que dans le gay Permesse,
Pour m'acquiter d'une vieille promesse,
Ma main comique eust puisé de nouveau
Quelque sujet digne de mon cerveau?

Je n'y vay plus, la source en est gastée;
Mille bouquins de l'infame portée
S'emancipant, chacun sçait comme quoy,
D'y voir leur trogne et d'y boire après moy,
Ont fait enfin, par leur puante haleine,
De son cristal une onde si vilaine,
Qu'un alteré, plustost que d'y courir,
Prés de ces bords se laisseroit mourir.

Or, laissant là ces ridicules chantres
Du pauvre Pinde estourdir les beaux antres,
S'enfler la joue, et de tons enrouez,
De doigts crochus, de pipeaux mal trouez,
Haut fredonner leurs plattes faceties
Dont tant de sots goustent les inepties,
Je chercheray dans quelqu'autre valon
Quelqu'autre fleuve et quelqu'autre Appolon.

J'en ay trouvé, mon cœur en rit de joye,
Mais c'est d'un air qui vient de la monnoye,
Et de voir rire à mes yeux esblouys
Louyse en or sur le front des Louys.
Son beau Pactole, où se gaigne la gloire,
Changeant son onde en l'encre la plus noire,
Et s'estant mesme à dessein travesty
Pour eviter quelque mauvais party,
Loin du climat qui tremble près de l'ourse,
A traversé cent terres en sa course,
A veu la Seine, a rejouy ses flots,
Encor qu'il fust dans un papier enclos,
Puis tout à coup, sur la table où je mange,
Quittant l'habit d'une lettre de change,

M'a fait un compte, a repris sa couleur,
Et de ma soif a noyé la douleur.

Les grands secours d'une telle recette
Font aujourd'huy triompher ma cassette ;
Elle en regorge, et, bien que sous leur poids
La delicate enfle son mince bois ;
Que, quand ma main à force la soûleve,
Son riche flanc semble crier : Je creve ;
Que son dos craque en la voulant fermer ;
Que mille soins la viennent alarmer ;
Que si le chien, si le chat la regarde,
Elle l'observe et soit toujours en garde ;
Qu'elle ait cent maux ; que son double ressort
Au moindre bruit redoute un triste sort ;
Qu'en son bonheur, dont ma clef tient l'empire,
Par la serrure à peine elle respire,
Bref, qu'elle souffre un estrange tourment,
Elle n'en craint qu'un pront allegement.

Non que, du bien se faisant une idole,
Jusqu'à l'excès elle ayme la pistole ;
Ni que son ventre en sa capacité
Ait jamais veu l'aspre necessité.
Graces aux cieux, depuis que sa peau sombre
De mes soleils ceint l'esclat et le nombre,
Ces beaux amis n'ont point souffert encor
D'eclipse entiere en mon petit tresor ;
Ou si parfois il s'en est veu quelqu'une,
Toujours du moins quelque brillante lune
Monstrant sa face, au plus fort de mes nuits,
Ma sçeu parer du plus grand des ennuis ;
La blanche sœur, au lieu du jaune frere,
Nous a toujours affranchis de misere,
Et j'en ay fait ma rondache d'argent
Contre les coups qui percent l'indigent.

Il est bien vray que sans quelque ménage
J'en eusse enfin joué le personnage ;
Car si ma muse, en esprit au desert,
L'a pu chanter d'un ton assez disert,
Pour moy le ciel, soit dit loin du profane,
N'a fait pleuvoir ni l'oiseau ni la manne ;
Il m'a fallu tout au moins du pain bis,
Et les saisons ont usé mes habits.
Mais, qui l'eust creu ? ma vieille et sage bource
Dans son epargne a trouvé sa ressource ;
Elle a sçeu vivre, et sans l'heur des Hebreux
S'est maintenue en des chemins scabreux.

Ce n'est point donc, reprenant mon beau thème,
L'amour de l'or ni le besoin extrème,
Qui, cher abbé, fait maintenant ycy
De ma cassette et l'aise et le soucy.
Son plaisir seul vient de ce qu'elle est pleine
Par les bontez de nostre grande reine ;
Et son chagrin, de ce qu'en son devoir
Le compliment ne s'ose faire voir.

Avec quel front pourrois-je luy permettre
De se produire en une haute lettre ?
Avec quel air, quels termes assez beaux,
S'offriroit-il à ces divins flambeaux ?
M'a-t'on instruit, sçais-je bien qu'une marge
Doit estre au moins de quatre doigts de large ?
Qu'après « Madame » il en faut vingt de blanc ?
Qu'en ces escrits le Vous n'a point de rang ?
Que le respect parle en tierce personne ?
Qu'à chaque mot Vostre Majesté sonne ?
Bref, qu'en tel cas il faut un bon docteur
Pour bien tomber sur l'Humble serviteur ?

O qu'on en voit qui, dans leur tablature,
En des sujets de pareille nature,

EPISTRE.

Voulant finir et ne sachant par où,
Tombent si mal qu'ils se rompent le cou !
Que j'en connais, sans leur faire la guerre,
Qui dès l'abord donnent du nez en terre !
Et qu'en missive on est embarrassé
Quand le pacquet aux dieux est adressé !

   Si l'on est court, l'on ne sçauroit rien dire ;
Si l'on est long, l'ennuy qu'on a de lire
Fait que l'on baille et qu'on dit comme ailleurs :
Les grands discours ne sont pas les meilleurs.
Si du fameux faisant le camarade,
Du plus haut stile on veut faire parade,
On a trop d'art, on s'ecoute, on est vain,
Et l'on vous traite en monsieur l'escrivain.
Si, plus galant, on se mesle, on se joue
D'imiter l'autre aux graces qu'on y loue,
Vous entendrez : Vrayment le cavalier
Est tout joly, tout gay, tout familier ;
Le jeu luy plaist ; il me prend fantaisie
Qu'en nos repas où l'on sert l'ambroisie
Plus douce au goust que n'est le muscadin,
Au lieu de Môme il soit nostre badin ;
Que sans delay Mercure se dispose
De luy ceder le sceptre de la prose,
De l'aller prendre, et qu'en l'Olympe admis
Il parle à nous comme entre ses amis.

   En fin de conte, un homme est bien en peine
Quand du devoir la regle souveraine
Requiert de luy, comme elle fait de moy,
Un compliment qui soit de bon alloy.
L'or receu l'est ; il resonne à merveilles :
Que faut-il donc ? Il faut, veilles sur veilles,
Resver si bien, qu'un noble grandmercy,
Comme cet or, brille et resonne aussi.

Mais qui ne peut? Qu'il tâche de le faire ;
Or, faible ou fort, l'esprit est necessaire ;
Il en faut un, fabriqué bien ou mal,
Ou l'on diroit : L'incivil animal !
On l'a payé de son petit poëme
Jusqu'à toucher l'ingratitude mesme ;
Sa reine auguste et d'esprit et de corps,
Pour l'enrichir deployant ses tresors,
L'a de nouveau, par une main fidelle,
Rendu tout fier des biens qui viennent d'elle,
Et cependant, après cette faveur,
Il se comporte en muet receveur ;
Il fait le sourd, il recule, il balance,
Quand la raison querelle son silence ;
Il prend des mieux, mais il n'a point de doigts
Pour suppléer au defaut de la voix,
Pour rendre enfin graces à la princesse
Qui lit ses vers, qui les relit sans cesse,
Et qui, de plus, s'en daignant souvenir,
Veut qu'il s'en forme un heureux avenir.

Voilà sans doute avec quels traits de blâme
On me pourroit transpercer jusqu'à l'ame,
Si, pour n'en estre et deffait et vaincu,
Un papier seul ne me servoit d'escu.

J'écriray donc, mais sans tous ces misteres
Qui font les soins des graves caracteres,
Et qu'entre tous notre cher Des-Noyers
Range si bien en ses nobles cayers.
Je feray voir par quelque franche rime
Que de l'oubly je deteste le crime,
Que l'honneur j'aime, et que, bien qu'impuissant,
J'ay du courage et suis reconnoissant.

Sur ce dessein j'entonneray quelque ode ;

Mais n'attends pas l'antistrophe et l'epode ;
Leur temps est fait, le regne n'en est plus,
Et c'est une eau qui n'a point de reflus.

Comme en nos jours feroit rire le monde
Quelque fantasque avecque la rotonde,
Ou quelque vieille au poil fauve et blondin,
Avec le moûle et le vertugadin,
Le colet haut, la carrure engoncée,
L'horrible manche en cercles cabassée,
La grosse chaisne et cent beaux affiquets
Qui du bon siecle attiroient les cocquets !
Ainsi, ce crois-je, Appollon et la Muse,
Ou du rebec ou de la cornemuse
Feroient-ils rire aujourd'huy les lecteurs
S'ils en sonnoient comme nos vieux autheurs.

Et toutesfois, puisque la belle eglogue,
Puisque l'epistre est bien rentrée en vogue,
Que le rondeau, que le fin triolet
A bien repris son aymable rolet,
Pourquoy le grand, le superbe lyrique,
Faisant revoir sa morgue pindarique,
Sur le papier ne reviendroit-il pas
Danser un jour la volte ou les cinq pas ?

De mode en mode on retourne aux premieres ;
L'esprit enfin s'epuise en ses lumieres :
L'art manque à l'art, et nostre nation
Des plus subtils lasse l'invention.
D'en tant conter moy-mesme je me lasse ;
Le sommeil vient, la belle humeur se passe ;
Il faut finir, mais finir à propos,
Puis à deux mains je prendray le repos.

J'ecriray donc, j'animeray ma plume
Du plus beau feu qui dans l'encre s'allume,

Quand le devoir, l'honneur et le respect
Osent pretendre à quelque haut aspect.
Mais, cher Prelat, veux-tu que je te die?
J'y parleray d'une grace hardie,
J'y mettray *ton*, j'y diray *tes beaux yeux*:
Un homme en vers peut tutoyer les dieux.
On me dira qu'en prose il le peut mesme
Sans offencer leur qualité suprême;
Mais par les dieux nous entendons les rois,
Et de ces noms je te laisse le choix.

EPIGRAMMES[1].

I.

Sur des tableaux.

Ces quatre saisons de l'année
Sont du Bassan, je le voy bien :
Jamais pinceau n'exprima rien
D'une façon mieux ordonnée
Mais la cinquiesme, qui d'ennuy
Comble les peuples aujourd'huy,
Ne sçauroit-elle estre dépeinte?
Non; il faudroit, pour nos douleurs,
Peindre un esprit sourd à la plainte
Et faire pester les couleurs.

II.

De la gentille et rare mademoiselle COLLETET
sur le Moyse.

Encore que l'histoire allegue
Que le grand Moyse estoit begue,
Grand Saint-Amant, je n'en crois rien,
Puisque dans tes beaux vers il s'explique si bien.

---

1. Epigrammes. — Les épigrammes ne veulent point d'autre explication que leur titre. (S -A.)

2 Claudine, qui, de servante de Guillaume Colletet, devint

III.

Responce de l'autheur.

Bouche en merveilles sans seconde,
Moyse begayoit, l'Ecriture en fait foy;
Mais quand des plus diserts il auroit esté roy,
 Il seroit, s'il estoit au monde,
Non begue seulement, mais muet devant toy.

IV.

Sur un valet.

Un mien valet, nommé Bidon,
Par une estrange fantaisie,
S'imagina d'avoir le don
Qui vient de dame poësie.
Enfin, ayant resvé son sou
En ce mestier où je m'escrime :
Au diantre soit, dit-il, la rime !
Je croy que j'en deviendray fou.
— Et moy, le suis-je, double traistre ?
Criay-je en ton de le punir.
— Là, là, dit-il, nostre bon maistre,
Vous ne sçavez pas l'advenir.

V.

Sur la maison de Lorraine.

La case d'Austrasie est comme une epigramme;
De dire en quoy d'abord je le baille au plus fin:
Tout en est bel et bon jusqu'à la vieille lame;
 Mais la pointe en est à la fin.

---

sa femme, par *licence poétique*, comme il disoit. Du vivant de son mari, ou vit souvent des vers signés d'elle ; mais, après la mort de Colletet, Claudine ne fit plus rien paroître. (Voy. Tallemant. — Voy. aussi G. Colletet, *Traité du sonnet.*)

VI.

De l'amy vain.

Quand l'amy vain partout publie
Quelque bon office rendu,
La raison souffre qu'on l'oublie :
Il s'en paye et rien n'en est dû.

VII.

A un gouverneur d'une province estrangere.

Ne crains pas que jamais j'escrive
Aucune chose contre toy ;
Le gueux des gueux deviendra roy
Avant que cet honneur t'arrive.
Je ne sçaurois sans t'obliger
Prendre le soin de me venger,
Quelque aspre bile qui m'allume ;
Vis donc en paix dans ton hostel.
T'occire d'un coup de ma plume
Ce seroit te rendre immortel.

VIII.

Du general Bec[1].

Je t'ay veu messager, dit par reproche à Bec
Un duc injurieux qui son rang deshonore,
Quand ce cœur de lyon luy repart haut et sec :
Si tu l'avois esté, tu le serois encore.

---

1. Jean, baron de Beck, qu'il ne faut pas confondre avec les ducs de Holstein, dont une branche acquit le duché de Beck, fut successivement berger, postillon, puis, en passant par tous les grades militaires, maréchal de camp et gouverneur du Luxembourg au service de l'Espagne. Il commandoit l'avant-

IX.

Du mesme.

Passe, c'est aux courriers à prendre le devant,
Dit un vain homme à Bec au front d'une barriere,
Quand ce bon general luy crie en s'esmouvant :
Ouy, mais c'est aux poltrons à prendre le derriere.

X.

Sur quelques pretendans du vieux regne.

Ce guerrier à jambe éclopée,
Dans les batailles, ce dit-on,
A tant donné de coups d'espée
Qu'il merite un coup de baston.
Pour ce fat, que la gloire enjaule
Soit d'orme, de chesne ou de saule
Il en espere un, mais en vain,
Si ce n'est qu'entre nous l'espaule
Se prenne aujourd'huy pour la main.

XI.

Au fameux et docte Monsieur BOCHART [1] *sur une meprise en l'envoy d'un livre.*

Mon livre avec grande raison
A pris, au lieu de ta maison,

---

garde des ennemis à la bataille de Thionville, le 7 juin 1639. En 1641, il reprit la ville d'Aire sur le maréchal de La Meïlleraie. En 1648, il fut battu à la bataille de Lens, mais non sans une glorieuse résistance, et alla mourir à Arras de ses blessures, qu'il refusa de laisser panser.

1. Samuel Bochart, savant orientaliste, né à Rouen en 1599, mort ministre protestant à Caen. Outre ses nombreux ouvra-

ÉPIGRAMMES.

Celle d'un homme de pratique :
Il a connu, le delicat,
Qu'il luy faloit, non un critique,
Mais bien plustost un advocat.

XII.

Les divers pretextes.

Autresfois, au besoin urgent,
On levoit des deniers afin d'armer sa terre ;
Mais, en ce regne, on fait la guerre
Afin de lever de l'argent.

XIII.

Sur l'Amarillis de M. L. C. D. L. S. [1]

Que d'honneurs sont ensevelis !
Que je voy de plumes confuses !
Le triomphe d'Amarillis
Triomphe des plus hautes Muses.
Mais celle qui l'a mis au jour
N'a pu triompher de l'Amour ;
Ses beaux vers mesmes en font gloire,

---

ges imprimés, il existe de lui, dans les mss. de Conrart (Bibl. de l'Arsenal), une lettre critique fort savante adressée à Saint-Amant, son ami, sur son *Moïse*. Une épigramme du R. P. Mauduit (*Poésies*, Lyon, 1681) l'auroit rendu ridicule si le P. Mauduit eût été connu (p. 53) : Sur le silence du sieur Bochart, ministre, lorsqu'il vouloit complimenter M. le marquis de Montausier.

1. Ces initiales désignent madame La Comtesse De La Suze. — On trouve son ode intitulée *le Triomphe d'Amarillis, pour Madame la duchesse de Chastillon*, page 129 du *Recueil de pièces galantes* de Mme la comtesse de la Suze et de M. Pellisson (édit. de Trévoux, 1741).

Et l'on voit bien à leur splendeur
Que le feu qu'en Pinde on va boire
N'en a pas fait toute l'ardeur.

XIV.

Sur les pilotis d'Amsterdam[1].

Il semble, à voir ce long amas,
Qui se fiche en ce lieu sous de pesantes modes,
Qu'aussy bien que les autres masts,
Il veuille aller aux antipodes,
Ou qu'au moins aux enfers il descende en baston
Pour la marmite de Pluton.

XV.

De Lysis.

Lysis, pour devenir sçavant
Plus que ne l'est homme vivant,
N'a qu'à s'estudier soy-mesme :
La vie en peut faire l'autheur,
Il doit s'apprendre ; et sur ce thême
Estre et le livre et le lecteur.

XVI.

De Jean et de Thibaud.

Tu veux que Jean te remercie
De quelques biens receus de toy ;
Mais, Thibaud, à ce que je voy,
C'est dont fort peu Jean se soucie.
Ce ne sont que presents masquez,
Que justes gages extorquez,

---

[1]. Allusion aux agrandissements considérables faits à la ville d'Amsterdam en 1652.

Qu'il s'offre, dit-il, à te rendre;
Je ne dois point l'y condamner :
Il eut l'adresse de les prendre,
Et non pas toy de les donner.

XVII.
Des nations.

Tu dis qu'avec cent nations
En tes peregrinations
Tu choquas autresfois le verre;
Ne le dis plus, car, en deux mots,
Je n'en sçay que deux sur la terre :
Les honnestes gens et les sots.

XVIII.
A Cleonte.

Tu dis, Cleonte, en m'exaltant,
Que ce prelat qu'on prise tant
A mal reconnu mon merite :
Pourquoy l'en accuser ou s'en plaindre aujourd'huy?
Ne sommes-nous pas quitte à quitte?
S'il n'a rien fait pour moy, je n'ay rien fait pour luy.

XIX.
A madame la marquise de C.[1]

Nymphe dont j'ay l'ame charmée,
Ton present, quoyque cher, m'est pourtant importun :
Me donner un bout de petun,
N'est-ce pas, en un mot, me paistre de fumée?

---

1. Peut-être ces initiales désignent-elles madame la marquise de Chassaingrimont, dont le mari étoit ami de Saint-Amant. — L'année qui précéda la publication du volume de

Cependant, et soit dit sans jeu,
Mon cœur, susceptible du feu
Comme un bois vieil et sec, se pourroit bien esprendre.
Dieux! il brûle dejà, mais qu'il durera peu!
Le petun et le cœur s'en vont reduits en cendre.

XX.

Le bon ingrat.

Pourquoy veux-tu que j'en réponde?
Obliger le brave Remy,
C'est du meilleur homme du monde
Faire son plus grand ennemy.

XXI.

Sur un manifeste.

O le bel ouvrage gothique!
O le merveilleux entretien!
Qu'en l'un et qu'en l'autre soustien
S'en doit admirer la pratique!
Les cieux y servent l'heretique,
Et les enfers le vray chrestien :
Voy, Duc, si je parle du tien.

Saint-Amant (1657), la marquise étoit à Paris, et le petit de Beauchasteau lui disoit :

Est-ce pour rehausser l'eclat de vostre gloire
    Que vous pretendez faire croire
    Que vos beaux yeux ont vu le jour
En un lieu qui jamais ne connut nostre cour?
    C'est une pure raillerie,
    Car je jurerois sur ma vie
Que, pour avoir l'esprit si galant et si beau,
    Le Louvre fut vostre berceau.

(*La Lire du jeune Apollon, ou la Muse naissante du petit de Beauchasteau*, in-4, 1657, p. 241.)

XXII.

Les Committimus[1].

Ouy, nous en avons à revendre,
De bons et beaux committimus;
Les miens de joye en sont esmus,
Et leur amour vient me l'apprendre.
J'en ay comme escuyer du roy;
J'en ay, sans m'en tenir sur le haut quant à moy,
Comme estant de l'academie.
Mais voyez de mes maux le trop heureux excès!
M'en plaindray-je à face blesmie?
Pour n'avoir point de bien, je n'ay point de procès.

XXIII.

Les rimes fatales.

Ne te plains point, mon cher Faret,
Si je te rime à cabaret,
Et ne m'en fais point un opprobre :
Ne vois-tu pas, esprit charmant,
Qu'encor qu'on me tienne assez sobre,
On me rime bien à gourmand.

XXIV.

Le bien et le mal vestu.

Lorsqu'en juillet on voit Denis,
On voit deux contraires unis

---

1. Le *committimus* étoit un droit ou privilége que le roi accordoit aux officiers de sa maison de plaider en première instance aux requêtes de l'hôtel ou du Palais en toutes leurs affaires, et d'y faire renvoyer ou évoquer celles qui seront pendantes devant d'autres juges, pourvu qu'elles ne soient point contestées. (Furetière.)

En l'habit dont il s'accommode :
Porter un drap tout clinquanté,
Contre la saison et la mode,
C'est une riche pauvreté.

XXV.

D'un edenté.

Estienne, à quiconque le choque
Ne sçauroit plus monstrer les dents ;
Toutesfois à table il se moque
De tous ces tristes accidents.
Ce fameux amy de la vigne
Est par plus d'un desastre insigne
Privé de son beau ratelier ;
Mais, n'en ayant que la mâchoire,
Il crie, à l'honneur du celier :
Il ne faut point de dents pour boire.

XXVI.

Le voyageur.

J'ai veu l'un et l'autre hemisphere,
De mes voyages on discourt,
Et le seul qui me reste à faire,
C'est le plus long et le plus court.

XXVII.

Responce à certain vers d'un bout rimé [1].

Il est vray, je l'avoue ycy,
Saint-Amant n'est point diaphane.
Il est gros et gras, Dieu mercy,

---

1. A l'occasion de la mort du perroquet de Mme du Plessis-Bellière (novembre 1653, voy. Loret), il parut un nombre in-

ÉPIGRAMMES.

Et tord la crouppe en cu de cane.
Mais celuy qui d'un si haut son
Pour l'oyseau mort fit la plainte aigre,
Quoy qu'il ait le garbe assez maigre,
S'engraisse bien d'autre façon.

XXVIII.

De Marthe.

Marthe ne veut point qu'on la sangle ;
Elle use à tous de cruauté,
Encor qu'en sa meure beauté
Son fier pucellage l'estrangle.
De cet objet assez chery,
Soit en galant, soit en mary,
Aucun ne se doit rien promettre.
D'où vient cela ? le dirois-tu ?
C'est qu'elle abhorre à se soumettre,
Et que l'orgueil fait sa vertu.

---

fini de sonnets (voy. *Recueil* de Sercy, t. 3) sur ces rimes, dont Sarasin fit un si heureux emploi dans son poème de *Dulot vaincu* : chicane, capot, pot, soutane, diaphane, tripot, chabot, profane, coquemar, jaquemar, barbe, débris, barbe, lambris. — Un anonyme, M. le P. G., entra en lice, et dit :

    Plutôt le procureur maudira la chicane,
Le joueur de piquet voudra se voir capot ;
Le buveur altéré s'éloignera du pot,
Et tout le parlement jugera sans soutane,

    L'on verra Saint-Amant devenir diaphane ;
Le goutteux tout perclus hantera le tripot ;
Madame de Rohan quittera son Chabot,
Et d'ouïr le sermon sera chose profane.....

    Que d'oublier jamais ton funeste débris,
Aimable perroquet ; j'en jure sainte Barbe,
Ton portrait à jamais ornera mon lambris.

XXIX.

De Martin noyé.

Donc le miserable Martin
A finy son pauvre destin
Dans l'onde où commence la Somme ?
Hé ! qu'en diray-je en voix de chat ?
Quand le malheur poursuit un homme
Il se noyroit dans un crachat.

XXX.

Les lutteurs inegaux.

De ce geant plus fort que quatre,
Pauvre nain, pourquoy te plains-tu ?
Il eut la honte de t'abbatre,
Et toy l'honneur d'estre abbatu.

XXXI.

Sur un mariage.

Jacques veut bien se marier,
Comme sans cesse on le luy chante,
Si quelqu'un veut l'apparier
A la femme la plus mechante.
Mais, sur l'un et sur l'autre sort
Consultant son foible et son fort,
Il craint de trouver la meilleure :
Loin d'elle il mourroit desormais,
L'aymeroit trop, à la malle-heure,
Et ne s'en deferoit jamais.

XXXII.

Des chanceliers.

Pourquoy les chanceliers, grands en cette contrée,
Mesme en la mort des roys ne vont-ils point en deuil?
  C'est parce que leur reine Astrée
  N'y reconnoist point le cercueil.

XXXIII.

Le choix mediocre.

Est-ce là ce Dieu que la pomme
Voudroit avoir pour son appuy?
Jamais mes yeux ne virent homme
Plus fait comme un autre que luy.

XXXIV.

A un emprunteur.

Que je te prête quelque chose?
Vrayment, j'en ay bien le pouvoir!
Mon pauvre amy, tu dois sçavoir
Que plus de rien je ne dispose.
J'ay fait de moy-mesme un tel don
A ma noble et rare dondon
Qu'un prest me rendroit infidelle :
Bref, je vy si fort sous sa loy
Qu'il faut que je m'emprunte d'elle
Quand je me veux prêter à moy.

XXXV.

A un dissimulé.

Petit homme à l'œil esraillé
Ne reviens plus, tout debraillé,

M'entretenir ainsy du Louvre.
Je te connois comme un pivert :
Quoy que ton poitrail se découvre,
Tu ne dis rien à cœur ouvert.

XXXVI.
Les yeux battus.

Ah! que ces yeux dont tu m'enflames,
Belle, au grand nom de Thalestris,
Sont, pour avoir blessé tant d'ames,
Justement battus et meurtris!

XXXVII.
Sur l'Epiphanie de Du Lot[1].

Je voudrois bien garder la rime
Que Du Lot a faite aujourd'huy ;
Mais de l'innocence d'autruy
J'aurois peur de me faire un crime.
Sa folie excuse ses vers ;
Qu'ils soyent de long ou de travers,
Le bourru n'en a rien à craindre.
Cependant moy, qui hais leur jeu,
Comme discret, pour les esteindre
Je les vay jetter dans le feu.

XXXVIII.
De l'escriture.

Sur toutes les inventions
Dignes de nos reflections,
Peuples, admirez l'escriture.
C'est la présence des absens,

---

1. « Il (Dulot) faisoit des vers assez plaisants, tesmoin le Cantique de l'Epiphanie, qu'il chantoit sur je ne sais quel air.

C'est la muette aux hauts accens,
C'est l'invisible en sa peinture;
Enfin, c'est l'art dont la nature
Se voit faire un sixiesme sens.

XXXIX.
A un hableur.

Tu ne me sçaurois attraper,
En vain ton beau discours s'allonge :
Rodolphe, ce qu'on dit à dessein de tromper,
Encore qu'il soit vray, n'est pourtant qu'un mensonge.

XL.
D'un certain Père conventuel.

Libertin qui dis qu'en nos jours
Il ne se voit plus de miracles,
Vien voir un Pere ycy dont les profonds discours
S'estiment comme autant d'oracles;
Vien voir son corps, qui de menu
Si monstrueux est devenu
Que son ventre bouffy de graisse
En vaut trois d'une bonne abbesse.
Tes yeux voudroient-ils pour garans
Des miracles plus apparans
Que de se faire gras où l'on jeûne sans cesse,
Et devenir docteur parmy des ignorants ?

XLI.
De l'hyver du Nort.

Comte, l'hyver est tel sous l'empire de l'Ourse,

Il y avoit plus de trois cents vers. » (Tallemant des Réaux, édit. in-18, t. 9, p. 90.) — Dans une note, le savant éditeur dit que ce cantique ne paroît pas avoir été imprimé.

Quand le rude aquilon quitte son trou natal,
Que de l'urine, chaude au sortir de sa source,
L'outil peut faire en l'air une arche de cristal.

XLII.

De l'hyver du Nort.

Theandre, par la rue il ne fait pas bon estre :
Il fait si froid la nuit, quand tout vient à briller,
Qu'avecques du pissat jetté par la fenestre
On assomme un passant au lieu de le mouiller.

XLIII.

Sur un libraire.

L'autre jour, achetant des livres,
Je marchanday jusques au mien ;
Mais, quoy que l'on me connust bien,
On me le fist plus d'onze livres.
A ce mot, me trouvant trop cher,
Je fus tout prest de me fâcher
Contre le siecle et le poëme ;
Au diable, dis-je, soit la gent!
Qui ne deviendroit indigent?
Je ne me puis avoir moy-mesme
Qu'il ne m'en couste de l'argent.

XLIV.

De l'hyver du Nort.

Que l'air en cette ville est cruel en decembre,
Encore qu'il s'y montre et lumineux et beau!
Lorsqu'on y veut le soir vuider un pot de chambre,
On y commet un meurtre, et le sang vient de l'eau.

XLV.

Sur un fameux escrivain.

Cet autheur que je viens de lire
Dit bien les choses qu'il veut dire;
Mais, pour r'abbatre son credit,
On dit qu'il devroit s'interdire
De dire les choses qu'il dit.

XLVI.

Faute punie par une plus grande.

Doris, ma longue negligence
A t'aller rendre mes devoirs
Entre les crimes les plus noirs
Merite le moins d'indulgence.
J'en suis honteux, j'en ay regret;
Mon cœur est mon juge secret,
Belle de charmes trop pourveue,
Et, pour me punir desormais
Du temps coulé sans t'avoir veue,
Je ne te verray plus jamais.

XLVII.

Les caracteres frisez.

Tout regne ycy dans la mollesse,
Tout y conspire à l'engendrer :
On frise l'M, on frise l'S ;
Il ne faut plus que les poudrer.

---

1. C'est en 1656 que parut le volume des poésies de La Ménardière. Peut-être est-ce au luxe de traits de plume qu'y voient que Saint-Amant fait allusion.

XLVIII.

Sur le mesme sujet.

En ces jours et vains et menteurs
Toutes les choses se déguisent :
Pour attirer les acheteurs
Les lettres coquettes se frisent ;
 Et, comme elles ne sont que vent,
Du galimatias elles donnent souvent.

XLIX.

Le dialogue.

— Je n'oserois revoir le Tybre,
L'ample Tamise encore moins ;
Des autres lieux, pour d'autres points,
L'accès à peine m'est-il libre.
Où dois-je donc tourner mes pas ?
— Amy, va t'en jusqu'au trespas
Te rembuscher dans ta Neustrie.
— Mais qu'y ferai-je, desolé ?
— Tu feras voir qu'en sa patrie
Un homme peut estre exilé.
— Le grand mal-heur ! l'apre infortune !
Adieu Cybelle, adieu Neptune !
Mon propre ennuy m'a consolé.

L.

La finesse inutile.

Paul, on est toûjours sur ses gardes
Avec ce grand que tu regardes,
Au nez camus comme un dauphin ;
On le craint, on le fuit, de fraude on le soupçonne ;
 Si bien qu'à force d'estre fin
Il se trompe soy-mesme et ne duppe personne.

LI.

Le visionnaire.

Cet esprit en ses fonctions
Ne crache plus qu'abstractions,
Et qu'espaces imaginaires.
Il s'est si bien entretenu
Aux beaux vers des Visionnaires
Que luy-mesme l'est devenu.

LII.

Sur l'incendie de la prison des aydes.

Quel noir spectacle de bruslez !
Nos cœurs, et transis et gelez,
En souffrent des peines extrêmes.
Je voy bien qu'aujourd'huy tous les maux ont leurs cours
Puisqu'au milieu des aydes mesmes,
Tant d'hommes innocens ont manqué de secours.

LIII.

Ressemblance dissemblable.

Guy, ton peintre, à ce qu'il m'en semble,
Est bon et mauvais tout ensemble,
Je le remarque à ton portrait :
A merveilles il te ressemble,
Et cependant il est mal fait.

---

1. *Les Visionnaires*, comédie fort curieuse de Desmarets de Saint-Sorlin, qui parut en 1647, et qui donne des portraits réels sous des noms allégoriques. Cette pièce a été réimprimée dans le *Recueil* de Mme de La Suze (5e vol.) et dans le *Recueil* de La Monnoye.

LIV.

Impromptu à Maistre Adam.

Tu n'es plus le premier des hommes,
Cher maistre Adam, qui te consommes
A fabriquer de si beaux vers ;
Resserre-toy dans tes limites ;
Claude, estonnant tout l'univers
A trouvé les Préadamites[1].

LV.

Impromptu sur un vanteur gascon.

Luc dit s'estre evertué
A meurtrir les Infidelles ;
Mais je croy qu'il n'a tué
Que le temps et des chandelles.

LVI.

Imitation de l'espagnol du duc d'Ossuna[2].

Ne permets rien sur la parole
De ce ribaud qui te cajole
Pour en venir à l'action.
Songe, Florinde, à l'inconstance :
Qui ne paye, en effet, dans la tentation,
Payra mal dans la repentance.

---

1. *Claude* est ici un nom de fantaisie, et non celui du savant ministre. — Le livre des *Préadamites* parut en 1655 en Hollande. Il est d'Isaac La Peyrère.

2. Voy. le texte dans la préface de Saint-Amant (t. 2, p. 16).

ÉPIGRAMMES.

LVII.

Sur un Centaure, imitation d'un poëte grec.

Que voy-je courre dans ce val ?
Un cheval qui vomit un homme ?
J'en suis en doute, et je le nomme
Un homme qui chie un cheval.

LVIII.

Imitation de la Didon d'Ausonne[1].

Que d'espoux et d'amant en suitte,
Tes jours, pauvre Didon, furent mal secourus !
L'un mourut et tu pris la fuitte ;
L'autre s'enfuit, et tu mourus.

LIX.

Epitaphe.

Cy-gist, dont j'ay l'esprit perplex,
Le corps de Scipion[2]... [Dupleix],
Honneur de la langue françoise.
Passant, voy ses labeurs, dignes du bon Vulcain,
Et grave après sur quelque ardoise
Qu'il avoit merité le surnom d'Affricain.

---

1. Infelix Dido, nulli bene nupta marito !
   Hoc pereunte, fugis ; hoc fugiente, peris.

2. Scipion Dupleix, né à Condom en 1569. Défenseur de notre vieille langue, il écrivit dans ses idées, qui étoient celles de Mlle de Gournay, son livre de *la Liberté de la langue françoise* contre Vaugelas. La date de sa mort (1661 ou 1662) explique pourquoi Saint-Amant a laissé son nom en blanc en 1658.

LX.

Galanterie.

Corneille, Brebeuf, Saint-Amant,
Font triompher l'éclat normand;
Brebeuf, Saint-Amant et Corneille
Ont une verve sans pareille;
Saint-Amant, Corneille et Brebeuf
Aux plus forts presentent l'esteuf[1].

LXI.

Responce.

Vence[2], Chapelain et Gombaud
Sont prests d'en soustenir l'assaut;
Chapelain et Gombaud et Vence
Marchent au jeu pour la deffence;
Gombaud et Vence et Chapelain
Les froteront, batoir en main.

---

1. *Esteuf*, balle du jeu de longue paume. On dit proverbialement : repousser ou renvoyer l'*esteuf*, pour dire : repliquer vertement (Furet.) — Nous dirions : renvoyer la balle, etc. (Richelet nous apprend qu'on prononçoit *éteu*.)

2. C'est-à-dire l'évêque de Vence et de Grasse, Ant. Godeau, si connu à l'hôtel de Rambouillet sous les noms de Nain de Julie et de Mage de Sidon. Il étoit de l'Académie françoise. Le nombre de ses ouvrages est considérable.

GALANTERIE CHAMPESTRE[1].

Bergere, dont les chers appas
Font et ma vie et mon trespas,
Pour toy sans cesse je soûpire;
Mais, te voulant desabuser,
O Dieu! pourray-je bien le dire?
Je t'ayme trop pour t'epouser.

Je suis dejà presqu'aussy vieux
Que l'onde, la terre et les cieux,
Nobles temoins de mon martire;
A peine de moy puis-je user,
Et la raison me fait t'ecrire :
Je t'ayme trop pour t'epouser.

Qui dit vieillard avec espoux,
A le bien prendre, dit jaloux,
Et quelque chose encor de pire.
L'homme impuissant peut tout oser;
Ce seul mot donc te doit suffire :
Je t'ayme trop pour t'epouser.

Mon triste et malheureux troupeau
N'a plus que les os et la peau,
Quelque belle herbe qui l'attire;
Aux loups il semble s'exposer,

---

1. Cette piece a esté faite il y a plus de cinq ou six ans.
C'est tout ce que j'en ay à dire. (S.-A.)

Quand l'echo respond à ma lyre :
Je t'ayme trop pour t'epouser.

Helas ! c'est le seul instrument
Qui soit à ton commandement
De tous les biens du bon Satire.
Tu dois toy-mesme l'excuser,
S'il dit, n'ayant plus rien à frire :
Je t'ayme trop pour t'epouser.

Ma panetiere au desespoir
Ne s'enfle plus de gros pain noir ;
Mes ruches n'ont ni miel ni cire ;
Il ne faut plus rien deguiser :
Bien qu'en mon ame je t'admire,
Je t'ayme trop pour t'epouser.

Mon pauvre chien est devenu
Si chetif, si gresle et si nû
Qu'il se fait peur quand il se mire ;
Sa langue n'ose s'arroser ;
Et, m'oyant, il hurle au zephire
Je t'ayme trop pour t'epouser.

Ma houlette, ce grand baston,
Qui jadis regit le mouton,
N'est plus qu'un sceptre à faire rire :
Pour le feu je la vay briser,
Et sur ses cendres feray lire.
Je t'ayme trop pour t'epouser.

Mon estoile au front couronné
M'a, peu s'en faut, abandonné
Dans l'antre obscur où je respire ;
J'en songe à me faire touser [1],

---

[1] Tondre ; du supin *tonsum*, avec le changement si fréquent d'N en U. Ce mot s'est conservé dans le patois angevin et dans le patois normand.

Et crie, encor sous ton empire :
Je t'ayme trop pour t'epouser.

Enfin, ton fidelle pasteur,
Ton captif, ton adorateur,
Bien loin du monde se retire ;
Et, dejà prest d'agoniser,
Il dit, malgré ce qu'il desire :
Je t'ayme trop pour t'epouser.

RESPONCE.

Près de la Seine au vaste cours,
J'ay leu ton estrange discours
Qui ne me fait que trop d'injure.
Quoy donc ! m'aymer et me trahir !
Ah ! va, cœur double, va, parjure,
Je m'ayme assez pour te hayr.

Ce fleuve, pere du roseau,
Où pend le lin de mon fuseau,
A detesté cette lecture !
Tu ne dois point t'en ebayr :
Puisque je chante en son murmure,
Je m'ayme assez pour te hayr.

Ses beaux muets, ses doux poissons,
Qui de ma voix suivent les sons,
En ont maudit ton escriture ;
Et, s'arrestant pour mieux m'ouyr,
En sifflent, contre leur nature :
Je m'ayme assez pour te hayr.

De la toison de mes brebis
Je t'aurois filé des habits
A te parer de la froidure ;

J'aurois mis du chanvre à rouyr,
Pour... Mais, quoy que ton corps endure,
Je m'ayme assez pour te hayr.

Puisse mon œil te voir sujet
De quelque autre fatal objet
Dont l'ame soit revesche et dure !
Puisse la lepre t'envahir !
J'entonneray sur la verdure :
Je m'ayme assez pour te hayr.

Les miens, sçachant ton peu de foy,
D'un bien autre berger que toy
M'ont dejà fait quelque ouverture ;
Je me sens preste d'obeyr,
Et diray, brûlant ta peinture :
Je m'ayme assez pour te hayr.

Mais, si tu disois sans ruser :
Je t'ayme assez pour t'épouser,
J'yrois soudain à la rupture ;
Et, quand on devroit m'enfouyr,
Je dirois dans ma sepulture :
Je m'ayme trop pour te hayr.

L'ATLAS EN CADRAN

Où les heures sont representées en Nimphes sur un globe qu'il porte.

Quel faix au plus puissant qu'estre chargé de filles !
Il n'est point de bon dos qu'il ne fasse courber.
Pensez-y, chefs d'amples familles :
Tout Atlas que je suis, je crains d'y succomber,
Moy qui jadis le Ciel ay gardé de tomber.

Mesme parfois sous les meilleures
Je passe d'assez tristes heures.
Pour les femmes, je n'en dis rien :
Hercule, qui gousta des vertes et des meures,
Ne l'apprit que trop bien.

LA RADE[1].

Caprice marinesque à Monsieur DE TILLY,
gouverneur de Colioure.

Que ne puy-je, illustre Tilly,
Faire d'un sac de cuir bouilly
Un portatif antre d'Eole ?
Le sieur d'Ithaque[2] le pût bien,
Quoyqu'au mestier où le pin vole,
A mon regard, il ne sçeut rien.

Vrayment, c'estoit, au prix de moy,
Un beau coureur que ce beau roy,
Sur la vague propre au manége ;
Et ses souspirs obligeoyent fort
Sa belle princesse de nege[3]
Pour faire aux vents un tel effort.

---

1. Cette piece a esté faite l'an 1651, comme je revenois de Hollande en France, et ce fut dans un navire des Estats, où je demeuray douze ou quinze jours à attendre le vent, à l'embouchure de la Meuse, vis-à-vis d'un petit bourg appelé Helvoutslus, qui veut dire Escluse-Pié-d'Enfer, de l'autre costé de la Brile. (S.-A.)
2. Ulysse. (S.-A.)
3. Polimele, fille d'Eole. (S.-A.)

Pendant que l'un de ces demons
S'enfle et s'obstine les poulmons
A m'empescher de voir la Seine,
Je veux, cher frere d'amitié,
Sur la Meuse, où je vis en peine,
T'en escrire au moins la moitié.

Mais, veu la qualité du temps,
Quel porteur est-ce que j'attens
Qui te puisse rendre ma lettre ?
L'air est contraire à mes desirs,
Et l'onde ne peut me promettre
Que d'infidelles déplaisirs.

Il n'importe, allons au discours ;
Il nous viendra quelque secours
De son infidelité mesme.
Tout est changeant sous le soleil,
Et tel front à cette heure est blesme,
Qui dans un rien sera vermeil.

En grande nef je suis logé
Avec un petit enragé
Qui l'encheriroit sur le diable :
Il court, il peste, il fait du bruit,
Il est à boire insatiable,
Et me tourmente jour et nuit.

C'est un rustre de Holandois,
Qui plonge et sauce un de ses doigts
Dans le sel et dans la moustarde,
Et qui sans cesse a dans le bec,
Soit bon matin, soit heure tarde,
Le stokfisch ou le haranpec[1].

---

1. L'un (le stokfisch) est une espece de poisson ressemblant à la morue seche, et l'autre un haran qui se mange tout cru au sortir de la cacque. (S.-A.)

LA RADE.

C'est un capitaine au berceau,
Qui, plus flotant que son vaisseau,
Va, branle, vient, vire et revire;
C'est, en Bartas, un donne-ennuy [1]
Qui fait trembler tout le navire,
Bien que tout tremble devant luy.

Cependant, quelle cruauté!
Son lit possede une beauté [2]
Gentille, noble et gracieuse,
Et, par des revers inhumains,
Une pierre si precieuse
Esclatte en ses indignes mains.

La sombre Irlande est le pays
Où tous les astres esbays
Virent poindre cette lumiere :
Ce fut où son beau jour natal,
Contre la regle coustumiere,
Fit un lever occidental.

Elle est brunette, elle a des yeux
Qui pourroient des ans les plus vieux
Rajeunir la concupiscence;
Toutesfois, dans leurs vifs appas
Ils font regner tant d'innocence
Qu'ils luisent, et ne bruslent pas.

Souvent, mais d'un chaste dessein,
Elle decouvre son beau sein
Pour allaiter un petit ange;
Entre ses bras il fait dodo,
Et tel diroit, à leur louange,
Que c'est Cyprine et Cupido.

1. Raillerie sur les epithetes composez de Du Bartas. (S.-A.)
2. C'estoit la femme de ce capitaine, qui l'estoit venu voir en attendant que le vaisseau partist. (S.-A.)

Mais moy, qui sçais mieux ma leçon,
J'en parleray d'autre façon,
Rentrant tout court dans le caprice,
Et diray (Deïtez à part)
Qu'onc poupart n'eut telle nourrice,
Ni nourrice n'eut tel poupart.

En ce navire de respect,
A peine mon cu circonspect
Ses propres souffleuses tolere :
C'est se contraindre horriblement ;
J'aymerois mieux estre en galere
Et pouvoir peter librement.

Quelquesfois un grand os de bœuf,
Qu'on sert des repas plus de neuf,
A nostre faim y rend hommage ;
J'y suis traité de vieux pain bis,
De gruau rouge et de fromage
Teint en l'ordure des brebis.

Un jambon, maigre, jaune et dur,
Pour boire un vin, dirai-je sur ?
Est le beau mets dont on m'y leurre ;
Et quatre pommes dans un plat
Y nagent en de vilain beurre
Qui tient du suif tout son eclat.

Je porte envie aux amoureux
Qui, dans leur chasse malheureux,
Prennent du vent pour toute chose :
Nous prenons assez de poisson ;
Mais pour de l'air qu'ayme la rose
Nous ne savons point d'hameçon.

Ha! doux Zephyre, te voycy!
Je ne seray plus en soucy,
Quand je n'aurois plus rien à boire :

Car, comme un brave a dit souvent
Qu'on trouvoit tout dans la victoire,
Je trouve tout dans le bon vent.

Déja se forme une rumeur
De l'equipage en gaye humeur,
Autour de l'ancre et de la voile ;
Déja cent mains levent le fer,
Cent autres abbaissent la toile,
Et moy je chante : Adieu l'enfer ![1]

Cher frere, enfin j'yray te voir,
Sans attendre, en ce beau devoir,
L'horreur d'une vieillesse extreme ;
Déja mon aage est tout bossu,
Et, bien que sous le Nort je seme,
C'est pour recueillir sous le Sù.

PLACET

A Monseigneur le CHANCELIER, *pour un privilege de verrerie*[2].

Esprit grave, noble et charmant,
Il n'est plus de justice en terre
Si pour une affaire de verre
Tu refuses un Saint-Amant.
Je ne crois pas que tu le puisses,
Considerant, lorsque je boy,

---

1. A cause tant du sejour ennuyeux de la rade que du nom du bourg vis-à-vis duquel nous estions. (S.—A.)
2. Cette piece a esté faite il y a plus de vingt ans. (S.—A.)

Que ton gendre[1] parle pour moy,
Et qu'il est general des Suisses.
Depesche donc, je suis hasté,
Et mon impatience gronde;
Ce n'est que pour fournir au monde
Dans quoy trinquer à ta santé.
Est-il besoin de te le dire ?
Il ne me faut qu'un cercle empraint de nostre sire,
Et je te jure par le ciel
Qu'à l'honneur de ton nom cent vers je feray lire,
Plus coulants que ta propre cire
Et plus doux mesme que le miel.

IMPROMPTU.

Prens garde à toy, bon maistre Charles,
Et gouverne ta bouche avecque jugement :
De quelque chose que tu parles
On ne te voit jamais en parler sobrement.

1. C'estoit feu Monsieur le marquis de Coaslin, l'illustre des illustres (S.-A.), petit bossu, mais qui avoit du cœur et estoit de bonne maison (Tallemant).

PETIT MOT D'AVIS

PAR PRECAUTION.

La piece suivante me fut expressement commandée de la part du feu roy, par Son Altesse feu Monseigneur le Prince et par Son Eminence feu Monseigneur le cardinal duc de Richelieu, au voyage de S. M. en Piemont, un peu après la fameuse action du Pas de Suse. Je ne croy pas qu'il y ait aujourd'huy des personnes assez delicates pour s'en offencer, ni assez ignorantes pour ne sçavoir pas que tout est permis quand on est en guerre, où bien souvent les deux partis disent pis que pendre l'un de l'autre; et, lorsque la paix est faite, tout se tourne en risée, particulierement quand on n'a rien dit qui touche le veritable honneur. Voilà tout ce qui se peut dire pour ma justification.

Au reste, comme j'envoyois cette piece en cour, le pacquet en fut perdu, et il ne s'en parla plus depuis. Il m'en est arrivé autant d'une autre piece[1] de mesme stile que j'envoyois à l'illustre Monsieur l'abbé de Villeloin, qui, dans le noble et continuel exercice des belles-lettres, et d'une fertilité inouye et merveilleuse, nous donne, presque à chaque moment, de si beaux et de si grands ouvrages en prose. Mais enfin j'ay retrouvé les brouillons de ces deux pieces chés moy, en revisitant quelques autres papiers que j'y avois laissez. Toutesfois, je ne puis donner à la presse que celle-cy, pour de justes et puissantes considerations qui me le deffendent. Il est vray que,

---

1. L'autre paroît être *l'Albion*.

si tout le monde entendoit raillerie comme il faut, et qu'à l'exemple d'un Socrate on pouvoit souffrir de se voir jouer par un Aristophane sans en prendre la chevre, on verroit tous les jours mettre en lumiere bien d'autres choses qu'on ne voit, et, pourveu que tout fust dit et manié avec adresse et avec discretion, peut-estre que les Aristophanes mesmes serviroient à faire des Socrates.

LE GOBBIN[1].

Enfin le petit Rodomont
Se voit de nos armes la proye ;
Nous avons destruit le Piemont
Et rafflé toute la Savoye.
Ses ongles sont rognez si courts
Qu'à la honte du beau secours
Et de l'Empire et de l'Espagne,
Ce roy des Alpes aujourd'huy
Ne possede aucune montagne
Que celle qu'il porte sur luy.

A voir sa gibbe, on le prendroit
Pour un avorton d'Encelade,
Qui, mettant mont sur mont, voudroit
Presenter aux cieux l'escalade.
Mais, en l'estat de pauvreté
Où l'a reduit sa vanité,
Qui change sa feste en vigile,
Sous ce tertre de chair et d'os

---

1. Cette piece a esté faite il y a plus de vingt-huit ans, comme je le fais voir par l'advis qui precede. Il n'y a rien à expliquer. (S.-A.) — *Gobbin*, bossu ; plus loin, *gibbe*, bosse, de l'ital.

On diroit d'un gueux qui fait gile[1]
La besace dessus le dos:

Il s'est retiré dans un val
Avec une mesquine troupe,
Qui, soit à pié, soit à cheval,
A toujours le malheur en croupe.
Cependant son reste d'orgueil
N'est pas mis encore au cercueil;
Quelques discours qu'on en fagotte,
Soldats, il s'en faut defier:
Je pense qu'il porte la hotte
Afin de se fortifier.

Ce monstre fait en limaçon,
Dont l'audace n'eut point de bornes,
D'une ridicule façon
Veut encore montrer les cornes.
Il rampe, il bave de depit,
Il s'allonge et se r'accroupit,
Traisne sa voûte, s'evertue,
Et, comme il est fier et rusé,
Sous nos piés fera la tortue
Jusqu'à ce qu'il soit ecrasé.

Pour deffendre son peu de bien
Contre le grand sire des Gaules,
Ainsi qu'un chat devant un chien,
Il bouffe et hausse les epaules.
Depuis plus de septante hivers
Il aspiroit à l'univers,
Autrement la ronde machine;
Mais il montre à tous les humains
Que, pour l'avoir dessus l'echine,
On ne l'a pas entre les mains.

1 *Faire gile* ou *giles*, fuir.

Enfant d'Esope [1] malheureux,
Voilà que c'est que de la gloire,
Voilà comme un sort rigoureux
Change votre fable en histoire :
La montagne accouche d'un rat;
Vous escumerez en verrat
D'estre en butte aux traits que je tire.
Farce, tirons donc le rideau ;
Des bosses il ne faut pas rire :
Chacun portera son fardeau.

Nous en pourrions faire enrager
Le double sommet du Parnasse,
Mesme j'y voy plus d'un danger,
Et Cybele nous en menace.
Son char, où deux nobles lyons
L'un à l'autre nous allions,
S'est attelé de dromadaires;
Elle roule en globe dessus,
Et de cailloux orbiculaires
Fronde dejà pour les bossus.

GALANTERIE.

A M. D. B.

Uy, je suis pris, ma nymphe, je l'advoue :
Ces cheveux bruns qui flottent sur ta joue
Et sur ta gorge aussi blanche que lait,
Maugré mes dents, me tiennent au collet.
Je le confesse et ne m'en puis desdire,
Je meurs pour toy, je brusle, je souspire;

[1] La bosse d'Esope est proverbiale.

GALANTERIE.

Mais, Dieu mercy, cela ne m'oste pas
La volupté que l'on gouste aux repas;
Je la savoure ainsi qu'à l'ordinaire,
Et, sans mentir, belle, c'est pour te plaire:
Car je sçay bien que tu n'abhorres point
Ce qui conserve un illustre embonpoint.
Tu me l'as dit par des vers dont les muses
Seroyent enfin jalouses et camuses,
Si ce n'estoit que leur sexe honoré
S'en trouvera d'autant plus admiré.

Outre ces vers, tu me l'as dit en prose ;
J'en suis certain, et ta bouche de rose
M'a fait connestre, afin de m'engager,
Qu'elle sçavoit bien dire et bien manger :
Temoin le jour de nos bignets sauvages,
Où tes beaux doigts, faisant plus de ravages
Que ceux des dieux aux noces de Thetis,
Mirent à sac morceaux grands et petits;
Jour, dis-je, enfin, où parmy tant d'eclanches
Tu fis sortir deux cuisses de tes manches,
Dont en mon cœur si fort je m'estonnay
Qu'en disnant mesme à peine je disnay.

O que d'attraits en ces gros bras d'yvoire !
Que leur eclat rendit la nappe noire !
Je m'en repus, ou, pour le dire mieux,
Ma faim d'amour les devora des yeux.

DESBAUCHE HIPOCRATIQUE

Dont le premier couplet est pris d'une vieille chanson.

Les medecins sont des reveurs
Injurieux à la nature,
Qui disent que les bons beuveurs
S'en vont droit à la sepulture.
    Le vin rend le minois
    De couleur d'ecarlate.
    Je tiens pour Hipocrate,
Qui dit qu'il faut à chaque mois
S'enyvrer du moins une fois.

Si ce jus est un aliment,
Comme pas un d'ycy n'en doute,
C'est encore un medicament
A qui sait churluper la goute.
    Il n'est point en mes doigts
    Pour une bouche ingrate.
    Je tiens..., etc.

Il n'est ny sirop ny julep,
Quoy qu'en rapporte Mathiole,
Qui vaille cet esprit de sep
Dont une couppe est la phiole.
    Le seul nom de ce bois
    M'espanouit la rate.
    Je tiens..., etc.

Autant qu'est le vin en degré
Sur tous les autres gargarismes,
Autant est ce mot à mon gré
Sur les plus doctes aphorismes.

Je luy donne ma voix,
Il me plaist, il me flate.
Je tiens..., etc.

Je ne veux point de correctif
En cette liqueur souveraine :
L'eau le rendroit un vomitif
Qui feroit pester ma bedaine.
   Mais sous les pures loix
   Qu'en deux elle s'esclate.
  Je tiens..., etc.

Quiconque se drogue le corps
De rubarbe ou de scamonée
Suit le vilain chemin des morts
Et mene une vie embrenée.
   J'ay fait un meilleur chois
   O boisson delicate !
  Je tiens..., etc.

Le conquerant chef des goulus[1],
Avecques des horreurs extrêmes
Crioit toujours : Fy des bolus !
Au diantre soyent les aposemes ;
   Mesme aux derniers abbois
   Il chantoit sur l'Euphrate :
  Je tiens..., etc.

On peut bien donc le faire deux,
Puisqu'il en permet du moins une,
Celebrant loin de ces merdeux
La nouvelle et la pleine lune.
   Et, quand c'en seroit trois,
   Que rien on n'en rabate.
  Je tiens..., etc.

---

[1] Alexandre, qui mourut à Babylone, sur l'Euphrate.

Le net et franc dégobillis,
Je l'ay dit, et ne m'en puis taire,
Aux cœurs de la fievre assaillis
Est un recipé salutaire.
    J'en traite comme rois
    Et mon chien et ma chate.
    Je tiens..., etc.

Lorsque cet homme sans pareil
Trouva Democrite en sa quinte,
Il luy donna ce beau conseil
Entre la grillade et la pinte :
    Amy, si tu le crois,
    Touche-moy dans la pate,
    Et tiens pour Hipocrate,
Qui dit qu'il faut à chaque mois
S'enyvrer du moins une fois.

DEUX COUPLETS

A inserer en certain endroit d'une plus grande piece.

A Messieurs les Academiciens de delà les monts [1].

ous feriez bien mieux de vous taire,
Messieurs les doctes impudents,
Que de clabauder en pedants
Sur des vetilles de grammaire.

1. Il semble que ces deux couplets, évidemment dirigés contre l'Académie françoise, dont Saint-Amant faisoit partie, doivent être placés dans la pièce du *Poëte crotté*, après la tirade (t. 1er, p. 224) qui commence par ces vers :

    Adieu, vous qui me faites rire,
    Vous, gladiateurs du bien dire.....

IMPROMPTU.

O les fins, ô les beaux esprits!
Qu'il sort de merveilleux escrits
De vostre fameuse boutique!
Les culs vous en sont obligez :
Ils leur sont doux, trouppe critique,
Quand vous les avez corrigez :
Aussy le mien en pets honnestes
Vous en yroit remercier;
Mais il craint de balbucier
Devant de si capables testes.
D'autre costé, sçachant fort bien
Que vous ne pardonnez à rien
Dans vostre belle Academie,
Il a peur, quoyque vieil et laid,
D'y voir sa chaste preud'homie
Embrochée en cochon de lait.

IMPROMPTU.

Signor, nò, vous vous meprenez :
Quoy! se vouloir donner carrière
Au grand aspect de mon derriere!
Ouy, vrayment! c'est pour vostre nez.

ADVIS.

C'est ycy veritablement le lieu où je dois dire RAILLERIE A PART, avec bien plus de raison que je ne l'ay dit autrefois, dans le premier volume de mes œuvres; mais la difference qu'il y a, c'est qu'en cestuy-cy l'enjoué va devant, et le serieux va derriere. L'ordre mesme de la vie humaine et de la vertu morale l'exigent ainsi de toutes nos paroles et de toutes nos actions; et, bien qu'on soit obligé d'estre sage en tout temps, neantmoins il semble qu'on y soit beaucoup plus obligé en une saison qu'en une autre. Ce livre-cy sera donc comme un homme qui, s'estant laissé emporter durant sa jeunesse, et mesme bien avant dans l'aage viril, à tous les excès et à toutes les folies du monde, revient à soy sur le declin de ses jours, se reconnoist, et, se jettant tout à coup dans la temperance et dans la retenue, se montre aussy grave et aussy modeste qu'il l'avoit esté peu auparavant.

Pour ce qui est de la piece qui suit, j'y parle comme on doit parler dans les royaumes electifs, et comme on en parle presque dans tous les autres, où l'on n'en sçait pas tous les inconveniens; mais, depuis que je les y ay remarquez, et que j'ay sceu de quelle maniere on y procede, j'ay reconnu qu'après tout il en falloit revenir aux estats où le seul et juste droit de succession fait tomber les sceptres entre les mains de ceux que la nature y appelle : car, bien qu'elle se detraque assez souvent, on ne la voit gueres s'egarer et se dementir à tel point qu'elle ne soit aussi raisonnable que la raison mesme; je dis la raison interessée comme elle est, qui, sous espoir de quelque chose d'avantageux à ses pretentions particulieres, se laissant gagner aux belles et trompeuses apparences, se trompe la pluspart du temps elle-mesme en son propre choix, et trouve à la fin qu'elle a fort mal pris ses mesures.

Mais ce n'est pas ycy le lieu propre à en parler davantage, et je finiray aussi-tost que j'auray dit qu'encore que cette piece et deux sonnets qui la suivent semblent n'estre plus de saison après les douloureuses choses qui sont arrivées, toutesfois, comme nous ne sommes pas responsables des evenements, et moins de ceux de la mort que de tous les autres, ce n'est pas à dire que, quand il plaist à la Providence divine que les malheurs arrivent et que les pertes se fassent, on doive jetter au feu ou condamner à un oubly eternel les escrits que nostre zele et nostre devoir ont tirés de nostre plume en un temps legitime où nos vœux font nos souhaits, et nos souhaits nos predictions, qui, comme purement poetiques, ne sont pas obligées aux veritez des prophetes.

STANCES[1].

Sur la grossesse de la Serenissime REINE DE POLOGNE *et de* SUEDE.

Muse, n'invoque point Lucine
Pour un royal enfantement,
Arrache plustost saintement
Cette plante d'erreur jusques à la racine ;
Puis, d'un vol humble et haut qui passe dans les cieux,
Va prier à genoux le monarque des dieux
   Qu'il veuille benir la grossesse
   De la plus rare et plus digne princesse
Que jamais la nature ait offerte à ses yeux.

   Oblige la Reine des anges,
   Qui, bien que Vierge, est mere aussy,
   A prendre l'auguste soucy
D'une reine soigneuse à chanter ses louanges,

[1]. Cette piece a esté faite l'an 1650. (S.-A.)

STANCES.

Fay que tes vœux ardens soient couronnez des siens,
Afin de disposer l'auteur de tous les biens
    Au but de ta grande requeste,
  Et de cent fleurs je t'orneray la teste
Si du fruit desiré le don tu nous obtiens.

    Toute la Pologne souspire
    Après ce bonheur sans pareil;
    Et, soit-il estoile ou soleil,
Ses rayons attendus charmeront cet empire;
Que si ce doux espoir, ce clair gage d'amour,
Dont la fin de neuf mois commencera le tour,
    Est du beau sexe qu'on adore,
  On le prendra pour une belle aurore,
Qui promet aux humains le grand astre du jour.

    Qu'il soit donc ou masle ou femelle,
    Il nous comblera de plaisirs :
    Louyse est sage en ses desirs,
Et nos cœurs en ce point doivent l'estre comme elle.
Il est vray, toutesfois, qu'au bien de sa maison,
Nous penchons tant soit peu, dans cette aspre saison,
    Vers l'objet le plus convenable.
  Si c'est faillir, la faute est pardonnable,
Et le siecle guerrier en fait une raison.

    Il demande un fils qui du pere
    Ait les heroïques vertus,
    Un fils qui des sentiers batus
Tienne la noble route, et sous qui tout prospere;
Un fils qui, de la gloire ardemment amoureux,
Ensemble et magnanime et grave et genereux,
    Du grand Cazimir soit l'image;
  Un fils illustre à qui tout fasse hommage,
Qui porte un jour le sceptre, et qui le rende heureux.

    Ce n'est point icy qu'on herite
    Par le sang, qui forme une loy;

STANCES.

Pour y pretendre d'estre roy,
Il faut l'estre dejà dans son propre merite.
Cet honneur souverain, d'où naist le potentat,
Ne dore aucune teste en cet habile estat
    Que l'estat ne l'en juge digne.
  Son prince [1] l'eust par ce moyen insigne;
L'esperer autrement n'est qu'un vain attentat.

  O que j'ayme cette coustume !
  Que cette libre election
  Du joug de la sujettion
    Oste de pesanteur et chasse d'amertume !
Que le droit successif fait aux yeux des mortels
Quelquesfois arroser de chevets et d'autels
    Dans les ennuis qu'il leur apporte !
  Et que le throsne occupé de la sorte
Leur produit de serpents, qu'ils souffrent quoique tels !

  Il ne donne pas d'ordinaire
  Un astre comme en ont les lys,
  Qui seront bien-tost embellis
Par le divin esclat de ce ce beau luminaire :
Les monstres vicieux, les tigres enragez,
Les lasches, les obscurs de paresse chargez,
    Viennent souvent de cette source,
  Et ceux encor de qui l'avide bourse
Engloutit en metal les peuples affligez.

  Mais quand, par la juste balance,
  Avec les equitables pois,
  Des meilleurs on peut faire un chois,
Il est à presumer qu'on trouve l'excellence,
Et je tiens pour certain qu'un titre acquis ainsy
Est bien plus glorieux et bien plus cher aussy

[1] Le trône de Pologne étoit électif, comme on sait, et Cazimir, de la famille des Vasa de Suède, y fut appelé par élection.

A quiconque en a l'avantage
Que s'il l'avoit par le seul heritage,
Ou que sans concurrent la chose eust reussy.

    Plus une palme est disputée
    Sur quelque arene que ce soit,
    Et plus un athlete en reçoit
D'honneur et de plaisir en sa force indomptée :
A peine a-t'il vaincu ses grands emulateurs
Qu'aussi-tost il en fait autant d'admirateurs
    Qui chantent sa propre victoire;
  Leur honte mesme en tire de la gloire,
Et le triomphe alors ravit les spectateurs.

    C'est pourquoy, Muse, je te presse
    D'employer ton zele enflamé
    Afin que du ciel reclamé
Le maistre soit propice à ma noble maistresse;
Devant ce throsne enceint d'invisibles suppos,
N'espargne ni souspirs, ni gestes, ni propos
    Pour voir dans peu Louyse mere,
  Et que le don qu'avec crainte elle espere
D'un secret mouvement asseure son repos.

    Jusqu'à l'entiere certitude,
    Jusqu'à cette agitation
    Qui prouve la conception,
Nous vivrons dans la peine et dans l'inquiétude;
La Vistule en suspens courbera les roseaux,
Ses muets et non sourds[1], ses Nimphes, ses oyseaux,
    Languiront après cette attente;
  Mais, si bien-tost leur oreille est contente,
Ils l'yront dire en haste à la reine des eaux.

---

1. Ses poissons. (S.-A.)

Pour moi, qui fay ma seule envie
De cette heureuse verité,
Avec peu de celerité
J'yray dire ma joye aux dieux de Varsovie,
Je feray retentir au grand son de mes vers
Les monts de ce climat, où le roy des hyvers
　　Étale aujourd'huy sa puissance,
　Et quand d'un prince on verra la naissance,
Je feray resonner tous ceux de l'univers.

　Les hordes nombreuses [1] qui roulent
　Avec leurs foyers et leurs toits
　Trembleront à ma forte voix
Jusqu'où du long Volga [2] les derniers flots s'escoulent;
Le fier usurpateur du sceptre maternel
Paslira dans Byzance [3] ainsi qu'un criminel
　　Qui prevoit l'heure des supplices :
　Il le rendra malgré tous ses complices,
Et j'espere chanter cet acte solennel.

---

1. Les familles des Tartares. (S.-A.)

2. C'est un des plus grands fleuves du monde. Il vient de la Russie blanche, et s'embouche dans la mer Caspie par quantité de bras, dont le principal est à Astracan. (S.-A.)

3. Parceque la maison de Mantoue est descendue par les femmes de celle des Paléologues, qui furent les derniers empereurs de Constantinople. (S.-A.)

SONNET
Sur les prochaines couches de S. M. P.[1]

Trosne, implore l'Autel! voycy le noble terme
Où l'astre encor caché se doit produire au
    [jour;
Il s'agite; il veut naistre, et, comme un autre
Sortir avec éclat de la nuit qui l'enferme.   [amour,

Depuis qu'un si beau champ nourrit un si beau germe
Neuf lunes sur neuf mois ont presque fait leur tour,
Et pour le grand moment déjà toute la cour
S'émeut, craint et fremit sous l'espoir le plus ferme.

Mais chassons loin de nous l'image de la peur;
Ce n'est qu'un spectre vain, un fantosme trompeur
Qui voudroit dementir l'oracle et l'apparence.

Le cours de la grossesse en assure le bien;
La pieté royale en fonde l'esperance,
Et l'appuy du ciel mesme en prête le soustien.

SONNET
Sur la naissance du P. D. P.[2]

Quelle aymable rumeur vient de s'épandre au
    [monde?
Mourez, crainte, mourez! Ha! sans doute il
    [est né,
Il respire le jour, ce prince destiné
A manier le sort de l'ample masse ronde.

---

1. Sa Majesté Polonoise.
2. Du prince de Pologne.

EPIGRAMME.

Je n'entens rien ycy qui ne s'entre-réponde;
Les cris ont tout esmû, les salves ont tonné,
Et de l'airain guerrier le chant clair et peiné
Du bronze haut et saint le grave bruit seconde.

Apprestons-nous, ma lyre, en ce beau point natal;
Il est temps que d'un son glorieux et fatal
Nous eslevions au ciel l'objet de nostre joye;

Vantons en vers divins ce miracle predit,
Et montrons que payer en si belle monnoye
C'est se faire un tresor d'honneur et de credit.

EPIGRAMME[1]

A son Altesse Madame la Duchesse de Longueville, *sur l'enterrement des prisonniers des aydes.*

Rare princesse, tu nous touches
Par tant de saintes actions
Que tous nos cœurs esmus en nos reflexions
En font parler toutes nos bouches.
Tes doigts, tes nobles doigts, s'estant comme avilis
En l'honneur de ces corps qu'ils ont ensevelis,
T'eslevent au degré de l'ame la plus juste,
Et le pieux esclat de leur enterrement
    Affranchira ton nom auguste
    Des tenebres du monument.

1. Voy. une pièce sur le même sujet, ci-dessus, p. 69.

STANCES[1]

A Monsieur CORNEILLE *sur son Imitation
de Jesus-Christ.*

J'ai lû tous les livres du monde,
 Et n'ay lû cependant, rare amy, que le tien;
  J'entends pour en tirer un bien
 Sur qui de mon salut l'édifice se fonde :
J'ay cent fois à mes yeux ouvert ce grand tresor :
Que dois-je lire après? cent fois le lire encor.

 Pour moy, je ne suis pas en peine
De sçavoir qui du chant t'a fourni le sujet ;
  L'apprendre n'est point mon objet.
Si l'autheur est douteux, la doctrine est certaine,
Et soit qui l'on voudra des trois noms disputez,
On doit tomber d'accord qu'il t'en doit les beautez.

 Je sçay bien que c'est une estoffe
Qui semble dedaigner l'emprunt des ornemens,
  Et que de si hauts sentimens
Veulent moins le poëte et plus le philosophe ;
Mais je sçay bien aussi qu'à leurs graves leçons
Ton luth seul pouvoit plaire en cent dignes façons.

---

1. Cette piece a esté faite l'an 1655. (S.-A.) — Dès 1651, Corneille avoit fait imprimer les vingt premiers chapitres du premier livre. — L'approbation des docteurs n'est datée que du 26 février 1656, à Rouen.

STANCES.

O que de zele ! que de charmes !
Que de solidité dans l'éclat de tes vers !
O que leur tour noble et divers
Pour emouvoir un cœur a de puissantes armes !
Le mien, tout froid qu'il est, d'amour en est épris,
Et ce miracle seul en peut montrer le prix.

Ouy ce miracle en fait la gloire ;
Il prouve plus que tout leur force et leur grandeur,
Et déjà par leur vive ardeur
J'emporte sur moy-mesme une sainte victoire ;
La chair cède à l'esprit, et les sens abattus
D'autant de passions font autant de vertus.

Mais sans le secours de la grâce
Cet esprit, quoyque fort, de luy seul agissant,
N'auroit rien que de languissant
A soutenir le poids de cette impure masse ;
Et qui pour l'estayer sur Dieu ne s'estayroit
Dessous son propre orgueil soudain trebucheroit.

C'est cette mesme grâce encore
Qui de ce grand travail t'a fait venir à bout ;
En toute chose elle peut tout,
Et c'est la seule aussi qu'en tout besoin j'implore :
Le merite n'est rien, et l'homme est criminel
Qui croit par le neant s'obliger l'Eternel.

Ce n'est pas que les œuvres saintes
Ne puissent de là-haut exciter la faveur ;
Mais dans le pur sang du Sauveur,
Dans cette vive pourpre il faut qu'elles soyent teintes :
Autrement leur vertu n'en peut rien obtenir
Qui puisse en leur espoir s'assurer l'avenir.

Plust à Dieu que cette science
Des partis si fameux assoupist les debats
Et que châcun, les armes bas,

En voulust ecouter sa propre conscience !
Elle seule en est juge, et tout cœur en secret
S'en prononce à soy-mesme un tacite decret.

    Ton autheur si bien la decide,
Il la met en son jour avec tant de clarté,
    Que du noir monstre de fierté
On le peut desormais nommer le saint Alcide ;
Mais pour abbatre en nous tout cet orgueil humain,
Sans doute que son bras a demandé ta main.

    Ton illustre et sage manie,
Le merveilleux pouvoir de tes sages accords,
    Pour detacher le corps du corps,
Pour ravir l'ame à l'ame, ayde à ce grand genie,
Et, si dans ses raisons ton art mesle des fleurs,
La tendre pieté les arrose de pleurs.

    Par elles on voit les espines
Où l'amour de l'agneau te les a fait cueillir ;
    Le cher sang qu'il fit rejaillir
Forme le saint esmail de leurs grâces divines.
On sent en leur odeur ce baume precieux,
Et leur éclat est pur s'il est delicieux.

    Ha ! que ces immortelles roses
Plaisent au vray soleil dessus ces esglantiers !
    Ha ! que je voy peu de sentiers
Qui puissent mener l'homme à de si hautes choses !
Et que, si du Calvaire on n'atteint le sommet,
Peu d'espoir est permis à qui se les promet !

    C'est là, c'est là qu'elles se trouvent,
Ces fleurs, ces dignes fleurs dont tes vers sont ornez ;
    On doit les en voir couronnez,
Les saints en sont ravis, les anges les approuvent,
Et Jesus, Jesus mesme, en gloire au plus haut lieu,
Les benit de sa croix comme homme et comme Dieu.

STANCES.

Mais j'entre-voy quelque menace
Qu'il mesle pour ces fleurs aux benedictions;
   En de vaines productions
Il ne veut plus enfin que ta muse les place,
Et d'un son grave et doux ces mots il fait ouyr :
Profaner le talent, c'est pis que l'enfouyr.

   Ces hautes paroles m'estonnent,
J'en dois estre en mon cueur bien plus touché que toy ;
   J'en blesmis, j'en tremble d'effroy,
Et jusques dans mon ame à toute heure elles tonnent ;
Ma plume en est confuse, et tous ses jeunes traits
N'en forment à mes yeux que d'horribles portraits.

   Aussi ma main les desavoue,
Leur feu trop estimé me fait rougir le front,
   Leur honneur ne m'est qu'un affront,
Et, fussent-ils tout d'or, je les croy tout de boue;
Enfin dans mon regret, mon cœur sincere et franc
Pour en effacer l'encre offriroit tout mon sang.

   Quant à toy, noble et cher Corneille,
Déjà ton saint devoir au ciel a repondu,
   Et le theatre suspendu
Montre que cet oracle a frappé ton oreille;
Mais n'y renonce pas; Dieu, qui te l'interdit,
Veut par le Sacré-Bois le remettre en credit.

   En l'adorable tragedie,
Au supplice amoureux que le Christ a souffert,
   Ce Fils Unique au Pere offert
Veut que d'un soin devot ta plume s'estudie,
Et luy-mesme à ta veue, en acteur immortel,
Se represente encor tous les jours sur l'autel.

   De ce cothurne elle est capable;
C'est aussi le sujet à la scène accordé,
   C'est le vray heros demandé;

Il est tout à la fois innocent et coupable ;
Il est, dis-je, en soy-meme, il est, dis-je, en autruy,
Coupable, mais pour nous, innocent, mais pour luy,

  Que si le respect et la crainte
T'empeschent de porter le theatre si haut,
  Du moins corrige le deffaut
Qui le rend odieux à la morale sainte,
Empiette sur la chaire, et, trompant le demon,
Fay qu'en la comedie on trouve le sermon.

  Toutesfois, dans ce privilege
(S'il en faut avertir un des maistres de l'art)
  La raison doit bien prendre part ;
Souvent du zele mesme on fait un sacrilege,
Et le meilleur avis donné mal à propos
N'est qu'un fantôme creux plein d'inutiles mots.

  Mais je reviens à ton ouvrage ;
J'en ay vanté les fleurs, j'en vanteray les fruits :
  Les plus devots en sont instruits,
De l'enfer et du monde il augmente la rage ;
Cependant malgré tout, et le monde et l'enfer,
Trouveront en ta plume un invincible fer.

  Ce fer, plus brillant que la foudre,
Fera voir à l'envers l'amour-propre egorgé ;
  L'homme, de l'homme ainsi purgé,
S'en estimera moins qu'un vil amas de poudre,
Et, voyant au dehors tout son dedans à nu,
Il sera tout honteux de s'estre mal connu.

  Le masque bas, pour se connestre,
De sa misere mesme il fera son miroir ;
  En cette glace il pourra voir
Combien dans son neant est abismé son estre ;
Il verra ses deffauts, il verra ses erreurs,
Et n'aura plus pour luy que de saintes horreurs.

Ainsi seroit epouvantée
Celle qui, d'un cristal recherchant le conseil,
   Au lieu d'un objet sans pareil,
Verroit une furie au vray representée.
Mais je n'assure pas, en ma comparaison,
Qu'elle en fist comme l'autre agir mieux sa raison.

   Son cœur s'imposera silence
Quand de sa propre part il se voudra parler
   Il sera prompt à ravaler
De ses desirs émus la secrete insolence;
Il aura l'œil sur eux, il veillera sur soy,
Et trahira ses sens pour se garder la foy.

   Tout ce qui viendra de luy-mesme
Ou luy sera suspect ou fera son dedain;
   Il s'en detournera soudain
Comme d'un piege sourd ou d'un noir stratagême,
Et, pour se bien guider jusque dans le tombeau,
Esteindra le faux jour de son propre flambeau.

   La seule lumiere celeste,
Encore qu'invisible, éclairant à ses pas,
   Luy fera du second trespas
Eviter le chemin spacieux et funeste;
Il la suivra par-tout, et, cinglant vers ce nort,
En conduira sa barque au veritable port.

   Que l'orage emporte ses voiles,
Que ses masts soyent rompus, son gouvernail destruit,
   Que l'horreur d'une espaisse nuit
A ses yeux pour un temps desrobe les estoiles,
Ses yeux verront ce phare, adorable aux nochers,
Et son faible vaisseau dontera les rochers.

   Demande-t'on pourquoy l'assiste
Cette clarté divine aux rayons si puissans
   Pourquoy sur les flots mugissans

Cet homme imaginé dans sa barque subsiste?
C'est qu'il porte la croix au milieu des hazards,
Mais bien plus dans son cœur que dans ses estendars.

   Ce devot donc, suivant l'idée,
La portera toujours pour en estre appuyé;
   Il n'en sera point ennuyé,
Bien que sa propre chair s'y soit mal accordée.
Cent croix en une seule à luy viendront s'offrir,
Et cent croix lui diront : triompher c'est souffrir.

   Si la patience s'échappe,
Si quelquesfois la peine en surmonte l'amour,
   Son devoir, facile au retour,
Viendra baiser soudain la verge qui le frappe,
Et l'amour aussi-tost, en luy victorieux,
Rendra la peine douce et les coups glorieux.

   Dans le juste estat de sa vie,
Les plus humbles vertus seront au plus haut rang;
   Les fortes attaches du sang
N'auront rien que de faible à lier son envie;
Il se haïra mesme, ou, s'il se peut aymer,
Ce ne sera qu'en Dieu qui l'a daigné former.

   La vanité, l'inquietude,
Le plaisir, le chagrin, ni l'appetit vainqueur,
   N'exerceront plus en son cœur
L'empire alternatif de leur vicissitude;
Il brisera leur joug, et, franc des soins espais,
Sur sa guerre intestine il fondera sa paix.

   La pompe, l'eclat et la gloire
Ne seront, à ses yeux, que des illusions;
   Par de saintes derisions
Son nom se moquera de revivre en l'histoire,
Et, quand l'oubly present en feroit le cercueil,
Il en verroit la mort sans en porter le dueil.

STANCES.

L'oraison, le jeusne et l'aumosne
Seront de sa ferveur les tesmoins sans tesmoins,
 Et, lorsqu'il l'etalera moins,
Il montera par elle à l'invisible trosne;
Il le verra de l'ame, et ses vœux innocens
Y feront en soûpirs exhaler leur encens.

 Il banira la belle montre,
La superstition au faux et vain soucy;
 Du scrupule mal eclaircy
Il fuira sagement la tremblante rencontre,
Et, d'imiter son maistre ayant le seul dessein,
Il fera hors du temple un temple de son sein.

 C'est là que, d'un secret office,
Son cœur s'immolera comme il s'est immolé,
 Luy qui de l'autel recelé
Demande et veut surtout l'occulte sacrifice;
Mais en vain ce trespas l'homme veut pratiquer
Si la vertu du sien ne s'y daigne appliquer.

 D'une recherche perilleuse
Il n'espluchera point les misteres sacrez;
 Sur sa foy ses sens bien ancrez
En croiront sans branler la grandeur merveilleuse,
Et, bien que leur raison s'en vueille dementir,
L'Esprit de Verité l'y fera consentir.

 Il flatera toûjours les peines
De ces justes espoirs qui finissent là-haut;
 Il les nourrira comme il faut
Pour leur oster tout l'air des attentes humaines;
Son zele y sera pront, son amour vehement,
Et le fruit du saint arbre en fera l'aliment.

 Cette vive chaisne des ames,
L'ardente charité, qui joint la terre au ciel,
 Qui du fiel mesme oste le fiel,

L'estreindra de ses nœuds entre-meslez de flames ;
Il en sera l'esclave, et, gay d'estre soûmis,
Fera ses bien-aymez de tous ses ennemis.

    Pour luy tout ira selon l'ordre,
Pourveu qu'en luy tout marche au train des justes loix ;
    Sa bouche n'aura point de voix,
Sa langue d'action, pour flater ni pour mordre,
N'aymant non plus l'excès qui sans honte applaudit
Que le vice opposé qui sans crainte mesdit.

    Sa table, de peu d'apparence,
Sous le fardeau des plats ne gemira jamais ;
    On n'y verra point d'autres mets
Que ceux qu'à la nature offre la temperance,
Encor s'y mettra-t'il avec plus de froideur
Que si l'on en devoit soupçonner la candeur.

    Son lit tout simple, mais honneste,
Ne joindra qu'à regret la plume à la toison,
    Sachant qu'à peine un dur gazon
Supporte de Jesus la glorieuse teste ;
Et, comme en un sepulcre en ce lit se trouvant,
Il croira chaque soir s'inhumer tout vivant.

    On n'orra point dans sa demeure
Japper icy cent chiens, hanir là cent chevaux,
    Tandis que sous d'aspres travaux
Les pauvres à ses pieds se plaindront d'heure en heure ;
Il s'épargnera tout pour verser tout sur eux,
Et châcun le dira l'avare genereux.

    Son equité sera si grande
Que, se faisant justice à luy tout le premier,
    Il languiroit sur un fumier
Plustost que d'un rebut payer une demande,
Et son cœur sera tel qu'on croira luy devoir
Ce que pour s'acquitter il fera recevoir.

STANCES.

Le jeu, ce tourment que l'on ayme,
Où regne le demon sous la face du sort,
   Confondant le droit et le tort,
Ne fera point chés luy retentir le blaspheme :
Tout temps y sera cher, et les justes loisirs
N'y seront employez qu'à de graves plaisirs.

   Ses yeux, son oreille et sa bouche
Ne se permettront rien qui blesse la pudeur ;
   L'amour seul pur en son ardeur
Gardera que de l'autre aucun trait ne le touche,
Et d'une jalousie excitée au duel,
En luy le chaste feu vaincra le sensuel.

   Mais s'il se montre assez habile
Pour esteindre d'abord un brazier dissolu,
   En tout sur luy-mesme absolu,
Il n'agira pas moins contre l'ardente bile ;
Il calmera ses flots, et sans esmotion
En rendra son esprit le discret Alcyon.

   Celle qui jamais ne sommeille,
L'Envie aux membres secs, ne l'infectera point ;
   Ni l'autre, à l'oisif embonpoint,
Qui dort mesme en veillant, s'il est vray qu'elle veille ;
Ou, s'il est en repos, son repos fructueux
Aura du travail mesme un éclat vertueux.

   Tous les jours seront des dimanches,
Les dimanches ses jours et grands et solennels,
   Qui, dans les fastes eternels,
Sortent d'un digne tronc en plusieurs dignes branches,
Et les jours solemnels, jours chers aux moins zelez,
Seront à son regard d'augustes jubilez.

   Il vivra comme un solitaire
Au milieu de la foule et du bruit importun ;
   Bas ou haut luy sera tout un,

En son degagement fidelle et volontaire ;
Il prendra tout en bien, eust-il le front du mal,
Et l'un et l'autre sort le trouveront esgal.

 Ce ne sera point du Stoïque,
Point du grave Seneque ou du grand Antonin,
 Point du Grec qui but le venin,
Qu'il tiendra sa vertu saintement heroïque ;
Il n'y verra qu'orgueil, et, selon ses vrays gousts,
Le poison du dernier se trouvera dans tous.

 Il ne suivra point les maximes
De tant d'autres esprits si vains et si fameux ;
 Il ne dira jamais comme eux
Ces mots, ces lasches mots, qui sont autant de crimes :
Non plus que le passé l'advenir ne m'est rien,
Et le seul temps present fait mon mal ou mon bien.

 Un seul trait de ton digne livre
Luy sera plus exquis que nos plus beaux discours ;
 Il en fera tout son recours
Pour en faire à ses mœurs les regles de bien vivre,
Et, pour mesme en sa fin s'exenter de perir,
Son cœur s'en formera celles de bien mourir.

 Enfin, dans les choses futures,
Je prévoy mille biens de ton œuvre tirez ;
 Déjà mes yeux tout assurez
En fondent sur nos jours les belles conjectures ;
Ce siecle les confirme, et la posterité
En verra jusqu'au bout l'heureuse verité.

 Ha ! qu'il faut bien que ma princesse,
Mon auguste Louyse, honneur des Dieux-Humains,
 Voye en ses precieuses mains
Ces tresors qu'à Dieu seul ta riche Muse adresse !
Qu'il faut bien qu'elle die en sa devotion :
Nul ne peut imiter cette Imitation

STANCES.

Je tiens pour chose indubitable
Qu'estant sage et pieuse au degré qu'elle l'est,
Ton autheur à tel point luy plaist
Qu'elle en a veu cent fois la source profitable,
Qu'elle la voit encore, y met tout son loisir,
Et passe en cet employ du desir au desir.

Je croy que tous ces dignes anges
Qui, sous un front mortel, sont allez voir le sien,
En font leur plus grave entretien,
Et s'occupent sans cesse à chanter ses louanges ;
Mais, à son propre honneur, que ne diront-ils pas
Quand de ta haute plume ils verront les appas ?

Déjà mon esprit s'imagine
Les doux ravissemens, les sensibles transports,
Que feront voir, qu'auront alors
Ces cœurs qui d'un vray pere ont pris leur origine :
J'en voy ma Reyne esmeue, et déjà ses beaux yeux
D'une sainte façon s'en tournent vers les cieux.

Déjà, dans les dures alarmes
Où l'engage le sort de son grand CAZIMIR,
Tes vers l'empeschent de fremir,
Arrestent ses regrets et suspendent ses larmes.
Toutesfois je me trompe : elle les fait couler,
Mais c'est de la douceur qui la vient consoler.

Elle soûpire, mais de joye ;
Elle pleure et gemit, mais c'est d'un zele ardant,
Qui, dans ses veines s'espandant,
Veut que mesme au dehors sa grandeur se deploye ;
Elle lit, elle ecoute, elle se pasme enfin,
Mais c'est entre les bras du pur amour divin.

De cette extase revenue,
Elle met sa couronne au saint pié de la croix,
Adore en Un, adore en Trois,

Le souverain appuy dont elle est soustenue,
Repare par des sœurs la perte des enfans,
Et du regret resté rend les siens triomphans.

 Elle en fera son assistance
Contre tant d'ennemis qui causent ses douleurs;
 Elle en vaincra tous les mal-heurs
Dont il plaist au Très-Haut d'exercer sa constance,
Et, presque insatiable, en usera, les nuits,
Comme d'un antidote au poison des ennuis.

 Mais ne voy-je pas une image
A ses yeux s'apparestre aux heures du repos ?
 N'en oy-je pas tous les propos ?
N'est-ce pas cette dame à qui tout doit hommage ?
Ouy, je la reconnoy, c'est la forte vertu
Qui garde que son cœur ne se trouve abbatu.

 Aux rois elle parle en ces termes :
Plus le soleil est bas, plus il se montre grand,
 Et par ce beau mot leur apprend
Combien dans l'infortune ils doivent estre fermes ;
Mais elle dit de mesme, et les en avertit :
Plus le soleil est haut, plus il semble petit.

 Ces deux traits graves et modestes
Ne prennent point pour but ce bel astre du nort :
 Louyse a l'esprit noble et fort,
Et l'humilité sainte opere en tous ses gestes ;
Sa gloire hait la gloire, et, comme son espous,
Son cœur est tout ensemble et magnanime et dous.

 Là, cette reine entre ses vierges,
De qui tes vers divins accrestront la ferveur,
 Pour suivre les pas du Sauveur
Fera multiplier les lampes et les cierges ;
Mais non, ses justes soins en seront dispensez :
Tes vers en ce chemin l'esclaireront assez.

STANCES.

Là, ma princesse gracieuse,
Admirant ton ouvrage et si pur et si net,
   En parera son cabinet
Comme d'une merveille et sainte et precieuse,
Et peut-estre, ô JESUS, que comme sur Thabor
MOYSE à tes costez s'y verra luire encor.

ADVIS.

Bien long-temps avant que j'eusse fait le *Moyse*, c'est-à-dire il y a près de trente années, j'avois fait un poëme de *Joseph*, duquel ouvrage j'ay pris le commencement pour faire l'episode qui s'en voit sur la fin de l'autre, mon dessein estant alors d'en revoir le reste à loisir et de le donner quelque jour à la presse. Mais la repugnance que j'ay eue à retoucher à de vieilles choses, lorsque je pouvois employer mon genie à de nouvelles, a empesché que je ne l'y aye donné plus tost que je ne fais. Je le nomme ycy fragment, parcequ'il a esté detaché d'une piece entiere que je n'ay pas trouvée assez à mon goust pour en faire un present au public; et peut-estre n'auroit-on jamais rien veu d'imprimé, n'estoit qu'il y en a une copie, et encore très mauvaise, entre les mains de personnes qui, croyant fort obliger ma memoire, sans doute ne manqueroyent pas de le mettre au jour lorsque je n'y serois plus : c'est pourquoy j'ay autant aymé l'y mettre moy-mesme. Ceux qui sçavent ce que c'est que de narrer et de descrire y trouveront quelques endroits qui peut-estre ne leur déplairont pas, et excuseront, s'il leur plaist, la jeunesse dont il se ressent.

Epigramme sur les fragments suivants.

Des fragments d'un homme qui vit!
C'est une chose assez estrange,
Et j'avoûray qu'à leur louange
Jamais la presse ne servit.
Cependant, quoyque l'on en gronde,
En ma solitude profonde
J'ose en donner, mais sans envoy.
Aussy bien suis-je mort au monde,
Où tout le monde est mort pour moy.

FRAGMENT D'UN POEME

DE

JOSEPH ET DE SES FRERES

EN EGIPTE.

Deux ans s'estoient passez depuis que sur la terre
La famine aux humains faisoit une aspre guerre,
Lorsque le bon Jacob, triste et comblé de jours,
Adverty dans Sichem de l'unique secours
Que contre la rigueur d'un fleau redoutable
Offroit aux estrangers l'Egipte charitable,
Voulut que ses enfants, excepté Benjamin,
Pour chercher ce remede en prissent le chemin.
  Ce bel adolescent, dont Rachel fut la mere,
Estoit le reconfort de sa vieillesse amere;
Les rayons de ses yeux dissipoyent son ennuy;
Son cher Joseph perdu se retrouvoit en luy;
Son visage, sa voix, ses mœurs, sa contenance,
En repeignoyent l'aymable et dure souvenance;

Et, par une cruelle et douce trahison,
Confondoyent l'antidote avecque le poison.
   Durant donc qu'en Sichem la noble et vive image
De ce fils, dont sans cause on pleuroit le dommage,
Consoloit ce bon pere, et d'un heureux malheur
Servoit en le blessant à guerir sa douleur,
Les autres, plus âgez et plus faits à la peine,
Passant de mont en mont, passant de plaine en plaine,
Se rendirent enfin où leur frere inconnu
Estoit avec eclat aux honneurs parvenu.
   O de quels mouvements ses esprits s'agiterent
Le jour que ses germains à luy se presenterent,
Le jour qu'afin de vivre on les vit recourir
A luy qui, sous leurs bras, fut au point de mourir!
J'en conçoy les transports; leur veue inopinée
Fait tressaillir son cœur, rend son ame estonnée;
Il les compte, il se trouble, il chancelle, il blêmit,
Et pour les esprouver soudain se raffermit.
   Cependant, à genoux, et sans le reconnoistre,
Leur desir par leur bouche ils luy font apparoistre.
Ruben dit en hebreu le sujet de leurs pas,
Et Joseph fait semblant de ne l'entendre pas.
A son esmotion sa gravité commande;
Il veut qu'un interprete explique leur demande;
Puis d'un geste cruel ordonne qu'un refus
Les rende en ce besoin interdits et confus
   Enfin parlant luy-mesme et ne faisant plus dire :
Vous venez, leur dit-il, espier cet empire,
Et, sous un libre accès permis à la saison,
Vous couvez le dessein de quelque trahison.
Ouy, l'œil de mon esprit jusqu'en vostre ame perce;
Ouy, je sçay qu'en ce lieu, sous ombre du commerce,
Vous estes envoyez pour remarquer nos forts,
Pour visiter nos murs et dedans et dehors,
En apprendre l'estat, l'assiette, la structure,

Voir si d'estre envahis ou l'art ou la nature,
Ou le peuple guerrier, ou mol, ou factieux,
En permet ou deffend l'espoir ambitieux.
Mais j'empescheray bien que vos sourdes menées,
Vos perfides complots, vos ruses soupçonnées,
N'executent sur nous la fiere intention
De quiconque s'appreste à l'usurpation ;
Je sçauray qui vous meut, et si par le silence
Vous pensez m'en cacher la pleine intelligence,
Un supplice âpre et long, justement merité,
En tirera tantost l'obscure verité.
 Ruben, à ce propos, se courbant jusqu'à terre,
Parle et respond pour tous : Las ! un desir de guerre
N'amene point ycy tes humbles serviteurs ;
Fay-les punir de mort s'ils se trouvent menteurs.
Nous sommes tous enfans d'un pere venerable,
Qui venons implorer, en ce temps miserable,
Non point comme espions, mais bien comme bergers,
Le secours de ta grace ouverte aux estrangers.
Du froment pour de l'or est nostre seule envie ;
Seigneur, je te le jure ! et la paisible vie
Que nous menons ensemble au-delà du Jourdain
Des crimes imposez nous purgera soudain.
Que s'il te plaist d'ouyr mes paroles sinceres,
Tu sçauras qu'autresfois nous estions douze freres ;
Mais, helas ! l'un n'est plus ; le ciel l'a retiré,
Et l'autre auprès du pere est tout seul demeuré,
Auprès du bon vieillard, qui, d'humides prunelles,
De gestes douloureux, de plaintes eternelles,
Regrette son Joseph, et prouve nuit et jour
Que le temps, que la mort, ne peut rien contre amour.
 D'un feint sousris amer, d'un branslement de teste,
Joseph, se contraignant, deguise la tempeste,
L'orage de pitié que de si tendres mots

Excitent en secret jusqu'au fond de ses os ;
Contre son cœur esmû sa bouche prend les armes,
Il retient ses souspirs, il rappelle ses larmes,
Que déjà dans ses yeux on voyoit éclater
Et qui se disposoient à se precipiter.
Puis, imitant le son d'une voix furieuse :
Par l'ame de mon prince, et haute et glorieuse,
Leur dit-il en criant, j'apprendray vos projets,
Ou vos propres ennuis m'en diront les objets.
A ce mot il se leve, il fait entrer luy-mesme
La trouppe fraternelle, au front et morne et blesme,
Dans la profonde horreur d'une obscure prison,
Et l'y laisse trois jours en chercher la raison.
Enfin il l'en retire et luy tient ce langage :
Il faut que l'un de vous demeure ycy pour gage,
Jusqu'à tant que vers moy les autres revenus
Confirment les propos que vous m'avez tenus.
Amenez le dernier, j'ay desir de l'entendre ;
C'est par ce seul moyen que vous pouvez pretendre
D'effacer le soupçon qui me gaigna l'esprit,
Le jour qu'en mon palais vostre abord me surprit.
Au reste, je crains Dieu, n'en soyez point en doute,
Je l'adore en mon cœur, je le sers, je l'escoute,
Et si vous le craignez, vostre propre devoir
Contentera mon œil de l'objet qu'il veut voir.
Tout homme qui le craint doit rendre obeïssance
A quiconque il depart l'honneur et la puissance ;
Il faut donc qu'en effet vous la mettiez au jour,
Et cela ne se peut que par vostre retour.
Mais sans ce frere absent n'ayez pas tant d'audace
Que de penser jamais vous produire à ma face ;
Gravez bien ce discours en vostre souvenir,
Et sçachez que je sçay reconnestre et punir.
 Les freres à ces mots l'un l'autre se regardent;

Ce sont autant de traits qui dans leur sein se dardent ;
Leur ame en est atteinte, ils en sont esperdus,
Et Joseph les contemple à regards suspendus.
Ah ! disoient-ils entr'eux, ah ! qu'avecques justice
De l'antique forfait nous souffrons le supplice !
O douleur, ô vengeance, ô remors eternel,
Que ton ver est sensible au cœur d'un criminel !
Quoy, dans nos cruautez au monde sans pareilles,
Nous fusmes autrefois sans yeux et sans oreilles ;
Nous fusmes sans pitié pour nostre humble germain
Et nous espererions un traitement humain !
C'est l'equité, c'est Dieu, qui ces maux nous envoye ;
Il ne fait qu'esclairer : qu'il tonne, qu'il foudroye !
Nous le meritons bien, et son bras punisseur
Sans doute nous chastie avec trop de douceur.
Il est vray, dit Ruben ; mais, ô troupe insensée,
Il falloit autrefois avoir cette pensée,
Il la falloit avoir lorsque, voyant la rage
Vous exciter les mains jusqu'au dernier outrage,
Pour le sein de Joseph je vous tendy ce flanc :
Et voicy qu'à cette heure on en cherche le sang.
Joseph, ne pouvant plus entendre ces complaintes,
Qui donnoyent à son cœur d'incroyables atteintes,
De leurs yeux se destourne, et, s'estant escarté,
Octroye enfin aux siens l'humide liberté ;
Sa douleur se resout en larmoyante pluye ;
Mais soudain de ses pleurs les traces il essuye,
Il compose son geste, et soudain revenant,
Soudain du faux couroux le masque reprenant,
Il vient à Simeon, il l'enchaisne à leur veue,
Veut pourtant que de blé la trouppe soit pourveue ;
Puis ordonne en secret qu'on les traite en amis,
Et que dans tous leurs sacs leur argent soit remis.
  Ainsi donc, pleins de joye, ainsi, pleins de tristesse,

Ils chargent leurs chameaux à la lourde vitesse ;
Et le frere captif, et le frere inconnu,
Font de leurs premiers pas l'entretien continu.
Ils arrivent enfin dans un sejour champestre,
Où, s'estant arrestez pour donner à repaistre
Aux animaux suans sous le cher faix des grains
Qui d'une bosse double enrichissoyent leurs reins,
L'un d'eux est tout surpris d'une heureuse rencontre,
En l'un des sacs ouverts son propre argent se montre,
Il le voit, il le touche, et, d'un son éclatant,
Aux autres qui mangeoyent s'escrie au mesme instant :
Quel miracle est-ce cy ? Songeay-je ou si je veille ?
Des freres accourus la bande s'esmerveille ;
Ils ne sçavent que dire, et leur suspension
Va de l'estonnement à l'apprehension.

Ils entrent dans Sichem, lieu vaste et sans closture,
Y disent à Jacob leur estrange avanture,
Et le vieillard en pousse une si triste voix,
Qu'on diroit que sa vie est reduite aux abbois.
A donner Benjamin il ne peut se resoudre ;
Il semble que sa teste ait ressenty la foudre,
Tant elle est abatue au recit douloureux
Qu'on lui fait du voyage estimé malheureux.
Mais tandis qu'il se plaint, tandis qu'il se tourmente,
De ses fils revenus la vaine peur s'augmente :
Ils sont tout effrayés de revoir luire encor
Leur argent sur le grain qui brille comme l'or.
En chacun de leurs sacs un chacun d'eux le trouve ;
Ils craignent que Joseph quelque ruse ne couve ;
Et, dans leur sentiment, sa liberalité
Passe pour une embusche à leur fidelité.
Toutesfois Simeon, ses larmes et ses chaisnes,
Repassant dans leur ame avecques mille gesnes,
Les pressent au retour, et son cœur plein d'ennuis

Sollicite leurs pas et les jours et les nuits.
 Ruben parle à Jacob, de cent raisons le presse;
Mais en vain cent raisons attaquent sa tendresse,
Elle s'opiniâtre, et la sourde langueur
Surmonte en cet assaut l'eloquente vigueur.
En vain pour parvenir où butte son langage,
Il offre ses enfans, non seulement en gage,
Mais encore au trespas, si Benjamin perit,
Si l'objet gracieux qu'entre tous il cherit
N'est ramené vivant à sa veuve éplorée,
Du Nil où pour leur bien sa face est desirée;
Il cultive l'arene, il seme sur les flots,
Et n'en tire à la fin que ces funestes mots :
 O que par ce discours vostre faute s'aggrave!
Comment! Joseph est mort, Siméon est esclave,
Et vous iriez encore exposer Benjamin
Aux tragiques dangers d'un penible chemin!
Vous laisseriez tout seul un vieil et triste pere,
De qui ce doux objet l'amertume tempere?
Et j'y consentirois, afin qu'outré d'ennuy
Sans moy je me trouvasse en me trouvant sans luy?
Estes-vous si cruels? Avez-vous tant d'envie
D'esteindre le flambeau dont vous tenez la vie?
Le malheureux Jacob dure-t-il trop pour vous?
Et de ce cher soustien vos yeux sont-ils jaloux?
Ah! ce n'est pas le fruit que je devois attendre
Des rameaux eslevez avec un soin si tendre.
Non, vous ne l'aurez point, qu'on ne m'en parle plus,
C'est employer le temps en propos superflus.
 Ainsi se taist Jacob. Cependant, en leur peine,
Ce que Ruben ne pût, la saison inhumaine
Le fit faire par force, en vint bien-tost à bout,
Et la necessité l'emporta dessus tout.
Il est vray que Juda n'acquit pas peu de gloire
En la part que sa langue eut en cette victoire,

Et que de son esprit il sçeut si bien s'ayder
Qu'enfin le bon vieillard fut contraint de ceder.
   Jacob estant vaincu, Benjamin il octroye,
Le charge de presens qu'à Joseph il envoye,
Non comme à son Joseph, mais comme au gouverneur
Qui tenoit en l'Egipte un si haut rang d'honneur.
Pour l'argent rapporté dont le penser le trouble,
Il veut qu'on le reporte et qu'on le rende au double;
Puis, formant un adieu de soupirs continus,
Il baigne de ses pleurs sa barbe aux poils chenus.
   Je ne deduiray point avec quelles tendresses,
Quels discours, quels transports, quelles franches cares-
Joseph, d'un naturel courtois et gracieux,   [ses,
Receut et ses germains et leurs dons precieux.
Je ne deduiray point la splendeur de sa table,
Où s'appresta pour eux un festin delectable,
Et pour qui ce cœur noble, et grave, et familier,
Fit luire la cuisine à l'envy du celier.
   Je diray seulement qu'ayant traité leur trouppe,
Dans le sac du plus jeune il fit mettre une couppe,
Afin que des plus vieux par art on pust sçavoir
Jusques où le malheur porteroit le devoir,
Ce qu'ils feroient pour luy si, convaincu d'un crime,
Il se voyoit d'un fer la prochaine victime,
Et par quels monumens, par quels traits de pitié,
Ils produiroyent au jour l'effet de l'amitié.
   A peine du matin la lumiere naissante,
Faisant revoir aux monts sa blancheur rougissante,
Eut rechassé la nuit dans le sein des forests,
Et decouvert à l'œil les champs et les marests,
Que les freres, pourveus des tresors de la plaine,
Qui n'estoit plus pour eux qu'une infertile arêne,
Apprestent leurs chameaux, font un leger repas,
Et, tirant vers Sichem, foulent leurs propres pas.
Mais bien loin dans leur route ils n'avoyent pas encore

Marché sous les rayons que devance l'aurore,
Qu'entr'oyant un grand bruit, ils sont tout estonnez
Qu'une trouppe de gens, par Joseph ordonnez,
Les poursuit à cheval, en armes les approche,
Que d'un larcin commis l'excès on leur reproche,
Et que le chef de tous, au geste furieux,
Les menace et leur dit ces mots injurieux :
  Traistres! lasches! voleurs! monstres d'ingratitude!
Quel suplice nouveau, quel tourment long et rude
Ne seroit court et doux pour la punition
De vostre criminelle et honteuse action?
Vous payez donc ainsi la faveur sans seconde
Dont mon illustre maistre, aux yeux de tout le monde,
A daigné tant de fois user en vostre endroit,
Croyant qu'à vos discours vostre ame respondroit?
Il vous a fait traiter d'une façon royale,
Et cependant, ô Dieux! vostre main deloyale,
Vostre main sacrilege a bien osé ravir
La couppe qu'au repas j'ay l'heur de luy servir.
Puis se tournant aux siens : Sus, dit-il, qu'on les prenne,
Qu'aux prisons de Memphis en haste on les amène,
Et qu'ils éprouvent là le juste chastiment
Qu'exige de nos loix un vif ressentiment.
  Les freres, interdits plus qu'on ne peut le croire
De se voir accuser d'une chose si noire,
Levent les yeux au ciel, tuteur des innocens,
Et Ruben, pour eux tous, s'esclate en ces accens :
  Avec quelle imposture, aux outrages hardie,
Nous vient-on, en ce lieu, taxer de perfidie?
Nous coupables d'un vol! Ah! seigneur, que dis-tu?
N'offence point ainsi nostre entiere vertu.
Il faudroit que nostre ame eust fait bien peu de conte
De sa foy, d'elle-mesme et de la sainte honte;
Il faudroit que bientost tant d'honneurs inouïs,
Tant d'accueils, tant de dons qui nous ont éblouis,

Tant de doux traitemens, tant de graces receues,
Tant d'insignes faveurs, mesme à peine conceues,
Se fussent veu rayer de nostre souvenir,
Pour avoir fait le coup dont tu nous veux punir.
Mais dois-je davantage en paroles m'estendre!
Cet argent rapporté que je t'ay voulu rendre,
Argent qui fut peut-estre un captieux appas,
De nostre ample candeur ne t'assure-t'il pas?
Que si ce n'est assez, cherche, visite, fouille,
Fay soudain tout ouvrir, qu'enfin on nous dépouille,
Et si quelqu'un de nous se trouve criminel,
S'il a fait à son sang cet opprobre eternel,
Que, sans misericorde, il soit, comme un infame,
L'exemplaire butin d'une honteuse lame,
Qu'il perisse à nos yeux, et que sa lascheté,
Nous reduise à jamais dans la captivité.
 Le fin Egiptien, instruit de quelle sorte
Il faut qu'en ceste affaire il marche et se comporte,
Par le sac de Ruben commence adroitement,
Va du second au tiers, voit tout exactement,
Et, feignant d'ignorer l'endroit indubitable
Où luy mesme avoit mis ce riche honneur de table,
Passe du tiers à l'autre, et du dernier de tous
Tire enfin le vaisseau, pretexte du courrous.
 Le veneur suspendu qui, courbé dans sa queste,
Verroit sortir d'un antre une cruelle beste,
Dont l'horrible regard, dont le train et l'abord,
Luy peindroyent sur le front les terreurs de la mort,
En seroit moins saisy que ne fut cette trouppe
Au moment que du sac on vit sortir la couppe ;
Et, comme cet objet leur estonna les yeux,
Tout de mesme leurs voix estonnerent les cieux.
 L'esclair de ce metal leur presage une foudre
Qui doit les escraser et les reduire en poudre.
Un si mortel effroy leur glace les esprits ;

Ils sont si fort troublez, si confus, si surpris,
Ils sentent d'un tel choc leurs ames abbatues,
Que long-temps sans parler ils semblent des statues;
Mais leurs gestes de bras, leurs cris entresuivans,
Les prouvent à la fin mobiles et vivans.
L'un s'arrache le poil d'une main forcenée;
L'autre, blesme et deffait, maudit sa destinée;
L'autre, voyant Jacob, quoy-que bien loin de luy,
Joint les ennuis futurs à ce present ennuy;
L'autre se bat le sein, l'autre se fond en larmes,
L'autre desesperé veut recourir aux armes;
Et tous en general montrent en ce malheur
En diverses façons une mesme douleur.

Mais en ce mouvement funeste et déplorable,
Le pauvre Benjamin, le jeune miserable,
Comme le plus surpris et le plus confondu,
Est aussi plus que tous en soy-mesme perdu.

Cette confusion rend la mauvaise estime
Jusques en ses germains quelque temps legitime :
Il tremble, il est muet, il demeure pasmé,
Et par son propre honneur son silence est blasmé.
Ainsy voit-on un lys dans un beau pâturage
Baisser le tendre chef sous les coups d'un orage,
Qui, composé de feu, d'eau, de gresle et de vent,
Les plus roides palmiers abbat mesme souvent.

Enfin de sa vertu la flame presque esteinte
Par le subit effort d'une si noire atteinte
Se ranime en son cœur, se rallume en son front,
Et s'oppose en sa voix à cet indigne affront.
L'innocence opprimée en sa bonté s'irrite;
Sa probité certaine en ses yeux est écrite;
Mais, quoy que l'on y lise, un fier Egiptien
L'estreint en criminel d'un injuste lien.

En cette affliction pleine d'ignominie,
Ayant bien loin de luy toute crainte banie,

Le noble Benjamin r'entre dans la cité
Et touche les plus durs de son adversité.
Autour de lui se forme une bruyante foule
Comme un gros de poissons qui s'agite et se roule
Tout autour d'un vaisseau, lorsque près d'un rocher
Il flotte sans timon, sans masts et sans nocher.
Ses freres, desolez, taciturnes et blesmes,
Estant tous à ses flancs, estant tous hors d'eux-mesmes,
Jusques devant Joseph accompagnent ses pas,
Et veulent pour sa vie endurer le trespas.
 Là, les genoux en terre, à voix humble, à mains jointes,
Le cœur outrepercé des plus sensibles pointes,
Ils demandent pardon, ils implorent mercy,
Pour le bel innocent qui fait tout leur soucy.
Mais Joseph, d'un effort et difficile et rare,
Voilant un esprit doux d'un front dur et barbare,
Et contraignant son geste et sa bouche et ses yeux,
Les frappe de ces mots pour les esprouver mieux :
 Meschans, qu'avez-vous fait? Hommes sans conscience,
Ne sçaviez-vous pas bien ma haute experience
En l'art de découvrir les plus profonds secrets?
Et que mon œil voit tout et de loin et de près?
Certes, ma courtoisie est mal recompensée,
Et l'on n'auroit pas cru que la moindre pensée
De souiller votre honneur d'une telle action
Eust dû suivre jamais tant d'obligation.
Entre tous les pechez qui peuvent noircir l'âme,
Sans doute il n'en est pas de si digne de blâme,
De si grand, de si lâche, auprès du Tout-Puissant,
Que le perfide oubly d'un cœur meconnaissant.
Aussy ne veux-je pas qu'une indulgence fausse
Trahisse ma raison, ni vos larmes exauce.
Quiconque endure un crime, au lieu de le punir,
A part en quelque sorte aux crimes à venir.
Mais, comme au convaincu qui des remors se lasse

La vie est une peine et la mort une grace,
J'ordonne à celui-ci la vie en chastiment ;
Je le condamne aux fers ; je veux qu'un long tourment,
Qu'un eternel regret, augmenté par ma veue,
Sans le faire mourir à chaque heure le tue ;
Qu'il me serve la couppe, et qu'enfin ma maison
Pour le plus affliger s'en fasse la prison.
Et pour vous, malheureux, que, comme ses complices,
Je devrois reserver à de mesmes suplices,
Connoissant toutesfois qu'à sa perversité
Cet infame larcin doit seul estre imputé,
Je vous décharge à plein : allez où vous appelle
La pressante clameur de la faim paternelle.
Faites votre devoir et racontez à tous
Combien ce tribunal est equitable et doux.

Cet arrest prononcé, le grand Juda commence,
D'une respectueuse et libre vehemence,
A s'esmouvoir soy-mesme, à s'esclater ainsy,
Pour émouvoir Joseph, qui paroist endurcy :

Prince, dont la douceur au monde est sans pareille,
Si jamais tristes sons t'ont fait prêter l'oreille,
Daigne entendre les miens, de grâce, escoute-moy,
Et regarde en pitié le trouble où je me voy.
J'ay promis, ô promesse et malheureuse et vaine !
J'ay promis à ce pere, objet de nostre peine,
De remettre à ses yeux ce garçon affligé ;
Sur mon propre salut je m'y suis obligé ;
Et qui plus est, helas ! de sa funeste vie,
Contre un si bel espoir aux chaisnes asservie,
Dependent du vieillard la vie et le repos.
Il fait tout son bonheur, il fait tous ses propos ;
Il n'ayme que luy seul depuis qu'une avanture,
Cruelle à nostre race et fiere à la nature,
Nous ravit un germain en qui les cieux amis
Tout ce qu'ils ont de grand pour leur gloire avoyent mis.

O Joseph! ô Joseph! si du haut empyrée
Tu peux voir ycy-bas ta famille esplorée,
Si dessus le soleil de qui tu foules l'or
De ton cher Benjamin il te souvient encor,
Si l'amour, si le sang, si la douleur te touche,
Reçoy ces longs soûpirs qui partent de ma bouche,
Voy ton frere jugé, contemple un peu ses fers,
Et que nos vœux à Dieu soyent par toy-mesme offerts,
Afin qu'en ce besoin, l'œil de sa grace immense,
Laissant luire sur nous un rayon de clemence,
Dissipe l'espaisseur du nuage irrité
Qui pour nostre infortune en l'air est appresté.
 Et toy, grand favory que l'Egipte revere,
Seras-tu bien si dur, si roide, si severe,
Que de tenir esclave en de honteux liens
Celuy sur qui ta main a versé tant de biens?
N'excuseras-tu point ce pesché de jeunesse?
N'auras tu point d'egard à la sainte vieillesse
De l'infirme Jacob, qui, pour te contenter,
A souffert qu'à ses bras nos bras ayent pû l'oster?
Es-tu né sans parens? Faut-il qu'on te reproche
Que, quand une lyonne au creux de quelque roche
T'auroit donné le lait, ton cœur, gros de courrous,
Seroit à nos ennuis plus humain et plus doux?
Ah! si c'est ton vouloir qu'il vive en servitude,
Prens-moy, prens-moy plustost: une forte habitude,
Un corps robuste et pront, sous le hasle noircy,
Un bras de longue main aux labeurs endurcy,
Une espaule de fer, un dos puissant et large,
S'acquitera bien mieux d'une penible charge
Que ne fera ce jeune et foible adolescent,
Qui d'une vigueur masle à peine se ressent.
Ouy, pour luy de bon cœur à tes yeux je m'expose,
Je me soumets à tout: dy, recherche, propose;
Il n'est point de travail qui me puisse lasser,

En quoy que ton desir se plaise à m'exercer.
Que s'il faut que le tort par ma fin se repare,
S'il faut qu'à cet effet un bourreau se prepare,
Qu'il vienne sur moy seul deployer ses efforts,
Me voilà déjà prest aux coups de mille morts,
Pourveu que ce chetif, delivré tout à l'heure,
Aille revoir Jacob et garder qu'il ne meure,
Si ce triste vieillard n'est dejà mort d'ennuy
D'avoir un seul moment esté privé de luy.
 Le noble et franc Juda vouloit parler encore,
Quand le beau Benjamin, que l'honneur mesme honore,
A l'impourveu se leve, et crie en se levant:
Cher frere, c'est assez, ne va point plus avant;
C'est assez tesmoigner l'amour que tu me portes;
Je l'ay par tant de fois connue en tant de sortes,
Qu'il n'estoit pas besoin d'un excès genereux
Pour me faire savoir combien je suis heureux.
Tu m'aymes, je le sçay, j'en adore la preuve;
Mais que dans le peril où mon salut se trouve
Tu viennes à la mort si librement t'offrir,
C'est ce qu'à ton grand cœur mon cœur ne peut souffrir.
Tu me voudrois sauver, et tu me crois coupable?
De quoy la passion n'est-elle point capable!
Et parmy les transports que ton ame ressent,
Que ne ferois-tu point si j'estois innocent?
Ah! frere, je le suis, c'est ce qui me console:
Sus donc, sus, que l'Egipte à sa fureur m'immole;
Benjamin ne craint rien, puisqu'il est assuré
Que jamais de sa race il n'a degeneré.
Tu le sçais, juste Ciel! Et vous, Intelligences,
Qui de ses clairs flambeaux guidez les diligences,
Invisibles tesmoins, qui voyez tout ycy,
Saints ministres de Dieu, vous le sçavez aussy!
 Quoy! je me vanterois de l'heur incomparable
D'estre sorty d'un pere en vertus admirable!

Joseph et Benjamin seroyent d'un mesme sang,
Auroyent receu tous deux la vie en mesme flanc,
Et d'un objet si cher, si doux à ma memoire,
Par une lascheté je ternirois la gloire !
Non, non, il faut souffrir, mais souffrir noblement;
Qui n'est point criminel se moque du tourment;
Quelque aspre qu'il puisse estre, il n'a rien de sensible
Quand celuy qui l'endure est irreprehensible;
Au contraire, à la fin il y trouve des fleurs,
Et d'une belle mort couronne les douleurs.

  Au bout de ces discours, où d'une ame ravie
Joseph avoit à plein contenté son envie;
Tantost voyant en l'un l'ardente esmotion
Que cause une parfaite et vraye affection;
Tantost voyant en l'autre une marque certaine
D'une nature ferme, indontable et hautaine,
Son cœur ne pouvant plus en soy se contenir,
S'ennuya de la feinte et la voulut finir.
Aussi-tost, faisant signe à l'ample multitude
D'abandonner la salle avecques prontitude,
Et retenant à luy ses germains seulement,
Qui se croyoyent perdus en ce triste moment :
Cessez, dit-il, vos pleurs, ô trouppe aymable et chere !
Ah! je suis ce Joseph, je suis cet heureux frere,
Ce frere qu'on regrette, et que l'Esprit de Dieu,
Pour nostre bien commun a conduit en ce lieu.
Jacob vit-il encore? A ces mots, ils tressaillent;
Cent vagues de pensers tout à coup les assaillent;
Ils n'osent lever l'œil, ils sont tout interdits;
Le cœur leur bat au sein, leurs sens sont estourdis;
Et, dans les mouvemens de merveille et de crainte,
Dans le subit effroy dont leur ame est atteinte,
Ils ne peuvent repondre, ou, s'ils veulent parler,
En leur poulmon transy leur voix se sent geler.

  Alors, le bon Joseph, lisant sur leur visage

La peur qui du discours leur empesche l'usage :
Rompez, freres, dit-il, rompez le dur glaçon
Que forme en vos esprits un injuste soupçon.
Je vois bien qu'en l'erreur d'une vaine croyance
Qui vous tient dans le doute et dans la mesfiance,
Vous craignez l'avenir à cause du passé,
Et ne me regardez que comme un offencé ;
Mais, soyez-en certains, je le dy, je le jure,
Aucun ressentiment ne reste de l'injure.
A peine m'en souviens-je, et cet oubly vainqueur,
La mettant sous le pié, me l'effaça du cœur ;
Et puis, à le bien prendre, à bien juger des choses,
Puisque de ce haslier j'ay tiré tant de roses,
Puisque ma main heureuse en tire tous les jours
Et qu'elle en tirera pour vostre pront secours,
Certes, mes chers parens, vous auriez tort de craindre
Que de quelque piqueure on ne m'entendist plaindre.
Tant s'en faut : j'en beny la poignante aspreté
Comme le doux moyen de ma felicité.
Je recognois que Dieu, de qui la Providence
Par des ressorts cachez se met en evidence,
Surtout quand il luy plaist que mesme d'un forfait
Quelquesfois il arrive un bon et saint effet,
A permis, pour sa gloire et pour la mienne encore,
D'un excès de bonté qu'avec zele j'adore,
Que vous m'ayez haï, que j'aye esté captif,
Pour estre de vos maux le remede effectif,
De là venant l'accueil qu'en ce temps de famine
Vostre besoin rencontre où Pharaon domine,
Où je regne plutost, luy-mesme ayant voulu
Que j'eusse en cet empire un pouvoir absolu.
   Chassez donc loin de vous la peur qui vous fait taire :
Le coup que je receus fut un coup salutaire.
Tous mes ennuis passez nous sauvent des presens,
Et par eux des futurs nos cœurs seront exents :

Car, estant adverty par l'oracle celeste
Qu'avant que la saison aux humains si funeste
Ait pris une autre face, ait achevé son cours,
L'astre dont la puissance anime et fait les jours
Doit faire encor cinq fois sa carriere annuelle
Autour des flancs ingrats de la terre cruelle,
J'ay donné si bon ordre aux choses à venir,
Que toutes les rigueurs j'en pourray soustenir.
Mais ce n'est pas assez que rien ne m'importune,
Que tout rie à mes yeux dans ma haute fortune,
Si ce pere que j'ayme avecques tant d'ardeur
N'en vient par sa presence accroistre la splendeur.
Allez donc le querir; faites que je le voye;
Faites que je le comble et de gloire et de joye;
Allez luy raconter en quel estat je suis,
Et d'un si doux rapport consoler ses ennuis.
Amenez avec vous nostre entiere famille;
Qu'elle vienne jouir de l'honneur dont je brille.
Le terroir de Gessen, ample et delicieux,
Sera de tous ses maux l'azile gracieux.
 Au reste, mes germains, si de ma procedure
Vous trouvez la maniere un peu farouche et dure,
Ne croyez pas pourtant que l'animosité
L'ait produite en un cœur contre vous irrité :
Tout ce que j'en ay fait tourne à vostre louange.
J'ay voulu me servir de ce moyen estrange
Pour sonder vos vertus, et par la fixion
Esprouver une vraye et noble intention;
J'ay voulu voir enfin vostre ame toute nue;
J'ay voulu la cognoistre, et je l'ay reconnue,
Mais d'un air si conforme à mon juste desir,
Que la mienne en reçoit un extreme plaisir.
Vous aymez Benjamin, Benjamin est aymable.
O chere certitude! ô preuve inestimable!
Venez (c'est trop parlé), venez m'embrasser tous :

En vous faisant souffrir, j'ay plus souffert que vous.
  Joseph, ces mots finis, plus pront qu'une sagette,
Au col de Benjamin tout en larmes se jette.
Benjamin, tout en pleurs, s'offre à son amitié,
Et tous deux par la joye ils forment la pitié.
Les autres, r'assurez, ses caresses reçoivent; [doivent;
Leurs bras, leurs voix, leurs yeux, agissent comme ils
Leurs cœurs font tout de mesme, et leurs baisers ardents
Sont de leur union les signes evidents.
  Aussy-tost l'esclatante et viste Renommée
Ayant en mille endroits l'avanture semée,
Les plus grands de la cour, estonnez de l'ouir,
Voulurent chés Joseph aller s'en conjouir.
Tout Memphis y courut, et le monarque mesme
Qui l'avoit eslevé dans sa gloire suprême
L'honora de ses pas, et fit à ses germains
Admirer par les dons ses liberales mains.

FRAGMENT

D'une Meditation sur le Crucifix.

Je me prosterne en ce saint lieu,
Au pié de la croix de mon Dieu ;
C'est le seul endroit où ma teste
Est à l'abry de la tempeste.
Pour contempler sa passion,
Pour m'en faire une image et plus vive et plus forte,
Sur la montagne de Sion
La grandeur de mon zèle en esprit me transporte.

J'y voy d'un œil baigné de pleurs
Secher les herbes et les fleurs
Autour du cedre venerable
Que dresse un peuple inexorable.
J'y voy mon Sauveur attaché,
J'y voy les rudes cloux, les cruelles espines,
Qu'il endure pour mon peché,
Entre deux criminels convaincus de rapines.

J'y voy languir ces chers soleils
Qui n'ont qu'eux-mesmes de pareils ;
J'y contemple ce front auguste
Se courber sous un faix injuste.
J'y regarde ces nobles mains,
J'y voy ces dignes pieds s'enfler dans le martire,
Et pour laver tous les humains
Donner tout le beau sang que la rigueur en tire.

J'y voy ses cheveux humectez
En distiler de tous costez
Sous l'aspre et funeste couronne
Qui pique ce qu'elle environne.
J'y voy le titre specieux
Qui, par derision, le traite de monarque,
Mais qui, bien qu'artificieux,
Porte de ce qu'il est la vraye et haute marque.

J'y voy le sceptre amy des eaux,
J'y voy la mort aux grands ciseaux,
Dont son fil mesme est tributaire
En ce supplice volontaire.
J'y voy de ses bras estendus
Fremir la chair, les nerfs, les muscles et les veines,
Et des tourmens qui nous sont dûs,
Son corps en chaque part faire ses propres peines.

J'y remarque en chaque tourment
L'eternité dans le moment,
La gloire dans l'ignominie,
Et la vigueur dans l'agonie
J'y considère l'Immortel
Mourir ainsi que l'Homme, en expier le crime;
J'y voy le prestre sur l'autel,
Et, pour s'offrir à soy, le Dieu dans la victime.

Un incroyable excez d'amour
Le presse de perdre le jour,
Pour nous garantir des tenebres
Où regnent les plaintes funebres.
Il trouve en ce terrible pas
De sa trop pronte fin l'approche encor trop lente,
Et son cœur souffre en un trespas,
Et la mort naturelle et la mort violente.

J'y voy changé, j'y vois esteint
Le divin éclat de ce teint;
J'y voy flétrir les saintes roses
Qui disent tant de graves choses.
J'y voy porter pour tout secours
L'aigre et vaine liqueur dont se grossit l'esponge :
Mon seul refuge est sans recours,
Et dans nostre neant son Estre-Humain se plonge.

MOYSE SAUVÉ

IDYLE HEROIQUE

DU SIEUR

DE SAINT-AMANT

A LA SERENISSIME

REYNE DE POLOGNE ET DE SUEDE

PREFACE

Pour employer plus serieusement que je n'ay fait autrefois le peu de talent que j'ay en la poësie, et pour faire quelque chose à la gloire de celuy qui me l'a donné, il y a quelques années que j'entrepris cet ouvrage. J'y ay travaillé à diverses reprises; j'ay esté des sept ou huit ans, tout de suitte, sans y faire un seul vers; et enfin, quand je suis venu à le regarder de pié-ferme pour y donner la derniere main, et que j'en ay bien consideré toutes les parties, j'ay fait comme celuy qui, après de longs voyages, tels qu'ont esté les miens, se retrouvant en sa propre maison champestre, et venant à revoir son jardin, en change aussi tost toute la disposition. Il fait dresser des allées où il n'y en avoit point; il fait arracher un arbre d'un costé pour le transplanter de l'autre; change la figure de son parterre; tasche à faire venir au milieu quelque fontaine qui l'embellisse; l'orne de quelques statues; racommode les espaliers et les renouvelle; si bien qu'encore que ce soit toujours le mesme fonds et le mesme enclos, à peine est-il reconnu de ceux qui l'avoyent veu auparavant. On n'a pas tousjours les mesmes gousts; ce qui nous sembloit excellent hier ne nous semble pas bon aujourd'huy, et tel a admiré une chose en sa jeunesse qui la trouve mauvaise quand l'âge vient à meurir son jugement. Cela se rencontre surtout aux productions de l'esprit : nous aymons nos enfans, quelque mal faits et quelque vicieux qu'ils soyent. Mais quand par le temps nous venons insensiblement à perdre l'amour de la nouveauté, qui est presque naturelle en tous les hommes, nous commençons à en reconnoistre les deffauts, et faisant de nostre aveugle tendresse une severité raisonnable, ne songeons plus qu'à les en corriger. Je pourrois dire mille choses là-dessus, lesquelles ont esté dites par d'autres avec plus d'éloquence que je ne sçaurois faire; c'est pourquoy je les obmettray pour passer à mon sujet.

Quelques uns qui croyoient que je donnerois le titre de Poëme heroïque à cet ouvrage s'estonneront peut-estre d'abord que je ne luy donne que celuy d'Idyle, lequel est à peine connu en notre langue, et qui n'est employé d'ordinaire qu'à de petites matieres narratives et fabuleuses, comme on le peut voir dans les Grecs et dans les Italiens; mais quand ils auront veu de quelle nature est le dessein que je traitte, et qu'ils sçauront que j'en ay consulté nostre illustre academie, j'espere qu'ils en seront satisfaits : j'ay trouvé plus à propos d'estendre l'un que d'accourcir l'autre. Je sçay ce que demande l'epopée. Je n'ay ni principal heros agissant, ni grandes batailles, ni sieges de villes à produire; mon ouvrage n'est que d'un jour entier, au lieu qu'il faut que l'epique soit d'un an ou environ. Le luth y eclatte plus que la trompette; le lyrique en fait la meilleure partie, et neantmoins, comme presque tous les personnages que j'y represente sont non seulement heroïques, mais saints et sacrez; comme, dis-je, tout incapable et tout indigne que je suis, j'ose y representer Dieu mesme en sa gloire et en sa magnificence, autant qu'il est possible à la bassesse d'une plume comme la mienne, je croy que quand je luy aurois donné le titre de divin, il y auroit eu plus de justice que de presomption à le faire.

J'y ay meslé des episodes pour remplir la scene, s'il faut ainsi dire; et sans m'arrester tout à fait aux regles des anciens, que je revere toutesfois et que je n'ignore pas, m'en faisant de toutes nouvelles à moy-mesme, à cause de la nouveauté de l'invention, j'ay jugé que la seule raison me seroit une authorité assez puissante pour les soutenir; car, en effet, pourveu qu'une chose soit judicieuse, et qu'elle convienne aux personnes, aux lieux et aux temps, qu'importe qu'Aristote l'ait ou ne l'ait pas approuvée? Il s'est descouvert des estoiles en ces derniers siecles qui luy auroyent fait dire d'autres choses qu'il n'a dittes, s'il les avoit veues; et la philosophie de nos modernes ne demeure pas tousjours d'accord avecque la sienne de tous ses principes et de toutes ses deffinitions.

PREFACE.

  Or, pour aller au devant de quelques objections qu'on me pourroit faire, d'avoir inventé dans une histoire saincte, et d'y avoir introduit des personnages desquels elle ne parle point du tout, je diray qu'encore que toutes les choses de la Bible soient esgalement veritables, elles ne sont pas esgalement importantes : il y en a qui contiennent autant de sacremens que de mots, et où il est bien délicat de porter la main; mais il y en a d'autres qui, n'estant que purement historiques, se peuvent manier avec plus de hardiesse, pourveu que l'on ne change rien au principal et que l'evenement soit tousjours le mesme. Et si, selon quelque Peres, l'histoire de Job n'est qu'une parabole sainctement inventée par Moyse mesme pour l'edification des fidelles, il semble qu'il me doit bien estre permis d'inventer quelque chose dans la sienne, comme par maniere de meditation et de paraphrase, et je ne suis pas le premier qui en ait usé de la sorte en de semblables sujets. Au reste, autre chose est d'escrire en historien, autre chose est d'escrire en poëte; une menterie n'est point menterie quand on ne la veut pas faire passer pour une verité. Qui osteroit la fiction à la poesie lui osteroit tout; et un très-grave autheur dit très-judicieusement qu'il est de la bienseance d'un poëme de s'arrester aux choses vray-semblables lorsqu'une verité certaine ne se presente pas.

  Sennazar n'en a pas peut-estre usé avec tant de modestie et tant de retenue que je fais; et quoy qu'il mesle des fables à tous propos dans son poëme de la Vierge, il n'en a point esté censuré par l'Eglise jusques à present. Car, pour ce qui est des noms fabuleux dont je me suis servy, comme de l'Olimpe au lieu du Ciel, de l'Herebe ou de l'Averne au lieu de l'Enfer, de Vulcan au lieu du Feu, d'Eole ou de Borée au lieu du Vent, de Cerés ou de Cybele au lieu de la Terre, de Neptune ou de Thetis au lieu de la Mer, de Nimphe au lieu de Reine ou de Princesse, de Genie au lieu d'Ange, et de plusieurs autres noms de mesme sorte, ce n'est que pour rendre les choses plus poetiques, et encore n'alleguay-je jamais aucune fable qu'avec precaution. Il n'y a pas plus d'inconvenient d'user de ces termes que de ceux de sort, de destin et de fortune, au lieu de providence divine; et comme chaque science, chaque profession et chaque art ont de certains mots affectez dont ils se servent particulierement, de mesme la poesie a-t'elle les siens, dont elle se peut servir quand bon luy semble, sans qu'on l'en puisse reprendre avec justice.

J'insereray parmy ceux-là quelques mots ou nouveaux ou vieux, que le seul privilege de l'heroïque a droict d'admettre, et que je ne croy pas avoir mal employez en quelques rencontres, entre autres le mot de maint, qui est très-commode, estant tout ensemble singulier et pluriel, et qui a esté jugé dans l'académie mesme pour infiniment meilleur dans cette sorte d'ouvrages que celuy de plusieurs ou de beaucoup, lequel sent bien plus la prose que les vers. Une grande et venerable chaise à l'antique a quelquefois très-bonne grace, et tient fort bien son rang dans une chambre parée des meubles les plus à la mode et les plus superbes; et mes rares et illustres amis qui ont travaillé ou qui travaillent à des poëmes de cette nature m'avoueront que, quand il y auroit mille fois plus de mots en nostre langue qu'il y en a, encore trouveroient-ils qu'il n'y en auroit pas assez à leur gré pour diversifier la grandeur et la beauté de leurs expressions. Pour moy, quoy qu'on die de la grecque et de la latine, quelque copieuses qu'elles soient et quelques avantages qu'elles ayent dessus la nostre, je ne croy pas que les Homeres et les Virgiles ne les trouvassent pauvres et deffectueuses, à comparaison de la richesse et de l'abondance de leurs pensées, et qu'il ne leur restast tousjours dans l'esprit quelques images qui ne pouvoient passer jusques au bout de leur plume : c'est mon sentiment; un autre dira le sien. Mais pour dire encore un mot de quelques fables que j'allegue en cette piece, je rapporteray que comme certaines estoffes, pour avoir esté tissues par des mains payennes, ne laissent pas d'estre employées à l'embellissement des autels chrestiens, ainsi se peut-on servir de tout ce que l'antiquité a laissé de rare et de beau pour le convertir en un usage saint et legitime, et c'est faire du Pantheon, et de tant d'autres temples dediés aux faux dieux, des eglises consacrées au Dieu eternel et veritable. Voilà une partie de ce dont j'avois à me deffendre par avance contre ce que la severité critique, et peut-estre injuste, me pourra objecter. Passons à d'autres particularitez.

J'ai pris beaucoup de choses de Josephe et de Philon qui ne sont point dans la Bible. Par exemple, l'un m'apprend le

PREFACE.

voyage de Moyse en Ethiopie, et l'autre m'apprend que la princesse Termuth estoit mariée. Je pose donc en fait qu'ayant pu prendre cette histoire de ces deux seuls autheurs, il m'a pû estre loisible d'y adjouster ce que j'auray trouvé à propos, selon les loix et les regles de l'epopée, lesquelles encore que je ne suive pas exactement, pour les raisons que j'ay deja dittes, ne laissent pas de faire pour moy, puisque j'observe l'unité de lieu et d'action, qui sont des principales choses qu'elles demandent; et que, par une maniere toute nouvelle, je renferme mon sujet non seulement dans les vingt et quatre heures, comme le poëme dramatique est obligé de faire, mais presqu'en la moitié de ce temps-là. C'est plus qu'Aristote mesme, qu'Horace, que Scaliger, que Castelvetre, que Picolomini et tous les autres modernes n'en auroyent demandé; et cependant j'ose dire que j'ay demeslé assez heureusement tout ce que j'y traitte, et que, dans la grande diversité des matieres qui y sont contenues, on ne trouvera gueres de choses embrouillées quand on prendra la peine de les considerer à loisir, et qu'on les pesera dans la balance de la raison et de l'equité.

Je prevoy encore que ceux qui n'ayment que les imitations des anciens, qui en font leurs idoles, et qui voudroyent que l'on fust servilement attaché à ne rien dire que ce qu'ils ont dit, comme si l'esprit humain n'avoit pas la liberté de produire rien de nouveau, diront qu'ils estimeroyent plus un larcin que j'auroys fait sur autruy que tout ce que je leur pourrois donner de mon propre bien; et je serois de leur goust s'il en estoit comme d'un certain homme qui, traittant un jour quelques uns de ses amis, et les pressant de boire d'un vin qui estoit assez mediocre, leur disoit à chaque coup : Messieurs, il est petit, mais au moins il est de mon crû ! Quand un de la trouppe, ne pouvant en avaler sans grimace, ne peut s'empescher de luy dire brusquement, et presqu'en colere : Plust à Dieu qu'il fust de celuy d'un autre, et qu'il fust meilleur !

Il est vray que je ne me plais pas beaucoup à me parer des plumes d'autruy, comme la corneille d'Horace, et que la pluspart du temps je ne m'amuse à faire que des bouquets de simples fleurs tirées de mon propre parterre; la description des moindres choses est de mon appanage particulier; c'est où j'employe le plus souvent toute ma petite industrie ; mais peut-estre quelqu'un en jugera-t'il comme fit autresfois celuy qui dit qu'il trouvoit que la nature avoit acquis plus de gloire et s'estoit monstrée plus ingenieuse et plus admirable en la construction d'une mouche qu'en celle d'un elephant. Ce n'est pas que je n'embrasse avec plaisir et avec ardeur les matieres les plus difficiles et les plus relevées, et que, quelques leçons de temperance et d'humilité que je fasse à mon genie, il ne presume en soy-mesme que, si je luy eusse donné un champ où, selon toute l'estendue de l'heroïque, il eust eu lieu de monstrer tout son courage et toutes ses forces, il se fust, possible, acquité avec autant d'honneur des plus grandes choses que des plus petites. Ce n'est pas, dis-je, que, dans une certaine vanité secrette dont la Muse a bien de la peine à se deffendre, il ne croye avoir produit quelques eschantillons qui peuvent legitimer en quelque sorte la bonne opinion qu'il a de luy, et faire voir qu'il n'est jamais mieux dans son element que lorsqu'il s'enfonce dans les sujets les plus graves et les plus sublimes ; mais c'est une flaterie de l'amour propre que je desavoue tout-à-fait, et que je ne veux escouter en aucune des façons du monde.

Enfin, pour achever de justifier quelques points de mon ouvrage, et particulierement sur ce que je rends des personnes habiles à la peinture et à la tapisserie en un temps où il semble que les arts n'estoyent pas encore inventez, il suffira que je die que cela n'estoit pas une merveille entre les Egiptiens, puis-que, leurs lettres hyerogliphiques estant presques toutes autant de figures et de representations d'animaux et d'autres choses, il faloit de necessité absolue que tous ceux qui sçavoient escrire sceussent portraire ; outre qu'ils se vantent dans Polidore Virgile d'avoir eu la peinture beaucoup de siecles avant les Grecs. Et quant à ce qui est de ce que je fay nager des femmes, c'est une chose toute commune non seulement à toutes celles des pays orientaux, mais à toutes celles de l'Occident et du Midy.

Il est à considerer que mon histoire est prise sous la loi de nature, et qu'encore que la verité de la religion y soit contenue, puis-que les Hebreux reconnoissoyent et adoroyent le vray et seul Dieu, neantmoins la circoncision seule en faisoit presque tout le culte et toute la ceremonie, et en estoit la principale difference d'avec le paganisme. Cela estant, j'ay pû faire dire à mes personnages des choses que je ne leur aurois pas fait dire si ç'avoit esté sous la loy de rigueur, qui ne fut que plus de quatre-vingts ans après, ou sous la loy de grace, qui est à present.

Si tout le monde estoit bien versé en l'escriture sainte, je n'auroy que faire d'en avertir quelques-uns que Jacob, dont je parle en plusieurs endroits de cette pièce, est tantost pris pour un homme, et tantost pour toute la nation des Hebreux ; ni je n'aurois non plus besoin de dire que le nom de Pharaon estoit un nom ordinaire aux rois entre les Egiptiens, ou plustost celuy d'une dignité, comme l'estoit le nom de Cesar entre les Romains. Car, afin que l'on ne s'y mesprenne pas, je parle de trois Pharaons dans cet ouvrage, dont l'un regnoit du temps de Joseph, l'autre du temps de la naissance de Moyse, et l'autre du temps de la sortie du peuple d'Israël hors d'Égipte et du passage de la mer Rouge. Le premier estoit un très-bon et très-sage prince, et sous lequel Joseph parvint à cette haute fortune où il fut eslevé pour avoir expliqué ses songes ; le second estoit très-cruel et très-meschant, comme on le peut voir par les maux qu'il faisoit souffrir aux Hebreux, et par leurs enfans qu'il faisoit massacrer ; et le troisiesme estoit ce monstre endurcy à qui tant de playes espouvantables et prodigieuses ne purent jamais faire rien rabattre de son orgueil et de son obstination, et qui conserva l'ardeur de sa furie jusques dans les ondes mêmes qui l'engloutirent.

Dans un combat d'Elisaph et de Merary contre un crocodile, je les fais accompagner de deux ichneumons privez ; et parcequ'il y en a beaucoup qui s'imaginent, à cause qu'on les appelle ordinairement rats de Pharaon, que ce ne sont que de meschants petits animaux que la seule antipathie fait comploter avec le roitelet à la ruine de ce monstre, le plus dangereux, le plus grand et le plus horrible de tous les serpens, comme tous les naturalistes l'affirment, je diray ce que j'ay veu d'un ichneumon à Paris, et que quantité d'autres personnes ont pu voir comme moy. Il est presque de la forme d'un blaireau, mais bien plus haut de jambes et d'un corsage bien plus menu, et bien plus alaigre. Il a la teste approchant de celle du furet, les yeux vifs, le poil long et herissé, comme les dards du porc-espy, et entre-meslé tout de mesme de gris et de noir, et ce-luy-là que j'allegue estoit si hardy, si fier et si courageux, que je le vis non seulement se deffendre contre deux ou trois levriers à loup, mais se jetter sur eux tout le premier avec tant d'impetuosité et tant de vigueur, qu'on eut toutes les peines du monde à luy faire lascher prise.

Pour le crocodile, bien qu'il soit assez connu partout par ceux que l'on voit pendus dans les cabinets des curieux, chacun ne sçait pas qu'il y en a tel de vingt-cinq, voire de trente pieds de long, et que c'est un animal qui croist tant qu'il vit; et partant, ce n'est pas peu de chose que deux hommes ayent pu en venir à bout.

A la fin de ma piece, je fais une description d'une nuit dans laquelle je m'arreste à parler, entre autres choses, de certains vers luisans qui volent comme les mouches, et dont toute l'Italie, et tous les autres pays du Levant sont remplis. Il n'y a rien de si agréable au monde que de les voir, car ils jettent de dessous les ailes, à chaque mouvement, deux brandons de feu gros comme le pouce, et j'en ay veu quelquesfois tous les crins de nos chevaux tout couverts, et tous nos propres cheveux mesmes. Ils volent en trouppe comme des essaims d'abeilles, et l'air en est si plein et rendu si éclatant, qu'on verroit à se conduire aisement sans autre lumiere, n'estoit qu'on est esblouy de leur nombre et de leur agitation.

Mais je ne m'apperçoy pas que je fais insensiblement un commentaire au lieu d'une preface; toutesfois, puisque cela sert à l'intelligence de mon sujet, il ne se faut point mettre en peine de ce que l'on en dira ou non. Et je m'assure que ceux qui n'ont pas tant voyagé que moy, et qui ne sçavent pas toutes les raretez de la nature pour les avoir presque toutes vues comme j'ay fait, ne seront point marris que je leur en apprenne quelque particularité.

Le Tasse dit en ses Discours du poëme heroïque qu'il avoit fait plus de la moitié de sa Jerusalem sans avoir songé aux allégories, mais qu'il y songea dans tout le reste. Je ne feindray point de dire là-dessus que j'y ay songé en la pluspart de mes inventions; et que tous les accidents qui arrivent à Moyse dans le berceau; toutes les attaques de la tempeste, du crocodile, des mouches et du vautour, dont il est persecuté, outre que ce sont des suppositions vray-semblables, naturelles, plausibles, et en l'estat et au lieu où il estoit, contiennent encore quelque chose de misterieux. Il y a un sens caché dessous leur escorce qui donnera de quoy s'exercer à quelques esprits; mais dans la recherche qu'ils en pourront faire, peut-estre me feront-ils dire des choses à quoy je ne pensay jamais.

Je voudrois bien, pour conclusion, dire quelque petit mot en passant de mon stile, et de la manière que j'ay observée à faire mes vers. Si j'en avois le loisir, je dirois que je ne suis pas de l'advis de ceux qui veulent qu'il y ait toujours un sens absolument achevé au deuxiesme ou au quatriesme. Il faut quelquesfois rompre la mesure afin de la diversifier; autrement cela cause un certain ennuy à l'oreille, qui ne peut provenir que de la continuelle uniformité; je dirois qu'en user de la sorte, c'est ce qu'en termes de musique on appelle rompre la cadence, ou sortir du mode pour y r'entrer plus agreablement; je dirois la difference qu'il y doit avoir du stile qui narre au stile qui descrit. Je dirois que le premier doit estre quelquesfois simple et quelquesfois figuré, selon la qualité des matières que l'on traitte; que le dernier doit estre toujours soustenu de mots propres, justes et significatifs; et qu'enfin toutes sortes de stiles, excepté le bas, peuvent trouver leur place legitime dans un grand poème. Je dirois encore qu'il est presqu'impossible de faire d'excellens vers, à cause de l'harmonie et de la representation, sans avoir quelque particulière connoissance de la musique et de la peinture, tant il y a de rapport entre la poésie et ces deux autres sciences, qui sont comme ses cousines germaines; et quand j'aurois dit tout cela bien au long, et avec toutes les circonstances requises, je n'aurois pas dit la centiesme partie de ce qui s'en peut dire.

Au reste, comme je suis tombé malade d'une maladie très-perilleuse pendant l'impression de ce livre, et que je n'en suis pas encore trop bien remis en faisant cette preface, que j'ay brochée à la haste et qui en portera peut-estre les marques, je n'ay pas eu le moyen d'en revoir exactement toutes les espreuves; et par ainsy, il s'y est glissé quantité de fautes, tant en la ponctuation qu'en l'obmission ou au changement de quelques lettres ; et plus que tout, en mettant de grandes lettres au lieu de petites, et de petites au lieu de grandes ; ce que j'ay remarqué lors qu'il ne s'y pouvoit plus donner ordre. Cela se corrigera en une seconde edition, si l'ouvrage merite d'estre r'imprimé. Cependant, je prieray le lecteur d'estre indulgent à mes fautes propres, et d'espargner une plume qui n'a jamais passé sous la ferule.

J'oubliois à dire que j'ay divisé cette pièce en douze parties ; et qu'encore qu'elles soyent tellement liées les unes aux autres, qu'on les puisse lire tout d'une teneur, ou s'arrester où l'on voudra, j'ay creu que les pauses n'en seroyent point trouvées mauvaises à l'endroit où elles sont.

A LA SERENISSIME
REINE DE POLOGNE ET DE SUEDE.

SONNET.

Reine, dont les vertus hautes et genereuses
Sur un trosne sacré brillent plus vivement
Que ces feux immortels qui dans le firmament
Marquent en chiffres d'or les fortunes heureuses,

Tandis que sous ton Mars cent troupes valeureuses
Repoussent de l'Euxin le fier desbordement,
Voy les sœurs d'Apollon, qu'un noble sentiment
Excite à se monstrer de ta gloire amoureuses.

Elles ont peint pour toy Moyse dessus l'eau,
Mais si tes yeux divins n'esclairent ce tableau
Ses traits auront le sort du plus commun ouvrage,

Et si pour ce heros le Nil fut sans escueil,
L'onde du Boristhéne en verra le naufrage,
Et son berceau flottant deviendra son cercueil.

MOYSE SAUVÉ

IDYLE HEROIQUE.

PREMIERE PARTIE.

ARGUMENT[1].

Invocation à Moyse mesme. — Description de la vallée de Memphis. — Travaux des Hebreux. — Discours d'Amram à Jocabel dans le lit, avant l'exposition de Moïse. — Description du matin. — Construction du berceau de jonc. — Paroles de Jocabel à l'enfant en le mettant dans le berceau. — Paroles d'Amram à Jocabel sur les plaintes qu'elle faisoit. — Exposition de Moïse sur le bord du Nil. — Marie sa sœur est laissée pour voir ce qui en aviendroit.

ur le luth eclatant de la noble Uranie
Que me vient d'apporter mon fidelle genie,
Et joignant aux accords qui naissent de mes dois
Les saints et graves tons de ma nombreuse vois,
Je chante hautement la première avanture
D'un heros dont la gloire estonna la nature;
Je descris les hazards qu'il courut au berceau;
Je dy comment Moyse, en un fresle vaisseau
Exposé sur le Nil, et sans voile et sans rame,
Au lieu de voir couper sa jeune et chere trame,

---

1. L'*argument* que nous avons placé en tête de chaque partie forme, dans les anciennes éditions, une table à la fin de l'ouvrage.

Fut, selon le decret de l'arbitre eternel,
Rendu par une Nymphe au doux sein maternel.
　Belle et divine reine, adorable exemplaire
Des hautes qualitez où l'âme se doit plaire,
Prodige de vertus, de qui le moindre rang
Est celuy que tu tiens et du trosne et du sang,
Louise, ma princesse, objet dont les merveilles
Font le seul desespoir des plus disertes veilles,
Daigne favoriser d'un rayon de tes yeux
Ce labeur que je t'offre au gré mesme des cieux ;
Et, comme mon heros en sa nef vagabonde
Par une illustre dame eut victoire de l'onde,
Fay que de ton adveu son portrait ennobly,
Triomphe pour jamais du noir fleuve d'oubly,
　Et toy, grand escrivain, dont la celeste plume
Forma d'une encre d'or l'honneur du saint volume,
Fay qu'on voye en ces vers, d'une riche façon,
Briller l'auguste feu que tu vis au buisson ;
Impetres-en du moins quelque vive estincelle
Qui m'embraze et m'excite au soin de ta nacelle ;
Sois mon guide toy mesme, et fay qu'en ce tableau
Ce feu me serve enfin à te sauver de l'eau.
　Sur la fameuse rive où commencent les veines
Par où le Nil branchu fend ses dernières plaines,
Et fait presqu'une main qui d'un air diligent
Vient offrir à Thetis son beau tribut d'argent,
On voyoit autresfois une ville superbe
Dont aujourd'huy l'orgueil se cache dessous l'herbe,
Quoy qu'un grand Misraïm, un digne fondateur,
En eust jusques au ciel eslevé la hauteur.
Memphis en fut le nom ; et Thebes, et le Phare
Basty près de la mer, d'un artifice rare,
Et celle où du soleil les flames s'adoroyent,
Pour reine la tenant, le sceptre en reveroyent.
C'estoit l'honneur d'Egipte, et la gloire du monde ;

La terre d'alentour, agreable et feconde,
Fournissoit aux humains des biens et des plaisirs
Capables de combler les plus amples desirs.
Ses palais somptueux, ses tours, ses belles rues,
Ses grands ponts qui du Nil trompoient les vastes creues;
Ses temples où la noire et fausse deïté
Attiroit des mortels la vaine pieté,
Temples où de cent monts le porphyre et l'albâtre
N'avoyent suffy qu'à peine à la main idolâtre;
Ses portes, ses jardins sur des voutes construits
Que l'on voyoit en l'air, pleins de fleurs et de fruits;
Ses places, son assiette, et sa haute opulence,
La faisoient reputer noble par excellence;
Et l'on y rencontroit tant de peuples divers
Qu'il sembloit que ses murs continsent l'univers.

Mais, helas! un dur prince, un tygre espouventable,
Diffamant par son regne un lieu si delectable,
La rendoit aux Hebreux, lors esclaves sous luy,
Un triste et sombre enfer plein d'horreur et d'ennuy.
Et, bien que sur ces bords, depuis que dans les chaisnes
Ils souffroyent la rigueur des plus sanglantes gesnes,
Par plus de trois cens fois le ravage annuel
Eust couvert tous les champs d'un bien-fait ponctuel,
Toutesfois le long cours de cette servitude,
Pour cette nation n'avoit eu rien de rude,
Au prix de l'aspre joug dont cet homme inhumain
Luy surchargeoit le col, de sa terrible main.

Tantost il la forçoit à creuser des abîmes;
Tantost, pour eslever les fastueuses cimes
Des prodiges de marbre erigez vainement,
Il l'envoyoit gemir proche du firmament.
Là l'un s'usoit les bras après une chaussée;
L'autre mettoit en feu mainte brique entassée;
L'autre tailloit un roc, l'autre fendoit un pin,
Et jamais de leur tasche ils ne voyoient la fin;

Car, une œuvre estant faite, un monstre sanguinaire
Qui sur leurs actions controloit d'ordinaire,
En commandoit une autre, et d'un bois en courrous,
Pour tout loyer, après, les accabloit de coups.
 Mais enfin le grand Dieu, le monarque céleste,
Lassé de voir pâtir sous un joug si funeste
Ceux que, de pure grace, entre tous les mortels,
Il avoit destinez pour servir ses autels,
Fit naistre le heros qui dès ses jeunes lustres
Devoit en haut éclat passer les plus illustres,
Rendre de ses exploits le monde admirateur,
Puis estre de Jacob l'ange liberateur.
Or, avant que nasquit ce digne et beau miracle,
Pharaon ayant sceu par un certain oracle
Que d'un fidele tronc un rameau sortiroit
Dont l'ombrage fatal l'Egipte estoufferoit,
Le tyran, alarmé de sa gloire predite,
Voulut qu'une ordonnance effroyable et maudite
Enjoignit aux Hebreux, si mal traitez du sort,
De mettre à l'avenir tous leurs masles à mort,
Afin que désormais leur attente future
Dans ce tombeau commun trouvast sa sepulture;
Et qu'ainsi chaque Juifve, estrange adversité !
Deplorast le bon-heur de sa fecondité.
 Cependant Jocabel, de Moyse ravie,
Bien loin de se resoudre à le priver de vie,
Malgré l'injuste prince et l'horrible decret,
Depuis trois mois entiers l'allaitoit en secret :
Et, quoy qu'un doux hymen, avant ce temps farouche,
De deux autres beaux fruits eust honoré sa couche ;
Quoy qu'une jeune estoile, un objet plein d'appas,
De ses claires vertus suivist les nobles pas,
Et que déja d'Aaron les saintes destinées
Eussent poussé leur cours par delà trois années,
I sembloit toutesfois que ce fust tout son bien,

Et que, ne l'ayant plus, elle n'auroit plus rien.
Il est vray que ses yeux, par où brilloit son ame,
Ne pouvoient pas produire une vulgaire flâme,
Et qu'elle avoit raison de cherir ses attraits,
Voire d'en admirer jusqu'aux moins rares traits :
Car, depuis que la terre en ses pompes écloses
Montra les premiers lys et les premières roses,
Depuis le premier tour de l'unique flambeau,
On n'avoit point veu naistre un chef-d'œuvre si beau.
Mais la plus digne cause, et la plus evidente,
Qui luy portoit le cœur à cette amour ardente,
C'est que, durant les jours qu'en ses flancs bien heureux
Elle sentoit mouvoir ce fils aventureux,
Un messager du ciel, un saint et vray Mercure,
Escartant d'une nuit l'ombre la plus obscure,
S'estoit fait apparestre à son grave mary,
Et l'avoit assuré que ce germe chery
Dont le moment natal les tenoit lors en peine
Parviendroit au sommet d'une gloire hautaine,
Seroit grand en esprit, nompareil en vertu,
Releveroit des siens le destin abattu,
Et, delivrant enfin ce peuple miserable
De la longue rigueur d'un joug si deplorable,
Parleroit à Dieu mesme, et pour guider la foy
Donneroit aux humains une eternelle loy.
  Aussi, quand dans le terme il vint à la lumiere,
Elle ne sentit point la douleur coustumiere
Qui trouble et rend fascheux l'heur de l'enfantement,
Mais accoucha sans mal, et seule et prontement.
Dieu le voulut ainsi par sa haute puissance,
Pour tromper le cruel qui craignoit sa naissance,
Et frustrer le dessein qu'une noire rancœur
Faisoit contre Jacob bouillonner en son cœur :
Car en cette saison sa rage redoublée
De spectacles affreux l'Egipte avoit comblée

L'on ne voyoit qu'enfans ou noyés ou meurtris,
L'on n'oyoit que sanglots, que pitoyables cris,
Que soupirs, que regrets, que vehementes plaintes
Des femmes d'Israel, qui de tendres estreintes
Embrassoient en pleurant ces froids et pasles corps
Tristement estendus sur ces funestes bords ;
Et le perfide espoir, le seul but d'un ravage
Si barbare et si dur à l'œil le plus sauvage,
N'alloit qu'à faire perdre et la vie et le jour
A l'enfant qui du Ciel fut la gloire et l'amour.
 Ainsi vit-on depuis, sous l'infernal Herode,
Qui tint de Pharaon la tragique méthode,
Le salut des mortels, le grand Verbe incarné,
Poursuivy du trespas aussi tost qu'il fust né.
Ainsi, pendant le cours d'une horrible furie,
L'honneur du genre humain, la divine Marie,
Ensemble et mere et vierge, en secret l'allaita,
Et des pieges dressés les risques evita.
Mais contre les efforts d'un si sanglant deluge
Le Nil doux et benin luy servit de refuge,
Et Moyse en ce lieu se seroit veu perir
Si luy-mesme d'en haut ne l'eust fait secourir.
Deja de Jocabel l'heur et la vigilence
Avoyent deceu trois fois la cruelle insolence
Des faux perquisiteurs envoyez de Memphis
Pour massacrer partout les saints et jeunes fis ;
Deja le bruit commun d'une recherche entiere
Fournissoit aux propos de dolente matiere,
Et l'on sçavoit déja que dans les premiers jours
Ce malheur general devoit prendre son cours,
Quand le discret Amram, que cette aigre nouvelle
Agitoit dans le lit et tenoit en cervelle,
Exhalant de son cœur un sanglot de pitié,
Parla de cette sorte à sa chaste moitié :
 Doux soucy de mon ame, enfin je le confesse,

Premiere partie.

Les pensers espineux du sort qui nous oppresse,
Quelque las que je sois, m'empeschent de dormir,
Et me font à ce coup souspirer et fremir;
Je suis, je suis vaincu, je tremble en mon courage
Lors qu'à-par-moy je songe au violent orage
Qui gronde et qui s'appreste à la destruction
Des malheureux enfans de nostre nation.
Ce n'est pas toutesfois qu'en ce qui me fait plaindre
Nous ayons pour le tien aucun sujet de craindre :
Car, après les discours que l'ange du grand Dieu
Me tint de sa fortune en cet indigne lieu,
Après tant de faveurs, tant de graces promises,
Qu'au plus cher de mon sein ma confiance a mises,
Après, dis-je, le poids de mots si solennels,
La peur du moindre mal nous rendroit criminels.
Mais la peine d'autruy me travaille et me touche,
Et je serois un tigre, un rocher, une souche,
Si je ne tesmoignois un vif ressentiment
Au triste et seul penser d'un si proche tourment.
  Las ! ô quelle pitié ! déjà je m'imagine
Que je voy ce beau sang, si noble d'origine,
Ce sang fidelle et cher, d'Abraham descendu,
Par une vile main sur la boue espandu ;
Déjà, dans la frayeur du coup qui nous menace
Je croirois voir la fin de l'Isacide race,
N'estoit ce qu'autrefois nos illustres ayeux
Contracterent pour elle avec le roy des cieux.
  Cependant la raison, l'amour et la nature
Demandent sagement en cette conjoncture
Que sans trahir ma foy je songe à preserver
L'enfant qu'à tant d'honneurs Dieu promet d'eslever.
Ce monarque eternel ne veut point qu'on le tente,
Un doux et tendre soin luy plaist et le contente ;
Il ayme la prudence, et sa divinité
Approuve les devoirs que rend l'humanité.

Voyons donc, chere femme, en quel secret azile,
En quel lieu proche et seur, hors de ce domicile,
Soit dans le sein d'un antre ou d'un bocage vert,
Nous le pourrons cacher et le mettre à couvert.
Jettons les yeux partout, et consulte toy-mesme
Si, pour le garantir de ce peril extreme,
Tu sçais quelque moyen ou quelque invention,
Et me dis là-dessus ta resolution.

 Las ! (respond en pleurant Jocabel affligée)
Mon ame dans le dueil est tellement plongée
Que je ne sçay que faire, et mon cœur interdit
De sa propre vertu soy-mesme se desdit.
Je cherche bien un lieu, mais aucun je n'en trouve ;
Je pense bien aux tiens, mais je les desapprouve :
C'est choisir un refuge au sein mesme des maux,
Et livrer nostre espoir aux dents des animaux.

 Rien moins, replique Amram; en la terre où nous som-
Les monstres le plus fiers sont plus doux que les hommes. [mes,
Ouy, les plus noirs dragons et les plus venimeux
Ne sont point enragez ni terribles comme eux.
J'ay rencontré cent fois le long de ce rivage
Maint enorme serpent, mainte beste sauvage,
J'ay veu maint crocodile errer autour de moy
Qui moins que ces cruels m'a fait paslir d'effroy.
Il vaut donc mieux enfin, il vaut mieux se resoudre,
Avant que de ce toit s'approche cette foudre,
A confier ton fils entre les mains de Dieu,
Et dejà sa bonté m'en inspire le lieu.

 Au solitaire bord du grand et large fleuve
Qui par tant de detours ce territoire abbreuve,
S'offre un certain endroit couronné de roseaux
Et d'autres ornemens dont se parent les eaux ;
La hauteur en est telle, et tel en est le nombre
Que la moitié du Nil y peut dormir à l'ombre,
Et que souventes fois, en allant y pescher,

A mes propres regards je me suis fait chercher.
Là pour quelques soleils nous pouvons l'aller mettre,
Et, quand il y sera, j'oseray me promettre
Que les yeux les plus fins qui cherchent son trespas,
Quelques aigus qu'ils soyent, ne le trouveront pas.
Une autre chose encore à ce choix me convie :
Tu pourras aisément subvenir à sa vie,
Car l'endroit n'est pas loin, et n'est point frequenté ;
Et Dieu le veut ainsy pour ta commodité.

Ouy, mais (repart la mere à demy resolue)
Comment le mettra-t'on en cette place eslue ?
L'eau n'y vient-elle point, estant si près du bort ?
Et n'est-ce pas tousjours l'exposer à la mort ?
Chasse, dit le mary, cette crainte funeste ;
Faisons nostre devoir, le Ciel fera le reste ;
Levons-nous seulement, et je te montreray
De quel art pront et seur je m'y comporteray.

S'estant doncques levez qu'encore les estoiles
De la nuit taciturne illuminoyent les voiles,
Et qu'une sombre horreur couvroit paisiblement
L'air, le vague liquide et le ferme element,
Ils s'habillent soudain, s'en vont à la fenestre
Pour sçavoir si le jour s'apprestoit à renaistre ;
Et furent estonnez qu'en regardant les cieux
Un clair et beau prodige apparut à leurs yeux.
Ce fut un trait de feu qui, comme une fusée,
Commençant sur leur toit une ligne embrasée,
Avec sa pointe d'or les tenebres perça,
D'un cours bruyant et pront vers le Nil se glissa ;
Fit loin estinceler sa flame petillante,
Et, laissant en la nue une trace brillante,
S'en alla dans cette onde esteindre son ardeur,
Et remplir l'air d'autour d'une agreable odeur.

Voy, cria lors Amram, voy ce que nous figure
Le lumineux sillon que forme cet augure ;

Mon soin est confirmé ; ce chemin noble et droit
De l'azile choisy marque le bel endroit ;
C'est entre nos roseaux qu'aboutit sa carriere :
Jette donc à ce coup tes vains doutes arriere,
Mettons la main à l'œuvre et louons l'Eternel,
Qui nous daigne montrer un soucy paternel.
  En achevant ces mots, jusqu'à terre ils se plient,
Adorent le grand Dieu, l'exaltent, le supplient
De benir leur dessein, et rendre leur enfant
Des perils redoutez vainqueur et triomphant ;
Puis, dès que, par le temps, la belle aube argentée
Fut du sein de la nuit comme ressuscitée,
Si tost que sa lueur reblanchit l'horizon,
Que le jour s'eschappa de sa noire prison,
Que le bruit resveillé vint de sa violence
Effrayer le repos, la paix, et le silence,
Et que le roy des feux, d'un rayon vif et pur,
Eut refait le matin d'or, de pourpre et d'azur,
La faucille à la main, de leur cabanne ils sortent,
Vont au premier fossé, sur leur teste en rapportent
L'esmail tremblant et vert de deux faisceaux de joncs,
En prennent les plus forts, en joignent les plus longs,
Et de leurs vistes doigts en dressent un ouvrage,
Qui de bitume enduit, pour tromper le naufrage,
Ne sçait s'il doit au vray s'appeler un vaisseau,
Ou plustost un cercueil, ou plustost un berceau ;
Puis, après maint baiser accompagné de larmes
Que versoit Jocabel sur l'enfant plein de charmes,
Après maint dur sanglot et maint souspir aigu,
Elle le couche enfin dans ce lit ambigu ;
Et, voyant qu'il rioit d'une douce maniere !
Las ! dit-elle, tu ris, ô ma gloire derniere
Tu ris, mon seul espoir, et tu ne connois pas
Que peut-estre ta vie est proche du trespas ;
Tu fais sur ton beau front eclater l'allegresse,

Et tu ne ressens point le peril qui te presse ;
Ah! chétif, ah! chétif, qu'il te sierroit bien mieux
De lascher maintenant les sources de tes yeux !
O douleur! ô remede! ô lit! ô sepulture!
Fut-il jamais au monde une telle avanture?
J'esgare exprès un bien afin de le trouver ;
Je l'expose aux hazards afin de l'en sauver,
Et, par une pitié sinistre et dangereuse,
Mesme avant le malheur me rendant malheureuse,
Je cherche ma ruine, y cours aveuglément,
Et du sort que je crains haste l'evenement.

  Amram, qui la regarde et qui voit en sa peine
Le sensible pouvoir de la foiblesse humaine,
D'une ame plus constante et plus roide au soucy,
Tout d'un temps la r'assure et la reprend ainsy :

  Qu'est-ce là, Jocabel? quelle crainte frivole
Se glisse en ton esprit, d'où la raison s'envole ?
Qu'as-tu fait de ton cœur? Qu'as-tu fait de ta foy,
Ou plustost de toy-mesme, au trouble où je te voy?
Sont-ce là les tresors, les fruits de la sagesse
Dont le ciel t'a douée avec tant de largesse ?
Faut-il que ton ennuy trahisse ta vertu ?
Parle, chere moitié, pourquoy t'affliges-tu ?
Ah! je voy ce que c'est : tu te fais trop entendre ;
Aux promesses d'en-haut on ne doit point s'attendre;
Je t'ay dit une fable, et l'incredulité
Te fait croire menteur le Dieu de verité !

  Si jadis hardiment le saint reste du monde
Entra sur sa parole en l'arche vagabonde,
Quand la terre insolente osa heurter les cieux,
Quand l'œuvre de ses mains desplut mesme à ses yeux,
Quand il se repentit d'avoir fait son image,
Quand son vassal ingrat luy refusa l'hommage,
Quand, dis-je, son courrous, aussi juste qu'amer,
De tout cet univers ne fit rien qu'une mer,

Craindras-tu de commettre à sa puissante garde
Cet enfant que sur l'onde il faut que l'on hazarde ?
Et pourras-tu douter, après le signe veu,
Qu'à ses tendres besoins sa grace n'ait pourveu ?
   Pauvre ! qu'eusse-tu fait si sa majesté sainte,
Desirant te sonder par une dure feinte,
Comme avecques rigueur jadis elle esprouva
Nostre ayeul, qui si souple à sa voix se trouva,
Eust exigé de toy le deplorable office
D'aller sur quelque mont offrir en sacrifice
Un cher enfant unique, et de ta propre main
Plonger dans son beau col un acier inhumain,
De son sang le rougir, ou plustost du tien mesme ;
Puis, du corps palpitant et de la teste blesme,
Que la mort sans regret n'aurait peu separer,
Donner le triste honneur aux feux à devorer ?
Son exemple admirable à toute ame fidelle
Devroit bien aujourd'huy te servir de modelle,
Et tu n'ignores pas qu'en cette occasion
L'on n'en peut discourir qu'à ta confusion.
Il ne repliqua rien à cet ordre severe ;
Il ne dit point à Dieu, qui l'avoit rendu pere
De cet aymable fils en un age chenu,
Que son bras de l'horreur se trouvoit retenu,
Que l'autel fremiroit de voir cette victime,
Que ce commandement estoit illegitime,
Puis qu'il mettoit à bas l'entiere authorité
Du grand pact estably pour sa posterité ;
Mais simple, franc et promt, dès qu'on revit l'aurore
Briller sur les sommets que sa naissance dore,
Il se mit en chemin, et, d'un cœur sans pareil,
Dressant tout aussi-tost le tragique appareil,
Dont l'innocent Isâc, destiné pour hostie,
Luy-mesme avoit porté la meilleure partie,
Alloit rendre le ciel pleinement satisfait,

Si Dieu, prenant en luy le zele pour l'effait,
Du glaive menaçant n'eust par un bras celeste
Empesché le dessein genereux et funeste,
Qui, pour un autre coup s'estant laissé changer,
Sur une autre victime alla se descharger.

D'un si grave discours enfin persuadée,
Jocabel se resout à la foy demandée,
Surmonte ses douleurs, estouffe ses regrets,
Retient de ses souspirs les mouvemens secrets,
Et, commandant soudain à la jeune Marie
Qu'elle mist son troupeau hors de la bergerie,
Tandis qu'à les guider Amram se disposoit,
Prend le doux lit de jonc où l'enfant reposoit;
Et de peur que cet astre, à force de reluire,
Ne se trahit chez eux, et ne les fist destruire,
Sortent tous trois ensemble, et, tirant vers les eaux,
Vont en fier l'eclat à l'ombre des roseaux.

Dans la verte espaisseur de ces fragiles plantes
Qui poussoyent hors du Nil leurs testes chancelantes,
S'entr'ouvroit par contours une espece de sein,
Qu'un favorable sort offroit comme à dessein
De recevoir l'enfant, et garder que sur l'onde
Le courant ne rendist sa barque vagabonde;
De joncs et de glayeuls il estoit r'enfermé,
Et l'art mesme à propos sembloit l'avoir formé.

Si tost qu'en cet azile on eut mis la nacelle
Amram dresse ses pas où le travail l'appelle;
Et l'aimable bergere, errant à l'environ,
Laisse aller Jocabel revoir le tendre Aaron.

Telle que dans l'horreur d'une forest espesse
Une biche craintive, et que la soif oppresse,
Quitte à regret son fan, depuis peu mis au jour,
Quand pour chercher à boire aux fosses d'alentour,
Ayant au moindre bruit les oreilles tendues,
On la voit s'avancer à jambes suspendues,

Faire un pas, et puis deux, et soudain revenir,
Et de l'objet aymé montrant le souvenir,
Montrer en mesme temps, par ses timides gestes,
Le soupçon et l'effroy des images funestes
Qui semblent l'agiter pour autruy seulement :
Telle fut Jocabel en son esloignement.

SECONDE PARTIE.

Argument.

Retour de Jocabel chés elle. — Les perquisiteurs entrent dans sa cabane. — Ils en ressortent après avoir tout renversé sens dessus dessous. — Elisaph et Marie auprès du berceau. — Merary y arrive. — Commencement du recit de l'histoire de Jacob. — Rebeca fait deguiser Jacob en chasseur comme Esaü. — Benediction d'Isâc sur Jacob. — Esaü revient, à qui il en donne un autre. — Isâc et Rebeca se resolvent d'envoyer Jacob chés Laban, à cause de la haine d'Esaü. — Paroles d'Isâc à Jacob en luy disant adieu. — Plainte secrette de Rebeca sur son depart. — Vision de l'eschelle.

peine elle s'en va, que, comme foible et mere,
Se forgeant en l'esprit mainte affreuse chimere
Dont son cœur dementy reçoit l'impression,
Elle r'entre aussi-tost dans l'apprehension ;
Ses blessures, qu'Amram avoit consolidées,
Se r'ouvrent à l'aspect de ses tristes idées,
Et son debile espoir privé d'un tel appuy,
Trebuche sous la peur et succombe à l'ennuy.
Ainsi, quand d'une poutre on oste quelque estaye
Qui se vit autresfois l'honneur d'une futaye,
Et qui des vents esmûs soustint tous les debas,
On voit au mesme instant tout le plancher à bas.

Tantost elle regarde, et tantost elle escoute ;
Tantost jusqu'à la rive elle reprend sa route ;
Puis ayant veu la nef où flotte son tresor
Le sentier domestique elle refoule encor.
Mais à chaque moment elle tourne la teste ;
Dessus la moindre butte elle monte et s'arreste,
Sur les pieds se sousleve, et par l'œil du desir
Figure à l'œil du corps une ombre de plaisir.
 Tandis un sourd tumulte, un bruit de voix lointaines,
Frappant l'air et le ciel de clameurs incertaines,
Parvient à son oreille, et cent tons eslancez
Luy font haster soudain ses pas lents et forcez ;
Elle en descouvre enfin le sujet miserable :
Dejà des visiteurs la trouppe inexorable,
Faisant trembler d'effroy tous les lieux d'alentour,
Alarme le saint peuple en son triste sejour ;
Dejà gronde et fremit la marche redoutée ;
Dejà de maint bourreau la dextre ensanglantée
Degoutte sous le meurtre, et, les cheveux espars,
Cent meres en fuyant hurlent de toutes pars.
 Alors, bien que d'Aaron l'age asseure son ame
Contre la fiere ardeur qui ces tygres enflame,
Toutesfois elle craint, et, les voyant marcher,
De tressaillir pour luy ne se peut empescher.
 En cette esmotion elle arrive à sa porte,
Où trois de ces cruels que la rage transporte,
Le blaspheme à la bouche et le glaive à la main,
Entrent pour accomplir le decret inhumain.
 D'abord qu'ils sont entrez, et que seul ils rencontrent
L'objet de qui les ans à leur depit se montrent,
Ils tonnent de fureur contre leurs propres dieux ;
Ils font agir leurs pas, ils font agir leurs yeux.
Cent fois en mesme endroit ils fouillent, ils refouillent ;
De l'humble et chaste lit la sainte gloire ils brouillent ;
Les meubles sont espars, les biens sont epandus ;

Ils sont en leur recherche eux-mesmes confondus,
Et, forcenant enfin de voir que leur tempeste
Ne peut au gré barbare immoler quelque teste,
S'en vengent sur les biens, deschirent, rompent tout,
Et sous le toit esmeu ne laissent rien debout.

 Jocabel cependant, froide, muette et blesme,
Et les sens plus troublez que ce desordre mesme,
Les regarde, en souspire, et, presque hors de soy,
Par la peur du futur augmente son effroy.

 Mais je les voy sortir pour aller au carnage;
Elle console Aaron, redresse le mesnage,
Fait revivre en son teint un pront eclat de sang,
Et comme ses esprits remet tout en son rang.

 Quiconque a veu l'effort d'un estrange tonnerre
Dans son propre sejour, renversant tout par terre,
Tantost haut, tantost bas, tantost près, tantost loin,
Rouler de mur en mur, bondir de coin en coin,
Eslargir, resserrer sa flame tortueuse,
S'eslancer coup sur coup d'une ire impetueuse,
Pirouetter, mugir, et quoy que vehement
Espargner toutesfois l'honneur du bastiment;
Celuy-là, dis-je, seul peut en l'ame se peindre
Combien dans ce peril Jocabel eut à craindre,
Et peut connestre encor, sans l'avoir esprouvé,
Combien tout mal est doux pour un fils preservé.

 Non, la brebis du nord ne sent pas tant de joye
Lors que du loup-cervier bruyant après la proye,
Ou de quelque grand ours pour la queste sorty,
Elle voit à ses flancs son agneau garanty,
Qu'en ressent et qu'en montre au depart agreable
La mere qui du fils prend un soin incroyable,
Qui le tient, qui le baise, et qui doit benir Dieu
De voir, bien qu'à regret, l'orage en autre lieu.

 En ce temps Elisaph, berger qui dans son ame
Nourrissoit pour Marie une discrete flâme,

Pour cette aymable sœur qui, veillant sur ce bort,
Du cher gage exposé voyoit dormir le sort,
Avoit d'une coustume et licite et fidelle,
Amené son troupeau tondre l'herbe auprès d'elle ;
Et ces chastes amans, sous un palmier assis,
S'entre-communiquoyent leurs intimes soucis ;
Quand le bon Merary, que la fortune indigne
Reduisoit, quoy qu'illustre, à manier la ligne,
Qui s'aidoit de la nasse, et qui le plus souvent
Venoit en cet endroit secher ses rets au vent,
S'y vint rendre tout seul, au point que ce beau couple,
D'une addresse fatale et d'un doigt promt et souple,
Trompant l'oysiveté, construisoit de roseaux
Une douce prison à mettre des oyseaux.

  Le pasteur et la belle aussy-tost le reçoivent,
Non dans le simple accueil qu'à ses rides ils doivent,
Mais avec tout l'amour, avec tout le respect
Que, comme estant leur oncle, en exige l'aspect.
Il leur rend le salut, se pose au mesme ombrage,
Les benit, les fait seoir, et, voyant leur ouvrage :
Ah ! dit-il, chers enfans, qu'en ces tristes saisons
Il sied bien aux captifs à faire des prisons !
Las ! nostre joug est tel, sous l'injuste puissance,
Qu'au lieu que de Jacob la fameuse naissance
Se devroit entre nous celebrer aujourd'huy
Avec les libres tons d'un chant digne de luy,
Au lieu qu'en ce grand jour de sa vie admirable
Nous devrions publier la gloire incomparable,
Et de son nom sacré faire comme autresfois
Retentir hautement les rives et les bois,
De l'aspre mort des siens, nostre cœur, nostre haleine,
Un sanglot, un souspir ose former à peine.
J'en frissonne en secret, et, veu ce dur matin,
Je doute que d'un seul s'en sauve le destin.

  A ces funestes mots la soigneuse bergere

Luy remet dans le sein l'espoir du jeune frere,
L'asseure qu'il respire, et luy recite au long
Tout ce qui concernoit le doux berceau de jonc;
Puis, l'adjurant enfin par leur grand ayeul mesme
D'en octroyer l'histoire à son desir extreme,
Que seconde Elisaph, qui non moins curieux
L'invite aussi bien qu'elle au discours glorieux,
Elle voit qu'aussi-tost, à l'honneur de la feste,
D'un œil condescendant il signe sa requeste,
Et qu'après quelque pause en la reflexion
Il ouvre ainsi la bouche à leur attention :

 Dejà, pendant neuf mois, la fiere antipathie
D'où naissent la discorde et la haine en partie,
Qui fait la repugnance, engendre le dedain;
Qui ne peut rien souffrir, qui se fasche soudain;
Qui, formant une horreur pour les plus belles choses,
Deffend à quelques-uns l'aspect mesme des roses;
Qui trouve tout mauvais, et dont l'œil depité,
De ses propres parens fuit la societé;
Dejà, dis-je, ce monstre enorme et redoutable,
A soy-mesme en tous lieux souvent insupportable,
Par le vouloir du ciel, que l'homme sans pecher
Ne peut approfondir, ne sçauroit eplucher,
Avoit de Rebecca, qui s'en plaignoit sans cesse,
Durant neuf mois entiers tourmenté la grossesse,
Fait tressaillir les flancs, et de ses bras mutins
Poussé les grands jumeaux aux troubles intestins;
Quand, après maint effort et mainte ardente lutte,
Esaü par hazard, ou plustost par sa chutte,
Vint le premier au jour, non pas comme vainqueur,
Mais comme un qui fuyoit, qui, despourveu de cœur,
Laissoit la palme à l'autre au saint champ des entrailles
Où pour regner tout seul il donna cent batailles;
Aussy l'heureux Jacob, qui l'avoit abbatu,
Sembloit dire en naissant : Tourne teste ! où vas-tu?

Et, tenant le talon de la plante germaine
Lors qu'il vint à parestre en la carriere humaine,
Exprimoit aux regards ce propos obstiné :
La gloire m'appartient, c'est moi qui suis l'aisné ;
C'est moy qui suis le tronc dont les rameaux superbes
Porteront plus de fruits que la terre n'a d'herbes,
Que l'eau de grains de sable, et que le ciel encor
En sa voûte d'azur n'a d'estincelles d'or ;
Et c'est moy qui seray le seigneur et le maistre
De celuy que sa honte a fait devant moy naistre,
Et qui se prevalant de son foible deffaut
Son orgueil mis à-bas veut dejà porter haut.

   Voilà, chers auditeurs, comme nasquit au monde
Nostre ayeul, dont la gloire, à nulle autre seconde,
Rend depuis ce temps-là ce jour-cy solennel,
Et chaque an se celebre au gré de l'Eternel.

   Il ne fut pas besoin, en l'age d'innocence,
Pour distinguer des deux ou la veue ou l'absence,
Comme on fait d'ordinaire à l'endroit des bessons,
D'user de quelque marque en diverses façons :
Car, bien qu'en leur visage, en leur port, leur stature,
On vist en deux objets une mesme nature,
Celuy qui par Jacob fut ainsi terrassé
D'un poil ardent et rude estoit tout herissé,
Tesmoignage certain, monstrueux et visible
De son humeur farouche, insolente et nuisible ;
Humeur qui, dominant sur toutes ses humeurs,
Mesme de sa jeunesse empoisonnoit les mœurs.

   Toutesfois, comme on voit le laboureur habile,
Durant que ses taureaux en l'age encor debile
Peuvent plus aisément au joug s'accoustumer,
Et combien qu'ennemis se joindre et s'entr'aymer,
Tantost leur applaudir, tantost prendre bien garde
A sousmettre l'orgueil de leur teste hagarde,
Et, selon qu'il les juge ou fougueux ou retifs,

Employer dans sa court les termes correctifs,
Afin qu'un jour aprés, leur front devenu souple
Endure sans fremir qu'au soc on les accouple,
Et qu'ils puissent ensemble ou fendre les guerets,
Ou charrier l'honneur des antiques forests,
Ainsi le grand Isâc, dans sa noble demeure,
Voyant ses jeunes fils se brouiller à toute heure,
Taschoit par les doux soins de l'education
D'assoupir leurs debats et leur aversion.

 Il aimoit Esaü d'une amour singuliere,
Parce que d'une addresse à luy particuliere,
Devenu grand chasseur, depeuplant tous les bois,
Mettant tous les chevreuils, tous les cerfs aux abbois,
Et des plus forts sangliers, audace contre audace,
D'un roide espieu mortel exterminant la race,
Il faisoit à son gré regorger sa maison
Des biens que donne au goust l'exquise venaison.

 La mere aymoit Jacob d'une plus haute flâme,
Parce qu'elle voyoit eclater dans son ame
Mille rares vertus, mille graces des cieux,
Et parce qu'à son cœur le sien respondoit mieux.
Il suivoit les plaisirs de l'humble bergerie,
Et tantost sur le mont, tantost dans la prairie,
La houlette à la main, la panetiere au flanc,
Accompagné du dogue au combat promt et franc,
Et devancé partout du pas et lent et grave
De l'animal barbu qui de cornes est brave,
Il menoit son troupeau, d'ample laine couvert,
Tondre le riche émail qui fleurit sur le vert.

 Jamais ce beau pasteur, quand le silence et l'ombre
Annonçoyent de la nuit l'effroy tranquille et sombre,
Ne revenoit jouir de l'agreable aspect
Pour qui son cœur brusloit d'amour et de respect,
Qu'il ne luy rapportast quelque aigle jeune et tendre
Que dans l'aire sauvage il avoit osé prendre,

Ou quelque tourterelle, ou quelque rossignol,
Qui n'avoit essayé ny le chant ny le vol,
Ou quelque bel amas de couleurs differantes,
Dont le lustre estoit joint aux graces odorantes,
Et tout, de cette mere, avec un doux sousris,
Pour l'amour de ses doigts doucement estoit pris.
Les baisers sur le front, sur les yeux, sur la bouche,
Les caresses des mains lorsqu'un objet nous touche,
Les mots flateurs et vrays, d'ardeur accompagnez,
En ces rencontres-là n'estoyent point espargnez.
Si l'air se noircissoit dessous le moindre orage
Lors que son cher Jacob estoit au pasturage,
Il tonnoit dans son ame, et l'obscure vapeur
Un spectre du deluge y formoit à sa peur ;
Si de la moindre épine il avoit quelque atteinte,
Son cœur estoit percé du couteau de la crainte ;
Et, si la fievre au lit le tenoit un moment,
Elle estoit dejà morte et dans le monument.
Aussi, dans cette amour, par le ciel fomentée,
Et par mille raisons d'heure en heure augmentée,
Elle espia si bien et le temps et le lieu
D'accomplir en ce fils l'ordre inspiré de Dieu,
Qu'enfin, par les ressorts d'une douce imposture,
Il se vit confirmer la primogeniture,
En luy dejà transmise avec simplicité,
Pour des legumes seuls dont un œil fut tenté.

C'est cela qui fit rompre et le frein et les resnes
Qui tenoyent Esaü dans quelques tendres gesnes ;
C'est cela qui le fit à soy-mesme echapper,
Et de tout saint respect les forces dissiper.

Un jour que, dejà vieux, Isâc, mû d'une envie
De toucher son palais des soustiens de la vie,
Ordonna qu'Esaü, s'armant à ce dessein,
Contentast l'appetit qu'il couvoit dans le sein,
Et que pour recompense, au retour de la queste,

Sa benediction couronneroit sa teste,
Et le feroit jouir du supreme bonheur
Que les vœux d'un bon pere offrent avec honneur,
Sa moitié, s'avisant d'une agreable ruse
Qui portoit avec soy sa legitime excuse,
En chasseur aussi-tost deguise le berger,
Cache ses nuditez sous un poil estranger,
Et changeant par l'apprest en venaison friande
L'ordinaire morceau d'une ignoble viande,
Veut que son bien-aymé, son cœur, son favory,
En supplante le frere et trompe le mary.

Jacob en cet estat, d'une façon accorte,
Prend le mets deceptif, au grand vieillard le porte,
Qui, privé de la veue et doutant de la vois,
A la credulité laisse vaincre ses doigts,
Par un sens confond l'autre, et sur le chef qu'il touche,
Aux mots graves et saints ouvrant la digne bouche,
Verse un sacré tresor de benedictions,
Et fait parler ainsi ses justes passions :

Vueille le Tout-Puissant, qui d'un ordre adorable
Rend nostre destinée heureuse ou miserable,
Favoriser la tienne et donner à tes vœux
Une gloire qui luise en d'illustres neveux !
Fasse de sa bonté la suprême excellence
Qu'on voye en ta maison éclater l'opulence ;
Qu'on redoute par tout le pouvoir de ta main ;
Que devant ta grandeur s'abbaisse ton germain ;
Que ceux qui t'aymeront, qui verront sans envie
Les biens que je souhaite au beau cours de ta vie,
Soyent benis, soyent aymez, soyent, apres le cercueil,
Honorez dans le ciel d'un indicible accueil !
Et que ceux qui sur toy feront vomir la rage
Qui de l'aise d'autruy fait son propre dommage
Soyent l'horreur des vivants, soyent le rebut des morts
Et soyent livrez en proye au noir et vain remors !

A peine finissoit la bouche paternelle
De souhaiter au fils une grace eternelle,
Qu'Esaü de retour, et qui se voit frustré
Du bien qu'à son desir l'espoir avoit montré,
Gemit, pleure, murmure, et fait de telles plaintes
Qu'Isâc de la pitié sent les tristes attaintes,
Et pour le consoler, ne pouvant autrement,
Promet un autre honneur à son ressentiment.
 Tu seras, luy dit-il, au mestier de la guerre,
Sur les plus valeureux qui regissent la terre,
Ce que l'aigle superbe est entre les oyseaux
Et ce qu'un vent rapide est parmy les roseaux.
Ton cœur ardent et fier, et ta main pronte aux armes,
Inonderont la plaine et de sang et de larmes;
Tu mettras sous ton joug les lyons du midy;
L'Orient aux esclairs de ton glaive hardy
Redoutera ta foudre, et dans l'obeissance
Fournira de trophée à ta haute puissance;
Et toutesfois Jacob dominera sur toy;
Telle est du souverain l'irrevocable loy.
Souffre donc, Esaü, ce que Dieu mesme ordonne;
Si Jacob t'a fasché, je veux qu'on luy pardonne;
Ce qu'il a fait est fait, ce que j'ay dit est dit,
Et de m'en retracter le ciel me l'interdit.
 Or quelques jours après, la mere estant certaine
Qu'Esaü mal content nourrissoit une haine,
Un depit gros de fiel, un courroux dangereux,
Contre l'aymé Jacob, des vertus amoureux,
Elle opera si bien, par sa prudente adresse,
Auprès du noble Isâc, aveugle de vieillesse,
Que pour gauchir au mal qui pouvoit arriver
(Quoy qu'il leur fust alors bien dur de se priver
D'un cher fils, d'un objet et si rare et si juste,
Et qui dessus le front n'avoit rien que d'auguste),

Ils conclurent entr'eux, d'un advis mutuel,
De l'envoyer soudain chez le grand Bathuel.

 Ce dessein arresté pour tromper la tempeste
Qui du sage pasteur menaçoit l'humble teste,
Isâc le fait venir, luy declare amplement
Ce qui les contraignoit à son esloignement,
Ce qu'il doit eviter, ce qu'il faut qu'il redoute,
Vers quel puissant azile est ouverte sa route,
Pourvoit à ses besoins, l'embrasse, le benit,
Et par les mots suivans ses paroles finit :

 Va-t'en, mon noble espoir ; la Mesopotamie
T'offre chez ton ayeul une retraite amie :
Ton oncle maternel, le genereux Laban,
Qui paroist comme un cedre au faiste du Liban,
Qui voit de ses troupeaux couvrir ses vastes plaines,
Qui voit de ses moissons ses granges tousjours pleines,
Qui fleurit en honneur et qui brille en vertu,
Te fera triompher au lieu d'estre abbatu.
Les cieux l'ont enrichy de deux aymables filles,
Dignes d'entrer au sein des plus hautes familles ;
Gagne si bien sa grace, et leur pure amitié,
Que l'une ou l'autre enfin devienne ta moitié.
Mais, garde-toy surtout, si tu ne veux desplaire
A l'Esprit trois fois saint qui nos gestes esclaire,
D'offrir ton juste flanc au flanc cananéen
Sous les indignes nœus d'un prophane lien.

 Va donc au nom de Dieu ; son amoureuse crainte
Soit d'un celeste sceau dans ton courage emprainte ;
Adore sa justice, adore sa bonté,
Fay sur tes volontez regner sa volonté,
Respons aux mouvemens qu'en secret elle inspire,
Soumets tes passions au joug de son empire ;
Consacre-luy tes mœurs, et grave en nous quitant
Sur l'airain de ta foy ce precepte important :

Que quand bien l'homme entier seroit d'une nature
A n'attendre plus rien après la sepulture,
Quand bien, dis-je, en son ame aussi bien qu'en son corps
Il se croiroit sujet au dur neant des morts,
Il ne laisseroit pas, pour le seul bien de l'estre,
Pour ce premier des dons que tout doit reconnestre,
D'estre obligé de vivre au gré de son autheur,
Et de la creature aller au Createur.
Les bestes, les oyseaux, les poissons, les reptiles,
Les insectes de l'air, qui semblent inutiles,
Les arbres, les rochers, trouvent mesme des voix
A benir ses bontez et publier ses loix.
Aux soins religieux d'exemple ils s'entre-servent,
Du Dieu qui les a faits les regles ils observent;
Ils ont chacun leur culte, et, loüans l'Immortel,
Font de leur propre sein une espece d'autel.

A plus forte raison luy doit donc rendre hommage
Celuy qui comme toy croit estre son image,
Qui sçait qu'ayant formé de ses divines mains
Pour chef-d'œuvre accomply le grand chef des humains,
Il voulut infuser un rayon de sa flâme
Dans ce premier des corps où fut la premiere ame,
Et que par ce moyen la nostre est un flambeau
Qui ne se peut esteindre en la nuict du tombeau.

Va, souviens-toy de nous, souviens-toy de toy-mesme,
Je t'en conjure icy par ta mere qui t'ayme,
Qui souspire et qui montre, en te voyant partir,
De ses propres conseils le tendre repentir.
Je t'en conjure encor par cette teste blanche,
Par ces bras affoiblis, par ces pleurs que j'espanche,
Ces pleurs, tristes ruisseaux de ces deux tristes yeux,
Privez depuis long-temps de la clarté des cieux.
Salue en nostre nom la famille honorable
Où tu vas rechercher un abry secourable;

Tu l'y rencontreras, y seras bien receu,
Et Dieu t'y conduira, si mon cœur n'est deceu.

 Pendant tout ce discours, le regret et la crainte,
Donnant à Rebecca leur plus sensible atteinte,
Montrent en l'appareil qu'elle dresse au pasteur,
Que l'on peut accoupler la haste et la lenteur.
A voir partir ce fils rien ne la peut resoudre;
Cependant il le faut, pour eviter la foudre
Qui flambe, qui mugit dans le poin fraternel,
Poin qui dans l'aigre cœur est déjà criminel.

 Quoy! dit-elle en soy-mesme, il faut donc que je voye
S'eclipser à mes yeux mon bien, ma seule joye,
Ou que je sois reduite au miserable estat
De craindre à tous momens quelque horrible attentat!
Il faut donc que je vive, ou plustost que je meure,
Dans l'apprehension de le perdre à toute heure,
Ce fils, ce doux sujet de mon cruel ennuy,
Ou que je me resolve à languir loin de luy!
Mais à qui m'en prendray-je? Imprudente! insensée!
Le glaive de douleur dont mon ame est blessée
N'est-il pas de mes mains l'ouvrage malheureux?
Et n'ay-je pas ourdy mon destin rigoureux?
N'ay-je pas fabriqué l'insigne tromperie
Qui cause d'Esaü la sanglante furie,
Qui fait haïr Jacob, et qui pour ces bessons
D'une fievreuse peur me donne les frissons?
Ah! leur inimitié n'est que trop naturelle!
C'est dans ce propre corps que nasquit leur querelle;
C'est dans ces propres flancs qu'au duel embrasez
Ils estoyent, tout ensemble, et joints et divisez.
Ces objets qui dans moy peine sur peine entassent
Vouloyent s'entr'estouffer avant qu'ils respirassent;
Et ressentant fremir les bouillons de leur fiel
J'en larmoyay d'angoisse et m'en plaignis au ciel.

Leur haine aussi-tost qu'eux parvint à la lumiere ;
Elle dit toutesfois qu'elle y fut la premiere ;
On reconnut dèslors leur inclination,
Et mon sein allaitta leur dure aversion.

 Ainsi faisoit sa plainte, et lamentable et tendre,
A son cœur douloureux, qui seul pouvoit l'entendre,
La triste Rebecca, quand, non moins affligé,
Jacob, pourveu de tout, prit d'elle enfin congé.
 Tel que dans un verger on voit l'homme rustique,
Pour transplanter ailleurs quelque arbre domestique,
Mettre en œuvre la besche, et, d'un doux branlement,
Puis deçà, puis delà, le plier lentement,
Le refouir en cercle, et des mottes herbues
Renverser de nouveau les racines barbues.
Afin de detacher, sous un craintif effort,
Celles du jeune bois, qui gemit et se tord,
Comme s'il ressentoit quelque douleur amere
D'estre ainsi depouillé de la terre sa mere,
Qui d'un ton sourd et creux respond à cet ennuy,
Et retient en son sein quelque chose de luy ;
Tel vit-on, chez Isâc, Nebur, fidelle et sage,
Que l'on avoit commis aux soins de l'equipage,
Soliciter Jacob d'un accent redoublé
A quitter le saint toit, de tristesse comblé,
Faire sur cet esprit, qui repugne et balance,
Agir avec douceur un peu de violence,
Et l'arracher enfin, le pressant de partir,
A l'obstacle amoureux qui n'y peut consentir.
 Je ne vous diray point les fleuves qu'ils passerent,
Les serpens, les lyons, que leurs mains repousserent ;
Les montagnes, les bois, les plaines, les hameaux,
Que franchirent sous eux les pas de leurs chameaux.
Vous sçaurez seulement qu'en une solitude,
Convié de la nuit et de la lassitude,
Jacob s'estant dressé d'un rocher un chevet

De qui la verte mousse estoit le mol duvet,
Et d'où l'on voyoit sourdre une onde vive et pure,
Qui flattoit le sommeil avec un doux murmure,
Il s'endormit enfin, et sans l'ayde des yeux
Vit briller dans les airs tout ce qui brille aux cieux.

Il creut voir, ô merveille! ô songe incomparable!
Il creut voir une eschelle, en grandeur admirable,
Presser d'un riche bout le solide element,
Et de l'autre, plus riche, atteindre au firmament.
L'or, la perle, l'azur, toute la terre entiere,
N'avoit rien que d'abjet au prix de sa matiere,
Et toutesfois son œil creut voir en ce tresor,
Ensemble confondus, l'azur, la perle et l'or.
Elle sembloit porter, et de long et de large,
Des celestes esprits la bien-heureuse charge :
Les uns venoyent en bas, les autres remontoyent,
Et leurs nobles cheveux sur leurs ailes flotoyent.
La splendeur de la lune et des astres sans nombre
De l'eclat de leurs pieds estoit à peine l'ombre,
Et les rayons vivans de leurs yeux nompareils
Auroyent donné la mort aux yeux de cent soleils.
Mais comment te diray-je, ô spectacle indicible?
Au plus haut eschelon l'Auguste, l'Impassible,
Resplendissant de gloire et d'immortalité,
De tous ces beaux objets effaçoit la beauté ;
Il s'appuyoit dessus, et de sa bouche sainte,
Qui donnoit à l'oreille une adorable attainte,
Et dont le son divin partoit d'un cœur amy,
Fit ouyr ces propos à Jacob endormy :

TROISIESME PARTIE.

Argument.

Paroles de Dieu à Jacob pendant qu'il dormoit. — Jacob se resveille, conte le songe à Nebur et verse de l'huile sur la pierre. — Interruption de l'histoire de Jacob par un crocodile qui tire vers le berceau. — Combat d'Elisaph et de Mérary contre le crocodile. — Fin du combat. — Elisaph est guery subitement d'une morsure qu'il avoit receue du crocodile. — Le repas rustique de Mérary, d'Elisaph et de Marie. — Retour à Jocabel, qui est seule dans sa cabane avec Aaron. — Description d'une piece de tapisserie du deluge. — Jocabel y veut travailler à quelque chose qui restoit à faire, et s'endort. — Invocation à l'ange pour descrire les avantures de Moyse, qui apparoissent en songe à Jocabel.

Jacob, mon cher Jacob, je suis le roy suprême
Qui l'eternité seule a pour son diadême;
Je suis l'unique Dieu qu'Abraham revera,
Et que dès le berceau ton bon pere adora.
Je veux, j'ay resolu, d'une faveur immense,
Qu'à toy premier un jour, et puis à ta semence,
Soit en proprieté, non sans quelques efforts,
Le fertile terroir où s'allonge ton corps.
J'en ay dans mes decrets arresté l'avanture,
Et veux de plus encor que ta race future
Estende les honneurs de ses rameaux divers
Jusqu'aux lieux où ma main estendit l'univers;
Qu'elle ne prenne fin que quand la terre et l'onde
Passeront par le feu qui destruira le monde;
Qu'elle regne par tout, et qu'en toy soyent benis
De tout le rond mortel les peuples infinis.
  Le bruit confirmatif d'un tonnerre agreable
Acheva le discours du Grand, de l'Immuable;

L'eschelle disparut, le songe s'envola,
Et Jacob s'eveillant en ces termes parla :
 Ah ! prophane ignorance, as-tu donc fait un crime ?
Certes, de l'Eternel la majesté sublime
Reside en ce desert, ma peur, tu le sens bien ;
Voicy son habitacle, et je n'en savois rien !
Ce lieu terrible et saint, ce lieu dont les merveilles
Ont esblouy mes yeux, ont ravy mes oreilles,
Et me comblent d'effroy, mais beaucoup plus d'amour,
Est le sacré portail du bien-heureux sejour.
 Ayant finy ces mots, aussi-tost il appelle
Le cher et bon Nebur, le songe luy revelle,
En rend aise et transy cet homme intelligent ;
Et, s'estant fait atteindre un grand vase d'argent
Où de son noble ayeul les victoires tracées
Environnoyent le suc des olives pressées,
En fait d'un poin devot, prompt et respectueux,
Dégorger l'or liquide, à filets onctueux,
Sur le chevet de marbre où de la cour celeste
S'estoit rendue à luy la pompe manifeste,
Y consacre son cœur comme au pié d'un autel ;
Son vieux nom de Luza change au nom de Bethel ;
Grave dessus son chiffre, et veut qu'on y remarque
L'honneur qu'il eut d'y voir l'invisible monarque ;
Qu'il soit le saint tesmoin de tant de biens promis ;
Puis sur l'aube du jour marche vers ses amis.
 Mais, avant que de clorre un si pieux mistere
Il avoit fait serment, par le chef de son pere,
Que, si de ses desseins la suitte prosperoit,
Dieu seroit le seul dieu qu'au monde il choisiroit ;
Que d'une vive foy, d'un zele sans exemple,
Sur cette mesme roche il dresseroit son temple ;
Qu'il croiroit en luy seul, et qu'en cette maison
Le lignage esperé viendroit à l'oraison.
 Le grave Merary, s'exerçant la memoire,

De l'illustre Jacob contoit ainsi l'histoire,
Et le couple discret, à sa bouche pendu,
Gardoit à ses propos tout le silence du,
Quand un monstre cruel, qui nage et qui se treuve
Tantost dessus la rive et tantost dans le fleuve,
Un amphibie enorme, un traistre qui se pleint,
Qui pour l'homme attraper les pleurs de l'homme feint,
Sort du Nil tout à coup, rampe sur l'herbe emeuë,
De ses louches regards vient surprendre leur veue,
Rompt du noble discours le fil si bien tramé,
Et, soit que, sous l'instinct d'un desir affamé,
Il eust senty l'enfant qui reposoit sur l'onde,
Soit qu'il fist sans dessein sa route vagabonde,
Tire vers la nacelle, et fait transir de peur,
Sinon les trois ensemble, au moins la chere sœur.

   Aussi-tost Elisaph, qui contre ces alarmes,
Quoy que simple berger, n'alloit jamais sans armes,
Et qui d'un bras robuste et d'un agile corps,
Avoit gagné le prix dans les plus grands efforts,
Se saisit d'un espieu dont la pointe acerée
Esclatoit au soleil sous la gloire esperée,
Marche au combat, s'anime, et, de l'objet rampant
Le chemin au berceau d'un pas viste coupant,
A son gozier ouvert de pié ferme s'oppose,
Et, montrant au peril tout ce qu'un grand cœur ose,
Previent le peril mesme, y cherche des appas,
Se courbe, offre son fer, affronte le trespas,
S'appreste au rude chocq sur ses jambes roidies,
Tient l'œil vers le besoin, et, de ses mains hardies,
Porte un grand coup au monstre, un coup horrible et tel
Que sans la peau d'ecaille il eust esté mortel.

   Mais, comme en une forge où la terre s'allume
On voit le dur marteau rebondir sur l'enclume,
Dans le poin qui l'estraint en bruyant retourner
Et du cyclope noir le bras mesme estonner,

Ainsi revient l'espieu frustré de son attente,
Ainsi resonne-t-il en la main mécontente.
Elisaph s'en irrite, et sa haute valeur
Sent du coup sans effet une noble douleur.

 Le monstre toutesfois, estourdy de l'atteinte,
Qui sur son front de roche avoit fait quelque empreinte,
Demeure quelque temps sans se mettre en devoir
D'opposer force à force et pouvoir à pouvoir ;
Mais soudain la fierté, le depit et la rage,
Portant sa course à l'homme et sa gueule à l'outrage,
Reveillent sa vengeance, et de l'acier pointu
Luy font mesme assaillir l'effroyable vertu.
Il le prend, il le mord ; Elisaph le tient ferme,
Tasche de l'enfoncer dans l'ire qui l'enferme,
Pousse, tire, repousse, enfin l'arrache aux dents,
Se remet en posture et l'offre aux yeux ardents.

 Mérary, d'autre part, qui, voyant le reptile,
Ne veut pas estre veu spectateur inutile,
Et qui, bien que plein d'âge, est assez vigoureux
Pour respondre au dessein d'un acte genereux,
Se prepare au secours, se fait une massue
D'une branche de pin encor toute moussue,
Sa forte espaule en charge, et, suivy des deux chiens
Qui des deux grands troupeaux sont les braves soustiens,
Avec deux ichneumons et fiers et domestiques,
Dont l'ennemy cruel redoutoit les pratiques,
Joint le vaillant pasteur, et le voit démarcher
Comme son arme aux dents il venoit d'arracher.

 A ce renfort subit, l'aspre monstre s'arreste ;
Il regarde, il découvre et l'une et l'autre beste
Que de nature il hait, et que l'aversion
Ne peut voir par ses yeux qu'avec emotion,
Et, poussant aussi-tost de son affreuse bouche
Un ton qui jusqu'au ciel tous les airs effarouche,
Il fait fremir la terre, et d'un rapide cours

Vient, ô quelle venue ! attaquer le secours.
Elisaph le poursuit, Merary l'ose attendre,
Un haut desir de gloire entre les deux engendre
Certaine jalousie, ou du moins d'un beau feu
Anime egalement et l'oncle et le neveu.
 Mais le monstre s'approche, et son cœur enflé d'ire,
Son fiel bouffy d'orgueil, à leurs bras semble dire :
Ne vous enviez pas, je me sens assez fort
Pour satisfaire à deux en l'honneur de ma mort.
Vous aurez le laurier, mais un clair avantage
En rendra, si je puis, funeste le partage,
Et, devant qu'il honore et l'une et l'autre main,
J'espere avec mon sang y voir du sang humain.
 En effet, le cruel, de l'estrange maschoire
Rebatant coup sur coup l'espouventable yvoire,
Sur Merary se darde, et l'auroit culbuté
S'il n'eust en mesme temps fait un saut à costé.
 Mais il le va payer de sa vaine entreprise,
Il luy va faire voir que sous sa teste grise
Son sein conserve encore une jeune verdeur
Qui fournit à son bras de force et de roideur.
La pesante massue, à deux mains empoignée
Tesmoigne le projet de son ame indignée ;
Il la hausse, il l'abbaisse, et d'un bruit perilleux
En fait sentir la foudre au reptile orgueilleux ;
Il luy froisse une espaule, et, comme on dit qu'Alcide,
Signalant au soleil son courage intrepide,
Contre l'horreur de Lerne au combat se portoit,
Ainsi de Merary le grand corps s'agitoit.
 Cependant Elisaph, qu'une honte heroïque,
Un courroux magnanime, accuse, enflame et pique,
Revient, serre la hampe en son poin repoussé,
Et s'offre à reparer l'honneur interessé.
Les chiens, les ichneumons, estans de la partie,
Veulent montrer leur haine et leur antipathie,

Et le fier crocodile, enceint de toutes pars,
Seme et lance par tout l'effroy de ses regars;
Quelque douleur qu'il souffre et quelque arme qu'il voye,
Il se tourne tousjours vers l'innocente proye;
Il s'y traisne, il y vise, et le brave pasteur,
Gardant tousjours le pas d'un soin emulateur,
Luy pousse un coup de pointe en l'avide prunelle,
En punit pour jamais l'œillade criminelle,
Et, retirant le fer sur le pié r'afermy
Se plaist d'en voir l'eclat teint du sang ennemy.
Ha! me voilà content, se dit-il en soy-mesme;
Voilà qui sera doux à la beauté que j'aime;
J'ay deffendu le frere, et, par cette action,
La sœur verra ma gloire et mon affection.
  Il parloit de la sorte, au gré de l'arme teinte,
Presumant que du monstre à la lumiere esteinte
Il eust esteint la vie en ce coup furieux,
Et que de son orgueil il fust victorieux,
Quand le monstre, eslancé pour venger sa blessure,
Imprime sur sa cuisse une ardente morsure,
Passe outre, abbat les chiens, qui, d'abbois sur abbois,
Qui, d'assauts animez des mains et de la vois,
Le tourmentent sans fin, l'agacent, le harcellent,
Et font qu'en un seul œil cent rages estincellent;
Et, trouvant sous sa griffe un des deux animaux
De qui le seul aspect rengrege tous ses maux,
Le saisit, le secoue, en pieces le deschire,
Tandis qu'une autre beste en vain des dents le tire.
Qu'un chien luy mord la queue, et que l'autre ichneumon
S'obstine sur sa peau comme un petit demon.
  Durant que ce laurier s'agite en cette plaine
Où du sort disputé le sort mesme est en peine,
La fille, suspendue, observe, non de loin,
Et l'objet de sa flame, et l'objet de son soin;
Elle avance, elle arreste, et, selon l'air des choses,

L'aise rougit ses lys, la peur blanchit ses roses,
Et, dans l'impression de l'oreille et des yeux,
Un coup la pousse en terre, un coup l'esleve aux cieux.
Le timide troupeau que sa houlette garde
Voit d'un œil effrayé tout ce qu'elle regarde ;
Il tremble, il quitte l'herbe, il ecoute le bruit,
Et celuy du berger se croit dejà destruit.
 Mais ce cœur, ce grand cœur, cette ame resolue
De perir ou d'atteindre à la palme absolue,
Vient sous un vœu mortel, qu'aigrit son propre sang,
Du reptile esborgné joindre le vaste flanc.
Merary le seconde en l'ardeur formidable,
Et tous deux à l'envy, bien plantez sur le sable,
Les bestes à l'entour et le monstre au milieu,
Luy font sentir encore et le bois et l'espieu.
Par l'endroit le plus dur l'un enfin le transperce ;
L'autre, qui pour l'effort sur les reins se renverse,
Luy fracasse le test de l'enorme levier,
Et les trois animaux en teignent le gravier.
 Ainsi, sous les climats de l'ample Boristhene,
Le grand roy Cazimir estend-il sur l'arene
Le Tartare superbe et le vassal mutin
Qui veut troubler le cours de son noble destin;
Ainsi, dans les forests de la Lithuanie,
Après s'estre honoré d'une gloire infinie,
Se plaist-il quelquesfois devant le rare aspect
Où luit tout son bon-heur, où va tout mon respect,
De montrer sa vaillance en des chasses terribles,
Tantost contre un grand ours, un ours des plus horribles,
Tantost contre un sanglier des plus beaux, des plus forts,
Qu'il combat, qu'il terrasse, au peril de cent morts,
Et dont il vient offrir la despouille sanglante,
Comme un vray Meleagre, à sa vraye Atalante,
A l'auguste Louise, honneur de l'univers,
A cette reine enfin pour qui brillent ces vers,

Reine que l'on a veue au feu d'une campagne
Suivre l'illustre espoux en illustre compagne,
Et qui, bien que sans arc, a des traits dans les yeux
Dont elle a sceu blesser les plus grands demy-dieux.
   Le combat achevé, la pucelle craintive
S'approche à pas douteux de la fatale rive
Où l'enorme amphibie et les deux chers parents
Viennent de decider leurs aspres differents;
Elle avance à leur voix, qui d'un ton de victoire
L'instruit de leur bon-heur, l'assure de leur gloire;
Et, comme en leur personne elle a couru hazart,
A leur triomphe encore elle va prendre part.
   Mais à peine auprès d'eux s'est-elle enfin rangée,
Que son œil void sa joye en tristesse changée :
Elisaph, qui le frere a si bien deffendu,
Tombe aux pieds de la sœur, du sang qu'il a perdu.
   Tant qu'un desir de vaincre, allumé dans son ame,
L'avoit dans le combat soustenu de sa flame,
Presque de la morsure il n'avoit rien senty,
Et rien en sa vigueur ne s'estoit dementy.
Son corps avoit tousjours, au plus fort de l'orage,
Respondu dignement à son noble courage;
Mais, le desir esteint par le laurier gagné,
Il montre de quel sang le prix en est baigné;
Il chancelle aussi-tost, il paslit de foiblesse;
De sa playe en la cuisse au cœur l'amante il blesse;
Il sue, il tombe enfin sans haleine et sans pouls,
Et d'un ennuy cruel afflige un œil si dous.
   Cependant Merary, songeant qu'en ces rivages
Il avoit remarqué certains simples sauvages
Dont la vertu secrette et le suc merveilleux
Serviroient au berger dans l'estat perilleux,
Y va tout aussi-tost, d'herbe en herbe chemine,
Se baisse, arreste l'œil, les fueilles examine,
Sent une fleur, sent l'autre, et passe, et tourne court,

De ses regars cherchans tout l'environ parcourt,
Et represente ainsy, sur la rive champestre,
Le fidelle animal qui, pour trouver son maistre,
Flaire à droit, flaire à gauche, et, confus en ses pas,
Va tousjours d'homme en homme, et le sien n'attaint pas.

Or, comme il s'employoit en sa recherche vaine,
Il fut tout estonné qu'une figure humaine,
Au moins la sembloit-elle, à ses yeux s'apparut,
Luy parla d'Elisaph, de l'enfant discourut,
Et, luy montrant une herbe, en cent maux estimée,
Qui depuis, de son nom, angelique est nommée,
L'informa de l'effet, son cœur en rejouit,
Puis, comme faite d'air, en l'air s'evanouit.

Soudain, dans les devoirs que la haute puissance
Exigeoit en ce point de sa reconnoissance,
Il rend graces au ciel, et d'une humble ferveur
Paye en quelque façon l'importante faveur.

Enfin, d'une main prompte ayant cueilly de l'herbe
Qui faisoit eclater sa fleur vive et superbe,
Et de qui l'on voyoit le vert et beau butin
Encor tout parsemé des perles du matin,
Il rejoint Elisaph, et, comme par l'oreille
Il sçavoit que sur tout elle estoit sans pareille
Au venin furieux des monstres enragez
Dont sous le signe ardent plusieurs sont outragez,
Quand, atteints d'une soif qui cherche et qui fuit l'onde,
Ils errent par les champs, s'ecartent loin du monde,
Et d'un poil herissé, d'un œil où vit la mort,
Font craindre sans abboy leurs dents et leur abort;
Merary, dis-je enfin, assuré que la plante
Esteindroit du berger la morsure brulante,
La prepare aussi-tost comme on l'avoit instruit,
Et de sa propre fleur veut recueillir le fruit.

Il broye, il mesle tout, fueille, tige, racine,
L'epreint, en prend le suc, l'aigre playe en bacine,

Reitere l'office, et d'un lin déchiré
Que de son chaste sein la vierge avoit tiré,
Et que d'une maniere affectueuse et pronte
Elle venoit d'offrir, sous une honneste honte,
Faisant un cher bendage à l'endroit douloureux,
Fait un second remede au pasteur amoureux.
 Mais, ô quelle merveille! à peine l'angelique
Sur le neveu mordu l'oncle pieux applique,
A peine du seul lin sent-il l'attouchement,
Qu'il se voit hors de mal, de fievre et de tourment.
Aussi-tost il se leve, et d'une belle audace,
Regardant le reptile estendu sur la place,
Semble ne demander qu'un ennemy nouveau
Pour refaire un combat plus sanglant et plus beau.
Ses esprits recouverts, ses forces revenues
S'elevent en son cœur jusqu'au dessus des nues,
Et, dans le haut desir dont son bras est touché,
De sa propre victoire il est presque fasché.
 Après ces mouvemens qu'en son ame suggere
L'honorable dessein d'obliger la bergere,
D'acquerir son estime, et d'un vœu solennel
Servir de plus en plus au salut fraternel,
Il passe au monstre mort, l'horrible teste en couppe,
Et, formant de gazons une petite crouppe,
Y dresse un fier trophée auprés du saint enfant,
Qui dans le berceau mesme est rendu triomphant;
Puis sous le gré de l'oncle et de l'œil qu'il adore,
De l'œil qu'à son sujet il voit humide encore,
Et dont pourtant la joye enflame les appas,
Il songe pour eux tous au simple et gay repas.
 La figue au jus de miel, prise sur l'arbre mesme,
Le fruit du haut palmier, que d'une addresse extreme,
Corsant le noble tronc, il ose aller cueillir,
Non sans faire de peur la belle tressaillir,
Qui, pasle du danger où l'amant se hazarde,

Suit le pié, suit la main, crie en bas, le regarde,
Monte avec luy des yeux, et, d'un cœur suspendu,
N'a ni bien ni repos qu'il ne soit descendu ;
Le pain rustique et noir, qui dans la panetiere
Est du bon appetit la friande matiere ;
Le poisson mis au vent et grillé tant soit peu
Sur le brazier nouveau d'un admirable feu,
Tiré, non des cailloux, comme est tiré le nostre,
Mais de deux roseaux secs batus l'un contre l'autre ;
L'amande et le raisin dejà cuit au soleil,
Font de leur doux banquet l'innocent appareil.

 Pour estancher leur soif, outre l'eau du rivage,
Ils se servent encor d'un commode breuvage
Qu'un autre arbre, percé par où le tronc finit,
Faisant couler sans cesse, à leur gourde fournit ;
Breuvage sain et pur, qui n'a point d'autre tonne
Que celle qu'en naissant la nature luy donne,
Et que toute l'Afrique, heureuse d'en user,
Toute ardente qu'elle est ne sçauroit espuiser.
Mais laissons pour un temps, sur la plaine fleurie,
Le sage et grand pescheur, Elisaph et Marie,
Prendre tous trois en paix le repas matinal
Proche du cher berceau posé sur le canal ;
Laissons-les en ce lieu montrer leur bien-vueillance,
Leur soin, leur fermeté, leur amour, leur vaillance,
Et voyons Jocabel, qui sous le chaume coy
Semble me r'appeler et se plaindre de moy.

 Si-tost qu'avec Aaron elle fut deschargée
Des cruels visiteurs qui l'avoyent affligée,
Et qu'après le depart de ces fiers ennemis
Son cher et pauvre meuble en ordre elle eut remis,
Elle en prend une piece où l'aiguille sçavante
Avoit representé, d'une façon vivante
Mille morts en la mort qui noya les pervers
Quand l'horrible deluge engloutit l'univers.

Là, de pieds et de mains, les hommes noirs de crimes
Des arbres les plus hauts gagnoyent les vertes cimes;
L'effroy desesperé redoubloit leurs efforts,
Et l'on voyoit pâtir leurs membres et leurs corps.
Ycy, l'un au milieu de sa vaine entreprise,
Pour son peu de vigueur contraint à lascher prise,
Blesme, regarde en bas, hurle, ou semble en effait,
Hurler, tout prest à choir du chesne contrefait;
Là, l'autre, plus robuste, empoignant une branche
Qui sous le poids d'un autre en l'air imité panche,
Fait que la branche feinte et s'eclate et gemit,
Et trebuche avec eux dans l'onde qui fremit.
Du sexe feminin les portraits lamentables,
Donnant, quoy que menteurs, des touches veritables,
A bras tendus et longs souslevoyent leurs enfans
Sur le liquide chocq des perils etouffans.
Dans ce malheur commun, les bestes esperdues
Grimpoyent de tous costez ensemble confondues;
Les abismes du ciel, versant toutes leurs eaux,
Interdisoient le vol aux plus vistes oyseaux;
En la laine d'azur la mer sembloit s'accroistre;
Les monts l'un après l'autre y sembloyent disparoistre,
Et l'onde, encore un coup, triomphant des rochers,
Respectoit l'arche seule et ses justes nochers.
Ceux qui de ce travail avoyent veu les merveilles
Avoyent veu par leurs yeux suborner leurs oreilles,
Car on croyoit ouyr les cris et les sanglots
Des nageurs vains et nus qu'on voyoit sur les flots;
Et, sans le beau rempart d'une riche bordure
De fruits, de papillons, de fleurs et de verdure,
Qui sembloit s'opposer au deluge depeint,
Un plus ample ravage on en eust presque craint.
Les plus proches objets, selon la perspective,
Estoyent d'une maniere et plus forte et plus vive;
Mais de loin en plus loin la forme s'effaçoit,

Et dans le bleu perdu tout s'evanouissoit.
 Cette piece, admirable en toutes ses parties,
Où brilloyent cent couleurs aux ombres assorties,
Et qu'on n'auroit sceu voir sans exclamation,
Devoit à Jocabel sa noble invention.
Souvent elle et sa fille, aux heures desrobées,
Les regards attentifs et les testes courbées,
Avoyent sur ce labeur, depuis nombre de mois,
Appliqué leur addresse, et leur pouce, et leurs doigts.
L'aiguille en un lieu seul s'y demandoit encore :
Elle prend donc l'aiguille, et, du lit qu'elle honore
Foulant le chaste bord, tasche enfin d'achever
Ce que des aspres mains son œil vit preserver.
 Mais, soit que le travail, soit que la solitude
L'obligeast au repos contre son habitude,
Soit qu'un charme divin, dans ses yeux introduit,
Fist sur elle en plein jour l'office de la nuit,
Elle sent tout à coup se glisser en ses veines
L'agreable serpent qui fait mourir les peines,
En esprouve en ses nerfs l'endormante vertu,
Et de ce doux poison voit son corps abbatu.
En vain elle resiste, en vain elle s'efforce
A repousser l'effet de la secrette amorce,
Le sommeil la surmonte et fait qu'en ce moment
L'aiguille de ses doigts coule insensiblement.
Elle s'eveille encore et retourne à l'ouvrage,
De ses sens assoupis s'etonne en son courage,
Bâille, s'etend les bras, frotte ses moites yeux,
Pour l'enfant mis sur l'eau porte un penser aux cieux ;
Et, jettant un regard vers l'autre, qui se joue
Tandis que les pavots sur sa teste on secoue,
Veut l'appeler à soy ; mais en ce doux dessein
Le menton accablé luy tombe dans le sein.
Enfin dessus la plume elle tombe elle-mesme,
Et par les traits d'un songe en merveilles suprême

N'est pas si tost sousmise à l'incertaine mort
Que d'une vie heureuse elle apprend le vray sort.
 Ange particulier, fidelle et saint Genie
Qui du luth que je touche animes l'harmonie,
Qui releves ma muse et fais que son ardeur
Aux plus humbles objets donne quelque grandeur,
Si de l'Estre divin que là-haut tu contemples
J'ay servy les autels, j'ay reveré les temples;
Si dans tout cet ouvrage en cent productions
J'ay dejà reconnu tes inspirations ;
Si de ton propre feu mon ame est échauffée,
De grace, conte-moy quel celeste Morphée,
Presentant le futur à des yeux non ouvers,
Leur fit voir en esprit tant de spectres divers;
Rapporte-m'en au vif les traits et les postures;
Appren-moy sous quel front les rares avantures
Du glorieux enfant qui flotoit au berceau
Furent à Jocabel depeintes sans pinceau;
Dy-moy jusqu'aux propos dont la voix nompareille,
A ce qu'il luy sembla, vint toucher son oreille;
Et permets que ma veine en puisse entretenir
Et le siecle qui roule et le siecle à venir.

QUATRIESME PARTIE.

Argument.

La princesse d'Egipte adopte Moyse pour son fils, et le presente à Pharaon, qui luy met la couronne sur la teste. — Moyse la foule aux pieds, et un devin tire un mauvais presage de cette action. — Voyage de Moyse en Ethiopie avec une armée. — Il revient victorieux en Egipte. — Son combat contre l'Egiptien. — Fin du combat. — Il s'enfuit en Madian, où il espouse Sephore et devient berger. — Apparition de Dieu à Moyse au buisson ardent. — Dieu parle à Moyse et luy commande d'aller en Egipte pour delivrer le peuple d'Israël. — La verge changée en serpent. — Moyse et Aaron se joignent et se presentent ensemble devant Pharaon. — Harangue d'Aaron à Pharaon. — Response orgueilleuse et impie de Pharaon. — La verge changée de rechef en serpent devant Pharaon.

Elle apperçoit d'abord une auguste princesse
Qui tient ce noble fils, le flatte, le caresse,
Qui Moyse le nomme, et, l'ayant adopté,
Veut qu'au grand tronc royal ce rameau soit enté.
Elle voit Pharaon qui, l'acceptant luy-mesme,
Luy pose sur le chef son propre diadème ;
Mais l'enfant, tout ému d'un louable dédain,
Repugnant aux appas de cet honneur mondain,
Avec une façon qui n'a rien de servile,
Le prend, le foule aux pieds comme une chose vile,
En meprise l'eclat et montre par ses yeux
Qu'il n'en desire point si ce n'est dans les cieux.
Un devin estonné, remarquant son visage,
N'en tire et n'en conçoit qu'un sinistre presage ;
De cette adoption il blasme le dessein,
Leur dit que c'est nourrir un serpent dans leur sein,

Par qui doit estre un jour l'Egypte desolée
Et de leur grande Isis la gloire ravalée;
Qu'il est facile à voir à ce trait insolent
Combien il deviendra farouche et violent;
Qu'il le faut estouffer avant qu'il vienne à crestre;
Que sa vie est leur mort, et qu'il fait bien parestre
Qu'il est vrayment celuy dont l'oracle fatal
A tant fait redouter le fier moment natal.

 Il n'est point cru pourtant, quelque chose qu'il die.
A ce conseil pervers l'Eternel remedie;
Il leur ferme l'oreille, il leur ouvre le cœur,
Et de l'inimitié l'amour se rend vainqueur.

 Là, le songe aussi-tost, changeant ses nobles charmes
Represente Moyse et grand et sous les armes;
Il traverse un desert privé de bois et d'eaux;
Il en vaincq les dragons avecques des oyseaux,
Et sur des monts de sable où les ondes arides
Ont l'instabilité des campagnes liquides,
Marchant au front guerrier de mainte legion,
Il va geler d'effroy l'ardente region.
Il surprend l'ennemy, met son camp en desroute;
Du sang des plus vaillans son coutelas degoute,
Son coutelas qui semble, en perdant sa lueur,
Verser de trop d'effort cette horrible sueur.
Il poursuit les battus, dans Saba les assiege;
Son renom à Tharbis tend un si noble piege
Et vole devant elle avecques tant d'appas,
En quelque lieu secret que se tournent ses pas,
Qu'enfin par un papier où mesme elle souspire
Elle offre à sa valeur et la ville et l'empire,
Pourveu que sous le nœud d'une sainte amitié
Il la vueille choisir pour sa chaste moitié.

 L'alliance conclue au gré de la princesse,
Il entre dans Saba; toute hostilité cesse,
Et l'amour et la paix, ramenant la douceur,

Le font jouir des fruits que gouste un possesseur.
    Il revient voir le Nil. O ciel! comme il s'y montre !
Mon œil se le figure ; il semble qu'il rencontre
Un fier Égyptien mal-traittant un Hebreu.
Dejà pour le punir son œil est tout en feu ;
Dejà, pour reprimer l'outrageuse licence,
Par un crime equitable il venge l'innocence ;
Il poursuit l'inhumain, quoy que terrible et fort,
L'attaque, le surmonte et luy donne la mort.
    Mais ce n'est pas sans peine : une telle victoire
De ses faits eclatans n'est pas la moindre gloire ;
Je les voy front à front, sur l'arene plantez,
D'un lion et d'un tigre au combat irritez
Representer l'abord, le regard et l'audace ;
Sous leur fiere demarche ils font sonner la place,
Et l'ardeur qui les pousse, enflant leur vaste sein,
Leur inspire dans l'ame un tragique dessein.
    Le barbare insolent, armé d'une zagaye
Humide et rouge encor du sang de mainte playe,
S'avance le premier, et, de son bras nerveux
La dardant à Moyse, effleure ses cheveux ;
Le bois en vain jetté passe comme un tonnerre,
Et se fiche en tremblant plus d'un pied dans la terre ;
De la faute du coup l'Egyptien paslit,
Et la rage deceue en sa pasleur se lit.
    Moyse, agile et roide, en mesme temps l'enfonce,
Et d'un acier qui brille et qui le meurtre annonce
L'esblouit et lui porte un horrible fendant,
Qu'il oit, non sans effroy, siffler en descendant ;
Il esquive, il recule, et, montrant son addresse,
Saute, l'espée au poing, vers l'Hebreu qui le presse.
L'un charge, l'autre pare, et du glaive soustient
Le trenchant furieux qui contre luy revient ;
Des fers entre-heurtez il sort mainte estincelle.
Ycy l'un se tient ferme, et là l'autre chancelle,

Et, quoy qu'en ce combat leurs corps soient desarmez,
Ils n'en sont pas pourtant au chocq moins animez.
Tous deux grands, tous deux forts, à la palme ils preten-
Le pié, l'œil et la main se suivent et s'entendent ; [dent ;
Le bras s'accorde au cœur, l'art respond au desir,
Et de reprendre haleine ils n'ont pas le loisir ;
Les ruses, les destours, les surprises, les feintes,
Et tout ce que l'escrime en ses vives atteintes
A de hardy, d'affreux, de brusque et de cruel,
Se mettent en pratique en cet aspre duel.
  Mais, quoy que le payen vaillamment se comporte,
Quoy qu'il paroisse adroit, il ne l'est point en sorte
Que du glaive ennemy, formidable à ses yeux,
Le ravage mortel ne l'offence en maints lieux.
De douleur et de honte il forcene, il blaspheme,
Il se renfrongne, il hurle, et, d'un dépit extreme,
Decochant à Moyse un regard de travers,
Luy lasche sur la teste un rapide revers.
Moyse, qui l'observe et qui voit qu'il s'allonge,
Loin à l'ecart du fer à chef baissé se plonge ;
Le fer rencontre un pin, y marque son erreur,
Et l'arbre atteint du coup tonne et fremit d'horreur.
  Le payen, confondu de voir que son espée
S'est en ce grand effort à son poing echapée,
Tourne viste à Moyse, et, sur luy se jettant,
De jambes et de bras le saisit à l'instant.
Moyse le reçoit : à la lutte ils se nouent,
Ramassent leur vigueur, des mains s'entre-secouent,
Soufflent, grincent les dents, deschirent leurs habis,
De leurs yeux enflamez font d'estranges rubis,
Tentent mille desseins, et, redoublant leurs forces,
Se donnent l'un à l'autre entorces sur entorces ;
Ils changent de posture, ils brûlent d'action,
Et l'eau que rend leur corps en cette oppression
Montre qu'ils n'ont en eux muscle, artere, ny veine,

Ny nerf, qui ne fremisse et ne s'enfle de peine;
Et mon œil agité voit en leur mouvement
Leurs pas sur le sablon empraints confusément.
  Courage! du payen la valeur diminue;
Sa force de son ire est en vain soustenue,
Il fleschit, et l'Hebreu, terminant le combat,
L'estreint, le fait gemir, le sousleve, l'abat,
Luy presse d'un genouil l'estomach qui panthelle,
Et, luy voyant tirer une dague mortelle
Qu'en l'ardeur de la lutte il a mise en oubly,
Luy surprend d'une main le poignet affoibly,
De l'autre ouvre ses doigts, les detord, l'en arrache,
En tourne en bas la pointe et par trois fois la cache
Jusqu'à l'argent du manche, exquisement gravé,
Dans le flanc de son maistre à sa fin arrivé.
Il se debat, il crie à chaque fois que r'entre
L'impitoyable fer en son malheureux ventre.
Le sang à gros bouillons luy sort de maint endroit;
Une horreur l'enveloppe, il devient blesme et froit;
Dejà pour luy du ciel la lumiere est perdue,
Et sa vie en son cœur, quelque temps suspendue,
Sous tant de coups receus, contrainte de partir,
Ne sçait par quelle playe elle doit en sortir.
Enfin, avec le sang que ses blessures versent,
Sa vie et ses esprits s'en vont et se dispersent;
Il pousse en l'air son ame et ses derniers sanglots,
Et nage en un ruisseau fait de ses propres flots.
  Moyse, glorieux d'un si juste homicide,
Donne à son ire ardente une pieuse bride,
La refresne aussi-tost, et, plein d'humanité,
Sçachant combien agrée à la divinité
Le charitable soin que pour la sépulture
Exigent la pitié, la mort et la nature,
Prend le payen, l'enterre, et, l'œil au ciel haussant,
Rend graces du laurier au trois fois Tout-Puissant.

Mais il s'enfuit déjà vers les monts de l'aurore.
Dans le songe il s'y donne à l'aymable Sephore;
Elle est donnée à luy sous un vœu solennel,
Et son vouloir s'accorde au vouloir paternel.
Dejà, d'une façon agreable et honteuse,
La vierge, confondant en sa bouche douteuse
L'amour et la pudeur, l'accueil et le refus,
Reçoit le saint baiser par ses levres infus;
Dejà tout Madian, pour celebrer sa feste,
Ayant les pieds sur l'herbe et les fleurs sur la teste,
Dance rustiquement au son des chalumeaux
A l'entour des palmiers qui bordent ses hameaux.
On ne voit que festins, on n'oit que cris de joye,
Que l'eccho des valons à l'oreille renvoye.
Je pense les entendre, et dans mon cœur ravy
Je suis presqu'excité de respondre à l'envy.

 Le grand prestre aux sept noms, le venerable pere,
Sçachant bien qu'ycy-bas jamais rien ne prospere
Si la faveur benigne on n'obtient de là-haut,
De maint taureau choisy, gras, jeune et sans deffaut,
Rendant l'autel sanglant, par un devot office,
Fait pour son mariage au grand Dieu sacrifice.
J'en voy monter au ciel et la flame et l'ardeur,
Et des parfums brûlez je sens dejà l'odeur.
Aussi me semble-t'il que de la trouppe ailée
Je vois descendre un ange et qu'il prend sa volée,
S'estant avec eclat vestu d'un corps humain,
Pour le conduire au lit le flambeau dans la main.
L'honneur, la chasteté, la paix, la modestie,
Veut en suivant sa route estre de la partie,
Et d'un chant nuptial ces plaisirs bienheureux
Benissent hautement ces esprits amoureux.
Dejà les grands troupeaux reverent sa houlette,
Et, distinguans les tons de sa noble musette
D'avec les tons grossiers des vulgaires haubois

Dont les autres pasteurs font retentir les bois,
S'en vont paistre à son gré par les landes sauvages,
Broutent l'esmail fleury qui pare les rivages,
Sur les rochers scabreux semblent estre pendus,
Poussent hors des buissons les oyseaux esperdus,
Ruminent à genoux dans un lieu frais et sombre,
Allaitent leurs petits, en augmentent le nombre,
Et pour l'ouyr de Dieu la grandeur publier
Semblent le plus souvent les herbes oublier.

 Ha! j'apperçoy Dieu mesme, et les yeux de mon ame
N'en peuvent soustenir l'esblouissante flame;
Il n'est, il n'est point d'aigle au feu d'un tel soleil:
Celuy qui roule aux cieux perd son lustre vermeil,
Voyant briller ainsi l'autheur de toutes choses
Sur un tendre esglantier couvert de jeunes roses;
Et cependant Moyse eslance hardiment
Ses curieux regards vers cet embrasement.

 Quel aspect! quel miracle! un Dieu se rend visible;
Le feu s'allume au bois sans estre au bois nuisible;
Et des boutons esclos l'incarnate blancheur
Dans l'ardeur la plus vive augmente sa fraischeur.

 Moyse le contemple, il court, il s'en approche,
Et dejà du buisson une voix luy reproche,
Mais d'un accent aymable en la severité,
Son peu de reverence et sa temerité :
Marche ycy les pieds nus, car cette place est sainte,
Luy dit le son divin qui comble toute crainte.
La montagne en frissonne, et Moyse, transy
De respect et de peur, tombe et fremit aussi.
Ses troupeaux effrayez donnent du front en terre
Comme dessous l'eclat d'un grand coup de tonnerre,
Ou plustost, l'abbaissant avec devotion,
Se prosternent dejà pour l'adoration.
La prochaine forest se courbe et s'humilie;
Dans un juste silence elle est ensevelie;

Les vents intimidez n'oseroyent l'agiter,
Les antres de Sina n'oseroyent repeter
Les grands, les derniers mots de la bouche divine;
Son faiste sourcilleux à ce discours s'incline,
Et rien ne veut passer pour prophane auditeur
Devant le sacré ton qui part du Createur.
 Moyse, leve-toy, reprend la voix supreme;
Je suis le souverain que d'une amour extreme
Tes ancestres fameux ont jadis adoré,
Et qui regne là haut sur un trosne doré.
 De Moyse à ce coup le tremblement redouble,
La clarté de ses sens tout de nouveau se trouble,
Et ses yeux, vrays miroirs de sa confusion,
N'osent plus regarder l'ardente vision.
Il obeït pourtant aux paroles celestes
Après qu'il eut fait voir par les plus humbles gestes,
 Mais bien mieux par son cœur, de merveille surpris,
Les sentimens devots qui touchoyent ses esprits.
Dejà la majesté de l'essence eternelle,
Faisant luire ycy-bas sa douceur paternelle,
Lasse de voir les maux de son peuple captif,
Parle en cette maniere à Moyse attentif :
 Du sejour glorieux où là-haut m'environnent
Mes anges bien-aymez, qui d'astres se couronnent,
J'ay veu, j'ay contemplé d'un œil propice et dous,
Mon fidelle Jacob languir dessous les coups;
Ses pleurs m'ont attendry; ses prieres zelées,
Perçant le ferme azur des voûtes estoilées,
Sur l'aile des souspirs ont monté jusqu'à moy.
J'ay pesé ses douleurs, ses crimes et sa foy,
Et ma misericorde, emportant ma justice,
A pour luy crié grace au milieu du supplice.
Je consens qu'il l'obtienne, et veux que de ses fers,
Après tant de tourmens en l'Egipte souffers,
Il se voye affranchy par ma main secourable;

En depit du tyran, du monstre inexorable,
Qui prend tant de plaisir à le persecuter,
Et qui, dur, à mon ordre osera resister.

 Avant que ma parole, en merveilles feconde,
Eust posé sur un rien les fondements du monde,
Eust construit la rondeur des globes éclatans,
Eust creé la nature et fait naistre le temps,
Je te predestinay pour estre mon oracle,
Pour faire aux bords du Nil miracle sur miracle,
Et pour tirer enfin ce peuple malheureux
De la calamité d'un joug si rigoureux.
Je veux borner ses maux, je veux que sans remise
Tu le fasses marcher vers la terre promise,
Terre en qui j'ay versé tous les tresors du ciel,
Où des ruisseaux de lait, où des sources de miel,
S'eschappent des rochers, des hauts arbres decoulent,
Et par les champs fleuris murmurent et se roulent;
Terre que tes ayeux ont, dis-je, merité
D'obtenir de ma voix pour leur posterité.

 Va donc à Pharaon, va de ma part luy dire
Qu'il relasche Israël, esclave en son empire;
Que je veux qu'en ce mont il me vienne adorer,
Et que je suis lassé de l'ouyr souspirer.
Je rendray ce tyran, pour ma plus grande gloire,
Sourd à mes volontez et revesche à te croire,
Car j'ay, par ce moyen, de tout temps resolu
De montrer aux humains mon pouvoir absolu;
Et s'il t'est necessaire, aux lieux où je t'envoye,
D'avoir de l'eloquence afin que l'on te croye,
Doutes-tu que celuy qui la langue forma,
Qui du vent de sa voix les levres anima,
Qui peut faire au besoin parler mesme une souche,
Ne puisse t'inspirer des graces en la bouche?
Mais va : ton frere Aaron, excellent orateur,
Sera là ton organe, et toy son directeur.

Ainsi persuadé, Moyse se dispose
De suivre le chemin que la voix luy propose;
Et, pour le confirmer en sa legation,
Dieu luy fait dejà voir cette grande action.
Il voit, ô quel prodige! il voit qu'une baguette,
Qu'à l'ordre souverain dessus la terre il jette,
Se transforme aussi-tost en un beau monstre affreux,
Qui, traisnant lentement ses jeunes flancs poudreux,
Laisse sur le sablon une trace ondoyante,
Aiguise sa prunelle obscure et flamboyante,
Hausse le noble orgueil de son chef couronné,
D'un sifflement aigu perce l'air estonné,
Et, sifflant, semble dire aux yeux qui l'ont veu naistre
Qu'il n'est qu'au Createur obligé de son estre,
Que ny l'accouplement, ny la corruption,
N'a rien contribué pour sa production,
Et qu'il n'est point sorty de ce reptile infame
Qui suborna le goust de la premiere fame,
Qui luy gagna l'oreille et luy porta la main
Sur le fruit si funeste à tout le genre humain.
Il s'en vante au soleil, tout haut s'en glorifie,
De son dos escaillé les plis diversifie,
Se glisse sur l'esmail des herbes et des fleurs,
Adjouste un nouveau lustre à leurs vives couleurs,
Revient sur soy, se cherche, en maint nœu s'entortille,
Darde sa langue double, et dans l'or dont il brille,
Entre-semé d'argent, de cinabre et d'azur,
Se mire, s'esjouit de n'avoir rien d'impur,
Offre je ne sçay quoy d'horrible et d'agreable,
Et fait, par sa naissance à Nature incroyable,
Que Moyse en suspens se sent dejà saisir
D'un mouvement confus de crainte et de plaisir.
Mais enfin la frayeur l'emporte sur la joye,
Car, quelque air de beauté qu'en ce miracle il voye,
Quoyque, dis-je, l'estrange et superbe animal

Ne forme aucun dessein de luy faire du mal,
Il luy tourne le dos, à la fuite il s'appreste,
Si-tost qu'il l'apperçoit vers luy tourner la teste ;
Il fuit mesme dejà, mais il revient aussi ;
Et sous l'ordre donné qu'en l'ame j'oy d'ycy,
Saisissant avec foy la souple et fiere queue,
Il voit la couleur blanche, et la rouge, et la bleue,
S'esvanouir soudain à son attouchement,
Et rester sur du bois la jaune seulement.
Le serpent disparoist, sans mort il perd la vie ;
La verge se remontre, et d'une ame ravie,
Après de hauts propos tenus en ce saint lieu,
Moyse se prosterne et rend hommage à Dieu,
Qui d'un vol invisible à l'instant s'en retourne
Au ciel, où dans un trosne en sa pompe il sejourne,
Bien qu'en aucun espace il ne soit limité,
Et qu'il occuppe tout par son immensité.
 Icy le joint Aaron ; là se voit l'orgueil mesme
Paré du riche eclat d'un nouveau diademe ;
Et là, de l'Eternel implorant le secours,
L'aisné des deux s'avance et luy tient ce discours :
 Si par le sentiment des miseres humaines,
Si par le vif tableau de nos injustes peines,
O grand prince du Nil ! nous pouvions esperer
Quelque treve aux douleurs qui nous font souspirer,
Nous n'aurions qu'à te faire en ce lieu redoutable
Un simple et nu recit, mais las ! trop veritable,
De l'aspreté du joug malheureux et cruel
Sous qui traisne son corps le chetif Israël.
Mais tu le sçais assez ; il seroit inutile.
L'amere et triste humeur qui de nos yeux distile,
Nos bras, nos cols usez et nos gemissemens,
Te disent assez haut l'horreur de nos tourmens.
 Si d'ailleurs, par les traits d'une histoire effacée
Nous pretendions toucher ta secrette pensée,

Les songes importans que Joseph expliqua,
Ses bienfaits signalez, l'ordre qu'il pratiqua
Contre les maux preveus d'une horrible famine,
Pour faire qu'en la terre où ton sceptre domine
On trouvast l'abondance et la felicité
Au milieu des rigueurs de la sterilité ;
Tous ses services, dis-je, et mille autres encore
Que nostre nation, digne qu'on la deplore,
A rendus à l'Egipte avecques tant d'ardeur,
Seroyent representez à ta noble grandeur ;
Et, sans aller si loin, la memoire assoupie
Des genereux exploits durs à l'Ethiopie,
Pour le bras fraternel au jour se reveillant
Oseroit t'exposer combien il fut vaillant,
Te diroit que sans luy, de ton trosne d'yvoire,
Un fier usurpateur occuperoit la gloire,
Et qu'à son seul effort, magnanime et loyal,
Ton front doit le salut de son bandeau royal.
J'en prendrois à tesmoin tant de sanglans trofées,
Tant de villes de nom sous leur perte estouffées,
Tant de drapeaux gagnez, tant de forts demolis
Et tant d'os secs espars sans estre ensevelis ;
Et si, pour le montrer, tant de marques insignes
N'estoient pas à ton goust des preuves assez dignes,
J'appellerois encor à tesmoin le soleil,
Qui depuis qu'on le voit n'a rien veu de pareil.

  Mais nous n'esperons pas qu'aux maux qui nous affli-
Ces pressantes raisons à la douceur t'obligent. [gent
Un bien plus haut sujet nous amene en ce lieu :
Nous venons t'annoncer de la part du grand Dieu,
Du monarque eternel de qui l'Estre supreme
Ne peut estre exprimé que par sa bouche mesme,
Qu'il veut qu'à tout son peuple, asservy sous ta loy,
Tu concedes trois jours pour aller de sa foy
Luy payer et l'hommage et les vœux tributaires

En un sacré desert commode aux saints misteres,
Afin que de là-haut, par nos oblations,
Nous attirions sur nous ses benedictions,
Et que, fortifiez d'une vigueur celeste,
Nous puissions de nos fers souffrir l'indigne reste,
Dont par sa bonté seule, et quand il luy plaira,
Nostre humble patience enfin triomphera.

Le tyran orgueilleux, mesprisant ces paroles,
Les veut faire passer pour des contes frivoles ;
Il s'en rit, il s'en mocque, et, fronçant le sourcy,
Montre l'impieté de son cœur endurcy.

Quel est, dit-il, ce Dieu, cet arbitre du monde,
Ce souverain du ciel, de la terre et de l'onde,
Dont vous venez ycy me chanter la grandeur ?
Quoy donc ! cet univers, en sa vaste rondeur,
Connoist-il quelque roy, sçait-il quelque puissance
Qui ne rende à mon sceptre entiere obeïssance ?
Et le clair œil du jour voit-il quelque mortel
Qui ne doive à mon nom eriger un autel ?
Ha ! c'est moy, c'est moy seul qu'il faut que l'on adore.
Au bout de vos labeurs vous n'estes pas encore,
Infames circoncis : je les augmenteray,
Et de nouveaux tourmens pour vous j'inventeray.
Je veux, à ce dessein, que le golphe Erythrée
Vienne par un canal baigner cette contrée ;
Et que vous l'ameniez, d'un travail diligent,
Se joindre aux eaux du Nil et rougir leur argent ;
Je veux en mesme temps dresser des piramides
Qui, perçans tous les airs, rendront les cieux timides.
Là, je veux que vos bras, sans relasche exercez,
Regrettent la douceur des traitemens passez ;
Qu'on redouble leur tasche en depit de leur plainte.
Se presenter à moy sans respect et sans crainte !
Voyez les impudens ! voyez les factieux !
Qu'ils sçavent bien couvrir d'un front devotieux

Le desir de revolte allumé dans leur ame !
Ils brûlent, disent-ils, d'une celeste flame ;
Et cependant je sçay que leur intention
Ne couve que le feu de la sedition.
Ils demandent congé, mais, ô de quelle sorte !
D'aller où leur faux zele, où leur vain Dieu les porte ;
Et l'on voit aisement que cette pieté
N'aspire qu'aux plaisirs d'une ample oysiveté.
Mais dittes-nous au moins quel est ce grand monarque ;
Esprouvons sa vertu, voyons-en quelque marque.
De tels ambassadeurs ne doivent pas venir
Sans produire dequoy leur gloire soustenir.
 La verge, à ce discours, en la salle jettée,
Rend du tyran surpris la veue espouventée :
Il voit avec horreur ondoyer un serpent ;
Et du signe exigé se fasche et se repent.
Mais appellant enfin ceux qui, par l'energie
De certains mots obscurs qu'enseigne la magie,
Se vantent d'arracher les ombres des tombeaux,
D'ensanglanter l'éclat des nocturnes flambeaux,
De disposer des vents, de faire qu'un tonnerre,
Se roulant sous leurs pieds, gronde au sein de la terre,
De la rendre mobile, et d'un art sans pareil
Arrester en leur cours le Nil et le soleil,
Il fait que l'on entend ces faux prestres celebres
Invoquer aussi-tost le pere des tenebres,
Et de vers inconnus au reste des humains
Murmurer sur du bois qui leur charge les mains.
Leurs propos achevez, l'enchantement opere :
Ycy coule un aspic, là rampe une vipere ;
Là glisse une couleuvre, et là se traisne un sourt ;
Le dragon renaissant devers eux siffle et court ;
Il escume, il se dresse, au combat il s'anime ;
Il se grossit le fiel, de rage s'envenime ;
Et pour montrer au prince, à sa confusion,

Que ce qu'ont fait les siens n'est qu'une illusion
Qui pour tromper les yeux par le demon se forge,
Ce serpent veritable, ouvrant sa fiere gorge,
Comme estant irrité contre ces imposteurs,
Engloutit tout d'un coup les reptiles menteurs.

CINQUIESME PARTIE.

Argument.

Les eaux du Nil converties en sang. — Abregé de quelques autres playes d'Egipte. — Les tenebres de trois jours. — L'ange extermine par le glaive tous les aisnez d'Egipte jusqu'au fils de Pharaon. — Paroles de la reine en l'exposant à sa vue. — Sortie des enfans d'Israël. — Pharaon avec une grande armée les poursuit et les atteint au bord de la mer Rouge. — Ses paroles insolentes. — Les Hebreux sont saisis de frayeur et murmurent contre Moyse. — Leurs paroles outrageuses. — Response de Moyse. — Passage de la mer Rouge. — Description de ce passage. — Pharaon est averty au matin de la miraculeuse evasion des Hebreux, et les poursuit avec toute son armée. — Submersion de Pharaon et de tous les siens. — Joye des Hebreux sauvez, et leur entrée au desert. — La fontaine de Mara, la manne et la roche frappée de la verge. — Bataille de Josué contre les Amalecites.

Toutesfois, ce miracle en voit un plus estrange :
En rien de Pharaon la roideur ne se change ;
Il se combat soy-mesme, et cet homme obstiné
Vaincq et pousse au refus son esprit estonné.
Ycy, pour le punir, Dieu, qui veut qu'à main forte
De son infame joug son triste peuple sorte,
Fait qu'aussi-tost le Nil, atteint du bois fatal,
Mue en bouillons de sang ses bouillons de cristal.

Les rapides muets, les trouppes vagabondes
Qui nagent à regret dans l'horreur de ses ondes,
Ne pouvans resister à ce tragique assaut,
Sans aucun mouvement flotent le ventre en haut.
Il me semble les voir en cette affreuse playe :
Là se noye un poisson, et là l'autre s'essaye
D'eviter le trespas en sautant sur le bort ;
Mais la peur de mourir luy fait trouver la mort.
D'un prodige si grand la mer, toute confuse,
Au fleuve empuanty son vaste sein refuse ;
Elle veut qu'à son cours le passage soit clos,
Et ne peut accepter le tribut de ses flots.

Mais quoy ! ce n'est pas tout : les ruisseaux, les fontai-
Qui font parmy les prez leurs routes incertaines, [nes
Soudain rougissent l'herbe, et les puis sablonneux
Ne donnent au lieu d'eau qu'un pourpre limonneux.
Si l'on creuse une fosse, on voit avec merveille
S'eschapper de la terre une source vermeille ;
Si pour guerir la soif au lait on a recours,
On n'en sçauroit tirer qu'un horrible secours :
Car, dans tous les troupeaux, si tost que des femelles
On veut en ce besoin pressurer les mammelles,
Les soins alternatifs des doigts de l'alteré
N'en font pleuvoir à bas qu'un venin coloré ;
Bref, en ce changement d'effroyable memoire,
Tout vin, tout suc de fruit, toute liqueur à boire,
Pour les Egiptiens se convertit en sang ;
Et toutesfois l'Hebreu de ce malheur est franc.

Diray-je, après ce fleau, quels autres luy succedent?
De reptiles infects qui des marais procedent
Couvriray-je l'Egipte? et sans fremir d'horreur,
Sans remplir l'univers de crainte et de terreur,
Feray-je fourmiller une sale vermine
Sur les corps malheureux que sa rage extermine?
Offusqueray-je l'air d'insectes irritez?

La mort, l'ardente mort, courant de tous costez,
Remettra-t'elle au jour le glaive de la peste?
Et, pour executer la vengeance celeste,
La foudre s'eclatant en d'effroyables sons,
La gresle si fatale à l'espoir des moissons,
Le feu, le vent, la pluye et les troupes ailées
Par qui sont maintefois les plaines desolées,
Tout cela, dis-je, ensemble, au bout de tant de maux,
Privera-t'il les champs de blez et d'animaux?
Abbatra-t'il les pins et les villes entieres?
Fera-t'il des guerets autant de cimetieres?
Destruira-t'il Memphis? et son farouche aspect
Seulement pour Gessen aura-t'il du respect?
Non, j'en laisse l'image à d'autres à despeindre;
Pour les miracles seuls mon pinceau se veut teindre;
Et, traçant la misere où le Nil est reduit,
Il me faut de trois jours faire une seule Nuit.
La voilà, je la voy; Dieu, que d'objets funebres!
Que de longs cris aigus en percent les tenebres!
Les mains de Pharaon en sentent l'espaisseur,
Et du chaos antique elle offre la noirceur.
Le prince des flambeaux, estonné sur la nue,
Ne sçait ce qu'en ce temps l'Egipte est devenue.
Il se leve, il se couche, il revient par trois fois,
Il semble la chercher : il entend bien la vois
Du tyran abbatu, qui son ayde reclame;
Mais l'ordre du Seigneur empesche qu'il n'entame
De ses beaux rayons d'or l'enorme obscurité,
Et prive l'œil payen de toute autre clarté.
 Cette pesante sœur des ombres eternelles
Ne sçauroit cependant assoupir les prunelles.
Le paisible sommeil ne l'accompagne point;
Un murmure plaintif à son effroy se joint :
Car, si l'Egiptien, dans la faim qui le presse,
Afin de l'appaiser, sur les plantes se dresse,

Il chancelle, il se heurte, et ne peut faire un pas
Sans se mettre au hazard d'esprouver le trespas.
　　Tandis le peuple eslu jouit de la lumiere;
Il chemine, il s'exerce à l'œuvre coustumiere;
Pharaon promet tout pour revoir la splendeur,
Mais dès qu'il la recouvre il reprend sa roideur.
　　Là, pour dernier effort, un ange redoutable
Fait de tous les aisnez le meurtre espouventable,
Et, respectant le seuil teint du sang commandé,
D'un desastre si grand le fidelle est gardé.
　　A ce funeste coup une clameur s'esleve:
L'un trouve son enfant outre-percé du glaive;
L'autre embrasse le sien qu'il regarde expirer.
Et chacun a chés soy matiere de pleurer.
Autour de Pharaon toute l'Egypte crie:
On le blasme, on l'exhorte, on le haste, on le prie
D'octroyer aux Hebreux le congé pretendu,
Et de son propre fils, sur un drap estendu,
Pasle, sanglant et mort, la reine eschevelée,
D'un geste où la douleur à la rage est meslée,
Luy monstre le spectacle, et d'aigres hurlemens
Etonnant le palais et tous les elemens:
Tien, luy dit-elle enfin, regarde, miserable!
Regarde où nous reduit ton cœur inexorable!
Et bien! es-tu content? Cette punition
Pourra-t'elle fleschir ton obstination?
En veux-tu de plus grande? et le sort homicide,
Qui du ciel et de toy la querelle decide,
Pour delivrer Jacob de tes injustes fers,
Doit-il rendre l'Egipte un tableau des enfers?
Las! tu commets le crime, et j'en porte la peine!
Mon fils, mon seul espoir, n'est plus qu'une ombre vaine!
O tragique pitié! vien, vien me secourir,
Et fay que sur son corps je puisse au moins mourir.
　　En achevant ce mot la chetive se pame;

Elle tombe, on y court, et cette cruelle ame,
Ce monstre de rigueur, ce demon de fierté,
Par cet objet sensible à la fin est donté.
La nature, l'effroy, l'amour et la tendresse
Gagnent sa resistance et trouvent sa foiblesse.
Il souspire, il s'advoue et deffait et vaincu ;
Il dit que pour ce chocq son bras n'a point d'escu ;
Et soudain à Moyse accordant la requeste,
Il veut sans differer qu'au voyage il s'appreste ;
Il relasche Israël, et souffre à son depart
Que de tous leurs tresors les siens luy fassent part.

Une troupe d'oyseaux de longtemps prisonniere
Dans l'ennuyeux sejour d'une obscure voliere,
Où, la laissant languir, un maistre dedaigneux
En a remis la charge à des gens peu soigneux,
Qui font que bien souvent la malheureuse endure,
Sur de tristes rameaux despouillez de verdure,
Et la soif et la faim, et qu'au lieu de chanter
Elle traisne sa voix et l'use à lamenter,
Si quelque doux moyen à sa liberté s'ouvre,
Et que de l'air des champs le bien elle recouvre,
Elle peut figurer les excès du plaisir
Dont se sent Israël esmouvoir et saisir :
Car, ainsi que les uns, d'un fidelle ramage
Benissent le soleil qui dore leur plumage,
Les autres tout de mesme, au sortir de ce lieu,
Par des hymnes sacrez rendent louange à Dieu.

Mais j'apperçoy deja cette excessive joye
D'une extreme frayeur estre faite la proye ;
Ce peuple s'est à peine à l'Egypte ravy,
Que de toute l'Egypte il se voit poursuivy.
Le monstre, en qui n'ont pu tant d'aspres medecines
De la rage obstinée arracher les racines,
L'orgueilleux Pharaon, qu'un coupable regret
Comble d'un repentir felon, noir et secret,

Aussi-tost en son cœur retractant sa parole,
S'arme, jure sa perte, et sur un char qui vole,
Ceint d'escadrons epais, s'elance après ses pas,
Et pousse devant soy l'audace et le trespas.
Au bord de l'onde rouge il l'atteint et l'assiege;
Il crie en se dressant : Le voilà dans le piege,
C'en est fait, je le tiens, il est pris, l'enchanteur,
Qui de ces fugitifs est le beau conducteur;
A ce coup il verra sa finesse trompée;
Je feray tout passer par le fil de l'espée.
Là, d'un costé les monts et de l'autre les flots
Tiennent à mon souhait ces perfides enclos;
Et quand bien cette mer ne seroit pas vermeille,
Enflamé du courroux qu'en mon sein je resveille,
Je la ferois rougir du sang que j'espandray
Dès l'horrible moment que sur eux je fondray.

 Jacob, qui de sa paix sent troubler la bonace
Par le bruit furieux d'une telle menace,
Que le vent de l'effroy porte jusques à luy,
S'estonne, est accablé sous un mortel ennuy;
Et dans le desespoir, l'insolence et la crainte,
Osant faire à Moyse une outrageuse plainte,
Sans songer au futur, sans esgard du passé,
Vomit avec aigreur ce langage insensé :

 Donc, ô presomptueux, pour plaire à ton envie,
Nous devions en ce bort achever nostre vie !
Quoy ! les gouffres du Nil manquoyent-ils de cercueils
Qu'il en fallust chercher autour de ces escueils ?
Où nous as-tu conduits ? Crois-tu qu'il soit possible
De soustenir ce camp en armes invincible ?
Sommes-nous des poissons, sommes-nous des oyseaux,
Pour franchir aisement ou ces monts ou ces eaux ?
O folle ambition ! ô gloire desreglée !
O vanité d'une ame en son faste aveuglée !
O de regner sur nous trop superbes desirs !

Que vous nous cousterez de sanglans desplaisirs !
Ne valoit-il pas mieux nous laisser dans nos chaisnes,
Dont la longue souffrance avoit donté les gesnes,
Que de nous amener, sous un pretexte feint,
Non pour un sacrifice en un lieu haut et saint,
Mais pour estre immolez nous-mesmes à la rage
De la mer qui conspire avecques ton courage,
Ou pour nous voir demain livrer à la mercy
D'un cœur par nostre fuite au double r'endurcy ?

  Moyse, genereux, excusant ce tumulte,
Jette les yeux au ciel, avecques Dieu consulte,
Et, d'un saint mouvement aussi-tost inspiré,
Les regarde et leur tient ce discours assuré :

  Peuple, chasse ta peur : cette puissante armée
Que tu vois contre toy de colere animée
Esprouvera tantost le bras de l'Eternel,
Et rendra par sa fin son renom solennel.
Ils mourront, les bourreaux ; une juste vengeance
En exterminera l'abominable engeance ;
Ils vont estre payez des maux qu'ils nous ont faits ;
Leur tirannique orgueil va crever sous le faix.
Hebreux, n'en doutez point, les merveilles passées
Se croiroyent autrement de vos cœurs effacées,
De vostre peu de foy vos yeux se fascheroyent,
Et tous vos sens un jour vous le reprocheroyent.
Allons, c'est assez dit, le Tout-Puissant l'ordonne :
Déjà paroist en l'air une ardente colonne
Qui, montrant le chemin que nous devons tenir,
Sera nostre soleil dans les nuits à venir.

  A ces graves propos les plus mutins se taisent,
De la sedition les bruits confus s'appaisent ;
La peur s'esvanouit, et l'applaudissement
Est le signe certain de leur consentement.

  Aussi-tost, à marcher toute chose estant preste,
Le sacré camp desloge, et Moyse, à la teste

S'avançant à grands pas avecques son germain,
Hausse, pour frapper l'onde, et la verge et la main.
L'abisme, au coup donné, s'ouvre jusqu'aux entrailles ;
De liquides rubis il se fait deux murailles
Dont l'espace nouveau se remplit à l'instant
Par le peuple qui suit le pilier eclatant.
D'un et d'autre costé ravy d'aise il se mire ;
De ce fond descouvert le sentier il admire,
Sentier que la nature a d'un soin liberal
Paré de sablon d'or, et d'arbres de coral,
Qui, plantez tout de rang, forment comme une allée
Estendue au travers d'une riche vallée,
Et d'où l'ambre decoule ainsi qu'on vit le miel
Distiler des sapins sous l'heur du jeune ciel.

   Là des chameaux chargés la troupe lente et forte
Foule plus de tresors encor qu'elle n'en porte :
On y peut en passant de perles s'enrichir,
Et de la pauvreté pour jamais s'affranchir ;
Là le noble cheval bondit et prend haleine
Où venoit de souffler une lourde baleine ;
Là passent à pié sec les bœufs et les moutons,
Où nagueres flottoyent les dauphins et les thons ;
Là l'enfant esveillé, courant sous la licence
Que permet à son âge une libre innocence,
Va, revient, tourne, saute, et par maint cri joyeux
Temoignant le plaisir que reçoivent ses yeux,
D'un estrange caillou, qu'à ses pieds il rencontre,
Fait au premier venu la precieuse montre ;
Ramasse une cocquille, et, d'aise transporté,
La presente à sa mere avec naïveté ;
Là, quelque juste effroy qui ses pas sollicite,
S'oublie à chaque objet le fidelle exercite,
Et là, près des rempars que l'œil peut transpercer,
Les poissons esbahis le regardent passer.

   Soudain, à son retour, le grand flambeau du monde

Venant à descouvrir l'ouverture de l'onde
Par où l'Hebreu se sauve et trompe la fureur
Qui bouilloit dans le sein du barbare empereur,
Les payens estonnez accourent à la tente
Où ce tyran se flatte en sa cruelle attente,
Luy disent de Jacob l'estrange evasion,
Et le remplissent d'ire et de confusion.
 Hors du lit il se jette, il crie après ses armes,
Où l'orgueilleux Nembrot, sous d'effroyables charmes,
Vit en la ciselure, et d'un lustre argenté
Inspire l'insolence et la temerité ;
En haste il les endosse, il met son casque en teste,
De qui forme un dragon la furieuse creste ;
Il prend son glaive, il sort, il escume, il fremit,
Et dejà sous le poids son char plie et gemit ;
Ses rapides chevaux, d'une course effrenée,
Secondent brusquement son ardeur forcenée ;
Un nuage poudreux s'esleve sous leurs pas :
D'aller perir en l'onde ils ne s'attendent pas ;
Ils font trembler la terre ; et toy, tyran impie
Que le dard en la main dejà la mort espie ;
Toy, prodigue d'orgueil, tu ne sçais pas non plus
Qu'en un tombeau flottant tu vas estre reclus.
 A quoy cet appareil, ces estendards sans nombre,
Qui sur ce bord fatal font voltiger leur ombre ?
Où cours-tu, malheureux ? quel dur aveuglement
Acheve d'abismer ton foible jugement ?
O stupide roideur ! Va, monstre opiniâtre,
Va faire ton cercueil de ce sanglant theatre !
Pousse en depit du ciel ta rage jusqu'au bout,
Et pour irriter Dieu tente et hasarde tout.
 Mais j'ay peine à le suivre, et ma viste pensée
Est presque par son char en arriere laissée ;
Je le voy cependant : son courage estourdy
Se veut donner à faux le titre de hardy ;

Nul advis de ses yeux sa passion n'escoute :
Sans rien peser, sans crainte, il entre dans la route
Dont le miracle seul le devroit retenir,
Eust-il des maux passés perdu le souvenir.
Mille escadrons legers, mille autres chars superbes,
Y passent après luy sur de puantes herbes :
Car ce riche sentier se change à son abort,
Et n'est plus qu'un chemin qui conduit à la mort ;
Au lieu d'objets rians, les spectres, les fantômes,
Qui de l'air des enfers sont les hideux atômes,
Y blessent les regards, et l'un et l'autre mur
De brillant qu'il estoit devient soudain obscur.
 Mais, quelque changement qu'en ce gouffre il se fasse,
Du tyran obstiné rien n'allentit l'audace ;
Il avance tousjours, et dejà des Hebreux
Il menace de près le camp saint et nombreux ;
Dejà ses grands coursiers, de qui la bouche fume,
Tous couverts de sueur, de poussiere et d'escume,
Soufflent en hennissant au dos des fugitifs,
Et les plus courageux en deviennent craintifs.
 Que feras-tu, Jacob, sans la haute assistance?
Un si proche danger esbranle ma constance ;
J'ay peur, j'ay peur pour toy, te sachant desarmé
Et voyant un tel bras à ta perte animé.
 Muse, r'assurons-nous ; il est sur le rivage.
L'abisme se referme avec un tel ravage
Qu'il semble que deux murs sappez en un moment
Tombent dans un valon du faiste au fondement ;
La mer trouble la mer, les ondes s'entrechoquent,
Les grands crimes du Nil au courroux les provoquent,
Son orgueil les irrite, et dejà dans leur sein
De son prince cruel se tranche le dessein.
Il resiste pourtant au fardeau qui l'accable,
Et quoy que de Thetis la fureur implacable
Ait renversé son char et vaincu ses chevaux,

CINQUIESME PARTIE.

Il se promet sans eux la palme des travaux.
Ses gens autour de luy fendent la rouge plaine :
L'un pour gagner le bord menage son haleine ;
L'autre vers un escueil tire à bras deployé ;
L'autre à son char se pend de peur d'estre noyé ;
L'autre de son coursier les larges crins empoigne ;
L'autre sans nul regret de son frere s'esloigne ;
Mais une mesme vague, avec un mesme effort,
Submerge tout d'un coup leur espoir et leur sort.
   Pharaon seul demeure, et seul il ose encore
De son glaive haussé, qu'à nu le soleil dore,
Menacer Israël, bien que l'eau par cent fois
Ait essayé dejà de l'oster à ses doigts,
Bien que pour l'abismer l'escumante tempéste
Ait en mille bouillons tournoyé sur sa teste,
Et que, de lassitude enfin appesanty,
Sous son pié refusant le fond il ait senty.
   Cet ennemy du ciel, ce tyran de la terre,
A qui chacque element a fait à part la guerre,
Les voit tous contre luy d'ire esmus et comblez,
Pour le vaincre à ce coup justement assemblez ;
Un bruyant tourbillon, d'une horrible secousse,
L'enlevant hors des flots contre un rocher le pousse ;
Le rocher, et du vent et de l'onde battu,
Mugit et le reçoit d'un flanc aspre et pointu ;
Ses miserables mains, du grand heurt escorchées,
S'y tiennent toutesfois en tremblant attachées.
Il jette en l'air des cris fiers ensemble et piteux,
Des ongles il s'accroche aux endroits raboteux ;
Mais ses ongles enfin s'esclatent et se fendent,
Et des doigts deschirez les longues peaux luy pendent,
Le sang en sort, en coule, et, tombant sur l'escueil,
Au lieu de l'attendrir, en endurcit l'accueil.
Il halette, il s'efforce à se tirer de l'onde ;
Mais un trait flamboyant, un tonnerre qui gronde,

Par le bras de Dieu mesme ardamment courroucé,
Est avecques roideur sur sa teste lancé.
Il pousse à longs sanglots du sang, du feu, du souffre ;
Un monstrueux poisson, inconnu dans ce gouffre,
Ou plustost mesme un gouffre et mobile et vivant,
Du plus profond de l'eau tout à coup se levant,
Au point que sous la mort ce criminel succombe,
Et que fumant et noir sur le dos il retombe,
S'offre à gozier beant, s'irrite l'appetit,
Et tout armé qu'il est le brise et l'engloutit.

  O qu'il arrive ensuitte une rare avanture!
Le fer n'a plus de poids, il change de nature.
Jacob esmerveillé voit de ses propres yeux
Les armes, les boucliers, les glaives, les espieux,
Avec tout l'appareil de l'Egipte estouffée,
Flotter sur l'onde rouge, et comme pour trofée,
S'estans rendus au bord, se sousmettre à ses mains,
Afin de le servir contre tous les humains.
Là, pour chanter de Dieu les miracles estranges,
Moyse ouvre la bouche aux celestes louanges ;
Là maint hymne sacré, maint cantique disert
Fait dejà resonner les antres du desert ;
Là, sur les graves pas de l'auguste Marie,
Mille femmes en rond, pressans l'herbe fleurie,
Accordent saintement leurs gestes et leurs vois
Aux doux sons des tambours soustenus des haubois.
Les vierges vont après ; les enfans les secondent ;
Leurs fertiles brebis en beslant leur respondent,
Et leurs puissans taureaux, dans le ravissement,
Leur repartent aussi d'un gay mugissement.

  Ne ferions-nous pas bien, ô muse habile et sage,
D'arrester nostre course au bout de ce passage?
N'est-ce pas assez fait? n'est-ce pas assez dit?
Du chaut climat de Sur l'ardeur me refroidit,
Et Jacob en Mara ne trouve rien à boire

Qu'une liqueur de fiel, qu'une onde triste et noire.
Il n'importe, avançons, le goust en est changé :
Certain bois merveilleux, par Moyse plongé,
Rend clair et transparent ce ruisseau de bitume,
En corrige l'odeur, en chasse l'amertume,
Et pour donter la soif en fait au gré de tous
Un breuvage, un nectar, frais, salutaire et dous.
   Mais de la pasle faim le squelette effroyable
Me souffle dans l'esprit une peur incroyable.
Sin, où marche Israël las et debilité,
N'est qu'un vaste desert où la Sterilité,
Chagrine, seche, noire, affreuse, languissante,
L'œil cave, le sein plat et la voix gemissante,
Reside avec la Mort et voit de toutes pars
Les farouches lyons, les aspres leopars,
A travers l'espaisseur des houx et des espines,
Faire à corps eslancé leurs sanglantes rapines,
Troubler des bois obscurs la solitaire horreur,
Et par des tons bruyans remplir l'air de terreur.
   Toutesfois, quelque assaut que la crainte me livre,
J'yray, puis que le ciel m'y promet de quoy vivre ;
J'en voy dejà l'effet, car, bien qu'en ces sablons
Jamais sous les zephirs les espys hauts et blons,
Lentement agitez, n'offrirent à la veue
Les beaux et riches flots d'une mer d'or esmeue,
Le sacré fils d'Amram obtient contre la faim
Une gresle de sucre, un admirable pain
Qui, tombant dès l'aurore en forme de rosée
Sur l'infertilité de la terre embrasée,
Se donne pour un jour, et divers en saveurs,
Figure du grand Dieu les diverses faveurs.
   Ainsi tout Israël, en sa route inconnue,
Guidé d'un saint pilier, tantost feu, tantost nue,
Arrive en Meriba ; mais, n'y trouvant point d'eau,
Il devient à soy-mesme un ennuyeux fardeau,

Il souspire, il murmure, et d'une ame indiscrette
Se ressouvient du Nil, les ondes en regrette,
Et, comparant sa soif à tant de maux souffers,
Se tiendroit bien heureux d'estre encore en ses fers.
Moyse, d'une grave et benigne parole,
Tout ensemble aspre et doux, le tance, le console;
Puis, frappant de sa verge un aride rocher,
Qui tonne, qui se fend et qu'on voit trebucher,
Il en tire aussi-tost un clair, un large fleuve,
Où ce peuple alteré non seulement s'abbreuve,
Mais se baigne, se plonge, et, comblé de plaisir,
Peut en mille façons contenter son desir.
L'onde, au sortir du roc, fraische, bruyante et vive,
Comme s'ejouissant de n'estre plus captive.
Saute, bouillonne, coule, et, ne sachant encor
Quel sablon enrichir de son nouveau tresor,
Ny quel chemin se faire en sa douteuse course,
Revient innocemment devers sa propre source,
Se rencontre, se fuit, rend son rivage vert,
Et par les champs enfin va, se joue et se pert.

Cependant Amalec, roy puissant et barbare,
Voyant marcher l'Hebreu, contre luy se prepare;
Et le vaillant heros, le brave Josué,
Qui doit, après Moyse, estre constitué
Pour glorieux soustien du peuple israelite,
Prenant avecques soy tous les guerriers d'eslite,
Les range en bataillons, les anime au combat.
Déjà dans l'ample sein le noble cœur luy bat;
Il pousse un grand coursier, à la charge il s'appreste;
La Victoire dejà vole autour de sa teste.
Caleb, le preux Caleb, de près le secondant,
Semble, à le voir briller, un Orion ardant,
Qui d'un glaive de feu, sur la voute estoilée,
Presage à l'univers quelque horrible meslée.
J'oy dejà la trompette, et, d'un pas fier et pront,

Dejà les camps serrez s'avancent front à front.
  Tels que, sur l'Ocean, on voit deux noirs orages,
Deux puissans tourbillons, gros de mille naufrages
Et fiers de mille pins sur la terre abbatus,
L'un à l'autre opposer leurs tonnantes vertus,
En vagabonds côtaux changer l'humide plaine,
Et foudre contre foudre, haleine contre haleine,
S'entre-heurter, se rompre, et de bruits et d'esclairs
Estourdir et trancher les ondes et les airs,
Tels voit-on ces deux camps, en suitte d'une gresle
Et de traits et de dars eslancez pesle-mesle,
En suitte des cailloux qui de bras denouez
Sont avec force et bruit dans les frondes rouez,
En suitte des longs cris, s'entre-choquer, se fendre,
Se rejoindre aussi-tost, se charger, se deffendre,
Fleschir, faire eclater leurs glaives inhumains,
Et teste contre teste en revenir aux mains.

SIXIESME PARTIE.

Argument.

Moyse levant les bras au ciel pendant la bataille de Josué pour luy faire remporter la victoire. — Combat de Josué contre un geant, qu'il vainquit et tua. — La loi donnée à Moyse sur la montagne d'Horeb. — Le Veau d'or. — Punition de ceux qui l'avoyent idolastré. — Coré, Dathan et Abiron. — La verge changée en amandier. — Retour à Jocabel, qui voyoit en songe toutes ces choses. — Description du midy. — La tempeste. — Jocabel resveillée par le bruit de la tempeste. — Miracle d'Aaron qui prophetise. — Retour à Merary, à Elisaph et Marie, qui gardoyent la nacelle. — Priere de Jocabel. — L'ange recueille ses pleurs dans un vase. — Description du trosne de Dieu devant qui ce vase remply de pleurs est porté. — Dieu change ces pleurs en une liqueur neutritive, et commande à l'ange de les porter à Moyse. — Il envoye un autre ange vers le Calme. — Le Calme et son séjour. — Description du Calme qui chasse la tempeste de dessus le Nil.

Tandis, le saint Hebreu que Dieu mesme accompagne
Sur la cime d'un mont, haut roy de la campagne,
Où se fait le combat sanglant et furieux,
Pour rendre du payen Jacob victorieux,
Tient entre Aaron et Hur, ainsy que ses pensées,
Ses venerables mains vers le ciel avancées;
Et quand il les abbaisse, ô prodige inouy!
Le cœur de Josué semble estre esvanouy;
Mais quand il les rehausse, ô divine merveille!
D'Israel abbatu la vigueur se reveille.
Il vaincq tant que Moyse est prest à supplier,
Et le fort Amalec est contraint de plier.
  Ainsi, tantost chassez, tantost donnans la chasse,
Ceux-cy monstrant le dos, ceux-là monstrans la face,

Representent aux yeux le double mouvement
Que fait dessus le bord l'incertain element
Lors que, tout blanc d'escume, il vient, onde après on-
Se rouler en bruyant sur l'arene infeconde,   [de,
Et qu'avec le gravier, qui bouillonne et fremit,
Il s'avalle soy-mesme et puis se revomit.
 Toutesfois, un geant de la race enacide,
Un colosse animé dont la dextre homicide,
Au lieu d'un javelot, brandit un cedre entier,
Et qui s'estoit promis en son courage altier
D'abbatre des Hebreux la principale teste,
Avec orgueil s'oppose aux coups de la tempeste;
Et comme un pilier seul, quand tout un pont se rend
A la rapidité d'un superbe torrent,
Soutient parfois le chocq des ondes courroucées,
Quoy qu'il voye à ses flancs les forests renversées
Passer de bord et d'autre, et que tous les sillons
Soyent vastement couverts d'impetueux bouillons;
Ainsy ce fier payen, cet homme espouventable,
Seul resiste à Jacob, et d'un cœur indontable
Voit cent morts l'assaillir et de loin et de près,
Voit son pesant bouclier tout herissé de trêts,
Voit son party deffait, ses estendars en fuite,
Et sa vaine esperance au dernier point reduite,
Sans qu'un glaçon de crainte ait pu par sa froideur
Amortir tant soit peu sa furieuse ardeur.
 Mais le grand Josué, qui, tout brillant de gloire,
Veut par un grand exploit couronner sa victoire,
L'entreprend seul, l'affronte, et d'un grand coup de dard
Luy perce fierement le bras de part en part;
Et, voyant qu'à l'aspect de sa face difforme,
Son cheval, effrayé comme d'un monstre enorme,
Souffle, tremble, se cabre, et n'ose s'approcher,
Il fait un saut à terre, et s'en va le chercher.
Il le trouve aussi-tost, il le presse, il le charge;

En vain devant son fer le payen met sa targe,
En vain la forma-t'on de sept peaux d'elephant,
Le glaive à chaque coup en revient triomphant.
Ce corps immense et lourd à peine se manie;
Sa vigueur ordinaire à son bras se desnie :
Le dard fiché dans l'os, encore à l'os pendu;
Le long travail souffert, le sang qu'il a perdu
Et l'horrible douleur que luy cause la playe,
Desrobent à sa main sa puissante zagaye;
Mais, comme en se courbant il la veut ramasser,
Josué, qui l'espie et le voit se baisser,
Prend son temps, se sousleve, et d'un effort extreme
Luy fait sur le sablon voler la teste mesme;
Par trois ou quatre fois sur l'herbe elle bondit,
Et le grand corps tronqué trebuche et se roidit.
A quelque pin qui tombe en sa chute il ressemble;
Un cry fait de maints cris qui s'eslevent ensemble
De la part d'Israel frappe aussi-tost les cieux,
Et la gloire est rendue au Dieu de tous les dieux.

 Mon esprit est saisy d'horreur et de merveille;
Mille tonnerres sourds grondent à mon oreille;
Le son gresle et lointain d'un metal eclatant,
Qui petit à petit se renforce en montant,
Du Monarque eternel, enclos dans une nue,
Annonce avec effroy la terrible venue.
Sa Majesté se vest de foudres et d'esclairs :
On voit trembler les cieux, on oit mugir les airs.
Horeb branle sous luy, sa cime est allumée;
Cent tourbillons de flame et cent flots de fumée,
Meslans la nuit au jour et l'ombre à la splendeur,
Semblent vouloir couvrir et montrer sa grandeur.
La terre s'en esmeut jusqu'au fond de l'abime;
Elle a peur que l'excès de quelque estrange crime
N'ait fait haster le terme où son globe alteré
Doit estre, ainsy que l'eau, par le feu devoré.

Le superbe demon qui, parmy les supplices,
Voit fremir et hurler ses enormes complices,
Croit deja voir le temps où, surchargé de fers,
Il sera pour tousjours lié dans les enfers;
Mais deja le cruel fierement se console:
Il entend de là-bas l'immortelle parolle
Prononcer dix decrets justes et rigoureux,
Dont la transgression fera les malheureux.

 Moyse les reçoit, parle à Dieu face à face;
Le peuple, au pié du mont, n'ose fouler sa trace.
Il se prosterne, il craint, il est transy du bruit;
Il voit tousjours Horeb couronné de la nuit.
Le tonnerre s'accroist, la trompette redouble,
Et, comme de frayeur il se pâme en ce trouble,
Le pieux fils d'Amram luy rapporte en sa main
Le salut et la mort de tout le genre humain,
L'irrevocable edit qu'en deux marbres illustres,
Pour regler tous les cœurs, pour vaincre tous les lustres,
Dieu, Dieu de son doigt propre, a luy-mesme gravé,
Et qui, las! cependant, est si mal observé.

 Comment, mal observé? Jacob, ce peuple mesme,
Qui, dans les sentimens d'une ferveur extreme,
Vient de le recevoir et de promettre aussy
D'en garder à jamais l'adorable soucy,
Le transgresse d'abord, et, sans crainte et sans honte,
Corrompu par Sathan, se fait un Dieu de fonte,
Un Dieu d'un animal, qui d'un or criminel
Ose deja briller aux yeux de l'Eternel,
Et qui, tirant l'Hebreu loin des divines bornes,
Heurte la pieté de ses profanes cornes,
Renverse le vray culte, et semble en s'eslevant
Vouloir, tout mort qu'il est, blesser le Dieu vivant.

 O scandale! ô douleur! Jacob luy rend hommage;
Il adore à genoux cette orgueilleuse image.
Aaron mesme s'oublie, ô Dieu! qui le croiroit?

Quel esprit bien sensé ne s'en estonneroit?
De ce foible vieillard la foy se prostitue;
Il immole des bœufs à leur propre statue;
Au courant du public il se laisse emporter :
L'erreur est generale, il n'y peut resister.
Israël perverty son idole environne,
Fait de dances autour une infame couronne,
Saute, chante, s'esgaye, et, comme hors du sens,
La pare de boucquets et l'enfume d'encens.
 Mais sa punition suit de bien près son crime :
Moyse, transporté d'un courroux legitime,
A son retour d'Horeb oyant bruire les voix,
Jette à terre aussi-tost le saint tableau des loix,
Perce de mots aigus le cœur du grand coupable,
Chocque le monstre d'or, l'estend dessus le sable,
Le foule aux pieds, le rompt, et, l'ayant mis au feu,
En fait boire la cendre et maudire l'adveu.
Puis, appellant à soy ceux de qui l'ame saine
N'avoit veu ce forfait qu'avec des yeux de haine,
Il les pousse en furie au vray ressentiment
Par le tragique effort d'un juste chastiment.
Une troupe nombreuse, à la mort consacrée,
Sans aucune reserve est soudain massacrée,
Et le glaive, agissant d'une horrible façon,
Imite la faucille en la pleine moisson.
 Toutesfois, si ce crime en ce meurtre s'expie,
L'ire de l'Eternel n'en est point assoupie;
Dejà le bras il hausse : il veut foudroyer tout
Et destruire le camp de l'un à l'autre bout.
Sa redoutable main, jalouse de sa gloire,
Veut perdre les fauteurs d'une action si noire;
Mais de Moyse enfin l'ardente charité
Arrache le tonnerre à sa severité.
 O merveilleuse amour! ô vertu sans exemple!
Mon esprit est ravy lors que je te contemple,

Les souspirs en la bouche et les larmes aux yeux,
Demander à ton maistre, au monarque des cieux,
Qu'il t'efface plustost du grand et divin livre
Où les noms des eslus doivent à jamais vivre
Que de traiter Jacob à l'extreme rigueur,
Et de son alliance oublier la longueur.
 Aussi ton oraison, esteignant sa colere,
N'obtient pas seulement la grace de ton frere
Avec celle du peuple, à son dam trop brutal,
Mais impetre pour luy l'honneur sacerdotal.
Du magnifique Ephod il a l'investiture ;
A sa race presente, à sa race future,
Le soin du tabernacle est dignement commis,
Et cependant Coré luy fait des ennemis.
 Cet esprit envieux, sans foy, sans conscience,
Ne sauroit supporter avecques patience
Qu'au front de l'arche d'or et de l'autel d'airain
Aaron brille et s'eleve au degré souverain ;
L'eclat de sa grandeur l'importune et le blesse ;
Il vante son merite, il vante sa noblesse ;
Il dit que cette charge à luy seul appartient ;
De factieux projets le peuple il entretient.
Abiron et Dathan de son costé s'intriguent,
Et contre les deux chefs tous ensemble ils se liguent,
Causans plus de rumeur du vent de leurs complots
Que n'en cause Aquilon quand il esmeut les flots,
Ou que Vulcan n'en fait quand d'une ville entiere,
Adjoustant flame à flame et matiere à matiere,
Il ne forme qu'un feu qui surmonte la nuit,
Et remplit l'air d'effroy, de desordre et de bruit.
Enfin devant l'autel on en vient à l'espreuve :
L'encensoir à la main cet insolent s'y treuve ;
Sa faction s'y rend, et Moyse, suivy
De la plus saine part des enfans de Levy,
Qui par sa probité de ce crime s'exente,

Y menant le grand prestre, en pompe s'y presente,
Et le peuple à l'entour, beant et curieux,
Doute à qui le succès en sera glorieux.
　　Mais le juge immortel, le tout-puissant arbitre,
Qui de l'aisné d'Amram veut confirmer le titre,
Fait que l'usurpateur, à sa confusion,
De l'injuste debat voit la decision.
A peine le saint duc, que cette affaire touche,
Pour le droit du pontife a-t'il ouvert la bouche,
Qu'avec un pront effort, avec un tremblement,
Avec une fureur qui tonne horriblement,
La terre en ouvre une autre, et des abismes sombres,
Estalant au soleil les miserables ombres,
Fait voir l'affreux sejour, puis dans ses intestins
Tout vifs elle reçoit et cache les mutins.
De ces vains pretendans la trouppe sacrilege
N'a pas mesme en sa fin le mortel privilege ;
Ils meurent sans mourir, et, par un juste sort,
Entrent dans le cercueil sous l'eternelle mort.
Si quelques uns d'entr'eux eschappent à la terre,
Ils ne se sauvent point des flames du tonnerre ;
L'air esmu les attaque, et de traits foudroyans
De longs feux empennez sur leur chef tournoyans,
Tout d'un temps les atteint, les brise et les consume.
Le sablon en petille, autour d'eux l'herbe fume,
Et le sacré ministre, avoué seul de Dieu,
Seul triomphe debout en ce funeste lieu.
　　Moyse, toutesfois, apprend du saint oracle
Qu'il le veut establir par un autre miracle ;
De son rare baston le dernier changement
Doit estre le grand sceau de ce grand jugement.
　　Cette verge, en reptile autresfois transformée,
Est dans le sanctuaire à peine r'enfermée
Entre douze où l'on voit, de peur de quelque abus,
Les douze illustres noms des fameuses tribus,

Que le divin effet d'une puissance active
Ressuscite en son corps l'ame vegetative,
Et qu'une fresche humeur, divisée en surgeons,
Courant par sa moelle, arrouse ses bourgeons,
Ce bois, si long-temps nu, se r'habille d'escorce ;
De son antique seve il recouvre la force ;
D'un chacun de ses nœus il sort un rameau vert,
De feuilles et de fruits il est déja couvert ;
Sa peau n'estouffe point le glorieux vestige
Du venerable nom engravé sur sa tige ;
Au contraire, avec elle il grossit et s'estend.
Deja cet amandier à la palme pretend ;
Son pié prenant racine en la terre s'enfonce ;
Sa teste fuit au ciel, et muet il prononce
En faveur du pontife un arrest merveilleux,
Qui confond pour jamais l'espoir des orgueilleux.
Dieu veut qu'en son parvis il rende tesmoignage
De la charge attachée à son noble lignage,
Jusqu'à tant qu'au vray prestre, au messie attendu,
Sur un arbre plus saint l'honneur en soit rendu.

 Pendant que Jocabel, sous ses paupieres closes,
Voyoit ou croyoit voir tant d'admirables choses,
Et que le jeune Aaron, à ses flancs endormy,
Sembloit aussi bien qu'elle estre mort à demy,
Le monarque du jour, qu'à tout astre on prefere,
Regnoit, comme en son trosne, au haut de l'hemisphere,
D'où, couronné de flame et vestu de splendeur,
Il dardoit ses rayons en sa plus vive ardeur.
Ce corps qui destruit l'ombre, allumant l'air paisible,
A force de clarté se rendoit invisible ;
De tremblantes vapeurs sur les pleines flotoyent ;
L'eau sembloit estre en feu, les sablons éclatoyent ;
Sur les myrthes fleuris les douces tourterelles,
Tenant leur bec ouvert, laissoyent pendre leurs ailes ;
La bruyante cygale, au milieu des guerets,

Saluoit le midy de la part de Cerès,
Qui, joyeuse de voir sous la chaleur feconde
Briller en ondoyant l'or de sa teste blonde,
Montroit que dans la terre elle sentoit encor
Cette mesme vertu travailler à d'autre or.
Tout estoit dans le calme, et les zephirs à peine,
Pour rafraischir Moyse excitans leur haleine,
Refrisoyent l'eau du fleuve, et l'eau sans s'agiter
Sembloit prendre plaisir à le voir esventer.

 Mais, comme si le songe, en montrant ses images,
Eust de l'air et du Nil divulgué les dommages,
Et que par le rapport des horribles esprits
L'un et l'autre element son destin eust appris,
De Moyse aussi-tost la perte se conjure :
La vengeance en leur sein veut preceder l'injure ;
L'enfer y participe, et ses monstres hydeux
Contre le saint berceau les animent tous deux.

 Un foudroyant tonnerre, estonnant tout le monde,
Gronde et roule à l'entour de cette boule ronde,
Et le cruel Borée, enflamé de courroux,
De la porte d'Eole arrachant les verroux,
Sort de son antre obscur, se revest d'insolence,
Plus viste qu'un esclair sur ses ailes s'elance,
Siffle, hurle, mugit, enrage en ses poumons,
Heurte, fracasse, entraisne et bois, et tours, et mons,
Fait trembler la nature, et, rapide en sa course,
Esbranle en leurs pivots et l'antartique et l'ourse,
En tourbillons espais franchit le bras de mer,
A son complice mesme est terrible, est amer,
Vient fondre sur ses eaux, rend ses vagues chenues.
Le chocq impetueux en rejaillit aux nues ;
L'onde hors du canal en regorge et s'enfuit,
Et les ecchos lointains en redoublent le bruit.

 Le Nil, en ce complot, d'aspre fureur s'allume :
Il fremit, il bouillonne, il murmure, il escume ;

Il monte jusqu'au ciel en cotaux ondoyans;
Il s'engloutit soy-mesme en cercles tournoyants,
Et, pour briser enfin la noble et fresle barque,
Où la vertu d'enhaut s'espanche et se remarque,
Se voyant despourveu de ces traistres rochers
Qui sur les bords marins font l'horreur des nochers,
Il suscite au lieu d'eux cent vastes crocodiles,
Qui semblent en son onde autant d'escueils mobiles,
Contre l'enfant les pousse, et veut qu'un corps si beau
Trouve en leur gueule avide un indigne tombeau.
 Tel qu'on voit sur le sable un aspic en desordre
Sous l'atteinte d'un houx se debatre et se tordre,
Tel voyoit-on l'esquif, deçà delà porté,
D'un branle interrompu, sur les flots agités;
Il chancelle, il se tourne, il s'abbaisse, il s'eleve,
Une montagne d'eau contre son flanc se creve;
Une autre et puis une autre, ecumant à l'entour,
Veulent priver l'enfant de la clarté du jour;
Mais et le vent et l'onde en vain sont en colere,
Un fidelle support, un ange tutelere,
Qui de la part divine à sa garde est commis,
Le rend victorieux de tous ses ennemis.
 Cependant Jocabel, par l'orage esveillée,
A peine a sa paupiere en sursaut dessillée,
Que du songe fatal qui montra l'avenir
Elle pert aussi-tost le digne souvenir;
Elle en a toutesfois quelque image confuse;
Mais si l'ange soigneux n'en eust instruit ma muse,
S'il ne m'en eust depeint les estranges portraits,
L'oubly, qui couvre tout, en cacheroit les traits.
 En ce rude moment, sa tendre fantaisie,
Pour le gage exposé de peur estant saisie,
Ne se figure en soy que ce qu'un aigre ciel
Peut verser en un coup de colere et de fiel.
Ce bruit impetueux, cette noire tempeste,

En excite soudain une autre dans sa teste
Qui prouve son tonnerre, et ses vents et ses flots,
Par les cris, les souspirs, les pleurs et les sanglots.
Là sa triste raison, là son foible courage,
Là l'enfant et l'esquif, ensemble font naufrage ;
Elle s'y forme un gouffre, où cet objet aymé
Est, comme au fond des eaux sombrement abimé.
Son pauvre sein gemit des coups qu'elle s'y donne ;
Elle accuse le sort, aux plaintes s'abandonne,
Se tord les bras, les mains, s'arrache les cheveux,
Dit cent mots criminels entre-meslez de vœux,
Et, sous un desespoir qui s'efforçoit à naistre,
D'un effroyable pas courant à sa fenestre,
Sembloit l'aller ouvrir pour se precipiter,
Quand, ô prodige estrange et haut à raconter !
Le Ciel, qui de ses maux ressentoit l'amertume,
Fait qu'aussi-tost Aaron, plus grand que de coustume,
Se presente à ses yeux couronné de rayons
Tels que ceux du soleil qu'à midy nous voyons,
La retient par sa veste, et, luy disant des choses
Que Dieu mesme inspiroit à ses levres de roses,
L'empesche d'accomplir le coupable dessein
Qu'elle sembloit rouler en son cerveau mal-sain.

    A ce nouvel objet elle tombe en la place :
Ce feu miraculeux la rend toute de glace,
Et pour ses deux enfans ses esprits partagez
Se trouvent dans la flame et dans l'onde engagez.
De ses propres pensers elle se fait la proye ;
Cet accident la brûle et cet autre la noye ;
Tout se confond en elle, et des diverses morts
Les contraires sont joints pour destruire son corps.
A la fin, toutesfois, la moitié de la crainte
Qui dans sa fantaisie estoit si fort empreinte
Comme une vaine image en l'air s'evanouit,
Voyant que le saint feu, dont l'eclat l'eblouit,

SIXIESME PARTIE.

Sans outrager Aaron sur qui l'œil elle arreste,
Se contente de luire à l'entour de sa teste,
Et que, par la splendeur d'un si rare flambeau,
L'or de ses cheveux blonds ne devient que plus beau.
    Aaron en mesme temps, qui sous un tel miracle
Est espris, est esmu comme un divin oracle,
Luy fait prester l'oreille, et Dieu, pour son repos,
A l'etonnante voix suggere ces propos :
    Femme, console-toy, le sujet de ta peine
Esprouve de là-haut la bonté souveraine ;
Il est en sa tutelle, il brave les dangers,
Et pour luy les malheurs sont vains et passagers.
Malgré tous les efforts et du vent et de l'onde,
Il jouit d'une paix et tranquile et profonde,
Et dans son lit flotant ce qui te fait blesmir,
Au lieu de l'eveiller, ne sert qu'à l'endormir.
Tu le verras un jour au plus haut point de gloire
Qui puisse d'une vie estendre la memoire ;
Sa fortune s'approche, et déjà son bonheur
Par de royales mains t'en consigne l'honneur.
R'entre donc en toy-mesme, et destruis en ton ame
La frayeur qu'en secret ta propre vertu blâme ;
Elle offence le ciel, chasse-la loin de toy :
La foiblesse est honteuse en quiconque a la foy.
    Soudain, à ce beau mot, s'eclipse la lumiere ;
Le prophete se montre en sa taille premiere ;
Jocabel reprend cœur, d'elle se ressouvient,
Et de son jugement l'usage luy revient.
    Mais l'oncle et le neveu, qu'avecques la pucelle,
Nos soins ont mis en garde auprès de la nacelle,
N'ayant aucun secours, ny n'en pouvant donner,
Souffrent tous les ennuis qu'on peut s'imaginer ;
Et, telle que l'on void sur un bord aquatique
Se tourmenter en vain la mere domestique
Quand le fils adoptif sous sa chaleur esclos,

Comme d'une autre espece, entrecouppe les flots,
Passe de vague en vague, et sur la plaine esmeue
S'esleve, disparoist, se redonne à sa veue,
Tandis qu'elle s'agite, et que d'un son peureux,
Elle se plaint aux vents du sort cru dangereux,
Telle, pendant l'orage estrange en sa furie,
Parut la triste sœur, au bord de la prairie,
Pour le destin du frere, agité sur les eaux
Plus que leurs propres joncs, et leurs propres roseaux.

Elle crie, elle pleure, et son ame affligée,
Dans l'horreur du spectacle est presque submergée;
Et le coup qu'elle craint l'esmeut si vivement,
Que son œil l'anticipe à chaque mouvement.
Dès que le moindre objet au berceau s'interpose,
Elle croit au salut toute esperance close;
Dès qu'il se fait revoir de morts environné,
Sa perte se confirme en son cœur estonné.
Bref, soit qu'il se desrobe ou soit qu'il se presente,
Rien n'arreste son dueil, rien d'effroy ne l'exente,
Et son esprit confus se forme le trespas,
En tout ce qu'elle voit ou qu'elle ne voit pas.

Cependant Jocabel, en soy-mesme remise,
Faisant reflexion sur la grace promise,
En establit l'espoir jusqu'alors imparfait,
Et prie en cette sorte afin d'en voir l'effet :

Arbitre des humains, refuge de nos peres,
Qui de nos mouvemens les desordres temperes,
Pardonne à ma foiblesse, et regarde en pitié
Un cœur dont le deffaut vient de trop d'amitié.
J'ay failly, je l'avoue, et parmy tant d'alarmes
J'ay mesme, si tu veux, jetté d'injustes larmes.
Ma peine a fait mon crime, a trahy ma raison,
Et mon ennuy mortel s'est plaint hors de saison;
Mais souffre toutesfois, puissance que j'adore,
Souffre que d'autres pleurs mon œil respande encore.

La source en est diverse, et le seul repentir
Est l'objet qui les cause, et qui les fait sortir.
  Je me plains de ma plainte, et, dans ma conscience,
La douleur qu'a ma foy de mon impatience
Pleure de mes transports, gemit de mes regrets
Et reproche à mon cœur ses tumultes secrets.
Fay donc cesser, ou non, le motif de ce trouble;
Que l'orage à ton gré se calme ou se redouble :
Mon fils est en tes mains, et mon tendre soucy
En remet l'avanture à ta sainte mercy.
  Jocabel, resignée, eut à peine en ces termes
Montré le sentiment des ames les plus fermes;
A peine eut-elle au Ciel immolé ses douleurs,
Que l'ange qui s'employe à recueillir nos pleurs
Quand un juste sujet rend leur cours legitime,
Et que nostre cœur mesme en offre la victime,
Dans un beau vase d'or ses larmes ramassa,
Pour les faire valoir aussi-tost la laissa,
Et dans le saint Olympe, où la divine essence
Estale sa grandeur et sa magnificence,
Où l'on adore en Trois l'ineffable Unité,
Où, sur un trosne pur fait par l'eternité,
Le seul Estre infiny, le Monarque supreme
Luit de son propre eclat et s'abisme en soy-mesme,
Et voit dessous ses pieds s'humilier le Sort,
La Fortune, le Temps, la Nature et la Mort;
Dans ce lieu, dis-je, où règne en une pompe auguste
Le principe de tout, le bon, le vray, le juste,
Ce ministre leger, cet ange officieux,
Presentant à genoux le vase precieux
Où sa noble pitié, sur qui le dueil s'appuye,
Des yeux de Jocabel avoit serré la pluye,
En fit au grand aspect la douce effusion,
Et signala son zele en cette occasion.
  Mais d'une telle offrande, en tel lieu respandue,

Pas une seule larme en l'air ne fut perdue.
Dieu, de qui les bontez sont esgales aux soins,
Dieu, qui de mon heros connoissoit les besoins,
Voulut qu'en ce grand jour cette bruïne amere
Pust servir à l'enfant aussi bien qu'à la mere,
Et la changea soudain en celeste liqueur,
Pour, au deffaut de lait, lui soustenir le cœur.

   Ayant fait ce miracle aux yeux de tous les anges
Qui composent là-haut ses nombreuses phalanges,
Qui celebrent sa gloire, et dont les seuls plaisirs
Consistent aux effets de ses graves desirs,
Il commande aussitost au courrier qui l'escoute
Que vers la dure Egypte il reprenne sa route,
Et que, de ce nectar remis dans le vaisseau,
Il aille sustenter l'illustre du berceau;
Puis, d'entre cette trouppe à ses grands ordres preste,
Quoy qu'il pust d'un trait d'œil confondre la tempeste,
Il en instruit un autre, et comme souverain
L'envoye au mesme instant au roy doux et serain
De qui, sous son pouvoir, l'element qu'on respire
Reconnoist le beau sceptre et revere l'empire
Qu'Eole toutesfois osoit luy disputer,
Mais que, malgré sa rage, il luy faudra quitter.

   A ces commandemens, les ministres fidelles,
Montrans leur vive ardeur en leur dos pourveu d'ailes,
Ouvrent du saint portail le bronze radieux,
Qui fait sur de beaux gonds un bruit melodieux.
L'Olympe en resonna, le noble luminaire
S'en esmut d'allegresse outre son ordinaire;
L'air en devint plus gay, le temps s'en esclaircit,
Et partout ce doux son toute chose adoucit.

   Comme au plus beau des nuits, à ce qu'à l'œil il semble,
Deux astres destachez partent du ciel ensemble,
L'un à droit, l'autre à gauche, et d'un chemin divers
Precipitent leur cours en ce bas univers

Ainsy des deux courriers, qu'un beau devoir embrase,
L'un tire vers l'Egipte avec le riche vase,
Et l'autre va trouver, d'un vol au sien pareil,
Le paisible demon qu'adore le sommeil.
Il n'a pas un moment sillonné sur la nue,
Qu'il arrive en une isle aux mortels inconnue,
Où, bien loin des objets ennemis du repos,
Au sein d'un antre obscur, antre fait à propos
Par les puissantes mains qui formerent le monde,
Le Calme se retire, à l'instant que de l'onde
Les tyrans des vaisseaux, d'un souffle impetueux,
Changent la face unie en monts tumultueux ;
Et, fracassans les masts, et deschirans les voiles,
Qu'ils portent coup-à-coup de l'abisme aux estoiles,
Usurpent son beau regne, accablent sa vertu,
Et semblent triompher du sceptre debatu.
 Là, sur un trosne d'algue et de mousse et d'esponges,
Cet amy du silence et du pere des songes
Parloit avec effroy de l'orage excité
A ses sœurs la Bonace et la Tranquillité.
Là, ces aymables sœurs, pareilles à lùy-mesme,
Taschans à r'ajuster son rare diadême,
Fait par leurs propres doigts de plumes d'alcions,
Montroyent de leur amour les tendres passions,
Quand le courrier divin, s'avançant dans la grotte,
Par l'honneur chevelu qui sur ses ailes flotte,
Par l'eclat de ses yeux et par le vestement
Dont son corps immortel s'ornoit augustement,
Dissippa l'ombre humide, illumina la voye,
Remplit tout de respect, de merveille et de joye,
Et, desserrant sa bouche où regnoyent mille appas,
En fit entendre ainsi la cause de ses pas :
 Seul recours des nochers, qui dans ta solitude
Vis comme un doux tableau de nostre quietude,
Le Grand, le Createur, dont aussy bien qu'à moy

L'adorable desir te doit estre une loy,
T'ordonne en souverain qu'ayant repris courage
Tu viennes front à front t'opposer à l'orage
Qui tonne sur le Nil d'un effort si cruel,
Et se veut à ton dam rendre perpetuel.
 Ces propos achevez, le Calme et ses compagnes
Prennent soudain leur vol sur les molles campagnes;
L'ange brille à la teste, et des flots applanis
Les vents seditieux aussi-tost sont bannis ;
Zephyre et le beau temps, suivant leur course ailée,
D'un branle agile et doux rasent l'onde salée,
Desembarrassent l'air de nuages espais,
Et de leurs doigts serains partout sement la pais.
Les nageurs escaillez, ces sagettes vivantes
Que nature empenna d'ailes sous l'eau mouvantes,
Montrent avec plaisir en ce clair appareil
L'argent de leur eschine à l'or du beau soleil.
Enfin l'ange et sa trouppe en un moment se rendent
Sur la terre où du Nil les rivages s'estendent;
Borée, à leur abord de l'Egipte chassé,
S'en retourne en prison sous le pole glacé ;
Le fleuve est un estang qui dort au pié des palmes
De qui l'ombre, plongée au fond des ondes calmes,
Sans agitation semble se rafraischir,
Et de fruits naturels le cristal enrichir;
Le firmament s'y voit, l'astre du jour y roule ;
Il s'admire, il eclate en ce miroir qui coule,
Et les hostes de l'air, aux plumages divers,
Volans d'un bord à l'autre, y nagent à l'envers,
La Rumeur est muette aux approches de l'ange,
Elle n'a plus de bouche; en yeux elle se change;
Que s'il s'en oit quelqu'une, elle provient des sons
De mille rossignols perchez sur les buissons,
Où, faisant retentir leur douce violence,
Ils rendent le bruit mesme agreable au Silence,

Et d'accents gracieux luy forment un salut
Qui se peut egaler aux charmes de mon luth.
A l'air du temps si beau mille bandes legeres,
Mille bruyans essains d'abeilles menageres,
Vont boire le nectar en des couppes de fleurs
Où de l'aymable Aurore on voit rire les pleurs;
Le gentil papillon voltige sur les herbes,
Il couronne leurs bouts de ses ailes superbes,
Et, par le vif email dont se pare son corps,
Qui des plus beaux bouquets efface les tresors,
Fait qu'il semble aux regards que l'abeille incertaine
Dans ses diversitez se trouve comme en peine,
Et que son œil confus, suspendant son desir,
D'une fleur ou de luy ne sache que choisir.

SEPTIESME PARTIE.

Argument.

Retour du berceau de Moyse dans le mesme lieu d'où la tempeste l'avoit emporté. — L'ange qui portoit le vase en fait avaler la liqueur à Moyse. — La joye de Marie de voir le berceau de retour dans son azile. — Elle tombe dans l'eau en le visitant; Elisaph se jette après, et Merary aide à les sauver tous deux. — Elisaph et Marie retournent en leurs cabanes pour changer d'habits. — Paroles d'Elisaph à Marie. — Responce de Marie à Elisaph. — Surprise de Jocabel en voyant Marie de retour. — Marie vient retrouver Elisaph, qui, en l'attendant, s'amusoit à tracer son portrait sur l'escorce d'un arbre. — Paroles d'Elisaph à Marie sur ce portrait. — Responce de Marie à Elisaph. — Leur retour auprès du berceau, où estoit demeuré Merary. — Merary les invite à prendre le plaisir de la pesche. — Description de la pesche. — Le retour des trois auprès du berceau. — Les mouches viennent à l'odeur du poisson, et veulent persecuter Moyse. — Description de leur attaque et de la resistance qu'y font Merary, Elisaph et Marie.

Tel qu'un riche navire, après mainte fortune
Esprouvée en maint lieu sur le vaste Neptune,
Revient avecques pompe au havre souhaité,
Sous la douce lenteur des souffles de l'esté,
Qui, faisant ondoyer dans les airs pacifiques
De tous ses hauts atours les graces magnifiques,
Enfle à demy la voile, et d'un tranquile effort
Presqu'insensiblement le redonne à son port,
Tel on vit le berceau, tout brillant de la gloire
D'avoir sur les perils remporté la victoire,
Revenir aussi-tost se remettre à couvert
Dans l'agreable sein de son azile vert.
Les esprits bien-heureux qui luy servoyent d'escorte

Pour ayder à son cours s'estoyent placez en sorte
Que l'haleine du calme, en leurs plumes donnant,
Faisoit d'un jonc vogueur un spectacle estonnant.
Leurs beaux cheveux, emus en diverses manieres,
Du triomphe naval composoyent les banieres,
Et leurs nobles habits, autour d'eux secouez,
Formoyent de l'appareil les charmes enjouez.
L'auguste gardien, qui pendant la tempeste
Aux noirs monstres de l'air avoit tousjours fait teste,
D'un dard traisnant en pouppe en Typhis agissoit,
Et comme d'un timon la proue en regissoit.
On en voyoit en l'eau la droite et longue trace
Emprainte quelque temps sur sa mobile face,
Et ce dard angelique en l'onde ainsy posé,
Quoy qu'il fust tout entier, sembloit estre brisé.

Ainsy le lit de jonc aborde à l'endroit mesme
Où l'avoit mis la mere avec un deuil extreme;
Il semble y jetter l'ancre, et frayant les roseaux,
En fait soudain partir cent timides oyseaux.

Aussitost le courrier, le grand porteur du vase,
Charmé du saint enfant, et ravy dans l'extase
De voir en un mortel reluire des attraits
Qui de son front divin egalent les beaux traits,
De l'une de ses mains la teste luy sousleve,
De l'autre avec amour son ministere acheve,
Humecte son coral de l'eau changée en miel,
Le baise, le benit et s'en revole au ciel.

Quel esprit merveilleux auroit assez d'adresse
Pour faire en un tableau flamboyer l'allegresse
Qui parut en Marie et son teint raviva
Quand la chere nacelle en ce bord arriva?
Je doute si Poussin, ce roy de la peinture,
Cet homme qui dans l'art fait vivre la nature,
Oseroit se promettre, avec tous ses efforts,
D'en exprimer à l'œil les aymables transports.

Autant qu'elle eut de peine, autant elle a de joye;
Peu s'en faut que son ame en l'aise ne se noye;
Elle admire l'esquif; mais, ô Dieu! qu'eust-ce esté
Si de tous ses nochers elle eust veu la beauté?
Car, bien que du heros l'un soit indivisible,
Leur aspect à luy seul est un aspect visible;
Et des autres parens accourus en ces lieux
Nul celeste rayon n'en esblouit les yeux.

En cet heureux retour, la discrette bergere
Consulte sa prudence, et, pour un si cher frere,
Se faisant du passé la peur de l'advenir,
Veut contre tous hazards le berceau premunir.
L'oncle et le grand pasteur à son vouloir s'accordent,
Et de saule et d'ozier, qu'entre leurs doigts ils tordent,
Façonnent sur-le champ de rustiques liens
Dont à saisir la nef ils trouvent les moyens.

Mais, tandis que la vierge au salut d'autruy songe,
Tandis qu'un soin si juste et l'esmeut et la ronge,
Elle ne prevoit pas que sans un pront secours
Une eternelle nuit menace ses beaux jours.
Comme elle veut de près visiter la nacelle,
Sur je ne sçay quel bois son noble pié chancelle,
Tout son beau corps s'esbranle, et soudain, ô malheur!
En tombant dans le Nil comble tout de douleur.
Que devient Elisaph, chere et divine Muse?
Au peril eminent cherche-t-il quelque excuse?
Prefere-t-il sa vie à l'objet adoré?
Et peut-il se resoudre à s'en voir separé?
Non, non, il l'ayme trop; plus pront qu'une sagette,
Sans rien deliberer après elle il se jette;
Et Dieu fut si propice aux flames de ses vœux
Qu'en revenant sur l'onde il la prit aux cheveux.
Mérary, dans ce trouble, aussi ferme qu'un marbre,
Se tenant de la gauche au tronc d'un certain arbre,
Donne l'autre au pasteur, et d'un bras estendu

Fait tant que le beau couple à la rive est rendu.
  Mais de cette action, où survindrent les anges,
Il ne doit pas tout seul pretendre les louanges :
Ce seroit trop de gloire à des efforts humains,
Puis que les immortels y presterent les mains.
  De mesme, ou peu s'en faut, cieux ! l'oseray-je dire ?
Mes doigts, saisis d'horreur, en tremblent sur ma lyre ;
De mesme, ou peu s'en faut, je ne puis achever,
Et d'assez tristes sons ma voix ne peut trouver.
Poursuivons toutesfois : l'issue en est trop douce
Pour ne pas condescendre à l'esprit qui me pousse ;
Et d'un silence ingrat mes vers seroyent repris
Si je n'en achevois le propos entrepris.
  Ainsy, diray-je donc, la fameuse Christine,
Allant voir des vaisseaux qu'en guerre elle destine,
Tomba dans le Meller, et par cet accident
Pensa faire du nord un funeste occident ;
Ainsy, d'une licence et temeraire et juste,
Pour d'un si grand peril sauver sa teste auguste,
Un des siens, bien instruit que garder le respect,
De crime, en tel besoin, c'est se rendre suspect,
Osa porter la main profane et secourable
Sur le sacré tresor de sa tresse adorable,
Et, cruel en son ayde, eut l'estrange bonheur
D'arracher au trespas ce miracle d'honneur.
  Mais, revoyons Marie. Aussitost que de l'onde
Son destin eut trompé la mort vague et profonde,
Aussitost que des eaux elle parut au jour,
Telle que l'art payen feint la mere d'Amour,
Ou telle que l'Aurore et fresche et degoutante
Lors qu'elle fait revoir sa blancheur eclatante,
Elle jetta les yeux d'un et d'autre costé,
R'assura d'un sousris l'amant espouventé,
Et d'un affable mot, quoy qu'un peu hors d'haleine,
Rendant de son salut cent graces à sa peine.

Le sceut si bien payer des services rendus
Que tous ses sens de gloire en furent confondus.

   Cependant l'un et l'autre, à surgeons qui decoulent,
Trempent le vert esmail que de leurs pieds ils foulent,
Et des habits mouillez la pressante raison
Les oblige tous deux à chercher leur maison.

   Ayans à cet effet, avant toute autre chose,
Supplié Merary, qui dejà s'y dispose,
De permettre à leurs pas l'absence d'un moment
Et d'avoir soin de tout en leur esloignement,
Ils laissent leurs troupeaux, ils laissent la nacelle,
Ils laissent le cher bien que l'azile recelle,
Ils laissent leur cœur mesme, et pour un tel sejour
Mesme avant leur depart songent à leur retour.

   Ils s'en alloient ensemble, et leurs flames secrettes
Abregeoyent leur chemin en paroles discrettes,
Et dejà le soleil commençoit à secher
L'humeur que sur leur dos il voyoit s'espancher,
Quand, du temps et du lieu prenant la conjoncture,
Et repassant en soy l'effroyable avanture,
L'amoureux, pour l'amante encore tout transy,
Se tourna devers elle et se plaignit ainsi :

   O ciel ! a-t'il falu qu'une horrible contrainte
Ait reduit mon devoir, mon amour et ma crainte,
A faire pour ta vie un plus barbare effort
Qu'en bornant son beau cours n'en auroit fait la mort !
A-t'il doncques falu que d'un air d'insolence
Ma main se soit portée à cette violence,
Et que ce triste cœur qui te voyoit perir
Sans inhumanité n'ait pu te secourir !

   Ce penser odieux me donne mille gesnes ;
Il reproche à mes doigts d'avoir tiré mes chaisnes,
D'en avoir rompu mesme afin de te sauver,
Et le rude service il n'en peut approuver.
Mais excusez leur faute, ô liens desirables !

S'ils n'estoyent criminels vous seriez miserables ;
Vous ne brilleriez plus, et mes yeux affligez
Verroyent sous d'autres flots les vostres submergez.
Que dis-je, malheureux ! ay-je l'ame saisie
Du sombre mouvement de quelque frenesie ?
Je parle icy de voir, comme si mon trespas
N'eust point suivy de près la mort de tant d'appas.
Non, non, rare bergere, une si dure perte
Sans la fin de mes jours n'eust point esté soufferte ;
Je me serois perdu, je ne verrois plus rien,
Et mon corps vagabond flotteroit près du tien.
 Oste-toy de l'esprit cette image importune :
Elle pourroit troubler nostre heureuse fortune
(Respond alors la belle à l'aymable pasteur,
Que de son cher salut le Ciel rendit l'autheur).
Dans le calme du port oublions la tempeste.
Tu n'as point fait d'outrage aux honneurs de ma teste ;
Ou, si tu m'en as fait, le mal en est si dous
Que tes doigts de tout crime en demeurent absous.
C'est par eux seulement que je respire encore ;
C'est par eux que je voy ce que le soleil dore,
Et pour cette action me plaindre de ta main
Ce seroit offencer tout jugement humain.
 De semblables propos, accompagnez de charmes,
Non sans de temps en temps en venir jusqu'aux larmes,
Ces objets vertueux leur flame entretenoyent,
Et de leur sainte amour les preuves se donnoyent,
Quand de discours en autre enfin ils arriverent
Sous leurs chaumes voisins, qu'en desordre ils trouverent ;
Et là de Jocabel l'œil douteux et surpris
En fit naistre un plus grand dans ses tendres esprits.
 Ce retour impreveu lui jette en la pensée
Les plus sensibles traits de sa crainte passée ;
Sa fermeté s'esmeut, et cent aspres soupçons
Luy remplissent le sein de feux et de glaçons.

Elle sue, elle tremble, elle est rouge, elle est blesme;
Son desir de parler meurt en sa bouche mesme;
Il renaist, il s'estouffe, et par deux ou trois fois,
Comme elle se dispose à faire agir sa vois,
Elle esprouve tousjours que sa langue debile
De trop d'esmotion est rendue immobile.
Mais qu'on n'en blasme pas ses justes sentimens :
Il n'est rien qui ne cede aux premiers mouvemens.

 Tandis que de la sorte, et muette et confuse,
Son envie à son cœur se donne et se refuse,
La bergere s'approche, et, par un beau recit
Qui de ses doutes vains les ombres eclaircit,
Apprend à son oreille avide et curieuse
Du destin de l'enfant la course glorieuse,
Luy peint en quel estat elle l'avoit laissé,
Releve son espoir à demy renversé,
Et, l'instruisant enfin du sujet qui l'ameine,
Sans trop exagerer son malheur ni sa peine,
De ses habits mouillez s'en va se devestir,
En prend de secs au coffre et s'appreste à sortir.

 La mere cependant, de l'effroy revenue,
Recouvrant la parole et dissipant la nue
De qui le vraysemblable et les tristes vapeurs
Avoyent rendu ses sens et trompez et trompeurs,
Court, embrasse la fille, et la flatte, et s'informe
Tantost du cher berceau, tantost du monstre enorme;
Et, ne pouvant à plein son aise contenter,
Fait un mesme discours mille fois repeter.

 Le simple et jeune Aaron, tournant à l'entour d'elles,
Semble prendre sa part de ces douces nouvelles;
Il regarde, il se hausse, et, beant et ravy,
Tant plus en est repu, moins en est assouvy.
Quelquesfois l'innocent, d'une petite bouche,
Selon que le propos sa connoissance touche,
Parle, s'exclame, rit, le propos interront,

Et met à Jocabel un chagrin sur le front;
Mais aussi-tost, d'un signe entre affable et severe,
Estant reprimandé par la main de la mere,
Aussi-tost il se taist, et d'un geste craintif
Se montre non moins qu'elle au discours attentif.
　Enfin, la fille acheve, et, repassant la porte
Pour regagner la route où son desir l'emporte,
Va rejoindre Elisaph, qu'avec contentement
Elle trouve changé, mais d'habit seulement,
Et qui sur un beau tronc à l'escorce polie
Traçoit de son couteau, pardonnable folie!
L'image de la belle, et devant ce portrait
Alloit graver encor un cœur percé d'un trait.
　Sa veue estoit si fort à cette œuvre attachée,
Que, sous l'ombrage vert de la touffe cherchée,
Celle de qui sa main exprimoit les appas
Avoit dejà conduit le dernier de ses pas,
Sans qu'en ce doux instant son imaginative
Conceust de son objet la presence effective;
Et, si l'original sa voix n'eust fait ouyr,
La copie à ses yeux eust gardé d'en jouyr.
　A cet aymable accent, qui luy charme l'oreille,
De son attention soudain il se reveille;
Il se tourne, il s'excuse, et comme après l'accueil
Sur sa propre figure il luy voit jetter l'œil:
Remarque, luy dit-il, saint espoir de ma flame,
Combien ta noble idée est emprainte en mon ame,
Puis que sans aucun art, et, de plus, sans te voir,
De te representer j'ay bien eu le pouvoir.
Il est vray que l'ouvrage en seroit plus fidelle
Si, suivant de l'esprit l'invisible modelle,
Et la main et le fer avoyent pu comme il faut
Respondre à l'exemplaire et si digne et si haut;
Mais la nature mesme, avec toutes ses forces,
Avec tout ce qu'elle a de graces et d'amorces,

De beaux traits, de couleurs, d'industrie et d'amour,
Rien de pareil à toy ne sçauroit mettre au jour.
Ta beauté tout ensemble est sa gloire et sa honte;
Le sang, à son aspect, au visage luy monte,
Et, lors qu'entre ses mains le moule s'en rompit
Elle s'emut de joye, et pleura de despit.
Je suis doncques bien fou, bien vain, bien temeraire,
D'avoir osé tenter ce qu'elle ne peut faire:
Aussi ne l'ay-je fait, j'en atteste les cieux,
Que pour flater ma peine et pour nourrir mes yeux,
Qui, parmy les assauts que l'absence me livre,
Ne pouvant loin des tiens ny se mouvoir ny vivre,
Ont voulu que mes doigts, encor que faussement,
Au besoin affamé fournissent d'aliment.
 Ainsy dans nos foyers, pendant les heures sombres,
Pour de l'espaisse nuit chasser les tristes ombres,
Secours et foible et morne, et presqu'au mien pareil,
On se sert d'une lampe au deffaut du soleil.
 Mais mon plus grand plaisir ne vient pas de la veuë:
Les rares qualitez dont ton ame est pourveue,
Ta sagesse, tes mœurs, tant d'aymables tresors
Qui parent le dedans à l'envy du dehors,
Ton esprit, ta vertu, ton humeur, ta conduite,
Ta prudence avant l'âge aux beaux devoirs instruite,
Ta bonté gracieuse et ton doux entretien,
De mes chastes pensers font le souverain bien.
 Ha! c'est trop, Elisaph, dit aussi-tost Marie;
La verité s'oppose à cette flaterie;
Mon oreille y repugne, et ma saine raison
N'a garde d'en gouster l'agreable poison.
Je connoy mes deffauts. Je sçay que la louange
Par un art illusoire en fleur l'espine change,
Et que c'est un morceau d'autant plus dangereux
Qu'il est plus que le miel friand et savoureux.
Je n'en merite point, je le dy, je l'avoüe;

SEPTIESME PARTIE.

En cela seulement je souffre qu'on me loue ;
Ou si tu veux louer quelqu'autre chose en moy,
Que ce soit, cher Pasteur, ma constance et ma foy.
Tu m'aymes, c'est assez : je t'ayme, et te le jure,
Je t'ayme d'une flame et si noble et si pure,
Que de la passion qu'en ma bouche tu lis
Le saint eclat s'egale au doux lustre des lys.
Tes services sont tels que sans ingratitude
Je n'en puis dementir l'exacte prontitude ;
J'en cheris la memoire, et ta fidelité
Enfin reconnoistra par le prix merité
Que ta main à ce corps n'a point sauvé la vie
Pour la voir quelque jour sous un autre asservie.
Mais il faut m'impetrer de qui je la receus ;
Autrement tes espoirs se trouveroyent deceus.
Que doncques jusques-là ta sainte et chere attente
De l'honneur d'un tel mot se paye et se contente.
Allons, l'heure nous presse, on nous demande ailleurs,
Et l'amour nous invite à des emplois meilleurs.

Elisaph, tout ravy, tout transporté de joye,
Avec elle aussi-tost du berceau prend la voye,
Et, tous deux arrivez, soudain vont à l'objet
Qui de leurs vistes pas estoit le beau sujet.
Comme on voit aux beaux jours la gentille hyrondelle
Vers son nid merveilleux voler à tire d'aile,
En atteindre les bords, sur les bords tremousser,
De gestes et d'accents ses petits caresser,
Puis de l'œil, puis du bec, tousjours pront à repaistre
Leur innocente faim, qui comme eux vient de naistre,
Flatter l'un, flatter l'autre, et leur faire sentir
De son tardif retour l'aymable repentir,
Telle vit-on alors la soigneuse bergere
Courre vers le berceau d'une plante legere,
Flatter le tendre objet de cent mots enfantins,
Sousrire à ses appas, benir ses beaux destins,

Et de sa belle bouche, au lieu de nourriture,
Avec tous les transports qu'exige la nature,
Luy faire ressentir, incroyable douceur!
Les baisers d'une mère aux baisers d'une sœur.
 Cependant à sa voix l'enfant preste l'ouye;
De revoir ses beaux yeux son ame est resjouye,
Et, comme elle s'agite auprès du lit flotant,
Luy de ses bras emus tasche d'en faire autant.
 Le berger les admire, et d'une ardeur extreme:
Vueille le juste Ciel, se dit-il en soy-mesme,
Que celle qu'en espoir je tiens pour ma moitié
Se signale en amour ainsy qu'en amitié.
Mais c'est trop desirer, reprent-il tout à l'heure;
Il suffit, il suffit que pour elle je meure,
Que ma mort elle plaigne et qu'elle honore un jour
De larmes d'amitié les feux de mon amour.
 Ces mots secrets finis, ces caresses passées,
Merary, dont les mains à la pesche exercées,
Pendant leur belle course, avecques l'hameçon,
Avoient trompé le temps en trompant le poisson,
Les invite tous deux, d'une langue benigne,
A prendre comme luy le plaisir de la ligne;
Et tous deux aussi-tost, la canne entre les doigts,
Respondent sur la rive aux desirs de sa voix.
 Muse qui si souvent, sur les bords de la Seine,
A l'envy de ses eaux faisant couler ma veine,
M'as tenu compagnie en de semblables jeux,
Loin des esmotions de ce siecle orageux,
Tandis que la trompette alarmera la terre,
Fay sonner à mon luth une plus douce guerre,
Une guerre sans coups, sans desordre, sans bruit,
Et de qui seulement des muets sont le fruit;
De grace, accorde-moy qu'en ce lieu solitaire,
Comme alors sur le Nil, les vents se puissent taire,
Que rien ne m'interrompe, et qu'en esprit sur l'eau

Des trois nobles pescheurs je fasse le tableau.
  Mais dans l'onde dejà cette guerre s'allume,
Dejà le crin retors que le plomb et la plume
Tire au fond et retient, à l'œil est desrobé,
Et dejà sous l'appast le piege recourbé
Offre au poisson beant, mu d'une brusque envie,
Sa veritable mort sous une ombre de vie ;
Dejà la canne ploye, et, dejà haut en l'air,
Le nageur estant pris vole comme un eclair.
  Il s'y secoue en vain, de sa cheute on s'approche,
On y court, on le prend, du fer on le descroche ;
Il s'echappe des doigts, tombe, sautelle, fuit,
Fait voir mille soleils en l'escaille qui luit,
Bat l'herbe de sa queue, et, sur la plaine verte,
D'une bouche sans cry, de temps en temps ouverte,
Baille sans respirer, comme né sans poumon,
Et laisse à qui l'estraint un reste de limon.
  Marie, et pronte et simple en sa premiere espreuve,
Jette presqu'en tremblant la ligne dans le fleuve ;
Mais en l'espoir conceu trop d'ardeur la deçoit,
Car le poisson rusé, qui l'embusche apperçoit,
La rongeant tout autour, d'une levre avancée,
Et trompant par le poids le bras et la pensée,
Fait que la belle main, tirant la ligne à faus,
Sent que ses premiers coups sont autant de deffaus.
  Toutesfois, à la fin, et par la patience,
Qui presqu'en toute chose est la seule science,
Elle opere si bien qu'avec quelque bonheur
Ayant fourbé le fourbe, elle prend le preneur.
  Se sentant pris au piege, il s'agite dans l'onde,
Va deçà, va delà, d'une erreur vagabonde,
Tasche à rompre le poil, fait branler le roseau ;
Mais enfin de poisson on le change en oyseau.
Il forme un arc en l'air, des aillerons le couppe,
Ainsy qu'ont dejà fait les autres de sa trouppe ;

On le saisit de mesme, et comme eux sur l'arpent,
Si tost qu'il est lasché, d'oyseau devient serpent.
 La pucelle au bel œil, quoy qu'aise de sa proye,
Voit avec quelque peur l'incertaine lamproye,
Et, remarquant ses plis, qui l'eau semblent chercher,
Tout à la fois et veut et n'ose la toucher.
Merary, tout auprès, le pié droit sur la rive,
La main droite en avant et la veue attentive,
Prend tant d'autres poissons qu'on diroit à les voir
Qu'un miracle nouveau du ciel les fait pleuvoir.
Ainsy, non sans plaisir, sur le vaste Neptune,
Où j'ay tant esprouvé l'une et l'autre fortune,
Ay-je veu mille fois, sous les cercles brûlans,
Tomber comme des cieux de vrays poissons volans,
Qui, courus dans les flots par des monstres avides,
Et mettant leur refuge en leurs ailes timides,
Au sein du pin vogueur pleuvoyent de tous costez,
Et jonchoyent le tillac de leurs corps argentez.
 Elisaph, qui de l'oncle imite la posture,
Ne tire point des eaux sa ligne à l'avanture;
Et, quoy qu'à la houlette on le tinst plus expert,
De tous ses coups tendus pas un seul ne se pert.
Il despeuple le Nil, il blanchit le rivage
Du butin ecaillé que l'hameçon ravage;
Sa main est prompte à l'œuvre, et sous l'onde qui dort
Son ardeur fait regner la froide et sourde mort.
Dès qu'un poisson est pris, l'amorce r'ajustée
Afin d'en prendre un autre au fleuve est rejettée;
Le crin y suit le ver, le ver suit le metal,
Et tout sort à l'instant du liquide cristal.
La ligne et le roseau font tousjours leur office,
Tousjours la vigilance est jointe à l'artifice;
Mais enfin un muet grand et prodigieux
Emporte et ver et ligne et roseau spongieux.
Peut-estre qu'Elisaph, songeant alors aux charmes

A qui son cœur sousmis avoit rendu les armes,
Et qui dans leurs filets tenoyent sa liberté,
Laissa trahir la main sous l'esprit enchanté.

Que cela fust ou non, là se finit la pesche,
D'amasser le butin Merary se depesche ;
Il en choisit l'honneur, et, d'un scion pliant,
Soudain l'un après l'autre ensemble les liant,
Les suspend par l'ouye, une file en compose,
Qui de sang meslé d'eau l'aride sable arrose ;
Puis, refoulans tous trois le rustique sentier,
Vont du beau lit de jonc revoir le beau quartier.

La belle, en son aymable et jeune fantaisie,
D'un des moindres nageurs exprès s'estant saisie,
En fait montre d'abord aux regars innocens,
Et de tous mignardez flatte les autres sens.
Le noble et tendre objet que cet objet reveille
Tressaillit au berceau, contemple, s'emerveille,
Semble estre dans le doute, et, riant toutesfois,
A l'argent du poisson joint les lys de ses doigts.

Aussi-tost, en ce lieu, cent nuages de mouches,
Non des nobles qu'on voit des ruches ou des souches
Remplir le sein obscur pour y former le miel,
Mais de ces vils freslons, de ces tans gros de fiel,
Viennent de toutes parts, quittent les eaux croupies,
Murmurent, troublent l'air, et, comme des harpies,
Du poisson apporté sentans la fraîche odeur,
Font sentir de leur faim l'impetueuse ardeur.

Jamais le grand Troyen, si l'on en croit la fable,
Par des monstres plus fiers ne vit cercler sa table,
Quant l'horrible Celene aux ongles enragez,
Se plongeant en vautour sur les vivres rangez,
Avec ses aspres sœurs, ses bruyantes compagnes,
Qui de l'isle deserte ombrageoyent les campagnes,
Vint effrayer les yeux, tascher de s'assouvir,
Et souiller les morceaux qu'elle ne put ravir.

Mais ces gloutons cruels, de qui la diligence
Sans doute avec l'enfer estoit d'intelligence,
Ces insectes maudits, ne se contentent pas
D'avoir la fleur du Nil pour un ample repas :
Leur desir importun, qui tonne et se demeine,
Esleve son orgueil jusqu'à la chair humaine ;
Ils tourmentent la belle, attaquent Merary,
Veulent que d'Elisaph tout le sang soit tary,
Et par un attentat provoqué de l'abîme,
Sans que voix, sans qu'effort leur audace reprime,
Passent jusqu'à l'enfant, et pour le devorer
Semblent avec leur trompe au chocq se preparer.

Traistres, que faittes-vous ? Race de la poussiere,
Où tend de vostre vol la fureur carnassière ?
Quel est vostre appetit ? quel est votre dessein ?
Osez-vous bien pretendre à vous gorger le sein,
A vous remplir le corps, qui n'est que pourriture,
D'une si precieuse et si noble pasture ?
Et le front de Moyse est-il un vain aspect
Qui puisse du ciel mesme estre veu sans respect ?
Attendez, attendez, sacrileges perfides !
C'est luy qui doit un jour vous souler d'homicides ;
C'est luy qui sur le Nil, entre tant d'autres fleaux
Dont Jocabel en songe a veu tous les tableaux,
Vous fera disputer, sous une horrible gloire,
Aux prodiges sanglans la palme affreuse et noire ;
Il vous rendra la vie, en regira le sort ;
Et cependant, ingrats, vous conspirez sa mort !

Tels que sur le terrain d'une breche attaquée,
Où la force derniere est seule pratiquée,
On voit les assaillis, obstinez et vaillans,
Soutenir front à front les rudes assaillans,
Et de foudres, d'espieux, de fresnes et de roches,
Recoigner vertement leurs mortelles approches,
Confondre leur espoir et r'alentir leur feu :

Tels vit-on en ce chocq et l'oncle et le neveu.
Les branches, les cailloux, les mottes qu'ils destachent,
Du sang des oppresseurs s'humectent et se tachent ;
Un coup en abbat mille, et sur les gazons vers
Leur orgueil ecrasé se remue à l'envers.
La sœur, pour le cher frere encor plus que pour elle,
N'a pas la main oysive en cette aspre querelle,
Et quoy qu'ait entrepris l'enorme bataillon,
Nul d'eux n'en a pourtant eprouvé l'aiguillon.
Toutesfois des cruels l'espaisse multitude
Met l'honneur du combat en quelque incertitude ;
L'obstacle les irrite, ils reviennent aux coups ;
Les monstres de l'Herebe attisent leur courrous,
Et, meslez avec eux sous des ailes de crespe,
L'un en forme de tan, l'autre en forme de guespe,
Investissent le jonc de sours brouissemens,
Pareils à ceux des flots en leurs commencemens,
Lors qu'autour des escueils, où leurs forces s'esprouvent,
Ils montrent qu'en leur sein quelque tempeste ils couvent,
Ou tels que sont les bruits qu'on oit dans les forests
Quand Aquilon se leve et qu'il trouble Cerès.

HUITIESME PARTIE.

ARGUMENT.

Continuation de l'entreprise des mouches. — Les anges tutélaires de Moyse le defendent, et suscitent un tourbillon de vent qui emporte les mouches et les demons. — Suitte de l'histoire de Jacob. — Son arrivée avec Nebur auprès de la demeure de Laban, où il rencontre Rachel. — Il s'accorde avec Laban de le servir sept années pour avoir Rachel en mariage. — Lya est secretement amoureuse de Jacob. — Brief recit de ce que faisoit et de ce que disoit Jacob pendant ces sept années de servitude. — Les secrettes amours de Lya. — Devis de Jacob et de Nebur. — Fin des sept années de la servitude de Jacob. — Lya declare sa passion à Laban le propre jour que Jacob avoit espousé Rachel. — Paroles de Laban à Lya lors qu'elle est mise dans le lit nuptial au lieu de sa sœur. — Fascination miraculeuse et divine de Rachel, qui semble estre metamorphosée en Lya. — Jacob se va coucher auprès de Lya, croyant s'aller coucher auprès de Rachel. — Estonnement de Jacob au matin, lorsqu'il se vit couché auprès de Lya.

Qu'estes-vous devenus, anges doux et propices?
Voicy l'extremité, voicy les precipices;
Laisserez-vous Moyse en un si grand besoin,
Après tant de faveurs, tant d'amour et de soin?
Quoy doncques, sur les eaux vostre noble courage
Aura pour luy fait teste aux demons de l'orage;
Vostre bras valeureux les aura terrassez,
Et comme de l'Olympe en l'Averne chassez,
Pour souffrir qu'à ce coup, ressortans des tenebres,
Ces premiers scelerats, par leur crime celebres,
Viennent persecuter d'un orgueil travesty
L'enfant qui contr'eux tous prendra vostre party?

Ha! m'arrive la mort plustost qu'en ma pensée
De cette oppinion l'erreur se soit glissée!
Ma langue en a trop dit, j'en blasme le discours,
Et pardon j'en demande à vostre cher secours.
Je vous voy, saints tuteurs, pour dissiper mes craintes,
Garantir mon heros des funestes atteintes;
Je le voy dans le jonc pour soy-mesme agissant;
Il est rendu par vous si brave et si puissant
Qu'on peut dire de luy, s'il est vray qu'un Hercule
Ne soit point un fantosme et vain et ridicule,
Comme Alcide au berceau deux serpens estouffa,
Ainsy de tout l'enfer Moyse triomfa.
Ouy, Moyse en triomphe, à son aise il respire;
L'Auguste, l'Immortel qui regne au haut empire,
Enveloppant soudain d'un tourbillon venteux
L'adversaire deffait, mais encor plus honteux,
Le rechasse en l'abisme, et, de la mesme sorte
Que la paille obeit au souffle qui l'emporte,
Fait obeir à l'air rapide et suscité
Des insectes felons l'estrange quantité.
Mais comme de ce vent la roideur favorable
N'est myse dans l'employ par le Seul Adorable
Que pour servir Moyse et pour le delivrer
De ceux qui de son sang se vouloyent enyvrer,
A peine est fait le coup, chose estonnante et belle!
Qu'aux cheveux des amis qui gardent la nacelle,
Ny dans l'air, ny dans l'eau, ny sur l'autre element,
L'œil ne remarque pas le moindre mouvement.
En ce paisible estat, l'illustre et sage trouppe
Revisite aussi-tost, de la proue à la pouppe,
Le vaisseau precieux où brilloit le tresor
Plus cher à tous les trois qu'une montagne d'or;
Et, voyant tout autour qu'en aucune partie
La tissure du jonc ne s'estoit dementie,
Que l'enfant estoit sain, et qu'un juste loisir

S'offroit pour l'entretien au gré de leur desir,
L'un d'eux, prenant sujet de rompre leur silence
Sur le reptile mort, dont la fiere insolence
Sembloit encore vivre en son horrible chef,
Posé comme en trophée à dix pas de la nef,
Parle en cette façon : Cher oncle que j'embrasse,
S'il ne t'est point fascheux, concede-nous la grace
De renouer icy le grand et beau discours
Dont nagueres ce monstre a suspendu le cours ;
Nous souhaiterions bien, si sa premiere veue
A du noble Jacob l'histoire interrompue,
Que, son dernier aspect t'en faisant souvenir,
Te fist et la reprendre et la vouloir finir ;
Et, pour te faire voir que de tant de merveilles
Ta voix n'a pas en vain obligé mes oreilles ;
Pour, dis-je, te montrer que tant d'objets divers,
Tant d'accidents nouveaux survenus à travers,
Ni de tant de mal-heurs les sinistres augures,
N'en ont pu dans mon ame effacer les figures,
Je te diray l'endroit et venerable et saint
Où de ce beau recit l'honneur fut comme estaint.
Tu laissas nostre ayeul, cher but de nos louanges,
Après la vision de l'eschelle et des anges ;
Et, quand le monstre vint, ses pas acheminez
Pour aller chés Laban estoient dejà tournez.

Alors, l'oncle disert, et dont l'esprit sublime
Entre tous les Hebreux eclatoit dans l'estime,
Choisissant pour les trois un lieu commode et frais,
De Jacob esbauché reprit ainsy les traits :

Puis qu'il n'est pas besoin que d'une telle histoire
Je reprenne la source et retrace la gloire,
Et que l'indigne effort d'un lasche et noir oubly
N'en a point dans vos cœurs le beau lustre affoibly,
J'en poursuivray la trame, et comme je l'ay sceue
Par la verité mesme elle sera tissue.

Voycy doncques Jacob, remarquez bien le lieu :
Il va voir ses amis après avoir veu Dieu.
  Enfin, poussant ses pas de journée en journée,
Il arrive où l'attend sa belle destinée.
D'un grand puis il s'approche, et voit à bonds legers
S'egayer à l'entour des troupeaux de bergers ;
Il s'adresse aux pasteurs, doucement les convie
De dire en quel estat Laban passe la vie ;
Et, comme il l'apprenoit, un objet gracieux
Luy vint percer le sein d'un traict delicieux.
Dans un fleuve de joye aussi-tost il se plonge ;
Il croit voir en effet les merveilles du songe ;
Prend Rachel pour un ange, et trouve en sa beauté
Je ne sçay quel eclat de la divinité.
Cette noble pucelle, où brilloient tant de charmes,
Où le pudique amour prenoit ses saintes armes
Que de ses doux soleils on luy voyoit darder
Contre les yeux mortels qui l'osoyent regarder ;
Ce miracle d'honneur, ce flambeau de sagesse,
Des tresors de Laban couronnoit la richesse :
C'estoit sa jeune fille, et, simple en ses habits,
Elle en gardoit alors les nombreuses brebis.
D'un soucy menager, d'une peine sans peine,
Ses doigts blancs comme yvoire en retordoyent la laine,
Et tantost esloignez, tantost près du roseau,
Le despouilloyent de biens pour vestir le fuseau.
A voir en cette aymable et gentille posture
Ce rare don du ciel, cet effort de nature,
Un payen auroit creu que de ses belles mains
Pendoit à fil naissant le destin des humains ;
Comme quelque deesse il l'auroit adorée,
Et, dans l'aveugle ardeur de son ame egarée,
Promettant à genoux l'encens à ses appas,
Eust empraint mille fois ses levres sur ses pas.
Mais Jacob, qui l'aborde, et que le sang avoue,

Empraint modestement les siennes sur sa joue,
L'instruit de sa fortune, et par un beau devoir
Oblige cette vierge à le bien recevoir.
　Si tost qu'elle eut appris l'illustre parentage,
Sans prester son oreille à l'ouyr davantage,
Elle court en Carran, où son pere vivoit,
Et lui presente enfin Jacob, qui la suivoit,
　De vous deduire icy la subite allegresse,
Le discours, les transports, l'honneur et la tendresse
Avec quoy le neveu de l'oncle fut receu,
L'espoir de l'accomplir seroit vain et deceu ;
Il suffit d'exprimer en paroles restreintes
Que de ce doux accueil se banirent les feintes,
Et, pour dire en un temps beaucoup en disant peu,
Qu'il fut digne de l'oncle et digne du neveu.
　Après les premiers mots que l'eclatante joye
En ces occasions d'ordinaire deploye, [nez,
Jacob, des mieux instruits, des mieux faits, des mieux
S'acquite envers Laban des saluts ordonnez,
Luy dit que sa vertu, son merite et sa gloire,
Du grand et noble Isâc occupent la memoire ;
Qu'il est de Rebecca le plus cher entretien,
Et qu'ils l'ont eslu seul pour son ferme soustien ;
Qu'encore que son frere et leur antipathie
De son depart d'Hebron fussent cause en partie,
Un tout autre sujet l'amenoit en ces lieux.
Là-dessus, vers Rachel ayant tourné les yeux
Et poussé des souspirs du profond de son ame,
Invisibles tesmoins de sa naissante flame,
Il les retourne enfin vers Laban attentif,
Et luy dit de ses pas le plus juste motif,
Luy fait savoir qu'Isâc, son pere venerable,
Pour joindre leurs maisons d'un lien perdurable,
Sur tous les points divers dont il l'avoit chargé
Lors qu'il receut de luy le fidelle congé,

C'estoit qu'il fist si bien par ses nobles services,
Par ses deportemens esloignez de tous vices,
Que d'estre un jour son gendre il peust avoir l'honneur,
Et qu'il le requeroit d'un si rare bon-heur.

   Laban, transporté d'aise, accorde la demande,
Veut que sur ses troupeaux il ordonne, il commande,
Et, s'estant fait instruire avec plus de loisir
Du but particulier où visoit son desir,
Luy promet que Rachel, sous un saint mariage,
Seroit le chaste prix de son heureux voyage,
Mais à condition qu'il verroit par sept ans
Les neiges de l'hyver et les fleurs du printemps,
Et les biens qu'en l'automne et qu'en l'esté l'on serre,
Couvrir tour après tour la face de la terre
Tandis qu'à le servir ses soins il donneroit,
Et devant que d'atteindre où son cœur aspiroit.

   Jacob, sousmis et pront, reçoit la servitude;
Quoy que par sa longueur elle fust un peu rude
Pour un esprit et noble et grand comme le sien ;
Mais que n'eust-il point fait pour jouyr d'un tel bien ?
Il auroit entrepris de servir cent années,
D'encourir tous les maux des dures destinées,
Pourveu que les beaux yeux qui causoyent son tourment
L'eussent daigné payer d'un regard seulement.

   Depuis, son feu s'accreut ; les douces estincelles
En volerent au sein des deux nobles pucelles :
Car le cœur de Lya, quoy que sage et discret,
Ne laissoit pas pourtant de brûler en secret.
Mais la jeune Rachel, comme à Jacob promise,
Bruloit à decouvert d'une flame permise,
Et Jacob, sous l'espoir qui flattoit son ardeur,
Tous les jours de la sienne augmentoit la splendeur.
On la voyoit briller en son front, en ses gestes ;
Ses regars, tout ensemble amoureux et modestes,
Aux regars adorez disoyent sa passion,

Et le Ciel approuvoit leur pure intention.
Ses langueurs, ses souspirs, ses transports legitimes,
Estoyent d'un saint autel les sinceres victimes ;
L'offrande en estoit chaste, et les desirs des sens,
Encor qu'impetueux, estoyent tous innocens.
 Il reprend donc enfin la houlette ordinaire :
Le voilà de l'amour esclave et mercenaire ;
Mais qui ne l'eust esté pour un si beau loyer,
Et quel plus doux sujet pouvoit mieux l'employer ?
 Tantost, de ses pensers montrant l'inquietude,
Lors qu'il se rencontroit en quelque solitude,
Et que l'aymable horreur des antres et des bois
Pouvoit l'entendre seule et respondre à sa vois,
Il parloit de sa peine à la perseverance,
Mesuroit son courage avec son esperance,
Faisoit cent questions à sa fidelité,
Consultoit ses desirs, sondoit leur qualité,
Reprochoit à Laban une rigueur extreme,
Interrogeoit Rachel, s'interrogeoit soy-mesme,
Et du terme prescrit le point bien debatu
Souvent se deffioit de sa propre vertu.
 Tantost d'un fer pudique il gravoit sur les marbres,
Ou sur la tendre peau dont se vestent les arbres,
Le nom de sa bergere enlacé dans le sien,
Et l'honoroit tousjours d'un loyal entretien.
L'un montroit de sa foy la constance et la force,
L'autre estoit une preuve en la nouvelle escorce,
Que, comme par le temps ce nom s'agrandissoit,
Ainsy sa passion d'heure en heure croissoit.
 Tantost, ayant tiré des forests verdoyantes
Quelque bois jeune et rare aux veines ondoyantes,
Qui fust sans nœus et droit, et de juste hauteur,
Et dont au bel eclat respondist la senteur,
Il s'asseyoit soudain sur l'humble violette,
Changeoit ce beau baston en gentille houlette,

L'enrichissoit du chiffre et traçoit tout autour
Quelque chaste progrès de son ardente amour,
Puis sous le toit aymé, quand la nuit, revenue,
Renfermoit tous les airs dans une seule nue,
Et que de tout travail le monde estoit exent,
En faisoit à Rachel un gracieux present.
La vierge, qui l'aymoit d'une ardeur mutuelle,
Ardeur qui, bien que douce, estoit pourtant cruelle,
Prenoit de luy le don avecques des appas
Qui luy faisoyent en suitte oublier le repas.
 Lyà, qui de Jacob non moins qu'elle amoureuse,
En son brazier contraint s'estimoit malheureuse,
Se laissoit cependant devorer aux ennuis,
Et ses jours les plus beaux estoyent de sombres nuits.
Son honneur, son desir, sa raison et sa flame
Allumoyent la discorde au milieu de son ame;
Et, faisant mesme armer son cœur contre son cœur,
Le rendoyent et vaincu, tout ensemble, et vainqueur.
Sa vertu, toutesfois, gagnoit enfin la palme;
Mais la tempeste à peine estoit soumise au calme
Que les vents, obstinez à la sedition,
Commençoyent de nouveau la mesme emotion.
Dans les troubles muets de sa guerre invisible
L'heroïque Lya, montrant un front paisible,
Triomfoit de soy-mesme, et par de saints efforts,
Quoy qu'esclave au dedans, sembloit libre au dehors.
Jamais en cet estat elle ne fut saisie
De cette aspre fureur qu'on nomme jalousie,
Monstre capricieux qui hait ce qu'il cherit,
Et de qui, sans la mort, rarement on guerit.
Elle voyoit Rachel de Jacob caressée
D'une œillade seraine et desinteressée;
Que si quelque souspir se formoit dans son sein,
Sa bouche magnanime en rompoit le dessein,
Et jamais Zelpha mesme, une fille prudente,

Qui de tous ses pensers estoit la confidente,
Et qui d'un soin fidelle en chambre la servoit,
Ne put rien decouvrir du feu qu'elle couvoit.
La beauté de sa sœur, au monde sans egale;
Le droit qui sous l'espoir de la foy conjugale
Serroit en des liens si doux et si charmans
Les cœurs entre-promis des deux jeunes amans;
Le vouloir paternel, qu'on ne pouvoit enfraindre,
Par de justes raisons l'empeschoit de se plaindre,
Luy faisoit en tous lieux tenir ses maux secrets,
Et d'une ame invincible estouffer ses regrets.

Cependant, d'heure en heure, incroyable merveille!
Je ne sçay quoy de sourd luy disoit à l'oreille :
Espere, prends courage, espere seulement,
Et la faisoit soudain transir d'estonnement.
Si tost qu'elle songeoit aux promesses du pere,
Ce ton et doux et bas, disoit : Espere! espere!
Et cent fois, de frayeur, se tournant en sursaut,
Elle en trancha les airs d'un cry subit et haut;
Son œil chercha la voix, ses membres en fremirent,
Sa tresse en herissa, ses roses en blesmirent;
Et, si devant quelqu'un ce desordre arrivoit,
Sur quelque insecte faux l'excuse elle en trouvoit.
Jugez de quelle sorte elle traisnoit la vie!
Voyez de quels mal-heurs elle estoit poursuivie,
Puis que mesme en son mal la consolation
Passoit pour importune à sa reflexion.

Tandis l'aymé Jacob, ignorant de ses peines,
Entretenoit les monts, entretenoit les plaines,
Et suivy de Nébur, insigne en loyauté,
Blasmoit du temps prefix la lente cruauté.
Un jour estoit un siecle à son impatience,
Et comme il sçavoit l'autre expert en la science
Qui nous apprend des cieux et le nombre et le cours,
Sur leurs orbes tardifs luy faisoit cent discours,

Luy demandoit pourquoy l'astre qui tout allume
Rendoit ainsy les ans plus longs que de coustume,
D'où venoit sa paresse, et pour quelle raison
Il sembloit tous les soirs abhorrer l'horison.
  Nébur luy respondoit d'une façon aymable :
J'excuse ton erreur, elle n'est point blasmable ;
Tu dis ce que tu crois, et je sçay qu'en amour
Un plaisir attendu fait d'un moment un jour.
Mais tel qu'un voyageur, dans une longue traite,
La tient comme finie estant à demy faite,
Et que, pour arriver où l'attire son bien,
Le reste du chemin ne luy couste plus rien ;
Que ses travaux passez les presens adoucissent,
Que les stades futurs à son œil s'accourcissent,
Qu'il chante, qu'il s'egaye, et, chassant tout ennuy,
S'estime à chaque bourg estre dejà chés luy :
Ainsy, de ton service ayant fait quatre années,
L'espoir de voir enfin tes flames couronnées
Te doit des maux soufferts oster le souvenir,
Et te rendre plus doux ceux qui sont à venir ;
Et, si je ne me trompe aux choses apperceues,
Si l'oreille peut croire en des paroles sceues,
Sache, pour consoler et ta peine et ta foy,
Que le temps à Rachel n'est pas moins long qu'à toy ;
Appren que, tous les jours, sur la rive champestre
Où son troupeau chery la belle meine paistre,
Elle entretient les eaux de ses pudiques feux,
Elle remplit les airs de plaintes et de vœux ;
Et qu'au matin l'Aurore, en ouvrant la barriere
Par où l'astre du jour rentre dans sa carriere,
L'oit sans cesse prier ce beau roy des momens
D'abreger les saisons pour ses contentemens.
  De semblables propos, que la sagesse estime,
L'accort, le bon Nébur, le serviteur intime,
Essayoit à tromper les justes desplaisirs

Qui du maistre amoureux affligeoyent les desirs.
  Enfin, au gré de tous les sept ans s'acheverent,
Au festin nuptial cent amis se trouverent ;
Et dejà le soleil, panché vers l'occident,
Rendoit son globe accreu moins rouge et moins ardent,
Quand l'ardeur de Lya, si long-temps surmontée,
Par sa secrette voix à la fin emportée,
Monta jusques au comble, et, rompant tout respect,
Luy fit chercher en pleurs le paternel aspect.
Elle trouve Laban, seul à l'ecart le tire,
Luy raconte à genoux son estrange martire,
Prend le ciel à tesmoin des efforts qu'elle a faits
Pour de son feu caché repousser les effets,
Jure que sans un bruit qui jusqu'à l'heure mesme
Luy disoit à l'oreille : Ayme, espere, espere, ayme,
Parle, declare-toy, voycy le dernier jour ;
On auroit sceu sa mort plustost que son amour.
Qu'elle n'ignoroit pas combien peu d'apparence
Luy permettoit de croire en ce mot d'esperance ;
Qu'aussy, sans nul espoir ayant tousjours aymé,
Son desir dans son cœur elle auroit renfermé ;
Et que, si toutesfois sa flame estoit un crime
Qu'il falust expier d'une pronte victime,
Elle s'offroit à l'estre, et vouloit que son flanc
Luy fournist pour l'esteindre un deluge de sang.
  Tel qu'on verroit surpris des couleurs et des choses
L'homme qui seroit né les deux lumieres closes,
S'il venoit, par fortune ou par grace des cieux,
A jouir des objets dont jouissent les yeux,
Tel fut surpris Laban du discours de sa fille ;
Un essaim de pensers dans sa teste fourmille ;
Il l'admire, il s'estonne, il sent que l'amitié
Par ses tendres conseils le pousse à la pitié ;
Et, gagné de la voix qui bruyoit en l'ouye
  De la triste pucelle, à terre esvanouye,

Voix qui l'esmeut luy-mesme, et dont le doux accent
Luy suggere un remede auquel il condescend,
Il releve Lya, parle, la reconforte,
Fait revenir à soy la vierge à demy morte,
La met dans une chaise, et, d'un tranquille son,
A l'esprit desolé s'ouvre en cette façon :
　Bien que mon propre honneur sans cesse m'advertisse
D'estre exact et soigneux à garder la justice;
Que la foy, que le droit inviolable et saint
Soit d'une noble idée en ma raison empraint,
Et que, sans faire tort à ma fameuse gloire,
Sans me ternir le front d'une lascheté noire,
Je ne puisse frustrer mon illustre neveu
Du legitime espoir d'ont j'ay donné l'adveu,
Si trouvay-je, après tout, que la justice mesme,
Que le droit naturel, et partant le suprême,
Demande que mon cœur, instruit de cette loy,
Soit avant qu'à tout autre equitable envers moy.
Je me suis oublié, Lya, je le confesse :
L'amour que je te porte et le beau droit d'aisnesse,
Se joignant en leur plainte à l'ordre du pays,
Disent que je les heurte et que je te trahis;
Et mesme le destin, qui me parle sans bouche,
S'en plaint pour toy, me tance, et veut que dans la cou-
Tu sois avec Jacob mise au lieu de ta sœur,　　　[che
Et de cette action se rend le deffenseur.
Prepares-y toy donc; serene ton visage,
De tes esprits troublez reprens le libre usage;
J'y consens, je le veux : poussons l'affaire à bout;
S'il y va de ma foy, le ciel excuse tout.
　Quiconque, au sein d'un bois affreux et solitaire,
Après s'estre engagé d'un pas involontaire
A suivre triste et seul l'erreur qui le conduit,
Sous le morne silence et sous l'aveugle nuit;
Après cent tours, cent maux, cent peines incroyables

Parmy les hurlements des bestes effroyables,
Qui l'auroyent fait trembler, qui l'auroyent fait gemir,
Après se voir enfin contraint de s'endormir,
Après l'horreur d'un songe où son ame en tenebres
Auroit feint à ses yeux mille images funebres,
Viendroit à s'eveiller, et d'un bien sans pareil
Entendroit tout à coup, au lever du soleil,
Mille divers oyseaux faire dessus sa teste
De mille aymables tons une douce tempeste,
Seroit moins consolé, moins gay, moins en repos
Que ne le fut Lya d'entendre ces propos.

    Elle saute à Laban, et l'embrasse et le baise,
Veut parler et ne peut, souspire et pleure d'aise,
Languit dessous son col où se panche le sien,
Et de trop de plaisir n'en peut exprimer rien.

    La chambre nuptiale aux amans preparée
Estoit, dans le logis, des autres separée;
Un escalier secret y conduisoit les pas.
Encor que d'ordinaire on ne s'en servist pas,
Le pere en prend la clef, dans sa poche la serre,
Et dès qu'il voit que l'ombre est descendue en terre,
Y fait monter la vierge et la met dans le lit,
Dont Dieu santifia l'infidelle delit.

    Mais, pour achever tout, le voilà bien en peine;
Il medite, il rumine, il songe, il se promeine,
Il conçoit un dessein, l'efface au mesme instant;
Il en conçoit un autre, il en fait tout autant,
Semblable en ses projets, nez dans l'incertitude,
Aux vagues de la mer, qui, par leur multitude,
S'enlevant coup sur coup, se font et se desfont,
Et dont le choc divers se brouille et se confont.
Les nobles mariez, à qui les heures tardent,
Se consument d'amour, languissent, le regardent;
Il ne sçait que leur dire, il ne sçait qu'inventer
En l'acte frauduleux qu'il veut executer.

Que fait-il là-dessus ? il invoque à son ayde
La voix qui de Lya suggera le remede,
Et l'accent luy respond, à son oreille joint :
Laban, laisse-moy faire, et ne t'estonne point.

 Aussi-tost de Rachel, miracle bien estrange !
Le visage divin se transforme et se change ;
Sa taille s'agrandit ; ses cheveux, aussi blons
Que les javelles d'or qui couvrent nos sablons,
Deviennent aussy noirs que la plume luisante
Des petits precurseurs de la saison plaisante ;
Sa parole se mue, et ses deux clairs flambeaux
Sont faits en mesme temps et moins vifs et moins beaux ;
Bref, elle ne prend pas, en sa fausse peinture,
De Lya seulement les traits et la stature,
Mais elle prend encore et la robbe et l'esprit,
Osté que de l'amour rien n'y reste d'escrit.

 Quand le charme secret la changea de la sorte,
Elle avoit mis le pié sur le sueil d'une porte
Pour sortir de la salle et pour chercher sa sœur,
Qu'en son ame elle aymoit d'une franche douceur :
Si bien qu'aucun regard ne sceut aucune chose
Du prodige arrivé dans sa metamorphose ;
Autrement le complot auroit esté rompu,
Et d'un espoir sans fruit Laban se fust repu.

 Elle avoit fait à peine un pas dans une allée
Que sa premiere trace est soudain refoulée,
Qu'aussitost elle r'entre, et que Laban, surpris,
Sans la voix qui luy parle eust creu s'estre mepris.
On demande Rachel avec un soin extreme ;
Rachel, qui ne l'est plus, se demande elle-mesme,
Pour une autre se prend, voit Jacob d'un autre œil,
Et de Lya lui montre et le port et l'accueil ;
Enfin, Laban s'avance et luy dit à l'oreille :
Jacob, va te coucher ; ton ardeur sans pareille
A dejà trop souffert, et dejà sous mon gré

L'objet de tes desirs a franchy le degré.

 Jacob, par ce discours, au comble de sa joye,
De l'escalier commun prend aussitost la voye,
Et, la lampe à la main, à pas precipitez,
Va pour noyer ses maux dans les felicitez.
Laban, qui le regarde avecques la lumiere,
Retombe au mesme instant en sa peine premiere,
Croit que tout est perdu, que tout est decouvert,
Et de confusion en soy-mesme se pert.
Il monte après, il tremble, et de la voix encore
En ce dernier besoin le secours il implore :
Si qu'à peine Jacob à la chambre atteignit
Qu'au souffle desiré la lampe s'esteignit.

 Le reste, avec pudeur, se couvre du silence ;
Mais, si tost que du jour la claire vigilence
Eut reveillé la nue, et que, ceint de rayons,
Le soleil eut rougy ses noirastres crayons ;
Si tost qu'à cet eclat qui perçoit la fenestre,
Jacob ouvrit les yeux et vint à reconnestre
Le front si surprenant, l'objet inopiné
Avec qui sans liens il s'estoit enchaisné,
Un tel estonnement luy courut dans les veines,
Son esprit fut saisy de frayeurs si soudaines,
Qu'il sauta hors du lit comme d'un lieu d'horreur,
Et de cris esperdus lamenta son erreur.

 Ainsy seroit esmu l'oyseau qui niche à terre,
Si, lors que le reveil ses paupieres desserre,
Au lieu de sa compagne, il trouvoit à son flanc
Une longue couleuvre au dos bleu, gris et blanc :
Il quitteroit le nid, battroit l'une et l'autre aile,
Se mettroit aussy-tost à chercher sa femelle,
Et d'un ton gemissant, et d'un vol effrayé,
Prendroit soudain de l'air le chemin non frayé.

NEUFVIESME PARTIE.

Argument.

Rachel est remise en sa forme naturelle, et Jacob se plaint de ce qu'on l'avoit trompé. — Paroles de l'ange, qui appaise ce desordre. — Jacob sert sept autres années et obtient enfin Rachel. — Merveille des agneaux marquetez. — Jacob s'enfuit de chez Laban avec toute sa famille.— Paroles de l'ange en songe à Laban, qui le poursuit en colere. — Laban s'accorde par l'entremise de Nébur, et ne demande plus que ses idoles, qu'il ne put trouver, et enfin, l'amitié estant refaite, s'en retourne chés luy. — Paroles de Jacob à Nébur pour l'envoyer demander passage à son frere Esaü. — Nébur va trouver Esaü avec force presens. — Lutte de Jacob contre l'ange. — Le fantosme de l'antipathie et son combat contre l'ange qui represente l'amitié. — Paroles de l'ange aux deux freres.

Aux hauts cris de Jacob la famille se leve ;
Du masque de Rachel le saint charme s'acheve ;
Elle reprend sa forme, elle reprend aussy
Les premiers mouvemens de son premier soucy,
Et, comme un qui, tiré d'une grotte profonde,
S'estimeroit d'abord venir de l'autre monde,
Elle rêve, elle ecoute, et ses yeux suspendus
Font voir en leurs regards ses esprits confondus.
 Mais si sa belle bouche est muette à la plainte,
Quoy qu'elle ait dans le cœur une douteuse crainte,
Jacob n'est pas de mesme : il comble l'air de bruit,
Il se fasche du jour, il se plaint de la nuit ;
Il tempeste, il s'exclame, il fait mille reproches,
De Laban accouru rebute les approches,
Ne veut, ne peut souffrir excuse ni raison,

Et sous ses pas troublez esbranle la maison.
En vain pour l'appaiser Nébur sa langue employe,
A son propre courroux il s'abandonne en proye ;
Il accuse l'amour, il accuse le sort,
Prend le ciel à partie en cet aspre transport,
Dit mesme que Rachel, à ses pieds estendue,
S'est avec tout le monde en la fourbe entendue,
Qu'elle est d'intelligence avecques sa douleur,
Et tombe enfin sans poux, sans voix et sans couleur.

 Quoy que ces derniers mots, par leur injuste blame,
De l'amante fidelle outrageassent la flame,
Et que jusques au vif ils la vinssent toucher,
Le coup qu'elle en receut luy fut pourtant bien cher.
Elle connut par là que sa peine estoit vraye;
Elle se vit soudain guerir d'une autre playe
Qu'avoit faite en son cœur le soupçon objecté,
Dont le crime à luy seul pouvoit estre imputé.

 En ce desordre estrange une voix inconnue,
Qui partoit d'une chose enceinte d'une nue,
Leur vint frapper l'oreille, et, d'un son grave et dous,
Fit ouyr ce langage, et les accorda tous :
 Jacob, appaise-toy : la haute Providence
Du Dieu qui fait au ciel sa noble residence,
Et sans qui rien n'arrive en ce bas univers,
Non pas mesme aux destours des nus et moindres vers,
A determiné seule en son grand consistoire
Que pour ton propre bien, et pour sa propre gloire,
Lya, cette Lya dont doit sortir un jour
Le plus rare tesmoin de son divin amour,
Fust jointe à tes costez par des ruses discretes
Que feront resonner ses futurs interpretes.
Vis en paix avec elle, ayme-la saintement,
Et ne sois point revesche à ce commandement.
Elle est chaste, elle est douce, elle est humble, elle est sage,
Elle a fait des vertus le bel apprentissage,

Et si quelques attraits luy manquent dans les yeux,
Elle en a dans l'esprit qui valent beaucoup mieux.
On prise la beauté, mais elle est passagere :
Elle s'enfuit soudain comme une ombre legere ;
La vieillesse en triomphe, et d'un front accomply
Fait un front où l'horreur s'estale ply sur ply,
Et, laissant là les ans qui changent tant de choses,
Elle est encor sujette à cent metamorphoses.
Il ne faut qu'un accès du moindre mal ardent,
Il ne faut que l'effroy d'un petit accident,
Pour la rendre aussy-tost plus seche et plus flestrie
Qu'une fleur d'esglantier que la gresle a meurtrie ;
Mais une ame bien faite a d'illustres appas
Que le temps embellit ou qu'il ne change pas.

 Et toy, triste Rachel, que le Ciel a pourveue
Non seulement des dons qui delectent la veue,
Mais qui, presqu'espuisant ses liberalitez,
A versé dans ton cœur cent nobles qualitez,
Ne croy point que Jacob ait usé de finesse
Pour decevoir ta flame et trahir ta jeunesse ;
Ne croy point qu'en l'intrigue il ait presté la main :
Elle vient de là-haut, elle passe l'humain.
Vis bien avec ta sœur et n'en sois point jalouse,
Tu seras de Jacob l'autre fidelle espouse ;
Cependant par l'espoir console tes ennuis :
En quelqu'autre rencontre on sçaura qui je suis.

 La vois ayant cessé, la peur estant finie,
Ces esprits discordans r'entrent dans l'harmonie ;
Le tumulte s'appaise, et la confusion
Quitte la place à l'ordre en cette occasion.

 Quelque paix toutesfois qu'apporte en ce tumulte
Le concert du discours qui soudain en resulte,
Quoy que Jacob se rende aux vertus de Lya,
Que depuis son merite estroitement lia,
Il veut avoir Rachel, n'a point l'ame contente

Si l'on frustre son cœur d'une si chere attente ;
Mais, quoy qu'il puisse dire enfin, pour abreger,
Il luy falut encor à sept ans s'obliger.

Je ne feray qu'un pas de leur seconde fuite :
En leur premiere course elle est assez deduite,
Et jugez ce qu'il fit par ce qu'il avoit fait,
Puisque de mesme cause arrive mesme effet.
Les sept ans achevez, il acheva sa peine :
Il estancha sa soif dans la claire fontaine
Qu'il avoit recherchée avecques tant d'ardeur,
Et son chaste desir jouit de la pudeur.

Enfin, riche d'enfans, ce digne personnage
Ayant par sa conduite et par son bon mesnage
Agrandy sa fortune, amassé force biens,
Accreu ceux du beau-pere en augmentant les siens,
Et fait de ses troupeaux, sous sa noble intendance,
Admirer l'heureux nombre à la mesme abondance,
Il se sentit esmeu d'aller vivre aux dous lieux
Qui luy furent promis par l'oracle des cieux.

Aussy-tost son dessein à Laban il declare ;
Mais Laban, qui prevoit, d'une pensée avare,
Son dommage futur en cet eloignement,
Pour en rompre le coup le flatte adroitement,
Et lui promet enfin, l'amorçant par l'utile,
Que, s'il veut demeurer, s'il veut changer de stile,
Desormais les agneaux qui naistront marquetez
Seront, sans nul debat, à luy seul reputez.

Jacob prend le party, de Nébur s'accompagne,
Retourne à l'ordinaire en la verte campagne ;
Et, songeant aux moyens d'accroistre son troupeau,
Par la diverse laine et la diverse peau,
Il apprend une chose et curieuse et belle,
Que luy montre au besoin le serviteur fidelle,
Qui sçavoit cent secrets, et qui n'oublioit rien
Quand il faloit agir pour augmenter son bien.

Voycy donc le secret : il choisit une branche;
Du bas jusques au haut les fueilles en retranche,
En despouille le bois d'escorce revestu,
De ce bois bigarré decouvre la vertu,
Et, l'exposant en veue aux brebis qui s'abbreuvent,
Lors que pour concevoir leurs entrailles s'esmeuvent,
Fait, par l'apprehensive, en leur conception
Glisser de deux couleurs la forte impression.
 Laban, interessé, voyant qu'en ce partage
Le profit se tournoit à son desavantage,
Et que de jour en jour les agneaux qui naissoyent
Des agneaux noirs et blancs le nombre grossissoyent,
Conceut un tel depit, gronda de telle sorte
Contre le riche honneur du gendre à l'ame accorte,
Qu'il fut enfin contraint, trompant ses yeux jalous,
De chercher par la fuitte un autre ciel plus dous.
 Dejà de Galaad, montagne renommée,
Le fugitif Jacob et sa famille aymée
Avoyent atteint le faiste, et déja ses troupeaux
En fouloyent en paissant les superbes coupeaux,
Quand Laban, emporté d'une colere triste,
Precipitant ses pas sur la fuyante piste,
Parvint au pié du mont au coucher du soleil,
Et donna sans repos ses membres au sommeil.
Son esprit inquiet ne songeoit qu'à l'offence,
Et, si du poursuivy Dieu n'eust pris la deffence,
Si le Ciel aussy-tost ne s'en fust souvenu,
Quelque horrible malheur en seroit avenu.
 Mais à peine Laban eut assoupy l'orage
Qui menaçoit Jacob dans son aigre courage,
A peine pour dormir sur l'herbe il s'estendit,
Qu'une divine voix ces paroles luy dit :
 Fils du bon Bathuel, garde-toy d'entreprendre
Rien qui puisse outrager ton noble et digne gendre.
L'Immortel le protege, il est son ferme appuy,

Et c'est choquer les Cieux que marcher contre luy;
L'injure en reviendroit dessus ta teste mesme ;
La fleche decochée, en ta furie extreme,
Retourneroit son fer contre ton propre sein,
Et tes propres efforts puniroyent ton dessein.

A ces mots il s'eveille : il trouve que son ame,
En repensant au songe, elle-mesme se blâme;
Il esteint la fureur dont il s'estoit espris,
Et soudain se repent du forfait entrepris ;
Puis, sitost que l'estoile aux tenebres fatale
Eut fait revoir à l'air sa pompe orientale,
Il reprend son chemin et parvient au sommet,
Où, pour le bien de tous, son esprit se remet.

Comme on voit dans le Nil, qui des monstres se vante,
Les rapides poissons, estourdis d'espouvante,
A leur horrible aspect et fuir et chercher
Quelques troux sous les bords afin de s'y cacher,
Ainsy dessus le mont la famille peureuse,
Croyant encor le pere en l'ire dangereuse,
Pour eviter son bras, à l'instant qu'il parut,
Sans sçavoir où courir de tous costez courut.

Jacob pourtant fait ferme, et dans cette rencontre
Son cœur et sa prudence en mesme temps il montre,
Et le sage Nébur, dont il est secondé,
Agit si bien entr'eux que tout est accordé.

Estant venus enfin à ces douces pratiques,
Laban, d'un soin payen, veut ses dieux domestiques,
Insiste sur ce point, dit qu'il consent à tout,
Pourveu qu'il les revoye en sa maison debout;
Et, demandant à faire une recherche exacte
Avant que de la paix conclurre le bel acte,
Rend aussy-tost ses doigts les vains perquisiteurs
Des simulacres vains, absurdes et menteurs.
Mais l'aymable Rachel, qui s'en estoit saisie,
Ayant mis à couvert leur majesté moisie,

Non pour les reverer, mais pour les rendre un jour
Les innocens jouets des fruits de son amour,
Se tient sur son chameau, feint d'estre indisposée,
Est par le pere mesme aussy-tost excusée,
Et voit luire en son front un honneste respect,
Qui rend sa main timide et son cœur circonspect.

 Après cette recherche et ridicule et vaine,
Le berger prend Laban, vers un autel le meine,
Sacrifie avec luy, le traitte sur le lieu,
Et l'un et l'autre en paix s'entre-disent adieu.

 De là, suivant sa route, il entre en la province
Où son frere Esaü, tenant un rang de prince,
Vivoit depuis long-temps, et, d'un bras redouté,
Regissoit sans obstacle un peuple surmonté.
Sa puissance l'arreste; il s'emeut, il frissonne,
Non pas pour le peril de sa propre personne,
Mais bien pour le hazard que luy semblent courir
Ceux qu'on ne peut blesser sans le faire mourir.
Il craint pour ses moitiez, qu'il ayme avec tendresse ;
Il craint qu'à ses enfans le frere ne s'addresse
Pour se venger sur eux de l'affront pretendu,
Et que le droit ravy ne luy soit cher vendu.

 En ces justes soupçons, fondez sur l'apparence,
Ayant de ses esprits reveu la conference,
Il appelle Nébur, son solide recours,
Le tire seul à part, et luy tient ce discours :

 Comme il ne suffit pas, pour bien faire une chose,
Que l'artisan habile au travail se dispose,
Qu'avecques la mesure, ou le nombre, ou le poids,
Ses yeux sachent fournir de matiere à ses doigts,
Si son œil, si sa main, experte et raisonnable,
Ne choisit l'instrument et propre et convenable
Avec quoy son projet se puisse executer,
Et l'honneur lucratif enfin luy rapporter,
Ainsy, pour reussir dans une grande affaire,

Il n'est pas, cher Nébur, seulement necessaire
D'assembler un conseil, de prendre les advis
Et de conclurre un acte après cent hauts devis,
Mais de savoir eslire une ame officieuse
Dont la capacité noble et judicieuse,
Pesant bien tous les points de son instruction,
Puisse mettre en effet la resolution.
 C'est pourquoy dès demain je veux, si tu l'approuves,
Si parmy tes pensers rien de mieux tu ne trouves,
T'envoyer vers mon frere, où sa fortune luit,
Pour voir à quel accord il pourroit estre induit.
Souvent le messager fait cherir le message ;
Il te connoist, il t'ayme, et, pour un seul passage
Que nous luy demandons avec humilité,
Peut-estre obtiendras-tu quelque civilité ;
Peut-estre que le Ciel, peut-estre que l'absence
Aura porté son cœur à la resipiscence,
Que j'ay tort de le craindre, et que dans son desir
La faveur nous prepare un illustre plaisir.
Pren donc avecques toy ce qu'entre les richesses
Dont les soins de là-haut m'ont fait tant de largesses
Tu jugeras toy-mesme et de rare et d'exquis
Pour l'offrir à sa veue, et nous le rendre acquis.
Les dons bien dispensez ont une douce amorce
Qui, pour gagner les cœurs, sert bien plus que la force ;
Et, quand avecques grace au merite ils sont faits,
On en voit arriver de merveilleux effets.
Il n'est point d'amitié qu'ils ne nous concilient ;
Il n'est point de fureurs que leurs charmes ne lient ;
Ils font, ils vainquent tout, et mille hommes prudens
Ont evité par là d'estranges accidens.
Pour le reste de l'œuvre, il seroit inutile
D'enseigner à ta bouche, en oracles fertile,
Quel art en ce besoin doit estre desployé
Afin qu'avec honneur tu me sois renvoyé.

Je t'ay tousjours tenu trop digne et trop capable
Pour user envers toy d'une erreur si palpable :
Aussy m'en remettray-je à ce qu'à mon repos
Tu tiendras de plus juste et de plus à propos.

Nébur, sans repliquer, incline bas la teste,
Choisit maint noble oyseau, prend mainte rare beste,
Que luy-mesme en Carran, pendant leur long sejour,
Avoit apprivoisée avec un soin d'amour.
Le puissant animal de qui l'insigne gloire
Ne gist pas seulement en ses armes d'yvoire,
Mais en sa trompe agile, ou plustost en sa main,
Et, plus encor que tout, en ce qu'il a d'humain,
Tenoit le premier rang dans la trouppe choisie
Qui devoit d'Esaü gagner la fantaisie,
Et son dos fut chargé des meubles precieux
Dont Nébur pretendoit le rendre gracieux.
Deux leopars couplez, qui marchoyent sur les traces
De deux nobles lyons instruits à toutes chasses,
Furent encore esleus pour former les plaisirs
Où son corps s'exerça dès ses jeunes loisirs.

Ainsy partit Nébur sitost que la lumiere
Eut fait revoir au ciel sa beauté coustumiere,
Et du digne Jacob les plus honnestes gens
En suivirent les pas actifs et diligens.
Enfin près de Seïr, sous une riche tente,
Aux yeux du grand chasseur à peine il se presente,
Qu'Esaü, tout surpris, et qui dans le penser
Le front presqu'oublié cherche à se retracer,
Tout aussy-tost se leve, et, montrant en sa veue
L'estonnement douteux dont son ame est esmeue,
S'approche, l'estudie avec suspension,
Sent croistre à chaque pas son agitation,
Et, jettant un haut cry, mais un haut cry de joye,
Dès le premier propos qu'à l'oreille il envoye,
Interront son discours, et d'un transport humain

Fait voir en l'embrassant le soucy du germain,
S'enquiert avec ardeur de l'estat de sa vie,
Et, par son desir mesme empeschant son envie
D'apprendre de Nébur le salut demandé,
En rend l'heureux recit quelque temps retardé.

 Nébur enfin respond, et d'une bouche sage
Luy satisfait à tout, expose son message,
De sa vive eloquence estale les attraits
Et luy perce le cœur des plus sensibles traits.
Chaque œillade qu'il jette à l'amitié l'enflame,
Chaque mot qu'il profere insinue en son ame
Jacob, Lya, Rachel, et pour voir ses neveux
Excite dans son sein les souhaits et les vœux;
Et, quoy que des beaux dons la rareté luy plaise,
Que leur superbe eclat soit une source d'aise
Où son humeur se baigne au gré de son desir,
Où le chatouillement engage le loisir,
L'ardeur de voir Jacob à tel point le possede
Qu'à peine à leur spectacle un instant il concede,
Et, pour plus honorer l'objet de son amour,
Marche au devant de luy ceint d'une illustre cour.

 Soudain la Renommée, en nouvelles feconde,
Qui le faux et le vray seme par tout le monde,
Qui tousjours en volant l'un et l'autre agrandit,
Et qui, plus elle est loin, plus elle a de credit,
Passe où Jacob estoit, l'alarme, et luy rapporte
Qu'Esaü, couronné d'une fiere cohorte,
Que la vengeance anime et qui veut son trespas,
S'appareille en fureur à rencontrer ses pas;
Que desjà dans les airs son fer tempeste et brille
Sous la soif de se teindre en sa chere famille;
Que du sang de Nébur il est encore tout chaut;
Qu'il a bruslé ses dons et qu'il vient à l'assaut.

 A ce bruit incertain, Jacob, à toute espreuve,
Sonde aussy-tost un gué, met au delà d'un fleuve

Ce qu'il a de debile et de tendre et de cher;
Du mieux qu'il peut se campe et se fait retrancher,
Forme d'entre les siens de petits corps-de-garde,
Les arme, donne l'ordre, examine, regarde,
Et sur la fin du jour va seul à decouvert
Invocquer le Seigneur dessus le gazon vert.

  Du soleil de la nuit la face claire et sombre
Faisoit dans les ruisseaux voir l'argent de son ombre;
Elle estoit en son plein, et la voute des cieux
Ouvroit distinctement ses innombrables yeux,
Quand ceux du grand Jacob, qui prioit sur la terre,
Le virent engager à cette illustre guerre,
Où de ses bras humains les efforts furent tels
Qu'il emporta le prix sur deux bras immortels.

  En voycy le detail, prestez-moy bien l'oreille :
Jamais on n'entendit d'avanture pareille.
Il se voit par un ange au combat provoqué ;
Il se voit investy, se voit soudain choqué,
Sent que deux bras divins l'agitent et le ceignent.
Les siens de mesmes nœus tout aussy-tost l'estreignent;
Le cherubin s'echappe : il le suit, le reprend,
Et de sa vive ardeur les fortes preuves rend.
Tantost pieds contre pieds et teste contre teste,
Aux plus agiles tours leur courage s'appreste;
Tantost ils cherchent prise, et tantost corps à corps
Ils font de leurs dessins jouer tous leurs ressorts.
L'art est deceu par l'art, leurs jambes s'entre-trompent;
A force de projets tous leurs projets se rompent;
L'essay frustre l'essay de l'espoir pretendu,
Et l'honneur mesme ignore à qui l'honneur est dû.
Les astres en suspens admirent cette lutte ;
Les arbres, estonnez de leur longue dispute,
En attendent la fin, et semblent se mouvoir
Selon les actions que leurs membres font voir;
Le ciel s'emeut pour l'ange et la terre pour l'homme,

Et, durant que la nuit s'ecoule et se consomme,
L'aspre jeu continue avec mesme succès,
Et tous deux pour se vaincre en vont jusqu'à l'excès.
 Par trois fois de Jacob la main soupple et puissante
Une aile avoit saisie, et cette aile glissante,
Se derobant soudain, avoit autant de fois
Tiré ses plumes d'or d'entre ses braves doigts;
Par trois fois le mortel, dessous l'effort celeste,
S'estoit veu près de faire une chute funeste,
Et par trois fois ses bras, sur ses genoux roidis,
S'estoient montrez au choc plus pronts et plus hardis,
Quand toute sa vigueur, s'irritant pour sa gloire,
Luy fit enfin sur l'ange emporter la victoire,
L'estendre sur le sable, et de son grand destin
Sçavoir l'heureuse course à l'aspect du matin.
Ce fut là qu'un tendon, en cette peine horrible,
Se rompit en sa jambe avec un bruit terrible,
Et que le nom fameux que depuis il porta
D'un son encor plus haut jusqu'au ciel eclata.
Pour avoir triomphé de la force d'un ange,
Du titre d'Israël il s'acquit la louange;
L'air en devint plus gay, l'eccho s'en rejouit,
Et le noble vaincu soudain s'evanouit.
 Jacob, par ce combat delivré de la crainte,
Se remet en sa route avec la trouppe sainte,
La divise en deux corps, à tout evenement,
De frondeurs et d'archers se couvre habilement;
La regle militaire en cette marche observe,
Encourage un chacqu'un, fait un gros de reserve
Qui chemine à sa queue et le doit soustenir,
Puis d'un cœur resolu va chercher l'advenir.
 Mais voycy la merveille : à peine ils se rencontrent,
A peine les jumeaux l'un à l'autre se montrent,
Et le sage Nébur, pour les faire embrasser,
A peine vers Jacob venoit de s'avancer,

A peine il luy disoit la nouvelle agreable,
Que du sein de la terre un fantosme effroyable
Sort avec un grand bruit, ose paroistre au jour,
Fait trembler en sortant tous les monts d'alentour,
S'agite sous la nue, eclaire, fume, tonne,
De ses cris eslancez les spectateurs estonne,
Et, montrant aux germains son front noir et hydeux,
En empesche l'abord et se jette entre deux.
 C'estoit l'Antipathie, et dejà la cruelle
Avoit ressuscité leur haine mutuelle;
Dejà de ses serpens le funeste poison
Corrompoit leur esprit et gagnoit leur raison,
Quand Nébur tout à coup, quittant l'humaine forme,
En prend une angelique, et sur le monstre enorme
Se jette avec roideur un acier à la main,
Et fait tomber d'effroy l'un et l'autre germain.
En ce terrible choc son ire foudroyante
Perce de part en part de sa lame ondoyante
Le corps et vain et mol du spectre furieux,
Qui tasche à se darder sur son corps glorieux;
Mais l'adresse du glaive à la prudence jointe
Vers son œil esblouy tourne tousjours la pointe,
Et le bras immortel la fait si bien agir
Que s'il eust eu du sang on l'auroit vu rougir.
 Enfin, après cent coups, après cent vives playes,
Qui dans son estre d'air sont et fauces et vrayes,
Le fantosme enragé beugle, jappe, s'enfuit,
Et r'entre dans la terre en la profonde nuit.
 Aussy-tost le vainqueur, sous sa forme celeste,
Ayant banny du jour l'abominable peste
Et fait luire sa gloire en cent nobles façons,
Parle ainsy d'une nue aux deux graves bessons:
 Vous qui, pour m'avoir veu sous la figure humaine,
De mon beau changement estes sans doute en peine,
Escoutez bien ma voix, et de vostre soucy

Vous verrez aussy-tost le nuage eclaircy.
 Sachez donc que je suis cette aymable puissance
Qui du monde confus debrouilla la naissance.
C'est moy, Jacob, c'est moy qui, dans le saint valon,
Apparus à tes yeux près du haut echelon.
L'on me peut dire beau, l'on me peut dire belle ;
L'esprit qui me crea me fit masle et femelle,
Et, pour joindre à ton cœur l'une et l'autre moitié,
Je fus tantost l'Amour et tantost l'Amitié.
C'est moy qui de leurs nœus ay les trames ourdies ;
C'est mon feu qui causa les nobles incendies
Qui gagnerent leur ame, et dont tous les desseins,
Comme venus du Ciel, estoyent et purs et saints.
Ceux qui ne le sont pas, ma vertu les rejette ;
Aux desirs de la chair elle n'est point sujette :
Son but est bien plus digne, elle va bien plus haut,
Et qui croit autrement est dans un grand deffaut.
Il est vray toutesfois que la beauté me touche,
Il est vray qu'un bel œil, qu'une gentille bouche,
Me fait souvent moy-mesme, avec emotion,
Sur moy-mesme exercer ma propre passion ;
Mais c'est lors que l'honneur, c'est quand la modestie
Compose des attraits la plus belle partie,
Et que d'un doux objet les charmes respondans
Font briller au dehors ce qui brille au dedans.
Tout ce qui se pratique en ma divine estude,
Je te l'ay fait sçavoir durant ta servitude.
Tu me connois assez, et de ma juste loy
Tu ferois des leçons à tout autre qu'à moy.
Tu n'as point eu d'ardeurs que je n'aye inspirées ;
J'en ay banny l'impur, je les ay temperées,
Et tous tes mouvemens n'ont rien eu de secret
Qui puisse avec raison t'obliger au regret.
Enfin je suis la voix qui posseday l'oreille
De ta premiere femme, en gloire sans pareille ;

C'est moy qui du tumulte appaisay les discors,
C'est moy qui bras à bras, front à front, corps à corps,
Ay voulu t'eprouver en la lutte mistique
Où d'un bien souverain l'honneur se pronostique,
Et par qui le mortel se peut vanter au jour
D'avoir vaincu la mort en subjugant l'amour,
Et, me jugeant moy-mesme aujourd'huy necessaire
Contre les fiers complots de ma vaine adversaire,
Dès hier du bon Nébur la forme j'empruntay,
Dès hier, près de Seïr, les dons je presentay.
Tout alloit à souhait, et sous ce feint visage
Mon doux et vray pouvoir se mettoit en usage,
Quand du fantosme affreux la noire illusion
Vous est venu troubler à sa confusion.
Ne le redoutez plus, n'en craignez plus l'atteinte ;
Que de vos cœurs unis l'indissoluble estreinte
Se rende memorable, et qu'en vous desormais
Regne autant d'amitié qu'au monde j'en promets.
 En achevant ce mot, il jette en ces deux ames
Deux longs dards mutuels formez de vives flames,
Remet le vray Nébur auprès du grand pasteur,
Et s'en revole au ciel adorer son autheur.
 Aussy-tost les germains l'un devers l'autre courent,
S'embrassent en pleurant, du prodige discourent,
Et vont parmy les jeux, les ris et les festins,
S'entre-communiquer leurs aymables destins.

DIXIESME PARTIE.

Argument.

Fin de l'histoire de Jacob. — Prise de petits oiseaux. — Le Vautour et son combat contre Merary et contre Elisaph. — Il emporte un agneau et s'enfuit. — Description du soir. — Invocation à la Muse pour parler de la princesse d'Egipte. — Sa demeure et ses divertissemens salutaires. — Elle envoye appeller Amram, qui travailloit chés elle, et luy fait reciter une partie de l'histoire de Joseph. — Joseph est mis dans un puis par ses freres, — Est revendu à Putiphar.

Là le grand Merary, mettant fin à la peine
D'avoir fait un discours d'une si longue haleine,
Se redonne au silence, et, plein d'emotion,
Laisse les auditeurs dans l'admiration.
Leur curieux desir, charmé de la matiere,
En auroit bien voulu la piece toute entiere ;
Mais un penser discret, joint au penser du temps,
Fit que de ce partage ils se tindrent contens.
   Aussy-tost Elisaph, qui, sur quelques espines
Où les gentils oyseaux font leurs douces rapines
Avoit dejà tendu cent bastons engluez
Et cent lacets de poil finement situez,
Se leve avec la belle, et d'espace en espace,
Pour prendre les plaisirs de l'innocente chasse,
Marche de piege en piege, et voit sur les buissons
Mille petits voleurs pris en mille façons.
L'un dans le nœu coulant a la jambe menue
Par ses propres efforts estreinte et detenue,
Et plus il se debat, moins le subtil lien
De degager le pié luy permet le moyen ;

L'autre, en son infortune enlacé par la teste,
Sent à chaque secousse une mort toute preste ;
L'autre a le sein collé sur le rameau visqueux,
Et les souples hâliers s'esbranlent avec eux.
Cependant les mauvais, si-tost qu'on les veut prendre,
Du bec sauvage et dur taschent à se deffendre ;
Leur plume se herisse, et, tout noirs de la pois,
Leurs ongles depitez egratignent les doigts.
Marie en choisit un aux ailes emaillées
Qui n'estoyent en la glus ni prises ni souillées,
Et, r'enfermant son vol dans le creux de sa main,
Sur son dos passe l'autre et le rend plus humain.
Sa douceur caressante est mesme si hardie
Que de l'endroit aigu d'où sort la melodie
Son coral cherche l'or, et, pour l'apprivoiser,
Ose offrir à ses yeux la gloire d'un baiser.
Enfin, dans la prison dès le matin construite,
La liberté de tous est noblement reduite ;
Ils tentent le passage entre les beaux treillis,
Et r'enceints des roseaux regrettent leurs taillis.

En ce temps un vautour d'une grandeur enorme,
Ou plustost un demon sous une estrange forme,
Comme pour se vanger sur l'enfant qui dormoit
Du tort fait aux captifs qu'ainsy l'on renfermoit,
Assiege le berceau, dans le grand vuide nage,
Fremit, siffle du feu, respire le carnage,
Se bat les flancs de l'aile, en fait un vent d'orgueil
Qui r'allume la faim qu'on voit luire en son œil,
Et, fondant tout à coup sur la proye esperée,
Se promettoit d'en faire une horrible curée,
Si le bon Merary, d'un caillou brouissant
N'en eust rendu l'effet aussy vain qu'impuissant.
Le caillou delasché s'abisme dans les ondes,
En esmeut la surface en mille vagues rondes
Qui perdent leur figure en trouvant les deux bords,

.Et du Nil, pour un temps, esbranlent tout le corps;
Mais ce coup, bien que rude et poussé de furie,
Ne jette point l'oyseau sur la verté prairie :
Il revient à la charge, il change de projet,
Il prend le deffenseur pour son unique objet;
Il l'aborde, il le presse, en bruyant l'environne,
Luy forme sur la teste une affreuse couronne,
Du bec et de la griffe essaye à l'outrager,
Et sans nostre Elisaph l'alloit mettre en danger.
Ce brave et cher neveu, voyant avec la belle
Le besoin qu'il avoit de son ayde fidelle,
Quitte soudain la cage, et, s'armant d'un long bois
Dont au lieu de houlette il se servoit parfois,
Court en haste au conflit, et, d'une brusque attainte
Comblant l'aspre vautour de douleur et de crainte,
L'oblige à quitter l'oncle, et par ce dur assaut
Le force ; non sans ire, à regagner le haut.

Après cent tours en l'air, cent cris espouventables,
Cruels avant-coureurs de ses coups redoutables,
Il redescend à plomb d'un vol precipité
Sur le preux Elisaph, qui l'avait depité,
Et plus fier que jamais, en sa noire entreprise,
De voir qu'on le previent, de voir qu'on le meprise,
Se renfonce au combat, va trouver qui l'attend,
Montre ses grands orteuils, les ouvre, les estend,
De leur acier crochu l'aigre fureur allonge,
Arme son bec de rage et sur l'autre se plonge;
Mais l'autre, alerte et vif autant qu'il est adroit,
Change, en trompant le coup, de posture et d'endroit.

Aussy-tost Merary, ramassant sur la terre
D'autres cailloux lissez propres à cette guerre,
Et songeant en colere au peril encouru,
Marche pour secourir qui l'avoit secouru.

Cependant le pasteur, rouant l'agile perche,
Foudroye en tant de parts, si bien cherche et recherche,

DIXIESME PARTIE.

Qu'à la fin il rencontre en son vol incertain
Le dos de l'ennemy si fort et si hautain.
Le corps esprouva bien la touche ruineuse,
Mais la plume cedante, espaisse et cotonneuse,
Causa que de l'effet la moitié s'amortit,
Et que du coup fatal l'oyseau se garantit.

 Tout de mesme autresfois, par des monceaux de laine
Voyoit-on du belier rendre la force vaine,
Quand sous le Mars antique il heurtoit contre un mur
Qu'il auroit mis à bas s'il l'eust trouvé plus dur;
Et tout de mesme encor, sous la jeune Bellonne,
Voit-on, lors que d'un camp la foudre humaine tonne,
Le globe s'amortir contre un flanc gazonné,
Et bruire sourdement après avoir tonné.

 Sur ce point l'oncle arrive, et cet homme robuste,
Du bras, du pié, de l'œil, avec tel soin s'ajuste,
Que plus viste qu'un trait d'une corde ne part,
Plus viste que ne va le boulet au rempart,
Sa main fait des cailloux une si rude gresle,
Qu'un corps de diamant n'eust rien eu que de fresle
S'il en eust esté joint, et que de leur ardeur
Il eust à plein senty la volante roideur.

 Aussy l'oyseau felon de sorte les redoute
Que, pour les esquiver prenant une autre route,
Après que ses costez en eurent par trois fois
Essuyé la tempeste et le bruit et le poids,
Vers le jonc il revole, et de la sainte enfance
Qu'il devoroit des yeux, qu'il voyoit sans deffance,
Va rompre le sommeil, va Moyse assaillir,
Va, de cris effrayans, le faire tressaillir;
Et dejà le cruel, le tenant pour sa proye,
En bouilloit dans le sein d'une infernale joye;
Dejà l'ongle avancé, dejà l'avide bec
S'entr'excitoyent l'un l'autre au pitoyable eschec,
Quand un secours celeste, un ange plus terrible

Qu'en sa fiere laideur l'oyseau n'estoit horrible,
D'un regard en courroux si fort l'espouventa
Qu'il prit soudain la fuite et Moyse quitta.

Le troupeau du berger, non loin de la nacelle
Avecques les brebis de l'illustre pucelle,
Le contemploit alors, et, de crainte serré,
Se seroit volontiers sous l'herbage enterré ;
Il y jette la veue, il s'y tourne, il y passe,
Et quoy que plein d'effroy, volant à route basse,
D'un agneau malheureux que de l'œil il choisit,
Aussy-tost la toison il accroche et saisit ;
Puis, ayant fait sa pointe et rapide et bruyante,
Il re-hache les airs de son aile fuyante ;
Il traverse le Nil, et du tendre butin
Va remplir à l'escart l'execrable intestin.
La triste et pauvre mere en vain se deconforte,
En vain besle et se pleint, de voir ce qu'il emporte ;
Et les fidelles chiens en vain de leurs abbois
Font, en le regardant, resonner tous les bois.

La vierge, qui dèslors eut le don prophetique,
S'ecrie à cet objet, mais d'un air extatique :
Ainsy faut-il qu'un jour, jour grand, cruel et dous,
Un innocent agneau paye et meure pour tous !

Après cette parole, ou plustost cet oracle,
Elle va voir l'enfant delivré par miracle ;
Et l'oncle et le neveu, rejoints autour de luy,
Vont s'entre-consoler de leur dernier ennuy.

Dejà le souverain, le Dieu de la nature,
Voulant de mon heros couronner l'avanture,
En determinoit l'heure, et dejà le soleil
Enflamoit l'Occident de son lustre vermeil ;
Le soir, à l'opposite, orné de claires ombres,
S'en alloit deployer ses grandes ailes sombres
Pour voler sur la terre, et faire à son retour
Une agreable fin des merveilles du jour.

Des gracieux zephirs l'haleine fresche et lente
Avoit banni de l'air la chaleur violente ;
Les Sereines des bois à chanter s'animoyent,
Et deja dans les prez les fleurs se refermoyent,
Quand du vieux Pharaon la fille auguste et belle,
Et dissemblable en tout à ce pere infidelle,
A ce cruel tyran qui ne meritoit pas
L'heur d'avoir engendré ce miracle d'appas ;
Quand, dis-je, cette nimphe, aux plaisirs attirée,
Ou plustost par le Ciel saintement inspirée,
Voulut aller jouir de la frescheur des eaux,
Des beautez de la plaine et du chant des oyseaux.

 Mais, ô divine Muse ! avant que d'entreprendre
Le salut de Moyse, où ma plume doit tendre,
Disons de cette reine et la vie et les mœurs ;
Celebrons ses vertus, decrivons ses humeurs,
Son sejour, ses esbats, ses graces nompareilles
Et le rare entretien qui charma ses oreilles ;
Puis, l'ayant faite ainsy noblement divertir,
Je te reclameray pour la faire sortir.

 Assez près de Memphis, et sur le beau rivage
De cet immense fleuve utile en son ravage,
Qui baigne ses guerets et supplée au deffaut
De l'humide secours qu'ailleurs on a d'en haut,
S'elevoit la beauté d'un royal edifice
Dont l'exquise matiere egaloit l'artifice,
Et que le grand Joseph, envers qui ses germains
Furent, pour son bon-heur, autresfois inhumains,
Fit richement bastir pendant l'estat auguste
De sa haute fortune et si longue et si juste,
Afin d'aller par fois y donner à ses sens
L'honneste liberté des plaisirs innocens,
Y gouster le repos, voir son ame allegée
Du grave faix de soins dont elle estoit chargée,
Et pour jouir surtout, en si belle maison,

Des rustiques douceurs de la verte saison.
   On y voyoit des pins se hausser jusqu'aux nues;
Cent files d'orangers formoyent ses avenues,
Où les yeux admiroyent, sous un ciel pur et beau,
Le printemps et l'autonne en un mesme rameau.
Les charmes des regards, les riantes prairies,
Capables d'egayer les mornes rêveries
De l'esprit le plus sombre et le plus languissant;
L'odeur que les zephirs desroboyent en passant,
Les graces de l'esté, les bois et les fontaines,
Y bannissoient des cœurs les soucis et les peines;
Et jamais en ces bords, de verdure embellis,
L'hyver ne se montra qu'en la neige des lys.
   Cette chaste princesse, au monde infortunée
De vivre sous le joug d'un ingrat hymenée,
Et dolente de voir, en son espoir destruit,
Que la fleur de ses ans ne laissoit point de fruit,
Alloit souvent passer en cette solitude
Les plus fascheux momens de son inquietude,
Et mesme en ce beau lieu par bonheur elle estoit
Le jour que mon heros sur les ondes flotoit.
   Là, tantost cette nimphe en vertus sans seconde,
Pour vaincre les ennuis de sa couche infeconde,
Avec ses nobles doigts manioit le pinceau,
Ou, prenant les honneurs du riche vermisseau
Dont luy-mesme en sa mort il fait sa sepulture,
Elle rendoit de l'art jalouse la nature:
Car, soit qu'avec l'aiguille elle voulust tirer
Tout ce qu'en un visage on sçauroit admirer,
Soit qu'elle contrefist les beautez d'un parterre
Où le soleil charmé voit la pompeuse guerre
Que l'azur livre au blanc, le vert au nacarat,
Elle trompoit tousjours la veue ou l'odorat.
   Tantost, pour reveiller une ame par l'ouye,
Pour de douceur en rendre une autre esvanouye,

Elle faisoit gemir, mais d'un air plus qu'humain,
Sur l'ebene d'un luth l'yvoire de sa main ;
Et, joignant aux beaux sons des cordes agitées
Les graces de sa voix, par les vents respectées,
Elle avoit tant d'appas qu'il n'estoit point de cœurs
Dont ses divins accens ne se fissent vainqueurs.

   Tantost, dans un jardin enrichy de statues,
De grottes, de canaux et de masses pointues,
Où l'on voyoit l'orgueil d'un porphire eclatant
Dedaigner son pié mesme et se perdre en montant,
L'esprit de cette belle, encore plus sublime,
Eslevant ses pensers au dessus de leur cime,
Et, comme detaché des liens de son corps,
Dont il sembloit hayr les aymables tresors,
S'en alloit mediter sur les hautes merveilles
Qui servent d'entretien aux studieuses veilles,
Et, d'objet en objet portant son jugement,
Dans ses propres discours se perdoit sagement.

   Tantost, sous des lauriers repliez en arcades,
Elle prenoit plaisir à voir mille cascades,
Que, par art et de front, les claires eaux faisoyent
Vis-à-vis de la place où ses beaux yeux luisoyent.
Ces charmes, composez d'une onde vive et pure,
Sembloyent, en descendant avec un doux murmure,
Offrir à sa grandeur des degrez de cristal
Pour l'induire à monter sur leur tertre natal ;
Tandis que d'autres eaux, par le plomb divisées,
Sortoyent de cent bassins en forme de fusées,
Et que d'autres encore alloyent en cent façons
Grossir un bel estang plein de rares poissons,
Un estang precieux dont seulement les cygnes
Entre tous les oyseaux s'osoyent reputer dignes,
Pour la belle raison de la conformité
Qu'avoit leur innocence avec sa pureté.

   Aussy, le plus souvent, cette princesse illustre

S'alloit-elle accouder sur un riche balustre
Qui decoroit les bords de ce grand reservoir,
Afin de satisfaire au desir de les voir.

Qu'elle sentoit son ame et ses peines charmées
Lorsque ces beaux vogueurs à voiles emplumées
Se laissoyent emporter, au gré des dous zephirs,
Sur le paisible eclat des liquides saphirs!
Mais avec quels propos son aise exprimeray-je
Lors qu'elle contemploit cette vivante neige
Flotter sans se dissoudre et venir privement
Exiger de sa main l'heur de quelque aliment ? [mage ;
Ces nageurs blancs et doux luy venoyent rendre hom-
Mais si-tost que dans l'onde ils voyoyent son image,
Ils n'osoyent l'approcher, de peur de troubler l'eau
Et de faire perir un si rare tableau.
Et mesme les poissons, farouches et stupides,
Arrestant en ce lieu leurs mouvemens rapides,
Tesmoignoyent estre atteints d'amour et de respect
Aux traits majestueux de ce divin aspect.

Que si sa belle voix, en charmes sans pareille,
Daignoit de ces muets frapper parfois l'oreille,
Soudain de leur deffaut ils estoyent consolez ;
Voyant en mesme temps tous les chantres ailez
Qui poussoyent à l'entour d'une gorge hardie
Leur gaye et delicate et claire melodie,
Mesme les rossignols, en cet art si fameux,
Devant un si doux son estre muets comme eux.

Voilà comme Termuth (ainsy se nommoit-elle,
Cette nimphe d'Égipte et si sage et si belle),
Loin de la vaine pompe et du bruit de la cour,
Passoit sa noble vie en ce rare sejour.

Or, comme il est certain que la nature mesme,
Suivant d'un ordre exact le grand ordre supreme,
A gravé dans nos cœurs une secrete loy
Qui, fondée en raisons, les dispose à la foy,

Bien qu'elle fust aveugle à l'immortelle flamme
Dont la clarté celeste illumine nostre ame,
Elle ne laissoit pas d'avoir et de sentir
Quelque ardeur que ce feu luy daignoit departir ;
Et j'ose m'assurer que dans sa connoissance
Elle ne se formoit l'invisible puissance
Qui gouverne les eaux, l'air, la terre et les cieux,
Qu'au louable mespris de ses infames dieux :
Car, la considerant, comment pourrois-je croire
Qu'elle, en qui reluisoit tant d'esprit et de gloire,
Et par qui mon heros devoit estre sauvé,
Eust jamais d'un dragon le faux culte approuvé,
Eust voulu d'une vache adorer la figure,
Eust sous celle d'un chien cru servir un Mercure,
Ni qu'elle eust jamais ceint de couronnes d'espis
Le vain bronze cornu d'un monstrueux Apis?

Non, non, ses sentimens estoyent trop raisonnables
Pour se laisser noircir d'erreurs abominables,
Et de trop de vertu le Ciel daigna l'orner
Pour d'un si grand deffaut la pouvoir soupçonner ;
Outre qu'à le bien prendre il n'est pas impossible
Que, comme sa bonté la rendoit accessible,
Amram, qui d'ordinaire en ce lieu la voyoit,
Et qu'à mille desseins sa grandeur employoit
Tantost à mettre en œuvre et le jaspe et le marbre,
Tantost à faire choir l'antiquité d'un arbre,
Ne l'eust par l'entretien distraite des abus
Dont si sordidement les siens estoyent imbus.

Enfin, le propre jour qu'en la nef vagabonde
Le bonheur d'Israël fut exposé sur l'onde,
Et que dès le matin ce pere, instruit de Dieu,
S'estoit pour le travail rendu dans ce beau lieu,
Termuth, qui se plaisoit à la maniere exquise
Dont ses nobles discours sa grace avoient acquise,
Le voulut voir près d'elle, et pour l'ouyr parler

Le fit par un esclave en sa chambre appeller.

L'esclave le trouva comme, avec une scie,
D'une robuste main au labeur endurcie,
Il faisoit et fremir et crier aigrement
Un marbre qui sembloit s'obstiner au tourment.

Si-tost que ce grand homme eut receu le message,
Il s'en alla trouver des nimphes la plus sage,
Se rendit au palais, et, tout poudreux encor,
Entra dans une chambre où tout reluisoit d'or,
Où l'ivoire, où l'azur, où l'argent, où la soye,
Où tout ce que de beau le Gange au Nil envoye,
Les superbes miroirs et les rares odeurs
Faisoyent du plus haut luxe admirer les grandeurs.

Dans ces diversitez si belles et si vaines,
La royale Termuth, pour amoindrir ses peines
Et rendre de son sort le pinceau triomfant,
Traçoit sur du velin le portrait d'un enfant ;
Elle en ornoit le front d'une grace virile,
Et, par ce beau moyen, cette nimphe sterile
S'efforçoit à montrer, produisant mille appas,
Que, si son corps l'estoit, sa main ne l'estoit pas.

Le grave Hebreu l'aborde ; elle leve la teste,
Et, voyant que son œil sur l'ouvrage il arreste :
Cher Amram, luy dit-elle, et bien ! tu vois ycy
Comme quoy je m'exerce à tromper mon soucy.

Amram, à cet objet, qui luy surprend la veue,
Trouve de fermeté son ame dépourveue,
Paslit, s'estonne, tremble, et ne peut assoupir
La sourde emotion d'un rebelle souspir.
Cet homme, qui sans crainte avoit ouy l'orage,
Sent pour une peinture esbranler son courage ;
Des propos du matin à peine il se souvient,
Et l'enfant mis sur l'onde en l'esprit luy revient.
Mais soudain, par la foy rappellant la constance,
De sa foiblesse indigne en soy-mesme il se tance ;

D'un depit noble et saint son front est r'enflamé,
Et Termuth r'ouvre ainsi son coral animé :
  Bien que du grand Joseph l'antique et belle histoire
Autres-fois par ta bouche ait remply ma memoire,
Bien qu'elle y regne encore avec quelque splendeur,
J'en sens renaistre en moy la curieuse ardeur ;
Et ce qui de nouveau m'a redonné l'envie
D'ouyr les accidents de son illustre vie,
C'est que, dans les secrets de la prochaine tour,
Cherchant quelqu'autre chose, on trouva l'autre jour
De vieux tableaux roulez, où, si je ne me trompe,
Il eclate luy-mesme en sa royale pompe :
Car, selon les discours que tu m'en as tenus,
J'en ay dejà de l'œil quelques traits reconnus ;
Et, quoy que le long âge, avec la negligence,
En ait comme embrouillé la claire intelligence,
Cent gestes merveilleux s'y pouvant remarquer,
Je t'avois fait venir pour me les expliquer.
Mais, comme de ce jour la belle apresdinée
A d'autres passe-temps mon cœur a destinée,
Comme le bain, la chasse, et mille autres plaisirs
Deffendent l'entretien à mes propres desirs,
Il suffira qu'en gros, ta bouche sans pareille
En donne pour cette heure un trait à mon oreille.
J'en seray satisfaite, et puis quelqu'autre fois
J'offriray plus au long mon loisir à ta vois.
  Aussi-tost à ses yeux les tableaux on deroule :
Une subite joye au cœur d'Amram se coule ;
La tristesse s'y mesle, et dans ces mouvemens,
Après quelques souspirs, après quelques momens :
Ah ! dit-il, grande Nimphe, en haussant la parole,
Que cet aymable objet me trouble et me console !
Ouy, princesse, voilà, voilà ce digne Hebreu
De qui l'ingrat Memphis se ressouvient si peu !
C'est luy, je le connoy : j'en ay veu la peinture ;

Tu ne ne t'es point trompée en cette conjecture.
Tel il avoit le port, tel il avoit le front,
Quand, au bien de l'Egipte ardent, fidelle et pront,
Modeste en sa faveur et juste en sa fortune,
Qui ne sembla jamais aux moindres importune,
Il regissoit luy seul le timon de l'Estat,
Et se montroit à tous l'appuy du potentat.
 O quels nobles recits nous en ont fait nos peres !
O qu'on voyoit alors d'avantures prosperes !
Que l'on estoit content, que l'on estoit heureux
De vivre sous le joug d'un cœur si genereux !
 Voy comme en cet endroit solitaire et champestre
Où mesme les troupeaux semblent encore paistre,
Pour des songes contez, ses freres inhumains
Veulent jetter sur luy leurs envieuses mains ;
Regarde comme, entr'eux, Ruben, plus equitable,
Blasmant avec ardeur ce projet detestable,
Tasche, à ce qu'on diroit, d'esmouvoir l'amitié
A leur percer le sein des traits de la pitié.
Ne te semble-t'il pas, tant la chose est bien peinte,
Qu'en ce tableau muet il forme quelque plainte ?
Qu'il parle, qu'il raisonne, et qu'en cet autre-cy
Il en rend à la fin le courage adoucy ?
 Ce puis representé, dont la marge pierreuse
Renferme une ouverture et si vaste et si creuse,
Estoit une caverne, un abisme sans eau,
Où Joseph, tout vivant, fut mis comme au tombeau.
 Pense un peu, sage Nimphe, en quelle estrange peine
Cet enfant devoit estre en sa tombe incertaine ;
Figure-toy son deuil, sa crainte, son ennuy,
De n'ouyr que serpens siffler autour de luy,
De ne voir, s'il voyoit en ce lieu triste et sombre,
Que de l'horrible Mort la pasle et cruelle ombre,
Et de n'y respirer que la puante odeur
D'un air qui du soleil ignore la splendeur.

Mais l'en voilà dehors : le monarque celeste
Le fit bien tost sortir de cet antre funeste.
Je le voy vendre mesme à de riches marchans
Venus de l'Arabie au travers de ces champs ;
Il chemine avec eux, il est fait leur esclave,
Et, foulant les guerets que ton grand fleuve lave,
Dans ta superbe ville est à peine rendu,
Qu'au noble Putiphar il se voit revendu.
Ce Putiphar, ô Nimphe! en cet illustre empire
Tenoit le premier rang où la valeur aspire ;
Il estoit eslevé sur les plus eslevez.
Cent belliqueux exploits, par son bras achevez,
L'avoyent, comme tu sçais, de victoire en victoire,
Fait monter au sommet d'une si haute gloire ;
Et du grand Pharaon, du grand ayeul du tien,
Il fut en ce temps-là le plus ferme soustien.

 Il prend doncques Joseph, dans son palais l'ameine,
Le traite, l'entretient d'une façon humaine,
Et, le voyant actif, bien fait, judicieux,
Modeste, vigilent, doux, humble et gracieux,
L'estime, le cherit, le loue, et veut encore
Que toute sa maison le caresse et l'honore,
Qu'il en ait la conduite, et que sous son pouvoir
Chacun des siens s'y range aux regles du devoir.

 Dieu faisoit en ses mains prosperer toutes choses :
Pour luy les moindres fleurs se transformoyent en roses ;
Tout conspiroit au monde à sa felicité,
Et sans la passion, sans l'impudicité
Qui s'empara soudain de la molle Osirie,
Esprise dans le cœur avec tant de furie,
Il auroit pu dès-là se reputer heureux
D'avoir eu des parens envers luy rigoureux.

ONZIESME PARTIE.

Argument.

La femme de Putiphar. — Paroles de cette femme à Joseph. — Responce de Joseph à cette femme. — Joseph est mis en prison. — Songes de l'eschanson et du panetier, avec l'explication de Joseph. — Il est amené à Pharaon pour luy expliquer deux songes qu'il avoit faits la nuit d'auparavant. — Recit de ces deux songes par Pharaon. — Explication de ces deux songes. — Paroles de Pharaon à Joseph, qui est eslevé dans la fortune. — Fin du recit d'Amram. — Nouvelle invocation à la Muse pour faire sortir la princesse d'Egipte. — Elle sort de son palais pour aller au bain sur un char tiré par trois licornes. — Description du lieu magnifique où estoit le bain.

Cette pompeuse femme ycy representée
Mainte lascive œillade avoit sur luy jettée;
Elle ne le voyoit qu'avecques des transports.
Le dedans tout esmu confondoit le dehors.
On lisoit en son front son ardeur indiscrette;
Elle n'essaya point de la tenir secrette,
Car, si-tost qu'à l'ecart Joseph elle put voir,
Son envie et sa peine elle luy fit sçavoir.

En sçais-tu les discours? dit alors la princesse;
Je les voudrois ouyr. Poursuy, rien ne me presse.
Je croy qu'en la demande, estant ce qu'il estoit,
Elle rencontrera ce qu'elle meritoit.

Je les sçay, dit l'Hebreu; ma fidelle memoire
M'en peut fournir encore et la honte et la gloire;
Mais certain sentiment douteux et circonspect
Vouloit que je les tusse à ton royal aspect.
Toutesfois, puis qu'en tout, comme en cette rencontre,

Ma simple obeissance il faut que je te montre,
Et que ton seul desir m'est plus qu'un ordre exprès,
Voycy de ses propos les termes à peu près :
  Objet le plus aymable et le plus beau qui vive,
Cher esclave qui rends ta maistresse captive,
Faut-il que, quand mes yeux, plus clairs que l'œil du jour,
D'une visible voix parlent aux tiens d'amour,
Que quand mes longs regards declarent à ton ame
Les secrets de la mienne en paroles de flame,
Tu fasses, ô cruel! l'aveugle à ma langueur,
Et te montre stupide en ta froide rigueur?
Donc, ô honte pour moy! je me verray contrainte
Par mon indigne sort, par ton ingrate feinte,
De te dire de bouche aujourd'huy mes desirs,
De t'inviter moy-mesme à tes propres plaisirs!
Au lieu qu'en la beauté qui sur mon front eclatte,
Si mon miroir n'est faux, si le bruit ne me flatte,
Je devrois voir ycy, non pas toy seulement,
Mais les roys à mes pieds souspirer leur tourment.
  Le pudique Joseph, surpris de ce langage,
Où sans terme et sans frein l'impudente s'engage,
Baisse aussy-tost les yeux, se colore le front,
Et par les mots suivans le fil en interront :
  Est-ce pour esprouver ton esclave fidelle,
O dame que j'ay creue aussy chaste que belle!
Que ta langue se porte à ce libre discours
De flames, de langueurs, de peines et d'amours?
Suis-je dans ta pensée en si mauvaise estime,
Pour me pouvoir tenir capable d'un tel crime?
Mes services, mes soins, mes pas et mes respects
Te sont-ils captieux? t'ont-ils esté suspects?
Me crois-tu si perfide à cet illustre maistre
Qui par tant de faveurs a daigné reconnaistre
Et mon peu de merite et mon affection,
Relevant l'humble espoir de ma condition?

Ah ! ne fay point ce tort à la sincere vie
Que, loin des voluptez où l'âge nous convie,
Mon esprit amoureux des nobles sentimens
S'est tousjours proposée en tous ses mouvemens ;
Ne pense point corrompre un cœur incorruptible
Qui pour le sale feu n'a rien de susceptible,
Et qui plustost cent fois eliroit le trespas
Que de s'abandonner à d'infames appas,
Que d'offencer un juge, un arbitre supreme,
Dont l'immortelle gloire est la pureté mesme ;
Que d'estre empoisonné d'un lascif entretien,
Et de trahir enfin son honneur et le tien.

 A ce mot, il la quitte ; elle luy veut respondre,
Mais de honte et d'amour sa voix se sent confondre.
Elle espere pourtant, ne se rebutte point,
Croit que, si l'artifice aux graces elle joint,
Que si la patience accompagne ses charmes,
Elle triomphera de ses pudiques armes,
Et qu'une humeur timide est la seule vertu
Dont pour luy resister il paroist revestu.

 Mais elle eut beau prier et beau mettre en usage
Sa vaine affetterie à s'orner le visage,
Elle eut beau tous les jours l'importuner de vœux,
Beau se parer le corps, s'agencer les cheveux,
Mignarder ses attraits, ses propos et sa bouche,
Essayer à percer l'œil et chaste et farouche
De regards tantost vifs et tantost languissans,
Ses efforts contre luy furent tous impuissans.

 Un jour donc, ô Termuth ! que pour derniere espreuve
Joseph seul dans sa chambre avec elle se treuve,
Elle met tout en œuvre, et, luy parlant tout haut,
L'entreprend et luy livre un furieux assaut.
Sa violente amour est un monstre à deux faces ;
Elle monte soudain des pleurs jusqu'aux menaces,
Et, se servant ainsy d'espines et de fleurs,

Revient tout aussy-tost des menaces aux pleurs.
Selon ses mouvemens sa voix elle varie ;
Elle l'appelle ingrat, le flatte, l'injurie,
Puis le reflatte encore, et souspire, et se pleint,
Et change à chaque instant de gestes et de teint.
Il luy veut remontrer sa faute nompareille,
Mais pour les saints discours elle n'a point d'oreille ;
Elle branle la teste, et, s'irritant de voir
Que ni pleurs ni souspirs ne puissent l'esmouvoir,
Se jette enfin à luy, prend le bord de sa robe ;
Et, comme de ses mains en haste il se desrobe,
Comme elle reconnoist sa froideur, son mespris,
Son cœur, auparavant de trop d'amour espris,
S'allume, et de colere, et de haine, et de rage ;
Elle crie, elle hurle, elle montre le gage
Que Joseph en fuyant fut contraint de laisser,
Et dit à Putiphar qu'il l'a voulu forcer.

Putiphar, trop credule aux rapports de sa fame,
S'aigrit contre Joseph, le tient pour un infame,
Et, sans vouloir ouyr excuse ni raison,
Le fait charger de fers et l'envoye en prison.

Joseph, qui net et pur est en sa conscience,
Ne dit mot, songe à Dieu, prend tout en patience,
Entre d'un front serain dans un cachot affreux,
Sent une ardeur celeste en ce lieu noir et creux,
Et, comparant le poids de ses cruelles chaisnes
Aux importuns efforts, aux violentes gesnes
Dont ce lubrique objet l'avoit persecuté,
Dans sa rude prison s'estime en liberté.

Mais que ne peut un cœur qui le vray zele embrasse ?
Auprès de son geolier il trouva bien-tost grace.
Le Grand, le trois fois Saint, le Dieu que nous servons,
L'Esprit qui nous a faits et par qui nous vivons,
Suscita dans cette ame ignoble et rigoureuse
Une compassion courtoise et genereuse :

Joseph fut mieux traité, du cachot il sortit,
Et mille autres faveurs l'autre luy depârtit.

    Quelques soleils après, suivant la loi du change,
Il advint à la cour, par un revers estrange,
Que le grand eschançon et le grand panetier,
Pour quelque erreur commise en leur noble mestier,
Ou pour quelqu'autre cause au vulgaire inconnue,
Virent tonner sur eux une effroyable nue,
Tomberent en disgrace, et furent envoyez
En cette obscure chartre à demy foudroyez.

    Un matin que Joseph, d'une sainte coustume,
Alloit des prisonniers adoucir l'amertume,
Et que, par ses discours, par ses bons traitemens,
Il flattoit leurs ennuis et charmoit leurs tourmens,
Voyant en ces deux-là quelque nouvelle peine,
Et taschant d'en sçavoir l'origine certaine,
Il apprit à la fin que des songes douteux
Rengregeoyent de leur sort l'estat calamiteux.

    Chers amis, leur dit-il, faittes-m'en l'ouverture,
Donnez-m'en à l'oreille une exacte peinture;
Et s'ils viennent d'enhaut, s'ils ont rien de divin,
J'espere en l'Immortel d'en estre le devin.

    Frere, dit l'eschançon à voix douce et posée,
Une souche de vigne en trois seps divisée
S'est à mes yeux fermez offerte cette nuit;
J'en ay senty la fleur, j'en ay cueilly le fruit,
Et de ma propre main, à mon prince loyale,
J'en ay fait distiler dans sa couppe royale
Les filets rougissans d'une aymable liqueur
Que ses doigts de mes doigts ont prise de bon cœur.

    Chasse, luy dit Joseph, le soucy qui t'oppresse,
Et prepare ta bouche à des chants d'allegresse:
Les trois seps expliquez representent trois jours,
Dans lesquels ta disgrace achevera son cours.
Mais, si mon amitié ne t'est point importune,

Qu'il te souvienne au moins en ta haute fortune
D'un miserable Hebreu qui, combien qu'innocent,
Ycy d'un criminel l'injuste peine sent.
　Soudain, dans une joye et visible et secrette,
L'eschançon embrassa le fidelle interprete ;
Et le grand panetier, flaté d'un vain espoir,
Depeignit en ces mots un songe et triste et noir :
　Dans l'horrible chagrin dont la solicitude
Ne me laisse dormir qu'avec inquietude,
J'ay creu que cette nuit, nuit cruelle à mes vœux,
Trois paniers l'un sur l'autre affaissoyent mes cheveux.
Les deux premiers de pains, le plus haut de viandes
Telles que l'on en sert sur les tables friandes,
Estoient, me sembloit-il, comblez jusques aux bords,
Et des oyseaux gloutons esprouvoyent les efforts.
Ils m'importunoyent l'œil, ils me blessoyent l'oreille ;
Ils raudoyent à l'entour d'une ardeur nompareille,
Venoyent fondre dessus, et, pour s'en assouvir,
De leur bec devorant me sembloyent les ravir.
　Il me desplaist, amy, dit Joseph presqu'en larmes,
De donner à ton cœur de si dures alarmes ;
Mais il faut que tout cede au destin souverain,
Dont les fermes decrets sont gravez en airain :
Dans trois jours tu mourras d'une mort violente,
Et sous un triste bois ta charongne branlante
Servira de pasture aux funestes corbeaux,
Qui des suppliciez sont les aspres tombeaux.
　Ainsy parla Joseph à ce malheureux homme,
Qui dans ce tableau mesme en regrets se consomme.
Ainsy vit-on alors, dans le terme prefis,
La grace et la rigueur s'exercer à Memphis :
Car le prince du Nil, en sa feste natale,
Feste pour l'un heureuse et pour l'autre fatale,
Voulut qu'à l'eschançon l'office fust rendu,
Et que le panetier en l'air fust suspendu.

Toutesfois cet ingrat, rayant de sa memoire
Celuy qui du beau songe avoit predit la gloire,
Ne s'en ressouvint plus, et sa prosperité
En offusqua d'orgueil la claire verité :
Il oublia Joseph, ô chose inconcevable !
Joseph à qui son ame estoit si redevable !
Et ce noble interprete, en sa longue prison,
Vit encore deux fois r'ajeunir la saison.
  Au bout de ces deux ans, ou plustost de ses peines,
Il advint qu'au palais mille frayeurs soudaines,
Pour des songes nouveaux dont chacun fut surpris,
Du prince egiptien troublerent les esprits.
En vain il eut recours aux plus celebres mages,
Nul œil n'en sceut percer les obscures images ;
Et sans fin, cependant, ces spectres de vapeur
Agrandissoyent en luy le spectre de la peur.
  A ce coup l'eschançon, se reprochant sa faute,
Luy parla de Joseph en voix ardente et haute,
Publia sa vertu, fit le discours entier
Du bien à luy predit, du mal au panetier,
Et, le comblant soudain et d'aise et de merveille,
Par l'espoir dont sa bouche assura son oreille,
Fut à la prison mesme aussy-tost despesché
Pour faire resplendir ce bel astre caché.
Il heurte, il entre, il cherche, il l'aborde, il s'accuse,
Il veut que de ses biens à son plaisir il use,
Et, l'ayant revestu d'un habit somptueux,
L'expose en diligence à l'œil majestueux.
  Le grave Pharaon, d'une aymable nature,
Admire son maintien, sa beauté, sa stature,
L'appelle à soy, l'estime, et dit en ces propos
Ce qu'il avoit creu voir au milieu du repos :
  Sur le point que la nuit, l'horreur et le silence
Pressentent du matin la vive turbulence,
Et qu'aux proches rayons du grand astre vermeil

L'ombre paslit de crainte avecques le sommeil,
Je croyois en dormant fouler un beau rivage
Qui paroissoit plus doux plus il estoit sauvage,
Quand d'un fleuve inconnu, mais clair et spacieux,
Et planté des deux bords d'arbres delicieux,
Mon œil a veu sortir sept genisses superbes,
Dont les corps, tesmoignans l'abondance des herbes,
Sembloyent estre si gras, si polis et si frais,
Que celuy d'Isis mesme eust paru laid auprès.
Mais, ô triste sujet de l'effroy qui me dure !
A peine je les vy sur l'espaisse verdure
Brouter à langue torse, et le treffle naissant,
Et les tendres rameaux d'un buisson fleurissant,
Que sept autres en suitte, horribles, decharnées,
Le poil dressé de faim, les testes ecornées,
Le pié douteux et foible, et l'œil sombre et hagard,
D'où partoit la fureur d'un avide regard,
Sortans de la mesme onde après elles tirerent,
Les vindrent assaillir, enfin les devorerent,
Et pour un tel repas ne se remplirent point,
Ni ne firent parestre un meilleur embonpoint.
Leur approche funeste et leur hideuse veue
Ont causé qu'en sursaut et l'ame toute esmeue
J'ay rompu mon sommeil, j'ay crié, j'ay fremy,
Et me suis toutesfois aussy-tost r'endormy ;
Mais, soit qu'imbu d'horreur, soit que ma fantaisie
Des troubles du passé fust encore saisie,
Le merveilleux aspect d'une autre vision
A redoublé ma crainte et ma confusion.
Sept espys beaux et pleins, en rond penchant leurs testes
Comme quant à scier les faucilles sont prestes,
Sembloyent sur un tuyau d'où naissoit leur tresor
Presenter à mes yeux une couronne d'or,
Qui, brillant au soleil sous un vent agreable,
Noircissoit le gueret d'une ombre variable,

Et montroit en sa meure et fertile beauté
Le plus riche ornement dont se pare l'esté.
J'en contemplois l'eclat, j'en admirois la gloire,
Lors que d'une autre tige et maigre et seche et noire,
Sept espys langoureux, vuides et desolez,
Sept avortons des champs, tous flestris, tous haslez,
Tels qu'on voit ceux que frappe une brûlante haleine,
Ou ceux qu'un trait de foudre a couchez sur la plaine,
A ce qu'il m'a semblé, proche d'eux sont sortis,
Leur ont livré la guerre et les ont engloutis.
 Là, j'ay finy mon songe et mon sommeil ensemble.
Sans me rien palier, dy moy ce qu'il t'en semble :
Car de tous mes devins et l'art et le sçavoir
Y demeurent vaincus et n'y peuvent rien voir.
 Alors, d'une façon grave, noble et discrete,
A ton puissant ayeul le fameux interprete
Respondit de la sorte : O grand et sage roy !
L'Eternel a soucy de ton peuple et de toy.
Par ces deux visions sa bonté te declare
Une chose prochaine et merveilleuse et rare,
Afin que de bonne heure, instruit de l'avenir,
A d'infaillibles maux tu puisses subvenir.
Sept ans feconds en biens (il veut que tu le saches)
Te sont signifiez par les sept belles vaches
Et par les sept espys dont, pour s'expliquer mieux,
Il a charmé ton ame et resjouy tes yeux.
Mais, après ce temps-là, son ire determine
D'affliger les humains de sept ans de famine :
C'est ce que t'ont predit les funestes objets,
Et voycy mes conseils au bien de tes subjets :
 Durant ce temps heureux que promet l'abondance,
Choisy quelque homme insigne et remply de prudence
Qui, serrant la recolte en tes vastes greniers,
Fasse des premiers ans le secours des derniers ;
Qu'il en reserve au moins la cinquiesme partie.

Ainsy sera de faim l'Egipte garantie ;
Ainsy, quand tes voisins sa rage esprouveront,
Tes peuples sous tes clefs leur salut trouveront.
　　Cet advis au monarque eut le bonheur de plaire;
Une joye subite et rougissante et claire
En monta sur son front, et tous les spectateurs
Furent du grand Joseph autant d'approbateurs.
Où pourrions-nous trouver, leur dit lors ce bon prince,
Où rencontreroit-on, non dans une province,
Mais en tout ce qu'eschauffe et dore le soleil,
Un homme en suffisance à cestuy-cy pareil,
Un qui de nostre bien nous puisse mieux instruire,
Un qui dans nostre mal nous puisse mieux conduire,
Que ce noble estranger poussé d'un mouvement
En qui l'esprit d'un Dieu brille si vivement?
Et, regardant soudain l'interprete admirable :
Puis, continua-t'il, que le Ciel favorable,
Daignant par ton moyen me tirer de soucy,
Te montre et la blessure et le remede aussy,
A quel autre qu'à toy, sans une erreur extreme,
Sans frauder ta vertu, qui vaut un diademe,
Pourroy-je confier cette charge d'honneur
D'où, selon tes propos, despend nostre bonheur?
Tu la merites seul, à toy seul je la donne ;
Fay ce que tu voudras, agy, dispose, ordonne :
Je consens que l'Egypte obeisse à tes loix,
Je veux que ma maison reconnoisse ta voix,
Que sans toy rien ne branle en tout ce vaste empire,
Que chacun t'y revere, à ta gloire y conspire,
Et qu'en fin ta grandeur eclatte tellement
Que je luise sur toy du trosne seulement.
Là-dessus, il se leve, et pour faveur insigne,
Pour plus l'authoriser, comme l'en jugeant digne,
Tire d'un de ses doigts son anneau precieux,
S'approche de Joseph, et d'un front gracieux

En honore les siens, qui trembloyent, non de crainte,
Mais d'une humilité dans sa belle ame emprainte;
D'un long habit royal fait revestir son corps,
L'enrichit d'un colier, honneur de ses tresors;
Puis, sur le second char triomphant et superbe
Dont il alloit parfois presser l'esmail de l'herbe,
Commande qu'on le montre aux yeux de la cité,
Et qu'au bruit d'un heraut tout le peuple excité,
Apprenant sa vertu, sa gloire et le beau titre
Qui l'eslevoit au rang de souverain arbitre,
Devant luy se prosterne, et par là fasse voir
Les justes sentimens d'un fidelle devoir.

Voilà, grande princesse, en quel estat supreme
Joseph fut eslevé par l'infortune mesme;
Voilà comme en un char quatre nobles chevaux
Le firent triompher après tant de travaux.
C'est ce que tu vois peint sur cette toile antique:
J'y remarque par tout les charmes de l'optique,
Et l'on diroit encor que les hennissemens
Y provoquent Memphis aux applaudissemens.

L'abondance arriva comme il l'avoit prescrite:
Elle est en ce tableau naïvement descrite.
La sterilité vint : une seche langueur
Assoupit des guerets la recente vigueur.
En vain le fer aigu sillonna la campagne,
La famine et la mort, son affreuse compagne,
Desolerent la terre, et ses utiles dons
Se virent estouffez sous l'horreur des chardons.
Le Nil, presqu'alteré parmy ses ondes mornes,
N'ayant pas le pouvoir d'outre-passer ses bornes,
N'arrosoit plus la plaine, et la voyoit perir
Sans que dans sa misere il la pust secourir.

En cette occasion funeste et lamentable
Parut du grand Joseph le conseil profitable;
Son espargne et son soin se firent admirer,

Sa prudence empescha l'Egypte d'expirer :
Car, contre les malheurs de la terre infeconde,
Les magazins royaux, s'ouvrant à tout le monde,
Consolerent le peuple en son adversité,
Et soustindrent les coups de la necessité.
　Ainsy le grave Amram, ayant avec merveille
Satisfait de Termuth le desir et l'oreille,
Mit fin à son discours, et, sortant de ce lieu,
Se vit par cette belle honorer d'un adieu.
　Voilà donc quels objets l'avoyent entretenue
Jusqu'à ce que du soir la frescheur fust venue,
Et que l'heure du bain, qui s'approchoit alors,
L'appelast sur le Nil, dont elle aymoit les bords.
　Noble fille du ciel, chere et divine Muse,
Qui, loin de ce Parnasse où le monde s'amuse,
Du sacré mont d'Horeb frequentes les sommets,
Et de ses antres saints le sentier me permets,
Daigne me laisser boire en l'immortelle source
Qui de ses beaux rochers prend à regret sa course,
Et fay qu'en cet endroit ce raffraischissement
Soit de ma vive ardeur le vif accroissement.
J'ay chanté de Termuth la demeure et la vie ;
Faisons-la promener : le temps nous y convie.
Moyse nous rappelle, et le flambeau du jour
A dejà fait sur luy la pluspart de son tour.
　Si-tost que la princesse eut veu l'heure arrivée
Que pour jouir des champs elle avoit reservée,
De son intention son monde elle avertit,
Et par un beau jardin de ce beau lieu sortit.
Une demarche auguste, une pompe modeste,
Ornoit sa majesté d'un certain air celeste ;
L'habit en estoit grave, et l'obscure couleur
En disoit clairement la secrette douleur.
Mais, malgré les efforts de la mélancolie
Où son ame royale estoit ensevelie,

Malgré ses tristes soins, elle ne laissoit pas
De ravir tous les cœurs avec ses doux appas.
Cent visages divins brilloyent à l'entour d'elle,
Cent vierges aux beaux yeux, qui, suivant ce modelle
De sagesse, d'honneur, de grace et de vertu,
Se destournoyent du vice à leurs pieds abbattu.
Maint eunuque ridé, sous mainte halebarde,
Servoit à cette trouppe et de lustre et de garde,
Et maint esclave noir, pourveu d'arc et de traits,
En rehaussoit encor les pudiques attraits.
 La nimphe estant montée en un grand char d'yvoire
Qu'elle seule combloit de splendeur et de gloire,
Trois licornes de front, admirables à l'œil,
Foulant à bonds legers, dans l'aise et dans l'orgueil,
Les riches ornemens dont la superbe Flore
Esmaille et rajeunit Cybele, qui l'adore,
L'emportent vers le Nil, maschant l'or de leur frein,
Au digne et beau milieu du magnifique train.
Ces animaux captifs, mais joyeux de leurs chaisnes,
Avoyent une amazone à gouverner leurs resnes;
Ils desfioyent les airs, et, d'un œil enflamé,
Sembloyent pour le combat avoir le front armé :
On auroit dit au moins qu'en leur noble insolence
Ils vouloyent rompre en lice avec leur fiere lance,
Et jamais, toutesfois, leur courage benin
N'en montroit la vertu que contre le venin.
Un prince qui regnoit en l'ardente contrée
Que borne à l'orient le grand golphe Erythrée,
Où virent les Hebreux tant d'ennemis noyez,
Les avoit pour tribut à l'Egipte envoyez.
Ils passoyent en blancheur le lustre de la nege;
Il n'est point de coursier plus adroit au manege
Qu'ils l'estoient quand la vierge experte à les donter
Sous sa jambe et sa main les vouloit agiter.
 Le royal appareil qui le char acompagne

En diverses façons mesure la campagne.
L'un fait caprioler un barbe genereux
Dont est, selon le bruit, un lutin amoureux,
Qui d'un soin assidu toutes les nuits le pense,
Qui luy tresse le crin, de riches nœus l'agence,
Et, fantasque et jaloux, ne voudroit pas souffrir
Qu'à ce travail aymé nul homme vinst s'offrir;
L'autre charge le col d'un dromadaire enorme;
L'autre d'une giraffe, en un belle et difforme,
Presse le dos de tigre, et l'autre, en s'eschauffant,
Irrite la lenteur d'un robuste elephant.
 Une branche du Nil, avec art menagée
Et d'arbres immortels en tout temps ombragée,
Isole une prairie où les plus rares fleurs,
Faisant briller l'esmail des plus vives couleurs,
Presentent aux regards sur la beauté de l'herbe
Tout ce qu'ont nos jardins d'exquis et de superbe,
Et semblent chaque soir se desrober aux yeux
Afin d'aller reluire entre celles des cieux.
Ce prodige eclatant, venu d'obscure race,
Cet honneur des boucquets, qui seul change de face
Parmy tous les tresors qu'on voit s'espanouyr,
Et dont le teint divers peut l'air mesme esblouyr,
La tulipe sans prix, bizarre et merveilleuse,
Y faisoit admirer sa richesse orgueilleuse.
La gentille anemone au lustre diapré,
Où d'un sang pur et doux le lait est empourpré,
Et l'œillet, et la rose, y montroyent leur peinture
Par la profusion de la seule nature;
Et de mille autres fleurs les charmes innocens
Y donnoyent au soleil leur baume et leur encens.
 Le long et droit canal que ce beau pré renferme
S'ornoit de deux beaux ponts qui de la terre ferme
Aboutissoyent à l'isle, et l'art y faisoit voir
Des plus rares ouvriers l'industrieux sçavoir.

Là, les vieux roys d'Egipte et ses plus nobles mages
Sembloyent par le cizeau revivre en leurs images ;
Chaque arche en portoit une, et ces marbres levez
Fouloyent d'un pié vainqueur cent gestes achevez ;
Là, pour le soin du corps, pour garantir ce fleuve
Du reptile cruel qui dans ses eaux se treuve,
Douze grilles de fer aux pointes de harpons
Remparoyent seurement les arches des deux ponts ;
Avec mesme industrie, et pour la mesme chose,
D'un et d'autre costé cette onde estoit enclose ;
Deux longs rangs de barreaux, faits du premier metal,
Sur des murs de porphire en gardoyent le cristal ;
Entre ces barreaux d'or cent piliers magnifiques,
Sous des vases de jaspe ornez d'hyerogliflques,
De distance en distance arrestoyent les regars
Et d'un albâtre pur luisoyent de toutes parts.

DOUZIESME PARTIE.

Argument.

Le bain de la princesse d'Egypte. — Elle remonte sur le char. — Combat de l'aigle et du vautour. — Les anges exposent le berceau de Moyse aux yeux de la princesse. — Surprise de Marie en la voyant arriver. — Les nageurs après la nacelle. — Paroles de la princesse en voyant Moyse à bord. — Moyse refuse le sein des nourrices egyptiennes. — Marie parle à la princesse et s'offre d'aller chercher une nourrice de sa nation. — Description de Marie en sa course. — Elle revient avec Jocabel, à qui la princesse donne Moyse à nourrir. — La princesse fait des presens à l'un et à l'autre, puis s'en retourne dans son palais. — Jocabel s'en retourne chez elle avec Marie et Moyse, et y trouve Amram, Merary et Elisaph, à qui Marie est promise. — Conclusion de l'œuvre par la description d'une nuit.

Au bord delicieux de l'onde fortunée
Qui pour estre plus libre estoit emprisonnée,
Qui seule avoit l'honneur, aux doux mois revenus,
De voir d'un noble corps les chastes membres [nus,
Finissoit une route en beautez incroyable
Un berceau naturel, sombrement agreable.
Par ce digne sentier la nimphe s'y rendit,
Et pour aller au bain de son char descendit.
   Telle que le pinceau fabuleux et prophane
Depeint auprès de l'onde une belle Diane,
Quand, au retour des bois où ses pas mensongers
Suivent les pas craintifs des animaux legers,
Elle s'en vient noyer sa chaleur et sa peine
Dans l'humide plaisir d'une claire fontaine,
Et veut qu'en mesme temps toutes les vierges sœurs
Plongent leur lassitude en ses fresches douceurs.

Telle apparut la nimphe avecques ses pucelles ;
Mais c'estoit une flame entre des estincelles.
Son allure, ses yeux, sa taille et son aspect,
Influoyent dans le sein l'amour et le respect.
Sur la rive superbe elle fut la premiere,
Et jamais le soleil, le roy de la lumiere,
Lors qu'il sort de la mer, si beau ne se montra
Que cette reine fit lors qu'en l'onde elle entra.
 Cent doigts polis et blancs l'avoyent deshabillée
Sous l'obscure espaisseur de la verte fueillée,
Où, bien loin de sa suitte, un pavillon tendu
En rendoit le spectacle aux hommes deffendu.
Ses beaux pieds, tout ensemble et hardis et timides,
S'abbaissent dans le fleuve entre deux piramides
Qui semblent s'eslever pour dire au firmament
Leur fortune, leur gloire et leur contentement.
Un precieux degré, fait de nacre et d'agathe,
N'eut pas si-tost senty sa plante delicate
Qu'il redoubla son lustre, et par ce vif honneur
Prouva de ses baisers l'indicible bonheur.
Mais quelque excès d'appas que je me puisse feindre,
A sa description je ne sçaurois atteindre,
Car l'innocente honte et la pudicité
Couvroyent d'un voile saint sa belle nudité ;
Seulement à ma plume il est permis de dire
Que le Nil la receut, qu'un aymable zephire,
Desnouant de son chef le mobile tresor,
Sembloit faire descendre un noble ruisseau d'or
Sur le fluide argent des flamboyantes ondes
Où brilloyent à l'envy ses graces vagabondes,
Et que l'astre du jour la prit en mesme instant
Pour de l'yvoire souple et du marbre flotant.
 D'abord de la fraischeur elle est un peu transie ;
Mais, la fraischeur enfin luy semblant adoucie,
Elle avance le pié, douteux et retenu,

Sur un sable mollet, insensible et menu;
Sa taille se desrobe, elle entre, elle se plonge,
Elle se laisse aller, s'abandonne, s'allonge,
Nage, esbranle les flots, et les flots agitez
Petillent d'allegresse autour de ses beautez.
Ceux que de son chemin ses jeunes bras escartent
Avec un doux regret de ses bras se departent,
Et, comme s'ils sentoyent quelque affront rigoureux,
Montrent par leurs bouillons leur despit amoureux;
Ceux que son pié mignard, secousse après secousse,
D'une agile façon tout de mesme repousse,
S'esmeuvent tout de mesme, et, n'osant escumer,
Dedans leur propre sein taschent de s'abismer.

Cependant autour d'elles un beau nombre de filles,
En ce bel exercice adroites et gentilles,
Desploye au gré de l'œil cent mouvemens divers,
Sillonnant le canal de long et de travers.
Icy, l'une se dresse et le fleuve re-sonde;
Là, l'autre s'oste à l'air pour se donner à l'onde,
Submerge en s'esgayant ses roses et ses lys,
Fait voir au fond de l'eau des feux ensevelis,
D'un cristal pur et mol se couronne et se voile,
Et, rehaussant enfin et l'une et l'autre estoile
Qui perçoyent vivement le liquide bandeau,
Redonne à l'air ses feux et les tire de l'eau.
Celle-cy, tout debout, rit, chante et se promeine;
Celle-là, près du bord, resve et reprend haleine,
Et comme elle medite, une autre, front à front,
De ses doigts enjouez la mouille et l'interront.

Enfin, de ces plaisirs la nimphe satisfaite,
Abandonne les flots, commande la retraite,
Refoule du canal le superbe escalier,
S'y voit luire en passant de pilier en pilier,
En rehausse la pompe et la magnificence,
Puis, rendant ces objets tristes de son absence,

Va sous le pavillon s'enveloper soudain
Et faire boire aux draps les reliques du bain.
  O! que l'on essuya de richesses fondues!
On eust dit, à les voir sur sa gorge espandues,
Que de ce double mont, contraint à pantheler,
La neige se voulust en perles distiler.
  Tandis qu'elle s'habille et qu'on remet en ordre
L'or de sa chevelure, où l'yvoire ose mordre,
La belliqueuse vierge à l'œil estincelant
Amene avecques bruit le beau trosne roulant.
Elle monta dessus si-tost qu'elle fut preste,
Et, vers le lit du Nil luy faisant tourner teste,
Va passer en ces bords ce qui restoit du jour,
Et repaistre ses yeux des charmes d'alentour.
Une suitte de chars que ses filles remplissent,
Foulant le verd honneur dont les champs se tapissent,
Se promene après elle, et ses Mores armez
Piquent à l'environ leurs chevaux emplumez.
  Or, comme cette trouppe estoit tousjours pourveue
Des choses qui plaisoyent à sa royale veue,
Celuy qui de la chasse avoit le noble soin,
Marchant au front de tous, un aigle sur le poin,
Luy fit bien-tost gouster, dans une ample prairie,
Les plaisirs qu'aux regars donne la volerie;
Un vautour effroyable en fournit le sujet,
Et de ce passe-temps fut le fatal objet.
  Ce monstre carnacier estoit le vautour mesme
Qui, mettant la pucelle en une peine extreme,
Avoit d'un œil avide espié sur les eaux
L'enfant qui reposoit au milieu des roseaux,
Et qui, l'ayant d'abord pris pour estre sans vie,
S'estoit mis en effet d'en souler son envie,
Mais dont les protecteurs et saints et vigilents
Venoyent de repousser les efforts insolents.
  Dès que l'aigle royal eut descouvert la proye,

Son grand cœur fut esmu d'une bouillante joye ;
Il partit de la main, et, plus pront qu'un eclair,
S'eslança d'un long vol jusqu'au plus haut de l'air.
Il entre dans la nue, il en sort comme un foudre
Qui du flanc maternel l'enceinte ose decoudre
Pour choquer le sommet d'un vieux roc eslevé
Dont l'invincible orgueil l'irrite et l'a bravé.
Le vautour furieux s'appreste à la deffence,
L'aigle noble et hardy se prepare à l'offence,
Et l'un et l'autre oyseau, pour ses forces montrer,
Fait une brusque pointe et se vient rencontrer
Avec la mesme ardeur et les mesmes coleres
Que sur un champ naval deux rapides galeres,
Proue à proue, en ramant, viennent s'entr'investir,
Et se faire à l'abord l'une à l'autre sentir.
Ils se prennent soudain et soudain ils se laissent ;
Ils se haussent tantost, puis tantost ils s'abbaissent ;
L'un gagne le dessus, l'autre en rond se debat,
Et tous deux animez s'acharnent au combat.
 Dejà, bec contre bec et serre contre serre,
Ils taschent de finir cette mortelle guerre ;
Dejà l'aspre vautour, sous l'aigle qui l'estreint,
De douleur et de rage à crier est contraint ;
Dejà le sang en pleut : son vainqueur le secoue,
Et tandis que le vent de leurs plumes se joue,
Tandis qu'ils font en l'air un combat si cruel,
Leurs ombres sur le pré font un autre duel.
 Le vautour à la fin de l'ennemy s'echappe,
Mais en moins d'un clin d'œil l'ennemy le r'attrappe ;
Il le heurte, il le bourre, il le mene battant
Jusques où se voyoit le cher berceau flottant,
Et, comme pour punir l'insatiable audace
Qui l'avoit fait rauder autour de cette place,
Le re-chocque, le presse, et par un vif effort
L'accable contre terre et luy donne la mort.

Termuth, suivant de l'œil l'ondoyante volée,
Par le vouloir divin en ces bords appelée,
Galoppe et roule après sur le char glorieux,
Et trouve heureusement l'aigle victorieux,
L'aigle qui sur la proye, avec l'une et l'autre aile
La rebatant encore et s'irritant contre elle,
Semble ne croire pas en triompher assez
S'il n'en voit les boyaux estendus et percez.
 Alors du Roy des roys les fidelles ministres,
Qui de tant d'accidents estranges et sinistres
Avoyent sauvé Moyse, et de leurs dignes mains
Destruit en sa faveur tant d'objets inhumains,
Voyant par cette reine, aussi-tost reconnue,
De son illustre sort la grande heure venue,
Et sachant ce qu'au ciel l'auguste eternité
Dans son livre de gloire en avoit arresté,
Pour l'exposer aux yeux la nacelle degagent
Des joncs et des roseaux qui l'ornent et l'ombragent,
En rompent les liens, et, d'un elancement
Où l'effort de leur bras s'imprime doucement,
La poussent dans le cours, la font glisser sur l'onde,
En surprennent la nimphe en charmes sans seconde,
Et, la comblant soudain d'amour et de plaisir,
D'en posseder l'honneur luy donnent le desir.
 L'homme, assis dans un bois, qui verroit sans tempeste
Un arbre tout à coup tresbucher sur sa teste,
Ou qui rencontreroit sous ses tranquilles pas
Un affreux basilic enflé de cent trespas,
Dont les ardents regars, tenant lieu de morsures,
Luy feroyent par les siens de profondes blessures,
En ce cruel instant auroit bien moins d'horreur,
Seroit bien moins saisy de crainte et de terreur,
Que ne le fut Marie, en son ame estonnée,
De voir près du berceau la trouppe inopinée,
De le voir s'eschapper du bel azile vert,

DOUZIESME PARTIE. 321

Et de le voir enfin à tant d'yeux descouvert.
  Elle estoit sur la plaine, et le berger fidelle,
Avecques Merary discourant auprès d'elle,
Venoit, de sa muzette aux doux et nobles tons,
Esgayer ses brebis et charmer ses moutons,
Quand la nimphe royale, ayant jetté sa veue
Sur l'objet incertain dont elle estoit esmeue,
Voulut qu'on fendist l'onde et que d'un pront effort
Vers le jonc on nageast pour l'amener à bort.
  L'adroit et fin chasseur qui, dans un lieu rustique,
Suit le long d'un marais le gibier aquatique,
Et qui, sous l'aspre coup du tonnerre inventé,
A veu, non sans plaisir, le saut espouventé
Que de la rive en l'eau fait le rauque reptile
Dès que du bacinet sort la flame subtile
Sous qui le brusque chien, mu d'un autre soucy,
Vers l'oyseau vif ou mort se precipite aussy,
Peut seul se figurer, par la similitude,
De quel air, de quel soin, de quelle prontitude,
Sous l'ordre de la voix au secourable accent,
On saute après l'esquif du nocher innocent.
  Mais, dans la vive ardeur dont la trouppe est eprise,
Il n'en va pas pour un à la belle entreprise :
Beaucoup, dejà tout nus, ont le mesme dessein,
Et dejà l'onde calme escume sous leur sein.
Je les voy deux à deux, trois à trois, quatre à quatre,
Comme en un jeu de prix sembler entr'eux debatre,
Sous l'espoir d'un beau gain, à qui se passera
Et du but fugitif la palme enlevera.
En la palestre d'eau plats sur le ventre ils glissent,
Leurs mains deviennent pieds, leurs bras egaux se plis-
Font leur tour en dedans d'un art agile et pront,   [sent,
Puis lancez en dehors se r'amenent en rond ;
Leurs jambes à l'envy, renversant la carriere,
Pour aller en avant se jettent en arriere,

II.   21

Et, par l'esprit venteux dans leur poumon enclos,
En bouffant, de leur joue ils repoussent les flots.
Mais mon œil, entre tous, remarque un jeune esclave
Qui, venu du pays que l'eau vermeille lave,
De son corps tenebreux offrant à nu le teint,
Sembleroit un charbon que l'onde auroit esteint,
Si, dans l'ardeur qu'il montre à devancer la trouppe
Qui, pour suivre l'enfant, le champ liquide couppe,
Il n'estoit plustost pris, tant il est diligent,
Pour quelque dard d'ebene en ce chemin d'argent.
Aussy nage-t'il moins devant tous qu'il ne vole ;
Aussy, par sa vigueur, de la chere gondole
A-t'il l'honneur d'atteindre et d'arrester le cours
Et d'estre l'instrument d'un si rare secours.

   Que je trouve, ô grand Dieu! cette avanture estrange!
L'image d'un demon sauve celle d'un ange,
Et de ce monstre humain, et si noir et si laid,
Le bras d'encre est propice à des membres de lait!

   Quand il voguoit ainsy sur la coulante plaine,
Tous les vents suspendus retenoyent leur haleine,
Ou, s'ils souffloyent un peu, c'est que, l'oyant gemir,
Ils le vouloyent bercer afin de l'endormir.
Dès que l'illustre nimphe eut contemplé ses charmes,
Qu'elle entendit sa voix, qu'elle aperceut ses larmes,
Une vive, une triste et pronte esmotion,
Faite d'estonnement et de compassion,
Tira de ses beaux yeux deux torrens pitoyables,
Fit dans son chaste sein des effets incroyables,
Et ce premier effort, suivy d'un doux progrès,
Disposa sa noble ame à lascher ses regrets.

   Ah! que le bon Amram, à la fin des merveilles
Dont il a satisfait nagueres mes oreilles,
Auroit eu de raison de me representer
Les rigueurs dont on use à les persecuter!
Sans doute cette aymable et tendre creature,

Ce thresor qui sur l'onde erroit à l'aventure,
Esprouve l'aspreté du trop cruel edit,
Son geste me le montre et son œil me le dit.
Quelque femme d'Hebreu, quelque chetive mere,
N'ayant pas le courage, en sa douleur amere,
De le meurtrir de coups, de l'esteindre au berceau,
Aura mis tout son bien dans ce fresle vaisseau ;
Et peut-estre qu'à l'heure, horriblement touchée
De s'estre ainsy soy-mesme à soy-mesme arrachée,
La pauvre malheureuse, après luy se jettant,
Aura fait voir l'excès d'un crime repentant.
Mais, qu'elle soit ou non au rang des ombres vaines
Qui ressentent là-bas des plaisirs ou des peines,
Je veux que cet enfant trouve une mere en moy,
Qu'il se voye eslever en digne fils de roy,
Et qu'une adoption licite et vertueuse
Console desormais ma couche infructueuse.
Un saint destin me l'offre, et c'est un don du Ciel
Qui de mes longs ennuis adoucira le fiel.
Voilà l'heureux succès de l'estrange et beau songe
Que je pris l'autre jour pour quelque vain mensonge ;
Voilà le diamant qu'un favorable sort
Me fit dans le sommeil rencontrer sur ce bort,
Et que, par un miracle et pront et fantastique,
Si-tost que de ces lieux le demon aquatique
Vint, selon ma croyance, en enrichir ma main,
Mon œil vit transformer en un vray corps humain,
Qui gardoit toutesfois sa nature premiere,
En deux vivans tresors d'amour et de lumiere,
En deux astres divins, tels que ceux de ce front
Par qui le soleil mesme endure un clair affront.
O rare et bel enfant ! ô celeste visage
Où luit de la grandeur l'infaillible presage !
O gloire de mon ame ! ô plaisir de mes yeux !
O bien que de là-haut m'ont envoyé les dieux !

Les flots t'ont espargné : leurs monstres effroyables
Sont à l'entour de toy devenus pitoyables ;
Et moy, plus monstre qu'eux, sous ombre d'un decret
Qu'avec juste raison je deteste en secret,
Je voudray que sur terre, à ma dure parole,
En ma fiere presence un barbare t'immole !
J'accourciray moy-mesme un si noble destin,
Et te feray trouver ton soir dans ton matin !
Ah ! m'arrive plustost la nuit perpetuelle
Qu'à ton beau jour naissant ma main soit si cruelle !
Puissay-je plustost voir tout le monde au trespas
Que d'esteindre ta vie et perdre tant d'appas !

 Ainsy parloit la nimphe, et montroit en sa plainte
Combien de la pitié son ame estoit atteinte,
Tandis qu'aux environs, pour redonner vigueur
A l'enfant qu'à ses cris on jugeoit en langueur,
D'un sein pourveu de lait on s'estoit mis en queste,
Comme si la mort mesme eust pendu sur sa teste ;
Mais, autant qu'il en vient, il les pousse des doigts :
Il en deffend sa bouche et crie autant de fois.

 La sœur, qui d'une oreille aux paroles tendue
Avoit de point en point la princesse entendue,
Feignant que le hazard en ce bord l'amenoit,
Y vint comme à propos Dieu mesme l'ordonnoit.
Elle tient à Termuth sa parenté secrette,
Et, d'une hardiesse agreable et discrette,
Entr'ouvrant pour parler ses rubis gracieux,
Lasche ainsy de sa voix le ton officieux :

 Tu pers, illustre nimphe, et ton temps et ta peine;
S'il est fils d'un Hebreu, ton entreprise est vaine :
Il perira plustost, par une aversion
Naturelle aux enfans de nostre nation,
Que de donner sa levre au sein d'une estrangere.
J'ose t'en advertir, quoyque simple bergere ;
Mais, si tu le permets, on t'en presentera

Dont, sans qu'il y repugne, il s'alimentera.
　L'ordre à l'instant donné, cette pucelle accorte
Va trouver Jocabel d'une si pronte sorte
Qu'elle semble en sa course un des feux de la nuit
Qui s'eschappe à soy-mesme et brille et s'entre-suit.
Tout ce qu'un beau mensonge a dit d'une Atalante,
Ce qu'on a feint d'une autre à la rapide plante
Qui passoit l'onde à sec, et dessus les guerets
Couroit sans affaisser les tresors de Cerès,
Se montre veritable en l'ardeur dont Marie
Marche ou glisse plustost sur la plaine fleurie.
　Sa trace est invisible, et son agilité
　Fait croire l'hyperbole avec facilité ;
Son poil, d'un chastain brun, vagant après sa teste
Comme, s'il se peut dire, une aymable tempeste,
Se crespe, se debat, s'esgare, se reprend,
S'esparpille, se joint, se desrobe et se rend ;
Puis, ainsy qu'une soye ondoyante et menue,
Frappant de son beau dos l'yvoire à demy nue,
Bien qu'elle aille si viste, il semble la foiter
Pour punir sa lenteur et la faire haster.
Le gentil ornement d'une longue simarre,
Opposant au soleil mainte couleur bizarre,
Varie en mille plis secoués et retors
A l'entour des piliers qui soustiennent son corps.
Les buissons, les fossez, sont chemins devant elle :
Rien n'arreste ses pas, quoy que son sein panthelle,
Son beau sein, qui commence à peine à s'enhardir
De montrer quelque enflure en voulant s'arrondir.
Elle est dejà rendue, et le vent s'en estonne ;
Sous maint coup redoublé dejà la porte tonne.
Sa mere en est surprise, elle en blesmit d'effroy,
Elle en sue, elle en tremble, et, toute hors de soy,
Dans l'attente douteuse où flotte sa pensée,
De desir et de crainte esmeue et balancée,

Elle ouvre, elle oit enfin l'agreable rapport
Qui luy dit que sa nef est surgie à bon port.
Pour en louer le Ciel elle se jette à terre,
Leve l'œil, joint les mains, les hausse, les resserre,
Puis avecques sa fille et part, et vient au lieu
Où l'appelle au secours l'enfant aymé de Dieu.

 Quel pinceau depeindroit ses prudentes contraintes ?
Qui sçauroit exprimer avec combien de feintes
Elle couvrit l'instinct secret et maternel,
De peur que trop d'amour ne le fist criminel ?
Qui pourroit dire aussy la sage indifference
Qu'instruit mesme d'en haut à cacher l'apparence
L'enfant luy temoigna, quoy qu'il la reconnust
Et qu'un plaisir extreme en son cœur il en eust ?
Il luy sourit pourtant, mais c'est à l'eschappée,
Mais c'est lorsqu'au tetin sa bouche est occupée
Et qu'il suce à longs traits le nectar savoureux
Qu'il s'estoit veu ravir par un sort dangereux.

 Termuth, qui cependant le flate et le regarde,
Veut que pour le nourrir Jocabel l'ait en garde,
Et pour l'induire au soin, sa liberalité,
Ignorant l'interest de la proximité,
Oblige un de ses doigts d'une turquoise en œuvre
Qui rampoit sur de l'or en forme de couleuvre,
Et composoit en rond un riche et bel anneau
Dont l'azur precieux avoit brillé sous l'eau.

 Ce symbole ancien de l'exquise prudence,
Qui dans son noble esprit faisoit sa residence,
Luy fut par son ayeule en mourant octroyé,
Et lors à ce beau don il se vit employé.
D'un bracelet d'electre à la façon jolie,
Où dans chacun des grains estoit ensevelie
Une petite mouche, ainsy qu'en un cercueil
Fait pour vaincre la mort et pour estonner l'œil,
Ce miroir de vertu, de gloire et de sagesse,

Fit encore sentir sa royale largesse,
Le donnant elle-mesme à la discrette sœur
Avecques des propos sans pareils en douceur.
   Après ces beaux discours qui l'oreille ravirent,
Après ces deux presens, que mille autres suivirent,
Et que de telles mains l'honneur fit recevoir
Comme le demandoyent la grace et le devoir,
Cette rare princesse, au fond de l'ame esprise
Pour le divin enfant, le noble et cher Moyse,
A qui sous l'heureux sceau d'un pudique baiser
Elle voulut dès lors ce grand nom imposer,
Enfin, dans un regret montré par quelques larmes,
Dit l'obligeant adieu, s'esloigna de ses charmes,
Et, voyant que la nuit gagnoit tout l'horison,
S'en retourna soudain en l'illustre maison.
   D'autre part, Jocabel, qui s'estoit restenue,
De crainte que pour mere elle fust reconnue,
Lasche aussy-tost la bride à tous ses sentimens,
Adjoute aux ris, aux pleurs, aux doux embrassements,
Des baisers, des souspirs, des paroles de joye,
Qu'avecques des transports jusqu'aux Cieux elle envoye,
Et dans ses actions fait ainsy qu'un ruisseau
Lors que, se degageant entre maint arbrisseau
De quelque vieux rocher tresbuché dans sa source,
Il reprend sur l'esmail sa pronte et libre course,
Le rebaise, le flatte, et semble discourir
Des plaisirs qu'il reçoit de le voir refleurir.
   L'aymable et jeune vierge avec mesme allegresse
Montre son amitié, tesmoigne sa tendresse.
L'une porte en ses bras le saint et cher enfant,
L'autre charge les siens du berceau triomfant,
Et toutes deux enfin vont en ce beau spectacle
Resjouir et charmer le rustique habitacle,
Où dejà de retour se trouve le mary,
Où se rend Elisaph, où survient Merary,

Qui, disant du pasteur le merite et la gloire
Si brillante et si vive en cette rare histoire,
Luy fit en recompense accorder de la main
Le bien dont sa vertu jouit le lendemain ;
Puis, à genoux fleschis, toutes ces nobles ames,
Couronnant ces amours par de plus hautes flames,
Montrerent leur vray zele, et d'un ton solennel
Pour Moyse sauvé benirent l'Eternel.

Quand tout fut accomply, les heures tenebreuses
Ornoyent le firmament de lumieres nombreuses ;
On descouvroit la lune, et de feux animez
Et les champs et les airs estoyent dejà semez.
Ces miracles volans, ces astres de la terre
Qui de leurs rayons d'or font aux ombres la guerre,
Ces tresors où reluit la divine splendeur,
Faisoyent dejà briller leurs flames sans ardeur ;
Et dejà quelques uns, en guise d'escarboucles,
Du beau poil de Marie avoyent paré les boucles ;
Dejà les rossignols chantoyent sur les buissons ;
On oyoit dans le Nil retomber les poissons ;
Le silence paisible et l'horreur solitaire
Contraignoyent doucement les hommes à se taire.
Taisons-nous donc, ô Muse ! et jurons en ce lieu
De ne parler jamais qu'à la gloire de Dieu.

LETTRE DE SAINT-AMANT A BOCHART[1].

A la Verrerie à Rouen, ce 5 mars 1654.

Auparavant que de vous rendre très-humblement graces, comme je fays avec toute la reconnoissance possible, de la chere et obligeante lettre que vous m'avez fait l'honneur de m'escrire touchant le Moyse que je vous ay envoyé, j'ay songé à vos judicieuses remarques, et j'ay voulu voir s'il n'y auroit point moyen d'y repondre. Mais comme je ne suis pas trop chargé de livres, et que ma paresse ne se peut donner la peine d'en aller chercher ailleurs, vous vous contenterez, s'il vous plaist, de ce que ma memoire presente, mon petit jugement et quelques autheurs me peuvent fournir à cet effet. Je vous diray donc, Monsieur, avec toute la deference et tout le respect qui vous sont deus, qu'encore que j'aye leu autrefois la plupart des auteurs que vous m'alleguez, et qu'il me ressouvienne fort bien qu'il y en ait quelques uns qui, selon votre presente remarque, mettent la cour d'Egypte à Soan, autrement Tanis, j'ay creu que je me devois arrester à l'opinion la plus communé et la plus ce-

---

1. Cette lettre est inédite : elle répond à une critique de Bochart que nous n'avons pu retrouver, et à laquelle il est fait allusion dans le *Lantiniana* qui suit le supplément manuscrit au *Menagiana* (Bibl. impér., fonds Bouhier, 87). On y lit : « M. Bochart a fait une critique du *Moïse sauvé* de Saint-Amant. Il y a apparence que ce poète n'auroit rien eu à répondre à une si docte critique. » Saint-Amant fit la réponse qu'on va lire ; mais Bochart répliqua, et sa réplique, qui forme 105 pages in-4, se ménagea une facile victoire en écrasant son adversaire sous les textes grecs, latins et hébreux, qu'il accumula. Ces deux lettres se trouvent au tome XIe des Mss. in-4 de Conrart, p. 627 et suiv.

lebre, qui l'a fait à Memphis, et qu'il peut y avoir aussy bien des roseaux en ce lieu-là qu'en un autre, puisqu'il s'en trouve presque dans toutes les rivieres. Le bon du Bartas, qui n'estoit pas un ignorant, dit en parlant de la nuit qui dure trois jours :

> La palpable noirceur des ombres memphitiques.

Il dit encore en un autre endroit, parlant de Moyse adopté par la fille de Pharaon :

> Et celuy-là qui doit d'un bras haut elevé
> Foudroyer sur Bubaste, et de honte eternelle
> Fletrir la cour de Memphe, est agrandy par elle.

Donc il croïsit que la cour de Pharaon fust à Memphis, et, si je l'ay creu comme lui, Josephe, Philon Juif, et plusieurs autres, ne font voir rien de contraire. Si je ne suis pas le seul qui face naistre Moyse plus de 300 ans après l'entrée des Israelites en Egypte, cela m'est excusable, et je l'ay tiré de ce que dit Josephe, ch. 5, liv. 2, p. 56, où il met en teste les afflictions des Hebreux en Egypte par l'espace de 400 ans. Mais je ne trouve pas, sauf votre meilleur avis, que mon Merary m'oblige à me rendre à ce que vous dites : car, outre qu'il y peut avoir plusieurs hommes de mesme nom, celuy-là n'est qu'un personnage supposé, non plus que mon Elisaph, et je n'ay pas pretendu le donner comme un des trois enfans de Levy. En tout cas, le fameux anachronisme de Virgile touchant Didon m'autorise et me garantit, et moustre assez autentiquement qu'il est permis d'en faire dans les poëmes heroïques. Vous me direz peut estre, Monsieur, que mon ouvrage n'en porte pas tout à fait le titre ; mais, estant à peu près de mesme nature, je le luy aurois pu faire porter si j'en eussé voulu croire quelques uns des plus capables. Pour le vœu que je fais faire à Jacob de bastir un temple, il est très-vray que je n'entens qu'un autel particulier, encore que Diodate (*Génese*, 28, 22) le tourne *Casa di Dio*, et je n'ignore pas que ce fut Salomon qui, sur le dessin de David, fit bastir celuy que l'on pouvoit nommer à bon droit la merveille du monde.

Quant à l'hyperbole *par l'endroit le plus dur*, que direz-vous lorsque vous repenserez à tous ceux des grands poëtes ? et qu'est-ce au prix de celuy de l'Arioste, qui fait voler des esclats de lance si haut qu'ils montent jusqu'à la sphere du feu, d'où ils redescendent en terre tout allumez? Qu'est-ce en comparaison des efforts que le Stace fait faire à Capanée sur les murailles de Thebes? Aussy, Monsieur, dites-vous très-pertinemment que cela est permis au metier; mais je croy que c'est plutost par un endroit legitime que par une excuse licencieuse; autrement, il n'y auroit rien qui excitast l'admiration, et c'est une des choses les plus propres et les plus particulieres qui soient en ce genre d'ecrire. Oseray-je dire à une personne qui le sait incomparablement mieux que moy qu'il y a des façons de parler dans la sainte Ecriture mesme où il ne faut pas y prendre tout au pied de la lettre; qu'elle use de figures quelquefois, et que, quand Samson defait et tue mille hommes, luy tout seul, d'une machoire (ce que je tiens indubitable pourtant), il y paroist quelque chose qui passe l'hyperbole et le merveilleux. Il est vray que Dieu l'assistoit specialement, et que, l'assistant, rien ne luy estoit impossible; mais, en verité, ne pouvoit-il pas assister aussy bien celuy que je fais combattre pour la defense de son grand et fidele serviteur Moyse? Ne pouvoit-il pas donner des forces extraordinaires aussy bien à l'un qu'à l'autre?

Je veux que tant de naturalistes que vous m'alleguez tiennent que les escailles du crocodile sont impenetrables à toutes sortes d'atteintes. Ils n'en estoyent peut-estre pas mieux informez que nous, et, quand cela seroit, c'est d'où je tire la grandeur de mon action. Par le palmier, j'entens celuy qui porte les dates, et non les cocos. Il ne laisse pas d'estre bien plus haut que ne l'ont escrit les anciens. Il s'en trouve en l'Egypte, et pas l'autre arbre qui produit la liqueur qu'on appelle vin de palme, et qui ne porte point de fruit : j'entens le palmiste qui est de la hauteur que vous dites ou environ. J'en parle non sur le rapport d'autruy, mais pour en avoir veu en divers lieux, et il n'est pas incroyable qu'il ne s'en trouvast, dès lors, sur le bord du Nil, outre que de pareilles suppositions doivent bien être souffertes à ceux qui ont droit de tout feindre, ou, pour mieux dire, de mentir impunement. Pour ce qui est de Saba et de ce que je dis de Moyse, en partant de là : *Il revient voir le Nil*, je sçavois bien qu'il n'avoit que faire d'en partir pour le voir, et ç'auroit esté une erreur bien grossiere à qui sait tant soit peu de geographie de n'avoir pas remarqué que cette Saba, que Cambyse nomma depuis Meroé, du nom de sa sœur, est dans une isle toute environnée de ce fleuve et de ceux d'Astap et d'Astobar, selon Josephe. Mais la faute vient de ce qu'ayant retranché, pour certaines considerations, quantité de vers entre deux en cet endroit, et entre autres ceux-cy, qui ne sont peut-estre pas à mepriser :

> Cette grande Saba, dont les tours fastueuses
> S'elevent fierement sur les eaux tortueuses
> De trois fleuves profonds, qui, formant son fossé,
> Font voir dans leur cristal son orgueil renversé ;

la faute, dis-je, vient de ce qu'estant tombé malade pendant l'impression de mon livre, le correcteur n'a pas pris garde à un mot raturé dans la copie à cause de ce retranchement, et je ne m'en suis non plus aperceu depuis ; autrement je l'aurois mis en l'errata.

Il faut donc lire : *Il revint à Memphis*. L'hyperbole de Pharaon en ces mots : *Quoy doncques l'univers*, etc., est un excès artificieux, et je l'ay fait parler ainsi à dessein, comme un fou et un arrogant qu'il estoit. Vous voyez de mesme de quelles figures son discours est composé, combien les mouvements en sont rompus, et combien toutes les marques de son orgueil, de sa colere et de son extravagance, y paroissent. De ce qu'il appelle les Hebreux *infames circoncis*, je presuppose qu'il ne l'estoit point, et, puisque vous-mesme estes incertain qu'il le fust, quoy que rapportent Herodote et Diodore des Colches et des Egyptiens, je croy n'avoir point erré, les Hebreux se pouvant appeler circoncis, s'il faut ainsy dire, par eminence sur tous les autres peuples qui l'estoient. Cette reponse sert à ce qui est dit de la circoncision dans ma preface.

J'ay peint la mer Erythrée de couleur rouge, selon la creance vulgaire, et à cause des sablons que l'on tient luy donner cette couleur lorsqu'elle est esmue, parceque la chose est plus rare, et que cela me fourniroit une plus belle maniere d'ecrire ; non que j'aye ignoré tout ce que vous dites d'Edom, de qui j'estois bien informé que le nom luy en venoit veritablement.

Quand j'ay fait dire à Moyse : *Qu'il l'efface plus tost*, etc., je me suis fondé sur ce que saint Paul, si je ne me trompe, souhaite d'estre fait anatheme pour ses freres ; et, de votre grace, vous lui donnez une explication très-favorable.

De Rachel : *Se tient sur son chameau*. Je vous avoüe que j'ay eu peur que le mot de *bast* ne sentist l'asne, et que j'ay mieux aymé faillir un peu contre l'histoire en faisant Rachel sur le point de son depart que de le nommer, outre que la maladie qu'elle feignoit avoir ne l'obligeoit point à garder le lit. Neantmoins, si vous jugez que la chose soit de grande consequence, nous changerons cet endroit-là en y mettant *sous la couche les tient*, ou quelque autre mot.

Les presents que Jacob envoye à Esaü sont pris de Josephe, in-folio, liv. 1er, p 34, où il dit : « Ce present estoit de plusieurs sortes de bestes du pays dont il venoit, de l'espece desquelles il ne s'en trouvoit pas beaucoup au lieu où Esaü habitoit, et, partant, Jacob pensoit que, pour la rareté, il y prendroit le plus grand plaisir, etc. » Le reste est une fantaisie de poëte comme de peintre, pour representer tousjours quelque chose de plus noble et de plus beau ; et il seroit bien difficile de me prouver que les leopars instruits à la chasse ne fussent qu'une invention des derniers siecles. C'est assez pour moy que la chose ayt pu estre, encore qu'elle n'ayt pas esté. De plus, quand Jacob (*Genes.*, 32, 4) envoye vers son frere, il dit bien qu'il y a des bœufs, des asnes, des brebis, des serviteurs et des servantes ; mais il semble plus tost les offrir que les luy envoyer en effect. Cependant, quoy qu'il ne nomme que ces choses-là, il est très-constant qu'il avoit des chameaux, des chevres et des chiens aussy, puisqu'il avoit des moutons ; et je ne croy pas que tous ces animaux-là fussent rares à Esaü, à qui j'ay jugé plus à propos d'envoyer des presents dignes d'un chasseur tel qu'il estoit. Si vous prenez la peine de regarder encore l'endroit du vautour, vous trouverez que je dis *ou plustost un demon*, et en un autre lieu : *et qui l'ayant d'abord pris pour estre sans vie*. Cela me justifie assez, ce semble ; et, bien que les vautours et les loups suivent d'ordinaire les armées pour se jetter sur les corps morts, ce n'est pas à dire, toutesfois, que les loups et les vautours ne se repaissent que de charongne. Vous savez qu'il en est tout autrement. Au reste, Monsieur, si j'avois eu l'honneur de vous consulter avant l'impression de mon ouvrage, il seroit exent des fautes que vous y remarquez, et de bien d'autres encore qui s'y trouveront sans doute. Mais je m'asseure que, toutesfois et quantes que, par un excès de generosité charitable, vous entreprendrez de me deffendre contre vous-mesme, vous me ferez triompher d'un des plus grands hommes du siecle. Tous les yeux ne sont pas si clair voyans que les vostres ; tout le monde ne va pas puiser dans la vraye et profonde source des choses, comme vous faites. Nous nous cortentons de boire dans les ruisseaux les plus petits et les plus esloignez qui en partent. Excusez-moy donc, s'il vous plaist, Monsieur ; soyez mon protecteur plustost que mon juge, et faites-moy la grace de croire que je suis autant que votre merite, votre vertu, votre savoir, votre ancienne reputation et notre ancienne amitié le demandent,

Monsieur,
Votre très-humble et très-obeissant serviteur,

SAINT-AMANT[1].

1. Après cette pièce viennent, dans le ms., les vers qu'on a lus ci-dessus, p. 54, « Au docte et fameux M. Bochart, sur une méprise en l'envoi d'un livre. »

LA SEINE EXTRAVAGANTE[1].

Donc la Seine, en ses grands accès[2],
Est fâcheuse et hors d'elle-mesme ;
Donc ses desordres, ses excès,
Font devenir le monde blesme.
J'en ay le cœur fort affligé ;
Toutesfois je suis obligé
D'en excuser une partie :
Elle ayme tant mon entretien

---

1. Cette pièce est suivie d'un «advis» que nous croyons devoir placer ici à cause des éclaircissements qu'il donne :

« La piece precedente (*la Seine extravagante*) est hors d'œuvre, et n'a pu estre mise en son rang, parce qu'elle n'a esté faite qu'après l'impression du livre. Elle seroit plus longue si je n'en avois retranché quelques couplets vers la fin, qui en ostent en quelque sorte la liaison ; mais cela n'est pas considerable au prix du sujet qui me les a fait oster.

«Au reste, je diray à ceux qui ne connoissent pas Rouen et ses environs, que l'Eure est la rivière d'Eure qui tombe dans la Seine un peu au dessus du Pont-de-l'Arche ; que l'Andelle est une autre petite riviere qui s'y embouche aussi, presque vis-à-vis, et que le Robec est un petit ruisseau lequel passe au travers d'un bout de la ville de Rouen, et sert aux teinturiers, comme la riviere de Gobelins à Paris.

« Enfin on m'arrache cette piece d'entre les mains, et je n'ay pas le loisir d'en dire davantage. »

2. Ces vers furent composés à l'occasion du fameux débordement qui, en 1658, vint joindre ses ravages à ceux de 1649 et

Que de son lit elle est sortie
Pour me venir voir jusqu'au mien.

La voilà grosse de cent ponts
Qu'elle a tous reduits à non-estre ;
La voilà, haute jusqu'aux monts,
Qui veut entrer par ma fenestre.
Nymphe, je ne veux plus de toy :
Cajoler n'est plus mon employ ;
Tu n'es plus qu'une debordée,
Ton bruit ne m'est que trop connu,
Et ta presence mal guidée
S'abandonne au premier venu.

Comment ! un cours si furieux !
Je le pardonnerois au Rosne ;
Mais il passe, l'imperieux !
Il veut aller jusques au trosne.
Tous ces fleuves occidentaux,
Si grands, si riches en metaux,
Te devront enfin leurs hommages ;
Et dejà, dans ton fier bon-heur,
Tu crois, à force de dommages,
T'eslever au supreme honneur.

Encor, si dans ce beau dessein
Tu les suivois en toutes choses,
On t'orneroit un jour le sein
Des plus superbes fleurs ecloses.

1651.—En 1651, la moitié du pont de la Tournelle, et en 1658 une partie du Pont-au-Change et du pont Marie, furent emportés. « Afin de porter plus de monde à faire des charités, dit Sauval, à ceux qui avoient été ruinés par le dernier, on en imprima une fidèle et curieuse relation. » — Sauval ajoute que la moitié de *la ville* (un des trois quartiers de Paris) fut couverte d'eau par cette inondation de 1658, la plus forte de toutes.

Mais tu n'en uses pas comme eux :
Ces fleuves, larges et fameux,
Tous les tresors donnent au monde ;
Et toy, que rien ne peut flechir,
Par l'avarice de ton onde
Tu l'appauvris pour t'enrichir.

Quoy qu'on m'allegue en disputant
Sur ta couleur quand on l'œillade,
Je ne m'estonne pas pourtant
De te voir un teint de malade.
Qui ne l'auroit ou jaune ou bleu
D'avoir mangé, mais en si peu,
Assez pour combler mille gouffres ?
J'ay resolu la question :
Sans doute le mal que tu souffres
Ne vient que d'indigestion.

Des maisons, des bourgs, des citez,
Des murs, des ponts, tes propres rives,
Font aujourd'hui les cruditez
De tes debauches excessives.
Je laisse à part l'argent et l'or,
Le plomb, le fer, l'estain encor
Dont tu te sens la pance pleine ;
J'obmets que, pour te plus souler,
Le bois seroit dans ta bedaine
Si ta gorge eust pû l'avaler.

Mais il se sauve comme il peut,
Par les marests, en bon proverbe.
Pour le r'avoir chacun s'esmeut,
Comme on s'esmeut après la gerbe.
La gerbe? il n'en est pas le temps ;
Je ne sçay comme je l'entens,
Je m'extravague, je t'imite ;
Disons donc qu'au prochain esté,

Pour faire bouillir la marmite,
Tout bois sera du bois flotté.

On ne voit plus d'arbres debout
Dans toutes les plaines voisines :
Ta rage a déraciné tout,
Jusqu'à ces isles tes cousines ;
Elles ne tiennent presqu'à rien.
Quiconque y marchoit sur le sien
Peut bien chanter : Adieu mes rentes !
Et, si tu fais ce que tu dis,
Nous verrons des isles errantes
Comme la Grece en vit jadis.

Mais, helas ! on n'en sçauroit voir :
Tu les as toutes englouties.
On n'yra plus, vers le beau soir,
Pour y jouer tant de parties.
Ce ne seront plus, aux mois doux,
De favorables rendez-vous
Où l'on se coigne sans querelle,
Et je sçay, par des yeux certains,
Que la pauvre Isle Maquerelle
N'en servira plus aux putains.

Encor passe pour celle-là,
La perte n'en seroit pas grande ;
Si tu le veux, abisme-la,
Je t'en fais une belle offrande.
Le seul nom m'en choque si fort
Que je n'en joins jamais le bord
Que quelque poil je n'en arrache,
Ou, si je mets le pié dedans,
Que quelque affront je ne luy crache
A l'instar des culs impudents.

Or, puisque nous voilà si haut,

Raconte-moy d'autres nouvelles.
Qu'est devenu, dans cet assaut,
Le beau lieu si cher à nos belles?
On m'a mandé qu'avec grand bruit
Tu t'y promenes jour et nuit,
Dont toute la ville est troublée.
Certes, j'en suis mal satisfait,
Et c'est estre bien endiablée
D'aller au Cours du temps qu'il fait.

  Tes eaux ont-elles respecté
Ces miracles de monopole,
Ces palais dont la vanité
Estonne l'un et l'autre pole?
As-tu fait grace aux fondemens
De tous ces autres bastimens
Qui font admirer leur structure?
As-tu pris soin de ces clochers
Où l'on mit l'art sur la nature
Et les forests sous les rochers?

  Ces vieux soustiens, ces pilotis
Qui vont au centre de la terre,
Ne se sont-ils point dementis
Sous ces hautes masses de pierre?
Voit-on encore en bon estat
Ce pont où le grand potentat
Semble respirer dans le cuivre,
Ce pont où ce feu demy-dieu,
Quoy qu'à cheval, se laisse suivre,
Sans qu'à pié l'on bouge d'un lieu?

  Tes flots esmus n'ont-ils pas craint
D'estre mauvais, d'estre nuisibles,
A ceux de qui le nom est saint
Et les protecteurs invisibles?

Je ne dis rien du pont de bois
Que l'on nommoit Rouge autresfois,
Et dont à peine on voit un reste :
O sort bizarre! ô sort nouveau!
Ce pont, sous un bonheur funeste,
S'est par le feu sauvé de l'eau.

Quoy! tu te plais en nos malheurs!
Tu fais l'insensible à nos plaintes!
Et cependant de nos douleurs
Tes roches mesmes sont atteintes.
Dejà tes flots sont tout couvers
De corps qui vaguent à l'envers;
On ne voit que troubles, qu'alarmes.
Cruelle, tu me fais transir;
Je n'ose repandre de larmes,
De peur d'ayder à te grossir.

Mais revenons jusqu'ycy-bas,
C'est assez discouru des autres ;
Entre nous deux soyent les debats :
Leurs pertes ne sont pas les nostres.
Le temple du beau Quevilly
Comme l'eglise est assailly
De ta fureur precipitée ;
Tu destruis cette region,
Et persecutes en athée
L'une et l'autre religion.

O! combien l'exemple des grands
Est d'importance en cette vie!
Tu le fais voir, tu nous l'apprends
D'une maniere trop suivie.
A peine les moindres ruisseaux
Ont-ils veu l'orgueil de tes eaux,
Qu'ils se sont erigez en rustres :

L'Eure emporte Yvry mesme à-val,
Et, sans respect des noms illustres,
L'Andelle entraisne Charleval.

Il n'est pas jusques au Robec
Qui ne veuille trencher du fleuve,
Quoy que parfois le moindre bec
A peine en son onde s'abbreuve.
Il bouillonne, il fait l'insolent,
Plus que lorsqu'un feu violent
L'irrite en la chaudiere à teindre,
Et que de rage d'estre enclos
Il escume et tasche d'esteindre
Le bois qui flambe sous ses flots.

Thetis ne sçait plus où loger
Toutes les eaux que tu luy portes;
Ses Nereïdes en danger
Trouvent tes Nayades trop fortes.
Leur choc les fait palir d'effroy;
Elles s'en plaignent mesme au roy
Qui tient le sceptre de l'abîme.
Il en fremit en sa grandeur,
Et ses Tritons, perdant l'escrime,
Semblent en craindre la roideur.

Les nefs qu'au milieu de ton cours
Tes glaces avoyent detenues
En vain aux ancres ont recours :
C'en est fait si tu continues.
Les cables les mieux cordonnez
Qui les attachent par le nez
Tremblent et cedent à l'outrage ;
Ils ne te sont que des cheveux.
Le port redoute le naufrage,
Et le Ciel est lassé de vœux.

Les heux [1] qui sur nostre ample quay
Se sont vuidez pour le caresme
N'en dancent pas d'un air trop gay
Et courent risque tout de mesme.
Paris n'en sçait que devenir :
Rouen ne lui sçauroit fournir
De ces biens que la mer envoye,
Et les saumons et les harans,
Avec quelque espece de joye,
Sont retournez chés leurs parens.

Une horrible confusion
Regne au faubourg où je demeure,
Et, comme ton invasion,
Elle s'augmente d'heure en heure.
Tu desesperes tout icy,
Tout s'abandonne à ta mercy,
Richesses, meubles, corps et membres,
Et, chés nous-mesmes prisonniers,
Nos cuisines sont dans nos chambres
Et nos caves dans nos greniers.

Ha! que mes yeux seroyent ravis
De revoir l'onde et seche et dure
Comme nagueres je la vis
Sous les rigueurs de la froidure!
Du moins, quoy que l'onglée aux doigts,
Nous verrions cent pieds holandois
Faire merveilles sur la glace;
Ils y courroyent en beaux lutins,
Et nous ririons de ton audace,
Soumise au fer de leurs patins.

Ce fer, ainsy qu'un soc ailé,
Renverseroit la belle neige

1. Bâtiments caboteurs du Nord et de la Manche.

Qui sur ton sein plat et gelé,
Sembleroit dire : Où m'enfuiray-je?
Cette fraische et vive toison,
Te couvrant en plume d'oyson,
Craindroit sa route sur le verre;
D'autres y porteroyent leurs pas,
On y feroit quelque parterre
Et mes yeux n'en pleureroyent pas.

Vrayment, pour finir ces propos,
Nous allions voir un beau ravage,
Si nostre pont, d'un air dispos,
N'avoit regagné le rivage!
Qu'il a bien fait de s'esquiver!
Rien n'auroit pû le preserver
De ton ondoyante furie,
Et ses bateaux en ce moment,
Graces à la poltronnerie,
Ont tesmoigné du jugement.

Au bac nous en serions reduits
Peut-estre pour maintes années,
Ou sur des bateaux mal conduits
Nous risquerions nos destinées.
Mais nostre auguste gouverneur,
Joignant le soin avec l'honneur,
Veut qu'au bien public tout s'accorde;
Ce beau pont s'en restablira,
Et de la rame et de la corde
Sa bonté nous garantira.

Si tu reviens en ton bon sens
Après tant de fautes palpables,
Sois, pour l'amour des innocens,
Gracieuse mesme aux coupables.
Espargne à de mes plus cheris
Le sort qui causa dans Paris

Tant de tristesse et de tumulte,
Et, s'il se peut, en cette horreur,
Sauvant l'homme et noyant le culte,
Separe l'errant de l'erreur.

Tu dois toy-mesme te juger
Assez vieille pour estre sage.
Permets qu'on trouve en ce danger
Un seur et commode passage;
Tire-nous des avares mains
De ces bateliers inhumains
Contre qui la bourse s'irrite;
Enfin donc, Seine, entens ma voix,
Ou je te feray plus petite
Qu'on n'a fait le Tybre autresfois.

LA GENEREUSE

SECOND IDYLLE HEROIQUE

DU SIEUR

DE SAINT-AMANT

A SON ALTESSE

MADAME LA PRINCESSE PALATINE

Sœur unique de la Serenissime Reine de Pologne
et de Suede.

A SON ALTESSE

MADAME LA PRINCESSE PALATINE[1].

ADAME,

Les droits du sang, de l'honneur, de la raison et de l'amitié, donnent tant de part à V. A. en l'ouvrage que, d'une main aussi respectueuse que hardie, j'ose luy presenter, qu'à moins que de commettre la plus insigne faute et la plus aveugle injustice du monde, je ne le pouvois offrir à autre qu'à Elle. Il y a plus d'un an, Madame, que j'aurois pû m'acquiter de ce devoir si j'avois esté à Paris ou en quelque autre lieu où l'impression eust pû s'en faire, sinon avec autant de dignité que le merite du sujet le demande (ce qui est tout à fait impossible), du moins avec toute

---

1. Anne de Gonzague de Mantoue, sœur cadette de la reine de Pologne, plus connue sous le nom de princesse Palatine, naquit en 1616.—Abandonnée du duc Henri de Guise, qu'elle avoit imprudemment suivi à Cologne, elle épousa le prince Édouard, comte palatin du Rhin, fils de Frédéric, duc de Bavière. Bossuet a écrit son oraison funèbre.—Les Mémoires de Mlle de Montpensier lui sont très défavorables.

l'exactitude et tout le soin qui se puissent apporter dans des choses de cette nature. L'or n'est point assez precieux, Madame, pour en former des caracteres qui pûssent y repondre; et le diamant mesme, quelque lustre et quelque fermeté qu'il ait par dessus toutes les autres merveilles de la terre, ne pourroit servir qu'à peine à representer l'eclat et la constance de l'incomparable LOUYSE en toutes ses hautes et glorieuses actions. C'est de ces miracles, Madame, que je donne une bonne part à V. A. C'est dans le tableau de cette GENEREUSE, ou plustost de la Generosité mesme, que j'aurois pû me promettre de faire voir tout ce qu'on se peut imaginer de plus rare et de plus grand, si, quelques nobles traits et quelques vives couleurs que l'art du peintre puisse avoir employées en sa copie, elle ne se trouvoit tousjours bien au dessous d'un si parfait et si divin original. En effet, Madame, je ne sçay comme j'ay esté si presomptueux que de l'entreprendre : je suis confus de l'honneur que j'ay pretendu en acquerir; mais que me repondra-t'on lorsque je diray que j'y renonce, et que mon seul devoir et le seul zèle que j'ay pour tout ce qui regarde ma grande et fameuse REINE ont fait toute ma temerité? Elle est donc juste, Madame, quelque foiblesse et quelque impuissance qu'on y remarque, et tout ce qui est juste ne doit jamais craindre aucune sorte de reprehension. Au contraire, qu'auroit dit S. M. quand elle auroit sceu, à ma honte, qu'une plume qu'elle a daigné obliger par tant de bienfaits et par tant de graces seroit laschement demeurée stupide et muette pendant que toute la terre auroit fait retentir jusques au ciel et la grandeur de sa reputation et l'immortalité de sa gloire? Ouy, je dis de sa gloire, Madame : jamais elle ne s'est mieux soustenue que depuis que les plus indignes assauts de la fortune ont voulu la faire tomber, et jamais elle n'a tant eclaté qu'au moment que les plus sombres nuages du malheur ont tasché de l'obscurcir. Mais comme tous leurs efforts se sont toujours deployez en vain contre elle, j'espere que ce sera doresnavant avec aussi peu de fruit qu'ils les deployeront; et je croy, Madame, que la Providence divine, qui sans doute n'a permis tous ces desordres et tous ces orages d'estat que pour luy donner de faire d'autant plus paroistre toutes ses vertus heroiques, pieuses et magnanimes, se contentera desormais, s'il luy plaist, de les avoir exercées à un si haut point. Sans ces dernieres espreuves, Madame, quoy que S. M. eust dejà fait voir de fort, d'illustre et de courageux, il me semble neantmoins qu'on peut dire, avec tout le respect qui est dû à toutes les autres actions de sa noble vie, qu'elle estoit encore en quelque sorte renfermée en elle-mesme, et qu'elle ne s'est veritablement produite au jour pour se faire admirer à tout le monde, que quand le monde, quelque veneration qu'il eust toujours eue pour elle, ne connoissoit qu'à peine la moitié de ce qu'elle valoit. Quel bonheur, Madame, quel secours pour le grand et digne roy Cazimir, que lorsque, selon toutes les funestes apparences, il sembloit ne devoir plus estre celebre que par les disgraces et les infortunes, il ait rencontré en son intrepide et chere moitié dequoy luy aider à soustenir vigoureusement l'honneur de son sceptre, à se raffermir sur le trosne, et à rendre sur sa teste sa couronne plus asseurée et plus eclatante que jamais! Il est vray, Madame, qu'il reste encore d'assez considerables difficultés à vaincre auparavant que de voir toutes ces choses en l'heureux degré que mes vœux continuels et mon ardente passion le souhaitent, et pour lequel je ne puis douter sans quelque espece de crime que, d'une ferveur infiniment eslevée au dessus de toutes les autres, V. A. n'immole à toute heure de secrettes et fidelles victimes à Dieu sur l'autel de son cœur, et ne luy fasse voir qu'en ce sacrifice le cœur, la victime et l'autel ne sont qu'une mesme chose. Mais, Madame, aussi est-il à croire, par la sainte confiance que l'on doit avoir en son auguste et souveraine bonté, que ceux à qui elle a departy le moyen et le pouvoir de garantir leur vaisseau du naufrage parmy tant de gouffres et tant d'ecueils, et durant la plus furieuse et plus horrible agitation des vents et des flots dont les plus cruelles tempestes se puissent former, le regiront avec beaucoup plus de facilité jusques à l'entier accomplissement de leur route, lorsque les vagues commencent à s'applanir, que l'on voit approcher la bonace, et que l'aquilon mesme semble se changer dejà en zephyre pour l'amour d'eux.

Dieu vueille, Madame, que nous les puissions voir arriver bien-tost au port où les attend le triomphe, afin que V. A. ne soit plus dans les alarmes, dans les deplaisirs et dans les peines où elle a toujours esté en la personne de sa royale sœur, peines qui trop apparemment ont fait la principale cause de cette longue et perilleuse maladie qui a pensé mettre tant de graces, tant de vertus et tant de charmes au tombeau, ou, pour mieux dire, qui a pensé faire perdre à nostre grande et illustre cour un des plus nobles et des plus admirables ornements du siecle : je dirois le seul, Madame, si je ne sçavois que V. A. se daignera tenir assez satisfaite que je luy die pour comble de toute louange ce qu'un des plus beaux esprits du regne passé dit autres fois en parlant d'une belle main ; en voici les vers :

> Quant à sa belle main, cette rare merveille
> Qui de ma liberté rend l'amour possesseur,
> Elle seroit au monde unique et sans pareille
> Si Dieu l'eust condamnée à n'avoir point de sœur.

Mais, Madame, je suis très asseuré que V. A. ayme incomparablement mieux n'estre point incomparable pour ce regard que de n'avoir point eu une telle sœur ou d'en estre privée pour jamais. J'ose encore m'asseurer, Madame, que, quelques avantages et quelques prerogatives que le sceptre donne à S. M. sur V. A., elle ne s'offencera point que je luy donne une esgale en une personne qui a l'honneur de luy estre si proche et si chere ; et, comme il est vray que *l'amour esgale les amans*, on peut bien croire que l'amitié peut faire la mesme chose, particulierement entre deux sœurs dont, si l'une a fait les plus memorables actions du monde, l'autre luy a toujours aydé à les executer par le desir et par l'affection. Enfin, Madame, après avoir fait mille vœux au

Ciel pour l'entiere et parfaite guerison de V. A., je n'ay plus qu'à la supplier très-humblement, comme je fais, qu'il luy plaise m'accorder la grace de voir de bon œil l'ouvrage que je luy offre et consacre avec tant de soumission et de justice, d'en attribuer tous les deffauts autant au manque de nouvelles certaines qu'au peu de capacité de l'artisan, et, pour excès de faveur, qu'elle daigne avoir la bonté de faire en sorte qu'il soit si heureux que de parvenir par son moyen entre les dignes et precieuses mains de la royale princesse qui en a si hautement fourny la matiere. C'est, Madame, la seule et la plus noble recompense que je desire de ce travail, si l'on en peut meriter quelqu'une lorsqu'on ne s'acquitte que de la moindre partie de ce que l'on doit : car je ne doute point qu'avec toutes ses deffectuositez et toutes ses taches, il ne soit très-agreable à S. M. quand il aura le sublime honneur de luy estre envoyé de la part de V. A. Elle apprendra par là qu'un de ses plus vieux et plus fidelles domestiques vit encore, et que, si ce n'est pour quelque petit accroissement de sa gloire, au moins est-ce pour souhaitter autant que tous les autres ensemble qu'elle se voye, et bientost et de tout point, restablie au florissant et paisible estat où il a eu le bonheur de la voir autres fois. Ce n'est point, Madame, par la bouche de l'interest que je parle; ce n'est point mon foible, Dieu mercy, et j'oseray dire, avec une honorable fierté, soustenue d'un aussi honorable dedain, que ceux qui me connoissent jusqu'au fond du cœur me tiennent assez genereux et assez détaché de la fortune pour n'avoir jamais offert l'encens à son idole; pour ne luy avoir jamais lachement sacrifié mes soins et mes peines, et enfin pour n'en avoir jamais voulu faire le moindre de mes desirs. Non, non, Madame, ce n'est point l'amour des richesses qui me touche; elles n'ont point d'appas pour mes yeux; c'est la seule gloire qui m'attire et la seule vertu qui me prend. Et en un mot, s'il n'y avoit quelque sorte de vanité à dire qu'on n'en a point, je dirois que je n'en ay jamais eu, si ce n'est qu'on veuille nommer ainsi la belle et haute licence que j'ay toujours prise et que j'ose prendre encore de me vanter d'estre au delà de qui que ce soit, et autant par choix et par inclination que par devoir,

Madame,

de V. A.

Le très-humble, très-obeïssant et très-passionné serviteur,

SAINT-AMANT.

AU LECTEUR.

Je n'ay pas besoin de te faire icy une longue preface pour la piece que je te donne. Elle s'explique assez d'elle-mesme à ceux qui ont quelque intelligence des choses du siecle, et qui connoissent tant soit peu la belle poesie. Il faut que je t'avertisse seulement de quelques particularitez que tout le monde n'est pas obligé de sçavoir, mais que je suis obligé de te dire pour en éclaircir tous les nuages qui s'y pourroient rencontrer, et pour me faire mieux entendre.

Tu sçauras donc qu'elle a esté faite sur la fin de l'année 1656, après cette grande et fameuse action de la reine de Pologne, mon incomparable maistresse, au combat de Varsovie, qui dura trois jours, où elle commanda le canon elle-mesme dans un lieu vulgairement appellé le Jardin, et où S. M. fait sa plus ordinaire demeure. J'estime qu'il est très à propos de marquer le temps où les ouvrages ont esté faits, sur tout quand il y a quelque chose d'historique; car, comme tout n'est icy bas qu'une vicissitude perpétuelle, et qu'en un moment toutes les affaires peuvent avoir changé de face, il arrive que, ce qui estoit bon à dire en une saison ne l'estant plus en une autre, l'esprit se trouve d'abord embarrassé à le comprendre, sans l'avertissement que je dis, à cause du grand intervale qu'il y a quelquesfois entre le temps que les choses ont esté composées, et celuy qu'on les met au jour. C'est pourquoy je m'en suis déjà servy par le passé et m'en serviray encore à l'advenir en la pluspart des autres pieces que j'espere de donner bien-tost au public.

Pour ce qui est du detail de celle-cy, je te prie de conside-

rer qu'il y a des choses que je n'ai pu dire qu'à demy-mot;
qu'il y en a d'autres où il a fallu que l'artifice ait ingenieusement suplée au deffaut d'une entiere connaissance du fait; et
que, si j'ay usé envers quelques-uns de quelques termes hardis, comme j'ay eu droit de le faire, ayant l'honneur d'estre
domestique de la reine de qui je parle, et me sentant obligé en
toutes façons d'employer ma plume contre ceux qui avec si
peu de raison et de justice employent leurs armes contre elle,
ce n'a esté qu'en gardant toùjours le respect qui est dû au caractere souverain, quelque front que ce puisse estre qui le
porte. Au reste, comme la loy de la guerre permet bien de
tuer impunement, il me semble qu'on peut bien tout dire contre un ennemy agresseur, et qu'il est permis de repousser
l'outrage par l'outrage aussi bien de la langue que de la main.
Il faudroit estre plus extravagant et plus ridicule pour s'en
offencer que certains ambassadeurs de Moscovie qui vindrent
en Pologne du temps que j'y estois, lesquels, pour premier
article de leur premiere audience, demandoient qu'on eust à
faire effacer les peintures que le feu roy Ladislas, de triomphante et glorieuse memoire, avoit fait peindre à fresque dans
son cabinet, où se voyoient les victoires qu'il avoit remportées
sur leur grand-duc; et de plus, qu'on fist brûler un livre
qu'autresfois un historien neutre en avoit fait imprimer en
Holande : apportant pour toute raison qu'il avoit esté dit,
dans le dernier traité de paix, qu'il ne se parleroit plus de
tout le passé, ni de part ni d'autre, et qu'on oublieroit touentierement. Voy si leurs demandes n'estoient pas justes et si
elles n'estoient pas bien dignes de leur reputation!

Je m'en allois mettre fin à ce discours; mais il m'est ressouvenu par hazard d'une chose très-importante à te dire :
c'est que je ne me suis pû resoudre jusqu'à présent à me *monsieuriser*[1] moy-mesme, dans les titres de tous mes ouvrages;
je te prie de croire que ce n'est point par une modestie affectée
ou injurieuse à ceux qui en ont usé de la sorte dans les leurs;

---

[1]. Voy. le *Roman comique* de Scarron, et aussi le *Discours sur ce livre* qui précède le livre des *Advis ou les presents* de Mlle de Gournay. La docte fille fait longuement la différence de *sieur* et de *monsieur*.

et quand on m'aura bien prouvé que j'ay mal fait, je ne me monsieuriseray pas seulement, mais, pour reparer ma faute, je me *messiriseray* et me *chevalieriseray*, à tour de bras, pour le moins avec autant de raison que la pluspart de nos galands d'aujourd'huy en ont à prendre la qualité ou de comte ou de marquis. Adieu.

LA GENEREUSE.

endant que mon auguste Reine
Resiste aux outrages du sort,
Muse, pour un dernier effort,
Chantons sa gloire dans sa peine.
Employons aujourd'hui, mais d'un air de grandeur,
 Un noble et saint reste d'ardeur,
 Qui nous purge d'ingratitude ;
Et, comme fait ce bois où je fais mon estude,
 Accordons l'ombre et la splendeur.

 Jamais retraite solitaire
 Ne fut plus propre à mon loisir ;
 Je n'en pourrois jamais choisir
 Qui, pour mon luth, sceust mieux se taire.
Tout ayde à mon dessein, tout en cette saison,
 Si muable en sa liaison,
 Sert à m'en ebaucher l'idée :
Elle est rude, elle est belle, et mesme secondée
 Par l'assiette de la maison.

 Ce vieux et morne païsage,
 Ces tertres nus, ces tertres verts,
 D'un destin estrange et divers
 Me representent le visage.
Ces fresnes hauts et droits qui bordent ces ruisseaux,

Aussi bien que les arbrisseaux,
Me semblent renversez dans l'onde;
Et, pour peindre à mes yeux les disgraces du monde,
De leurs bras ils font des pinceaux.

Mais comme en la seule apparence
Leur sommet est precipité,
L'erreur mesme et la verité
M'instruisent de leur difference.
Ils sont toûjours debout, ils souffrent cent debats,
Ils s'obstinent dans les combats
Des plus effroyables tempestes;
Ils portent jusqu'au ciel les honneurs de leurs faistes,
Et rien ne les peut mettre à bas.

Il est bien vray, monstrant leur force,
Qu'agitez, et non abbatus,
Ils n'ont besoin d'autres vertus
Que celles qui n'ont que l'ecorce.
Il faut que de leur cœur, un esprit vigoureux,
En des assauts si dangereux,
Parte et monte de branche en branche;
Et que, pour s'affermir, si-tost que l'une panche
L'autre se releve sur eux.

Mais quoy, cette glace liquide
Où je les voyois jusqu'au fond,
Toutes leurs images confond,
Se change, se trouble et se ride.
Ce n'est plus qu'un torrent qui dedaigne ses bords,
Un fier torrent dont les efforts,
Sous ces bois et tristes et sombres,
Semblent en leur murmure, ayant detruit les ombres,
Parler de detruire les corps.

Il en menace les moins proches,
Il gronde, il ecume, il fremit,

LA GENEREUSE.

    L'echo des rives en gemit
    Dans la concavité des roches.
Toutesfois sa fureur, terrible à voir marcher,
    S'efforce en vain de detacher
    Les sourds liens de ces grands arbres ;
Leur pié fait teste aux flots, et, comme autant de marbres,
    Rien ne sçauroit les arracher.

    Tels croy-je voir en leur constance
    L'un et l'autre royal objet
    De qui j'exprime en ce sujet
    La genereuse resistance.
Tel me representay-je en son rapide cours
    Cet orgueil, l'effroy de nos jours,
    Dans les beaux champs de Varsovie ;
Champs, helas ! où la mort à peine laisse en vie
    Ses cruels et propres vautours.

    Ah ! quand je viens à me repeindre
    Le lustre où j'ay veu cet estat,
    Que je deteste l'attentat
    Qui s'est allumé pour l'eteindre !
Que j'y voy d'injustice et de presomption !
    Que dans cette estrange action
    Je trouve la gloire honteuse !
Que la palme m'en choque, ou certaine ou douteuse,
    Et que j'en ay d'émotion !

    Quoy ! je verray des yeux de l'ame
    Ces inhumains, ces criminels,
    Rompre des pactes solennels
    Sans que j'en tonne dans le blame !
Je verray ces felons, de trop d'espoir comblez,
    A des voisins presqu'accablez
    Faire encor de lasches insultes !
Et parmy tant de maux, d'horreurs et de tumultes,
    Mes sens ne seront pas troublez !

Est-ce donc ainsy que l'on paye
Ce que l'on doit au propre sang !
Et quand il coule par un flanc
L'arreste-t'on par une playe ?
Est-ce ainsi qu'un pays justement pretendu
A son vray seigneur est rendu ?
Le rendre, est-ce en ravir un autr e
La maniere en est rare, et jamais dans le nostre
Secret ne fut moins entendu.

Mais que fait ma digne princesse
En ceste enorme invasion ?
Son cœur dans la confusion
Se permet-il quelque bassesse ?
Non non, bien qu'elle cede à l'orage excité,
Bien qu'elle en sente l'aspreté,
Ses grands pas n'ont rien de la fuite ;
Et qui voit sa retraite admire en sa conduite
Une mobile fermeté.

En tous lieux elle est agissante,
Elle est intrepide partout ;
Aucun revers n'en vient à bout,
Et, quoy que foible, elle est puissante.
Elle l'est en effet, elle l'a bien fait voir ;
Mais c'est de l'unique pouvoir
Qui du ciel s'epand sur la terre,
Qui peut changer en marbre une piece de verre,
Et qui fait tout vivre et mouvoir.

Ce n'est pas qu'un regret sensible
Ne fasse en elle ses efforts ;
Mais, s'il la surmonte au dehors,
Au dedans elle est invincible.
Dans le coup impreveu d'un si rude malheur,
Sa raison souffre sa douleur,
Sa constance approuve ses larmes,

LA GENEREUSE.

Et jamais à soy-mesme elle ne rend les armes
    Qu'elle ne montre sa valeur.

    Ni pour travaux, ni pour atteintes,
    Ni pour un palais envahy,
    Jamais son cœur ne s'est trahy
    Jusqu'à faire d'indignes plaintes.
Cette ame grande et belle, en son propre tourment,
    S'oppose à tout ressentiment
    Si-tost qu'il s'oppose à sa gloire :
Sa peine est magnanime, et la vengeance noire
    Ne la tente pas un moment.

    L'honneur pourtant de la couronne,
    Où le sien mesme est en danger,
    L'oblige et veut qu'à se venger
    Toute entiere elle s'abandonne.
Elle s'y porte aussi, mais d'un cœur noble et haut,
    Qui, faisant voir ce qu'elle vaut,
    La rend aux siecles memorable,
Et qui d'un bel excès, seul à soy comparable,
    Se passe et fait plus qu'il ne faut.

    Dejà de l'humble Silesie
    Elle avoit honoré le sein,
    Dejà l'effet de son dessein
    La pressoit dans sa fantaisie,
Quand, pour l'éclorre au jour, à l'instant elle part,
    Revoit le funeste rempart
    Que l'ennemy venoit de rendre,
Rejoint son Cazimir, et de tout s'en vient prendre
    Sa glorieuse et digne part.

    Dieu ! quelle bouche pourroit dire
    L'accueil de ces grands demy-dieux !
    Hé ! que l'absence de leurs yeux
    Cache de choses à ma lyre !

Il faut qu'on s'imagine et de voir et d'ouir
    Tout ce qui peut les réjouir
    En des façons tendres et graves,
Et, sçachant leurs projets et resolus et braves,
    Du futur mesme il faut jouir.

    Comme un lyon et sa compagne,
    Qu'un trait de foudre a separez,
    Enfin rejoints et r'assurez
    Montrent leur joye à la campagne,
Telles me peins-je à l'œil, sous un juste rapport,
    En l'air, au geste, en l'aise, au port,
    Ces deux moitiez plus qu'heroïques ;
Et je conçoy sans peine, en leurs baisers pudiques,
    La majesté dans le transport.

    Leur feu que le Ciel authorise,
    Feu qui ne peut jamais dormir,
    Va de Louyse à Cazimir,
    Vient de Cazimir à Louyse.
Une chaste langueur, un regard vif et saint,
    Qui s'emancipe et se contraint,
    Passe et repasse d'ame en ame ;
Leur amour se respecte, et l'on voit dans leur flame
    Combien leur cœur en est attaint.

    Après ces preuves mutuelles
    De leur pure et forte amitié,
    Ils vont revoir, non sans pitié,
    Des choses tristes et cruelles.
Ils vont revoir ces parcs, ces lieux jadis si beaux,
    Où tous les celestes flambeaux
    Sembloyent sousrire à la nature,
Et de qui maintenant, ô sanglante avanture !
    Les rossignols sont des corbeaux.

    Ils en regardent le parterre

D'aspres espines herissé ;
Ils y trouvent tout renversé
Par les fieres mains de la guerre.
Que si quelque arbre y reste, il ne s'offre à leur œil
    Que comme en un sombre cercueil
    Sous la hauteur de mille orties ;
Le jardin s'en afflige en toutes ses parties,
    Et l'air mesme en porte le dueil.

    Mais tel qu'il est, ma reine auguste
    Y gouste encore des appas,
    Et croit qu'en destourner ses pas
    Seroit commettre un acte injuste.
Il semble qu'elle voye en un pront avenir
    Qu'il a droit de la retenir
    Comme le champ de ses merveilles ;
Il semble que l'honneur, luy bruyant aux oreilles,
    Dejà l'en vienne entretenir.

    Enfin sur la Vistule aymée
    Ils jettent leurs nobles regards ;
    Ils y racontent leurs hazards,
    Ils y parlent de leur armée.
La Nymphe de cette onde, écoutant leurs discours,
    Tremble, gemit, suspend son cours,
    S'estonne et hausse les espaules,
Et plaignant leur fortune, à l'ombre de ses saules,
    Elle en plaint mesme le secours.

    Dès qu'elle oit que le Boristhene,
    Que le farouche Tanaïs
    Marche pour eux vers ce païs,
    Elle en tient la perte certaine ;
Elle semble leur dire, encore que sans voix,
    Que ses compagnes ni ses bois
    Ne peuvent souffrir le Tartare,

Et que dans ses malheurs, barbare pour barbare,
    Elle aime autant les Suédois.

    Louyse, à qui le cœur augure
    Quelque sinistre évenement,
    Est dans le mesme sentiment,
    Et rien de bon ne s'en figure.
Je crains, dit-elle au roy, dans leur grave entretien,
    Que pour mon mal et pour le tien
    L'infidelle ne s'achemine,
Que le Ciel ne s'en fasche, et que nostre ruine
    Ne vienne de nostre soutien.

    Bon Dieu ! quel etrange remede !
    Dont le sceptre cher à nos doigts
    Des adversaires de la croix
    Fera son espoir et son ayde !
Donc ainsi nostre honneur en leurs mains se commet ;
    Donc nostre teste s'en promet
    Un laurier franc et legitime !
Ah ! c'est faire a l'Olympe un appui de l'abyme
    Et s'asservir à Mahomet.

    Dejà leurs trouppes violentes,
    Dejà leurs chefs licencieux,
    Sous un pretexte officieux,
    Font mille choses insolentes ;
Dejà dans ces quartiers leurs desordres mutins,
    Le triste vent de leurs butins,
    En anticipent la venue,
Et dejà leur humeur, qui n'est que trop connue,
    Me fait trembler pour nos destins.

    Je sçay, dit le sage monarque,
    Que je devroy les rejeter,
    Si tout seul je pouvois lutter

LA GENEREUSE.

    Contre les flots où je m'embarque.
Je le sçay, je l'avoue, ô mon noble soucy !
    Mais je n'ignore pas aussi
    Les fortes raisons des exemples ;
Tu m'en dirois toy-mesme, et j'en ai d'assez amples
    Pour vaincre tout scrupule icy.

    La sainte équité de nos armes,
    Le Ciel, qui voit nostre besoin,
    Veut que tu repousses bien loin
    Les vains spectres dont tu t'alarmes.
Agissons donc en tout en esprits avisez ;
    Les moyens seront excusez
    Pour la justice de la cause,
Et je ne pense pas qu'on en pense autre chose
    Quand on les aura bien pesez.

    Si tout ce qui nous doit hommage
    Estoit encor dans le devoir,
    Je ne voudrois pas recevoir
    Ceux dont tu n'attends que dommage.
Je les ferois marcher au delà de ces monts
    Où Borée aux larges poulmons
    Esvente son cruel empire.
Enfin je ne m'en sers, si j'ose ainsi le dire,
    Que comme Dieu fait des demons.

    Tandis que ces choses se passent
    Dans ce jardin si mal traité,
    Je voy d'un et d'autre costé
    Toutes les forces qui s'amassent.
Charles, plein de soy-mesme et fier d'heureux succès,
    Charles, hardy jusqu'à l'excès,
    Comme un taureau leve la corne,
Mugit, escume, souffle, et, remarchant vers Thorne,
    Va pour vuider le grand procès.

D'une fidelité coupable,
Brandebourg le joint et le suit;
Leurs ardents chevaux, jour et nuit,
Font autour d'eux voler le sable.
Une aspre impatience, un desir de charger,
Deffend le boire et le manger
A leur course et muette et pronte,
Et, pour plaire à leurs pas, leur plus pesante fonte
En liege semble se changer.

Le Meurtre, affamé de victimes,
De cent blessures tout couvert,
Y rit de voir le champ ouvert
A tous ses honorables crimes.
L'Impunité, sa sœur, et le Courroux sanglant,
Courroux soi-mesme s'aveuglant,
L'accompagnent avec l'Outrage;
L'Orgueil au ciel s'y hausse, et l'on y voit la Rage
Qui ne peut parler qu'en beuglant.

Mais donnons un peu nostre veuë
A ce rempart pris et repris,
Où nostre héroïne sans prix
D'ardeur est dejà toute esmeue.
Voyons-la s'apprester, avec ce digne roy,
A perir ou faire la loy
A ceux qui la leur veulent faire:
Disons de nos guerriers la pompe militaire,
Puis nous en montrerons l'employ.

Muse, qu'allons-nous entreprendre ?
A peine en sommes-nous instruits,
Et cependant, sur quelques bruits,
Aux aages nous voulons l'apprendre;
Encore la pluspart de ces bruits passagers
Sont et si vains et si legers
Qu'on n'y peut donner de creance,

Et souvent, après tout, la seule bienseance
    Fait les vrais et les mensongers.

    Ne laisse pas pourtant, ô Muse,
    D'en esbaucher quelques portraits,
    Et, si tu manques en leurs traits,
    L'absence t'en sera l'excuse.
Peut-estre qu'un beau jour, ton beau feu r'allumé,
    Ton grand crayon, mieux informé,
    Achevera cette peinture,
S'il plaist à ton génie, ou qu'en la sepulture
    Il ne soit bientost enfermé.

    Qui vit jamais rien de superbe
    Comme ce terrible appareil
    Où le fer renvoye au soleil
    L'or dont il peint l'esmail de l'herbe !
Que peut-on se former de plus majestueux,
    De plus fier, de plus somptueux,
    Que ce qui brille en cette pompe ?
Si quelqu'un le croit faire, il faut qu'il se detrompe,
    Ou qu'il soit bien presomptueux.

    La tymbale, aux chefs glorieuse,
    Tonnant dans son ventre d'airain,
    Fait bruire en l'air doux et serain
    Une musique furieuse.
La trompette éclatante et le tambour divers
    Au fifre embouché de travers
    Joignent leur brusque melodie,
Et tous ces instrumens, en l'oreille estourdie,
    Semblent confondre l'univers.

    Icy le duc d'une cohorte
    Se vante, en son geste vainqueur,
    Que d'un lyon il a le cœur ;
    Comme la depouille il en porte.

Son genereux coursier, aux crins et peints et longs,
    Si-tost qu'il branle les talons
    Ne trouve aucun champ assez large;
Il ronfle, il saute, il fume, et, demandant la charge,
    Il fait retentir les valons.

    De là, sous des lances creusées
    Les espouvantables houssars,
    Nommez les fantosmes de Mars,
    Elevent leurs testes rasées.
L'un s'arme de la peau d'un tygre moucheté,
    L'autre en suite a le dos enté
    Des plus grandes ailes des cygnes,
Et tous deux ils font voir, en ces marques insignes,
    La fureur et l'agilité.

    Là je voy, sous de riches housses,
    D'autres illustres cavaliers
    Conduire ceux qui par milliers
    S'arment de haches ou de trousses.
Le fourreau precieux dont ils parent leur flanc
    Couvre un glaive alteré du sang
    Qu'à leur juste colere ils doivent,
Qui s'en croit enivrer, qui veut que tous en boivent,
    Et qui s'en promet un estang.

    Icy l'on voit fumer les méches
    Entre les doigts des fantassins,
    De qui les tuyaux assassins
    Menacent l'homme de cent bréches.
Les picquiers à leur queue, avec leur bois pointu
    Sur les espaules rabatu,
    Montrent leur gravité guerriere,
Attendant que le fer qu'ils portent en arriere
    En avant pousse sa vertu.

    Là, les Tartares en grand nombre
    Enfin venus, après cent maux,

Font voltiger des animaux
Qui s'effarouchent de leur ombre.
Ces animaux legers, au regard vehement,
Enharnachez bizarrement,
A tous coups maistrisent leur maistre,
Qui, de leur propre chair joyeux de se repaistre,
S'abbreuve de lait de jument.

Quelquesfois, dans ses vastes plaines,
Ce rude habitant du Précop,
Hume, après quelque long galop,
Le sang qu'il tire de leurs veines.
Pour leur chair, il la cuit d'une exquise façon :
Il la trenche et met sous l'arçon,
Sous soy l'estreint, galoppe encore,
Puis, toute degoutante, en haste il la devore,
Et bave comme un limaçon.

Tantost, pour monstrer sa justesse,
A toute bride il lance un dard,
Et se mesure avec tant d'art
Qu'il le r'attrappe de vistesse.
Tantost ses compagnons, au plaisir attachez,
Par jeu s'estant escarmouchez,
Font cent passades, vont et viennent,
Et, jettant un bonnet, en l'air ils le soustiennent
A force de traits décochez.

Icy, sur un barbe qui rue,
Sur un turc qui hanit souvent,
On voit floter au gré du vent
Le heron, l'autruche et la grue.
La blanche et haute aigrete y montre son orgueil,
Et represente presqu'à l'œil
Entre cent turquoises plantée,
Les vagues de la mer doucement agitée,
Qui se brisent contre un escueil.

Deçà, delà, mille cornettes,
Mille estendars, dont les plus beaux
Sont ceux qui pendent par lambeaux,
S'esmeuvent au son des trompettes.
Mille enseignes à pié, qu'animent les tambours,
Font mille plis et mille tours
Sur ceux dont elles sont les règles,
Et l'on y voit voler, aussi bien que des aigles,
Des chiens, des lyons et des ours.

L'or, l'argent, l'azur et la soye
Y luisent en tous les habits,
Et de la toison des brebis
L'estoffe à peine s'y deploye.
Le martre zibeline et le beau loup-cervier,
Bien qu'on brusle sur le gravier,
Ne laissent pas de s'y produire ;
La palme y semble croistre, et rien ne peut l'induire
Au choix d'un honteux olivier.

Tout y desire de combatre,
Tout le demande avec ardeur,
Tout veut que l'injuste grandeur
En un moment se voye abbatre.
Le brave Cazimir, des plus braves suivy,
En est en son cœur si ravy
Que son front s'en enflame d'aise ;
Et pour executer quelque ordre qu'il luy plaise
Chacun se prepare à l'envy.

Cependant, sa royale espouse
A qui les troupes avoyent plu,
Voyant le grand dessein conclu,
En est illustrement jalouse.
Quoy! je pourray, dit-elle, un jour me reprocher
L'immobilité d'un rocher
Parmy tant d'objets qui se meuvent!

Je sçauray les perils où les ames s'espreuvent,
   Et n'oseray m'en approcher!

   Ce que j'ay de plus cher au monde,
   De plus precieux, de plus doux,
   Yra s'exposer dans les coups
   Sans que mon amour le seconde !
Non, non, je le veux suivre, il y va de mon sort,
   Mon cœur de mon cœur se fait fort,
   Mon bras se respond de soy-mesme ;
Et s'il faut que j'expire en ce danger extrême,
   L'honneur couronnera ma mort.

   Comme elle se disoit ces choses,
   Je ne sçay quoy d'impetueux,
   Montant de son sein vertueux,
   Vint cacher ses lys sous ses roses.
La grace, la douceur, les charmes, les appas,
   Encor qu'ils ne la quittent pas,
   L'abandonnent en quelque sorte ;
Son œil devient terrible, et, d'un air qui l'emporte,
   Elle s'agrandit sur ses pas.

   Enfin la bataille s'appreste ;
   L'ennemy, campé depuis peu,
   Veut par le fer et par le feu
   Soustenir sa fausse conqueste.
Il occupe un des bords de ces coulantes eaux
   D'où Prague, non loin des roseaux,
   Regarde Varsovie en face,
Et d'où j'ay veu nager, en la trompeuse glace,
   Des poissons dessus les oyseaux.

   Mais tout s'en va dans la furie;
   Tous les oyseaux, tous les poissons,
   Prennent la fuitte aux premiers sons
   De l'effroyable artillerie.

Toutesfois en l'ardeur d'un si fier mouvement,
    Je trahirois mon jugement
    Si je m'engageois davantage ;
J'en laisse l'œuvre entiere, et mon plus beau partage
    Sera ma reine seulement.

    Le roy, qui l'ayme, qui l'adore,
    Ayant veu son noble dessein,
    S'en esmerveille au fond du sein,
    Et l'en estime plus encore.
Mais, quoy qu'elle l'en presse, il n'y peut consentir;
    Il fait tout pour la divertir
    D'une action si dangereuse,
Et raisonne si bien que cette genereuse
    Sans elle enfin le voit partir.

    Ah! j'ay tort de dire sans elle :
    Il en emporte la moitié,
    Et de leurs cœurs pleins d'amitié
    Ils refont l'eschange fidelle.
Il part, elle demeure en ce Jardin chery,
    Où, d'un penser grave et meury,
    Son regret s'impose silence.
Il part, elle demeure, et se fait violence
    Pour n'en faire point au mary.

    Dejà, volée après volée,
    Les canons s'estoyent repandus,
    Dejà tous les enfans perdus
    Engageoyent l'horrible meslée,
Lorsque ma digne reine, ayant de tout son mieux
    Fait monter sa priere aux cieux,
    S'esleve au haut d'une redoute,
Où, vis-à-vis des camps, elle voit, elle escoute,
    Et combat du cœur et des yeux.

    Si tost que l'un ou l'autre plie,

LA GENEREUSE.

Elle en reçoit l'impression,
Montrant de quelle passion
Son ame est esmeue et remplie.
Le geste du dehors peint celuy du dedans;
Selon les divers accidens
Elle s'agite, elle s'altere,
Conservant toutesfois de son beau caractere
Les signes toujours evidens.

Tantost, pour n'estre point deceue
En ce que son œil veut choisir,
Elle contente son desir
De ses longs secours de la veue.
Tantost, presqu'en fureur, un grand arc à la main,
D'un bras, d'un effort plus qu'humain,
Cent traits à Charles elle envoie,
Et, malgré la distance, elle leur donne en proye
Et Goth, et Vandale, et Germain.

Enfin, n'estant pas satisfaite
De voir du canon mal placé,
Elle veut qu'il soit avancé
Pour en haster une deffaite.
Elle y court elle-même; au sein le cœur luy bat.
Elle offre le bronze au combat,
Le pointe, l'ajuste, le mire,
Ose y porter la meche, et des coups qu'elle tire
Cent et cent testes elle abbat.

Charles en est tout en desordre,
En voit rompre ses bataillons,
En voit crever sur les sillons
Ceux qui de rage les vont mordre.
Ses escadrons serrés s'en entr'ouvent d'effroy;
Chacun regarde autour de soy
La terre de membres jonchée.

Et chacun en secret, l'ame d'horreur touchée,
En murmure contre son roy.

Cette tempeste foudroyante
Cependant s'eschauffe tousjours,
Et de la Vistule au long cours
Raze la largeur ondoyante.
Aux globes allumez que la fonte vomit,
La Nymphe du fleuve blesmit
Dans sa grotte la plus profonde :
Elle a peur de la flame au beau milieu de l'onde,
Et tout son rivage en fremit.

Cazimir, fier sous la cuirasse,
L'aigu marteau d'armes au poin,
Porte partout son aspre soin,
Et sans rien craindre s'embarasse.
Il cherche son rival, brusle de le trouver,
S'appreste à luy faire esprouver
Le coup où l'honneur le convie,
Ou, si tel est son sort, il veut perdre la vie
Pour à tant d'autres la sauver.

L'autre, enflé de sa confiance,
Dont il se fait tout son appuy,
D'en venir aux mains avec luy
A presqu'autant d'impatience.
Ils sont et l'un et l'autre et forts et hazardeux ;
Ils escartent dejà tout d'eux
Pour montrer leur mortelle adresse ;
Ils se joignent dejà, mais une horrible presse
Tout à coup se jette entre deux.

En vain ils se cherchent encore,
Le duel leur est interdit ;
Mais pourtant rien ne refroidit

L'ardeur dont leur front se colore.
Ils font payer l'obstacle à ceux qui l'ont formé ;
    Leur fer en est plus animé,
    Leur main en est plus redoutable,
Et du grand Cazimir le renom veritable
    Partout en sera mieux semé.

    Il chocque, il frappe, il blesse, il tue,
    Il renverse hommes et coursiers ;
    Le moindre de ses officiers
    S'en enflame et s'en esvertue.
Zarnesque et Sapihà, des plus hauts en ce rang,
    D'un cœur et pront, et brave, et franc,
    Comme des lyons en agissent :
Ils s'acharnent au meurtre, et tous deux en rougissent
    Les flots de leur panache blanc.

    Au rude point que tout se mesle
    En la confuse esmotion,
    Louyse, avec discretion,
    Suspend sa formidable gresle.
Elle voit que les coups ne luy sont plus permis,
    Qu'au lieu de nuire aux ennemis
    A soy-mesme elle pourroit nuire,
Et veut que son tonnerre, ayant cessé de luire,
    Dans le silence soit remis.

    Une sueur illustre et belle
    Se roule en torrens precieux
    Sur son visage gracieux,
    Qui des appas est le modelle.
Son noble et digne sein, chaste en son ornement,
    S'esmeut de moment en moment
    De la peine et soufferte et prise ;
Elle en esprouve encor, mais sa gloire mesprise
    Tout ce qui s'obtient autrement.

Elle remonte en amazone
Sur le fort qu'elle avoit quitté,
Et, pour le grand sceptre agité,
En fait une espece de trosne.
Là, ses riches tapis sont les simples gazons;
Là, pour carreaux des oraisons
Elle n'a que les seules herbes;
Toutesfois ses regars les trouvent plus superbes
Que ceux de toutes ses maisons.

Sa pieté haute et fervente
Y montre si bien sa vertu,
Que l'ennemy, presqu'abbatu,
S'en laisse aller à l'espouvente,
Il reconnoist enfin, non à son deshonneur,
Que la fortune et le bonheur
N'aydent pas toujours à l'audace,
Et que toute entreprise, en sa diverse face,
Souvent trompe l'entrepreneur.

Il se retire sur sa perte
Dans ses profonds retrenchemens,
Montrant que pour les campemens
Il n'a la main que trop experte.
A la pointe du jour on l'y vient assaillir :
La Pologne y pretend cueillir
Les beaux lauriers de la victoire;
La Suede en espere, et, d'une avide gloire,
On y voit tout s'enorgueillir.

Les bruits, les clameurs, les huées,
Y font ouyr les sons espars;
Les feux tirez de toutes parts
Y forment d'espaisses nuées.
Elles se vont confondre avec celles d'en haut;
On en voit mieux, en cet assaut,

Voler le trait, luire le glaive;
Mais cet eclat fumant tout de nouveau s'esleve,
   Et jamais l'air n'en fut si chaut.

   Il s'esleve de telle sorte
   Que mon œil n'y connoist plus rien ;
   Tout m'est caché, mais aussi bien
   Ma veine en autre lieu me porte.
Retournons à Louyse, en cet obscur instant,
   Voyons-la, d'un esprit constant,
   Regarder l'espoir et la crainte ;
Et disons que jamais ame heroïque et sainte
   Ne fit rien de plus éclatant.

   De ce combat opiniâtre
   S'alloit fermer le second jour ;
   Elle estoit dejà de retour
   De son rustique amphitheatre,
Quand un courrier exprès luy vient avec ardeur
   Faire un rapport dont la grandeur
   La devoit esmouvoir de joye ;
Elle en ressent aussi, mais elle n'en deploye
   Qu'une grave et noble tiedeur.

   Elle apprend que du temeraire
   Le camp à tel point est reduit,
   Que, sans l'approche de la nuit,
   La perte en faisoit le salaire.
Elle apprend tant d'exploits de tous les deux costez,
   Tant de perils contrepointez,
   Et tant de gestes remarquables,
Que qui les orroit dire en prendroit pour des fables
   Les estonnantes veritez.

   Elle est pourtant en quelque peine,
   Lorsqu'elle sçait que l'ennemy,
   N'estant surmonté qu'à demy,

Pourroit bientost reprendre haleine.
Son esprit, quoy que fort, ne se peut abstenir
De permettre à son souvenir
Ce qu'on a dit d'un vain Anthée ;
Et de ce faux objet la chute redoutée
Luy presage un dur avenir.

Mais, comme on chante qu'un Alcide
Trouva moyen d'en triompher,
Ainsi son cœur vient l'estouffer,
Et fait sans mort un homicide.
Ayant vaincu ce spectre en force nompareil,
Elle laisse vaincre au sommeil
Ses yeux, ses beaux yeux qu'on adore ;
Elle se donne au lit, et va jusqu'à l'aurore
Fermer l'un et l'autre soleil.

Elle avoit, sans inquietude,
Presque dormy jusqu'au matin,
Quand, tout à coup, de son destin
Son ame apprend la certitude.
Elle voit, ou croit voir, à regards suspendus,
Un enfant où sont confondus
Les traits de Cazimir et d'elle ;
Il a le dos ailé, la façon immortelle,
Et les bras vers elle tendus.

Un clair nuage l'environne
Seulement jusqu'à moitié corps ;
Ses mains se jettent en dehors,
Et de splendeur il se couronne.
Ses jambes et ses pieds se montrent a l'envers ;
Ses genoux s'offrent au travers
De l'obstacle et brillant et sombre ;
Et l'œil peut concevoir, en ces charmes sans nombre,
Les cachez par les descouvers.

LA GENEREUSE.

Deux diamans vifs et celestes
Font les beaux astres de son front ;
L'esclat en est ardent et pront,
Et toutesfois ils sont modestes.
Ses cheveux annelez vaguent à filets d'or ;
Sa bouche est un noble tresor
Où le coral meut et respire ;
Tout en est precieux, mais ce qu'elle va dire
Sans doute l'est bien plus encor.

Je viens de la troupe innocente,
Cher objet, pour te consoler ;
Le Tres-Haut, qui me fait parler,
M'en a commandé la descente.
Je viens, sous le seul ordre adorable en tous lieux,
De la part du grand Dieu des Dieux,
T'apprendre une chose future,
Chose de qui le poids pourroit, sans ma nature,
Tirer des larmes de mes yeux.

Pour s'estre aydé dans ceste guerre
De vrays ennemis de la Foy,
Demain, ce pere, ce bon roy,
Verra ses enseignes par terre.
En leur nombreux secours il s'est trop confié ;
Le Saint, le Grand-Crucifié,
En trouve l'action injuste ;
Et ce mauvais soustien à ce trois fois Auguste
Doit estre en part sacrifié.

C'est d'eux que tout le mal doit naistre ;
Sa main leur ostera le cœur ;
Il ne faut point que le vainqueur
Plus d'orgueil en fasse paroistre.
A leur lascheté seule, à leur estonnement,
A leur confus aveuglement,

Il devra sa victoire entiere ;
Sans ce desordre-là, cette ame trap altiere
N'y pretendroit que vainement.

Tout ce que d'un ferme courage
Exige un sort avantureux,
Ton prince illustre et genereux
Le fera voir en cet orage.
Sa parfaite science à conduire, à regir,
A montrer comme il faut agir,
Y sera tousjours elle-mesme ;
Et les soins assidus qu'il doit au diadême
Ne le feront jamais rougir.

Ah ! s'escrie en dormant la mere,
C'est donc ce fils tant regretté,
Qui de nostre felicité
M'apporte la nouvelle amere ?
Je puis donc te revoir avec quelque douleur[1] ?
Je devray donc à mon malheur
Le plus grand sujet de ma joye?
Donc mon mal fait mon bien, et le Ciel donc m'envoie
Ensemble l'espine et la fleur?

J'ay, depuis ta chere venue,
Pensé t'interrompre cent fois,
Mais le son de ta douce voix
M'en a saintement retenue.
Helas ! de ta presence on a si peu jouy,
Que ton œil au mien esblouy
Se laisse à peine reconnaistre !
A peine, helas ! à peine au jour on t'a veu naistre,
Qu'au jour tu t'es évanouy.

---

1. Nous soupçonnons ici une faute d'impression, c'est sans sans doute *douceur* qu'il faut lire.

N'est-ce point que de cet empire
Tu prevoyois les mouvemens?
N'est-ce point que tes sentimens
Jugeoyent quelque chose de pire?
Avois-tu reconnu, dès ton moment natal,
    Qu'un lasche, un perfide, un brutal[1],
    Nous devoit ourdir tant de guerres?
Et sentois-tu dejà qu'un monstre de nos terres
    Un jour leur seroit si fatal?

    Ce traistre à sa propre patrie,
    Pour nous engager dans les flots,
    A de ses horribles complots
    Employé la noire industrie.
Il nous a suscité l'Occident et le Nort,
    Il a couru de port en port
    Pour nous livrer à la tempeste;
Il presse le naufrage, et veut que nostre teste
    En sente le dernier effort.

    Mere, en tes faits toute royale,
    Dit l'enfant envoyé du ciel,
    La douceur approuve le fiel
    Contre cette ame desloyale.
L'equité permettra qu'en une autre saison
    Ce prodige de trahison
    Subisse une entiere vengeance;
Et si le sort humain s'en souffre l'indulgence,
    Le Divin t'en fera raison.

    C'est à Dieu seul qu'il faut remettre
    Les chastimens dus aux ingrats,
    Puisqu'en ce monde d'aucun bras
    On ne s'en peut assez promettre.

---

1. Le vice-chancelier Radzievsky. (S.-A.)

Lors que leur perfidie est venue à ce point,
    Sa justice mesme s'enjoint
    D'en foudroyer le crime enorme ;
Il semble quelques fois, cependant, qu'elle dorme,
    Mais elle ne pardonne point.

    Tu n'as pourtant plus rien à craindre
    De cet infame boute-feu,
    Et le Ciel va t'oster dans peu
    Tout autre sujet de te plaindre.
Les choses changeront, Dieu l'a determiné ;
    Dejà le beau temps ramené
    S'appreste à retablir le calme ;
Non sans qu'auparavant, de quelque heureuse palme
    Le grand Cazimir soit orné.

    Dejà cette honorable ville,
    Danzic, la perle de ses sœurs,
    T'offre, malgré tant d'oppresseurs,
    Sa main et fidelle et civile.
Son peuple à l'ennemy tous les jours fait sçavoir
    Que sa valeur ni son devoir
    N'ont point d'oreilles pour l'entendre ;
Et, comme elle a des bras armez pour se deffendre,
    Elle en a pour te recevoir.

    Là, tu rejoindras ton cher prince,
    Avec une puissante cour ;
    En attendant ce noble jour,
    Quitte cette affreuse province.
Sors, sors, et sans delay, de ce lieu malheureux ;
    Un air et triste et langoureux
    Le va rendre encore plus funeste,
Et ceux qui le prendront, y rencontrant la peste,
    Feront plus pour toy que pour eux.

    Pour moy, dans une plenitude,

LA GENEREUSE.

Qui, bien que basse, est sans defaut,
Je m'en revay jouyr là-haut
De ma simple beatitude.
Elle est simple, il est vray, mais elle a des appas
Que mes yeux ne changeroyent pas
Pour toute l'humaine richesse;
J'y possede Dieu mesme, et j'en beny sans cesse
Le pront moment de mon trespas.

Par la vertu de l'eau sacrée,
Comme les autres par leur sang,
J'y suis admis au digne rang
De leur enfance massacrée.
Là, cette aymable sœur, qui d'un si beau quartier
Me fraya le divin sentier,
A cent vœux pour toy me seconde;
Et je m'y voy plus grand que si de tout le monde
J'eusse esté l'unique heritier.

Là Dieu te reserve une place,
Mais bien haut au dessus de nous:
Les anges y sont à genoux
Et s'inclinent devant sa face.
Là, le plus saint honneur de la virginité
La plus ardente en charité,
Marie à mains jointes l'adore,
Mais plus elle s'abbaisse et plus s'esleve encore
Sa gloire en son humilité.

Là, le Verbe qui se fit Homme
Pour deïfier l'homme en luy,
Nous promet d'estre ton appuy
Tant que ton âge se consomme.
Là, l'Esprit des Esprits, d'où provient ta ferveur,
Par le merite du Sauveur
T'assure une grace infinie,

Enfin, cette Puissance en toi toûjours unie
    T'y comblera de sa faveur.

    En achevant cette parole,
    Sur le nuage et brun et clair
    L'enfant s'eslance au haut de l'air,
    Et de l'air dans le ciel s'envole.
Ainsi, mais non si viste, on voit en un moment
    S'eslever jusqu'au firmament
    Un trait formé de vive poudre ;
Ainsi s'en voit le feu se perdre et se dissoudre
    Et remplir l'œil d'estonnement.

    Louyse en sursaut se reveille,
    Veut embrasser la vision,
    Et de sa pronte évasion
    S'attriste ensemble et s'esmerveille.
Elle cherche des mains, elle cherche des yeux
    Ce qu'elle a veu monter aux cieux,
    Et dont elle a sçeu tant de choses ;
Mais, ne le trouvant plus, son lit, fust-il de roses,
    N'est plus pour elle qu'ennuyeux.

    De la lumiere elle demande,
    Bien que l'aurore en donne assez,
    Ses ordres mesmes trop pressez
    Retardent ce qu'elle commande.
On l'habille à la fin, sans façon et sans art ;
    Le miroir à peine prend part
    A ce qui doit luy rendre office ;
Elle veut toutesfois le divin sacrifice,
    Puis elle s'avance au depart.

    Une tremblante et pasle crainte
    Ne l'y vient point precipiter ;
    Elle fait toujours éclater

LA GENEREUSE.

La vertu dans son ame emprainte;
L'infortune attendue en augmente le prix;
    Elle y prepare ses esprits
    D'une contenance assurée,
Et, la dust-elle voir sans s'y voir preparée,
    Son cœur n'en seroit pas surpris.

    Enfin sur son char elle monte
    Pour s'en aller en autre lieu
    Vivre à soy-mesme et servir Dieu,
    Sans d'autre chose faire conte;
Elle songe en allant à ce qu'elle a songé;
    Elle s'en fait un abregé
    Pour y songer toute sa vie;
Elle en est tout ensemble et confuse et ravie,
    Et son mal en est soulagé.

    L'air du saint fantôme angelique
    Toûjours en l'esprit luy revient;
    Par tout elle s'en ressouvient,
    A quoy que son ame s'applique.
De ce divin objet tout luy charme les sens:
    Ses yeux doux, ses traits innocens
    Forment en elle un beau miracle;
Ils vivent dans son cœur, et de sa voix d'oracle
    Elle y peint jusques aux accens.

    Sa foy ne doute en nulle sorte
    De ce que sa bouche a predit,
    Elle y donne un juste credit
    Et du malheur se reconforte.
La mere pour l'enfant est pleine de respect;
    Elle s'en figure l'aspect
    Et certain et considerable,
Et croit que ce qui vient d'un lieu si venerable
    Ne luy doit point estre suspect.

En ce chemin elle traverse
Des champs hideux et desolez ;
Cent corps au desastre immolez
Y sont pourris à la renverse.
La mort de plus en plus y montre sa rigueur ;
Le vivant n'y vit qu'en langueur
Sous la tristesse qui le mine ;
On y pese à soy-mesme, et la seule famine
Y tesmoigne de sa vigueur.

L'Effroy, le Meurtre, le Ravage,
Le Desordre et la Cruauté
Ont fait d'un pays habité
Un pays desert et sauvage.
Le fertile terroir s'en laisse à l'abandon ;
On n'y voit plus croistre aucun don ;
Tous ses beaux guerets sont en friche,
Et le noble espy d'or qui le rendoit si riche
Y cede à l'indigne chardon.

Elle regarde, comme humaine,
Tant de lamentables objets,
Et des douleurs de ses sujets
Sa pitié fait sa propre peine.
Son cœur est fort et grand, on le voit aujourd'huy ;
Mais pour les miseres d'autruy
Il est sensible jusqu'aux larmes ;
Elle en pleure les maux, elle en plaint les alarmes,
Et son ame en souffre l'ennuy.

Après cent actions pieuses
Qu'on luy voit faire à tous propos,
Elle choisit pour son repos
Des murailles religieuses ;
Elle entre en un sejour et taciturne et beau,
Où du monde est fait le tombeau,
Où pour estre libre on s'enferme ;

Et là, parmy des sœurs au cœur devot et ferme,
    Elle luit comme un saint flambeau.

    Elle y reçoit à sa coustume
    Le coup du malheur confirmé,
    Et de son destin opprimé
    Boit et digere l'amertume.
Sa raison fait sa loy du celeste decret,
    Un chagrin visible et secret
    N'en trouble point la patience ;
Ce que Dieu veut luy plaist, et dans sa conscience
    Elle l'endure sans regret.

    Il faut que le siecle confesse
    Que Louyse en fait l'ornement
    Et que son rare jugement
    Est le trosne de la sagesse.
J'admire de sa vie et le lustre et l'odeur,
    J'admire la sainte froideur
    Qui de l'eloge la detache ;
Mais j'admire surtout que lorsqu'elle se cache
    C'est lors qu'on voit mieux sa splendeur.

    Arriere cette fausse gloire
    Dont se prevaloit le payen ;
    Toute sa vertu n'estoit rien
    Qu'un vain desir de la memoire ;
Je n'y voy qu'amour propre et qu'ostentation,
    L'idole de l'ambition
    Trouvoit en son cœur sa victime,
Et, sans aller plus haut, le seul but de l'estime
    Le disposoit à l'action.

    L'homme n'est point fait pour la terre,
    Bien qu'il en soit fait et sorty,
    Et qu'il doive estre converty
    En cent substances qu'elle enserre ;

Il est né pour les cieux, il y doit aspirer.
    Nul vivant ne peut l'ignorer,
    S'il sçait d'où son ame dérive ;
S'il ne le connoist pas, quoy qu'on pense qu'il vive,
    C'est un vray mort à déplorer.

    Dieu ne veut l'homme que pour l'ame,
    L'ame, que pour la volonté ;
    Il faut que sa seule bonté
    L'esmeuve, le touche et l'enflame,
Enfin il ne demande à qui respire au jour
    La volonté que pour l'amour,
    L'amour que pour l'honneur supresme
Que tout ange luy rend, qui n'est dû qu'à luy-mesme,
    Et qui couronne un si beau tour.

LA ROME RIDICULE

CAPRICE.

LA ROME RIDICULE

CAPRICE.

I.

Il vous sied bien, Monsieur le Tibre,
De faire ainsi tant de façon,
Vous dans qui le moindre poisson
A peine a le mouvement libre;
Il vous sied bien de vous vanter
D'avoir de quoy le disputer
A tous les fleuves de la terre,
Vous qui, comblé de trois moulins,
N'oseriez deffier en guerre
La riviere des Gobelins.

II.

Vrayment, ce monstre qu'on habille
D'oreilles, de langues et d'yeux,
Cet oyseau qui vole en tous lieux
Et de tout à son gré babille,
Le Renom, qui se paist de vent,
M'en avoit donné bien souvent,
Chantant l'estat de vostre empire.
Je vous tenois plus grand cent fois,
Et croyois qu'en vous un navire
Ne fust qu'une coque de noix.

III.

Je m'estois figuré le Gange
Plus gueux qu'un rat auprès de vous ;
Diamans m'estoient vos caillous,
Et pur gravier d'or vostre fange ;
Le sucre emplissoit vos roseaux,
Le saumon brilloit dans vos eaux
Avec des escailles de nacre,
L'ambre se trouvoit en vos bors,
Et tout ce qu'à Flore on consacre
Vous couronnoit de ses tresors.

IV.

Vous aviez deux cornes superbes
Comme le mouton precieux.
Dans un beau giste spacieux
Vous fouliez les plus molles herbes ;
Vostre long poil estoit ondé,
Vous me sembliez accoudé
Sur un vaze de porcelaine,
Et ce qui de son creux natal
Sortoit pour arroser la plaine
Estoit pour le moins de crystal.

V.

Rien que Nymphes jeunes et belles
N'en fendoit l'agreable cours,
Sinon par fois quand les Amours
S'y venoient baigner avec elles ;
Vostre gloire au ciel s'eslevoit,
Amphitrite vous recevoit
Moins dans son sein que dans son ame ;
Bref, imbu de maint faux plaisir,
Vostre onde estoit toute ma flame
Et vostre aspect tout mon desir.

VI.

Cependant rien de plus sauvage
Ne se monstra jamais à moy,
Jamais mortel n'eut plus d'effroy
Que m'en donna vostre rivage.
En venant à vous aborder,
Je fus tout prest de demander
Où vous estiez, voire à vous-mesme ;
Je creu qu'au lict, couché sans dras,
Vous languissiez malade et blesme,
Et pris vostre corps pour un bras.

VII.

Mais maintenant, à vostre honte,
Trop instruit de la verité,
Je veux que la posterité
Sçache les graces que j'en conte :
Bain de crapaux, ruisseau bourbeus,
Torrent fait de pissat de bœufs,
Canal fluide en pourriture,
Degobillis de quelque mont,
Pus d'un poulain de la nature,
C'est bien à vous d'avoir un pont !

VIII.

A vous ! qu'avecque ma bedaine
A cloche-pied je sauterois ;
A vous ! qu'en un trait je boirois
Si je prenois la vie en haine ;
A vous ! qui sur notre element
Representez tant seulement
Un ver liquide en une pome ;
A vous enfin qui ne sçauriez
Barbouiller deux bordels à Rome,
Quand d'huile et d'encre vous seriez.

IX.

Ha ! Dieu vous gard', la belle ville !
Vous voicy donques sur les rangs ;
Il vous faut chatouiller les flancs
D'une main adroite et civile ;
Comme le chef de l'univers,
Vous pouvez bien dedans ces vers
Esperer quelque coup de peigne ;
Vous en taterez, je le veux ;
Mais aussi qu'aucun ne se plaigne
Si j'en arrache des cheveux.

X.

Mole fait pour mettre la cendre
D'un fol prince et de son mignon ;
Prince qui, trop chaud du roignon,
Brula des flames d'Alexandre ;
Forteresse, autrefois tombeau,
Qu'avez-vous aujourd'hui de beau
Pour être si fameuse au monde ?
Ha ! n'en soyons plus ebahis :
C'est que votre figure est ronde,
Et qu'on l'estime en tout païs.

XI.

L'Aleman, à cause des tonnes
Qui logent la sainte liqueur,
La loge au milieu de son cœur,
Et non pour l'amour des couronnes ;
Le François la cherit aux plas ;
L'Espagnol ne fut jamais las
De l'aymer à cause du globe,
Et l'Italien clos et coy,
Soit de courte ou de longue robe,
L'idolatre, Dieu sçait pourquoy.

XII.

Colomnes en vain magnifiques,
Sots prodiges des anciens,
Poinctus fastes Egyptiens,
Tous griffonnez d'hieroglyfiques ;
Amusoirs de foux curieux ;
Travaux qu'on tient victorieux
D'un si puissant nombre de lustres,
Faut-il que nous voyions par tout
Tresbucher tant d'hommes illustres,
Et que vous demeuriez debout?

XIII.

Pietre et barbare Colisée,
Execrable reste des Goths,
Nid de lesards et d'escargots,
Digne d'une amere risée,
Pourquoy ne vous raze-t'on pas ?
Peut-on trouver quelques appas
En vos ruines criminelles?
Et veut-on à l'eternité
Laisser des marques solennelles
D'horreur et d'inhumanité?

XIV.

Parbieu! ce n'est plus raillerie,
Je m'estomacque tout à bon.
Mes doigts, conduisons le charbon
Avec un peu moins de furie ;
Il m'est permis de lanterner,
Il m'est permis de badiner
Jusqu'à faire peter de rire ;
Mais je serois pis que bouquin
De desgainer l'aigre satyre
A la barbe du grand Pasquin.

XV.

Ma Muse, rendons quelque hommage
A ce bon museau vermoulu ;
Hurlons sur l'air de lanturlu
Un hymne aux pieds de son image.
Hé ! comment ! elle n'en a point !
Le goinfre est reduit à tel point
Qu'il ne sçauroit dancer ny courre,
Et que son bras, creu si puissant,
Ne peut ny jouer à la mourre
Ny faire la figue au passant.

XVI.

Il est bien vray qu'en recompense
Il ne manque point de caquet :
Il cause comme un perroquet,
Et dit sans peur tout ce qu'il pense ;
Aussi, quoyqu'il fut brave et fort,
On conte que depuis sa mort,
Habile en matiere de bayes,
Sa langue, qu'en poivre il confit,
A fait de plus cuisantes playes
Que jamais son glaive ne fit.

XVII.

Cher brocardeur, piquant monarque
Des muets qui sçavent parler,
Marbre à qui je dois immoler
Pour le voyage où je m'embarque,
Gentil Mome petrifié,
En toy je me suis confié
Dès le debut de ces sornettes ;
Remets-moi dans leur beau chemin,
Et fay que pour des chansonnettes
On les revende en parchemin.

XVIII.

Thermes, où lavoit sa carcasse,
Riche de gratelle et de cloux,
Ce vieux fat qui pour quatre choux
Laissa le trosne et la cuirasse;
Qui n'enrageroit dans sa peau
De veoir du fond jusqu'au coupeau
Vos voutes entieres et saines,
Tandis que peut-être en mains lieux
Celles des caves toutes pleines
Font le plongeon devant les yeux?

XIX.

Pantheon, jadis l'habitacle
De tous les marmousets sacrez,
Où cent pauvres veaux massacrez
Etoient tous les jours en spectacle;
Sous ombre que par un seul trou
Vous guignez ce dieu du Perou,
Qui luit en ces carrieres amples,
Et pour ce beau nom pretendu
D'un Polypheme entre les temples
Faut-il tant faire l'entendu?

XX.

Mote qui tranchez de l'Olympe,
Et n'avez pas six pieds de haut;
Bute où je croy voir à l'assaut
Encore le Gaulois qui grimpe;
Capitole, où le faux Jupin
Se faisoit baiser l'escarpin
Et dedier la fleur des proyes,
Vous ne devez, pour cent raisons,
Si vous futes chery des oyes,
Estre loué que des oysons.

XXI.

Mais encor, ô cité de neffles,
Si faut-il chanter votre autheur,
Votre celebre fondateur
Ajusté comme un roy de treffles ;
Si faut-il, dy-je, mettre au jour,
En mots triez, quelque bon tour
De ce galand bouffi d'audace,
Qui, la dague hors de l'etuy,
Jetta roide mort sur la place
Son cadet aussi vieux que luy.

XXII.

Dejà plus fier qu'un pet en coque,
Ce cœur de chien, cet œil de chat,
Avoit de boue et de crachat
Fagoté vos murs de bicoque ;
Dejà dans les proches hameaux
Ses gens, au son des chalumeaux,
Avoient esté chercher des fames,
Et dejà ces culs embrasez
Comme des visages infames
En avoient esté refusez,

XXIII.

Quand ce rusé tetteur de Louvre,
Afin d'en avoir à choisir,
Pour souler le paillard desir
Qui dans leur sein velu se couvre,
Se met à faire le dolent,
Feint que d'un accez violent
La migraine lui fend la teste,
Se plaint du ventre et du coté,
Et fait à certain jour de feste
Vouer des jeux pour sa santé.

XXIV.

Enfin l'aurore safranée,
Qui pleure je ne sçay quel fils,
Ayant de ce terme prefis
Ouvert la fresche matinée,
L'on voit fondre de toutes parts,
Où sont à present vos remparts,
Gens de tout sexe et de tout âge,
Et ceux qui vouloient s'abstenir
D'entrer en vostre parentage
Sont si benets que d'y venir.

XXV.

Demon des passe-temps rustiques,
Plaisant lutin, diable ragot,
Apporte-moy ton larigot
Pour fluter ces contes antiques ;
Brouillace en rime par mes mains
Les exercices des Romains
Au grotesque rapt des Sabines,
Et dy comme ces chauds teigneux
Torcherent leurs ordes babines
Contre ces mufles dedaigneux.

XXVI.

Icy, dans la palestre unie,
De bras, de jambes et de corps,
Les lutteurs font tous les efforts
Que peut suggerer la manie :
Tantost on les entend souffler,
Tantost d'ahan on voit s'enfler
Leurs muscles, leurs nerfs et leurs vaines ;
Ils bavent, ils grincent les dents,
Et plus leurs secousses sont vaines,
Plus à la prise ils sont ardents.

XXVII.

L'adresse à la vigueur meslée
Les noue et pousse à se presser,
Mais leurs mains ne font que glisser
Sur leur peau qui luit d'estre huilée :
Flanc contre flanc, sein contre sein,
Ils tentent dessein sur dessein
Pour culbuter la resistance ;
Leurs os sont contraints d'en fremir,
Et, malgré leur roide prestance,
L'oppression les fait gemir.

XXVIII.

Jamais les arenes de Pise
N'en virent de plus obstinez ;
Ils font du moins cent pieds de nez
A tous ceux dont l'isthme se prise ;
Morlais, ny Quinpercorentin,
N'ont rien connu de si mutin
Dans le mestier de croc-en-jambe,
Et, depuis qu'en l'azur des cieux
Le roy des falots trote et flambe,
Nuls athletes ne firent mieux.

XXIX.

Leur sueur humecte le sable ;
Le peuple, beant à l'entour,
Fait icy la gueule de four,
Et là se contourne le rable ;
Il lutte comme eux en son cœur,
Il en souhaitte l'un vainqueur,
Engagé dans la sympathie,
Et, quand l'un vient à succomber,
Selon qu'il est de la partie,
Il triomphe ou se sent tomber.

XXX.

J'en voy d'autres qui s'entr'abordent,
L'œil bigle d'ire et plein de feu ;
Mais enfin, s'acharnans au jeu,
Ils s'egratignent et se mordent.
Là les uns à beaux coups de poin
S'escachent le nez et le groin,
Ou se pochent les luminaires ;
Et là les autres, escartez
De ces horions sanguinaires,
Sautent comme singes fouëtez.

XXXI.

Icy l'un fait rouler la boule
Et la suit à pas de balet ;
Là l'autre jette le palet,
Que de loin on regarde en foule ;
Là les uns, pour quelque ruban,
Mettant bas roupille et caban,
Font une course entretaillée ;
Là ceux-cy tirent au baston,
Et dessous la verte fueillée
Ceux-là s'escriment du menton.

XXXII.

Icy, pour instrument de dance,
L'on oit la cimbale tinter ;
Les ossets drus à cliqueter
En accompagnent la cadence ;
Un aveugle, expert vielleur,
Joint sa symphonie à la leur
Sous l'orme droit comme une gaule ;
Il grimasse en mille façons,
Il tord son minois sur l'espaule
Et fait peur aux petits garçons.

XXXIII.

A ce beau son, vingt dodelues
Serrent la patte à vingt lourdauts
Qui meslent cent gestes badauts
A cent postures dissolues :
L'un va sottement de travers ;
L'autre, étourdy, tombe à l'envers,
Quilles à mont sur la pelouze ;
Celle qu'il traisne en fait autant :
On luy voit jusqu'à la belouze,
Et l'on en rit en s'éclattant.

XXXIV.

Proche de là, bien que l'histoire
N'en fasse point de mention,
Par songe ou par tradition
Je sçay qu'il se tint une foire.
Oh! que de nippes à porchers !
Que de fratras aux filles chers!
Que d'enfantines bagatelles !
Je n'auroy pas finy demain ;
Il ne s'en vit jamais de telles
A la foire de Saint-Germain.

XXXV.

Là s'apperçoit une nourrice
Donner pour mets et pour jouet
A son magot tendre et flouet
Un joly dieu de pain d'épice ;
Là, maints sifflets aux tons aigus,
Bastards de celuy qui d'Argus
Ferma les paupieres trompées,
Penetrans oreille et cerveau,
Animent les grosses poupées
Qui là s'étalent au niveau.

XXXVI.

Là d'un costé les asnes brayent,
De l'autre grondent les cochons ;
Icy l'on oit sous les bouchons
Les cris des beuveurs qui s'égayent.
Mainte mazette en hannissant
Répond au bouveau mugissant,
Auprès de l'ouaille qui besle ;
Et de ces bruits il s'en fait un
Dans qui se confond pesle-mesle
L'echo plaisamment importun.

XXXVII.

Là mille robustes Carites
Folâtrent sur l'émail d'un pré
Agreablement diapré
De jaunets et de marguerites ;
L'une en amasse un gros paquet,
Puis, assise, en forme un boucquet,
Degoisant un vieil air champestre ;
Et l'autre en son cœur prie aux cieus
Que, quand ses vaches iront paitre,
Tel herbage s'offre à leurs yeus.

XXXVIII.

Là-dessus arrive Romule,
Qui, se quarrant en Jaquemart,
Le front borné d'un haut plumart,
Affourche une quinteuse mule.
Lors, à certain signal donné,
Des plus ribaus environné,
Chacun empoigne sa chacune ;
Ils font un diable de sabat :
L'un pousse en courant sa fortune,
Et l'autre l'etreint et l'abat.

XXXIX.

A celles-cy mes bons apotres
Disent : A quoy verser des pleurs?
Si vous avez cueilly nos fleurs,
Devons-nous pas cueillir les votres?
A celles-là, sans cacqueter,
Ils tâchent d'en faire gouter,
Malgré leur resistance feinte.
En ce beau jeu tout est confus :
Le plaisir git en la contrainte,
Et l'accueil est dans le refus.

XL.

En vain s'oppose là le frere
Au honnissement de la sœur ;
En vain, par force ou par douceur,
Pour la fille intervient le pere ;
En vain l'amoureux tout surpris,
De sa pitaude oyant les cris,
Se rend la trogne furibonde :
Tout secours y perd son latin ;
La brune, la rousse et la blonde
Passent par un mesme destin.

XLI.

Les meres seules, forcenées
De voir embrocher leurs enfans,
Comme tigresses pour leurs fans,
Au choc se montrent obstinées :
Coups de pié, longs éclats de vois,
Ongles et dens tout à la fois,
Sont employez à leur defence;
Mais la colere n'y fait rien;
Il faut ceder, puisque l'offence
En tel cas se prend pour un bien.

XLII.

Les Sabins, voyans sans lunettes
Qu'il y faisoit mauvais pour eux,
S'estimerent assez heureux
D'en estre sortis gregues nettes ;
Ils furent fins de s'esquiver,
Il auroit pû leur arriver
Quelque accident en ce grabuge :
On perce tout dans la roideur,
En la faim de tous mets on gruge,
Et toute eau se trinque en l'ardeur.

XLIII.

Nombre de vaisselle de terre
Qui dans la foire se trouva
Parmy ce desordre éprouva
Quels sont les malheurs de la guerre :
Au lieu d'armes on s'en servit,
Si bien qu'enfin elle se vit
Reduite à l'extreme disgrace,
Et de ses morceaux entassez
Est provenu le mont Testace,
Id est le mont des Pots-Cassez.

XLIV.

Villace qui dans chaque rue
Avez des niches à hiboux,
Il se voit des choses en vous
Dont l'origine est bien bourrue :
Tesmoin ceste isle au bord mangé,
Que l'ire du peuple outragé
Fit naistre dans votre riviere
Du blé de ce rogue Tarquin,
Qui meritoit qu'une etriviere
Passementât son marroquin.

XLV.

Quelques ordures échouées,
Qu'il n'est pas seant de nommer,
Ayderent bien à la former
Dessus ces ondes tant louées ;
On la prendroit pour un batteau,
Où s'embarqueroit un château
Sous les magiques loix d'Urgande,
Qui, pour visiter Amadis,
Voudroit vers Albion la grande
Voguer ainsi qu'au temps jadis.

XLVI.

Quelle pyramide funeste,
Quel sepulcre, en ce mur douteux,
Contrefait là-bas le honteux ?
Ha ! c'est celuy du pauvre Ceste.
Qu'il se declare aux regardans :
Est-il dehors, est-il dedans,
Ce goulu digne de l'histoire,
Et veut-il, en matois accort,
Pipant les yeux, jouer sans boire
Des gobelets après sa mort ?

XLVII.

Son monument devoit s'élire
Sur ce mont noble et reculé
Où de vin rouge congelé
Brille un tombeau cru de Porphyre ;
Ce cocq des beuveurs invaincus
Devoit aussi bien que Bacchus
Tirer ses guestres d'une ville
Où, par tant de secrets conduits
Cent ruisseaux, l'objet de ma bile,
En traitres s'estoient introduits.

XLVIII.

De ces ruisseaux mille fontaines
Regnent encore dans ce lieu,
Leur seul aspect à ce bon Dieu
Donneroit les fievres quartaines.
Vous les voyez d'un saut bruyant,
Se poursuivant et se fuyant,
Sortir de quelque laide trogne,
Ou de quelque horrible museau,
Qui se boursouffle ou se refrogne
Sous le caprice du ciseau.

XLIX.

Là des animaux les vomissent,
Icy les cornes des Tritons,
Icy, nichez par les cantons,
D'autres les pleurent ou les pissent;
Là, d'un gosier audacieux,
Les dragons les crachent aux cieux
Avec une roideur extreme ;
Mais, aussi-tost se reprenant,
Cette eau retombe sur soy-meme
Et fume presque en bruinant.

L.

Quand je contemple ces mysteres,
Je m'imagine en leur dessein
Que, l'air de Rome etant mal-sain,
On luy donne aussi des clysteres;
Ou, voyant Iris au travers
Piaffer d'un lustre divers,
Composé de rayons humides,
Je croy que l'arc vert, rouge et bleu,
Decoche des fleches liquides
Pour blesser l'element du feu.

LI.

Mais drapons un peu les statues
Qui parent ce large bassin,
Il semble à veoir que le farcin
Les ait de gales revêtues ;
N'en deplaise aux restaurateurs,
Leurs bras nouveaux, leurs pieds menteurs,
Meritent bien un coup de berne ;
Ils l'auront, et sans nul repit,
En deut la sculpture moderne
Crever de honte et de dépit.

LII.

Je sçay bien ce que pour sa gloire
Ses partisans m'allegueront ;
Je sçay bien qu'ils se targueront
D'une infame et nouvelle histoire :
Ils voudront ramener au jour
De l'espagnol outré d'amour
La bizarre et lubrique flame,
Qui par de violens efforts
N'en brula seulement pas l'ame,
Mais en fit consumer le corps.

LIII.

Toutesfois, pour une figure,
Elle ne s'en sauvera pas,
Encore que par ses appas
L'art ait suborné la nature ;
Et puis, avec sa nudité,
Ce marbre etoit trop affetté
Pour le remettre en evidence ;
Il fut aux regards trop fatal ;
C'est pourquoy l'honneste prudence
L'a fait enfroquer de metal.

LIV.

Employons donc la castelogne,
Sans epargner latin ny grec,
Et, les ayant bernez du bec,
Mettons les griffes en besogne;
Qu'il s'appretent à gambader,
Ces miracles du Belveder,
Qui font les dieux entre les marbres;
Et que ces malotrus hadins,
Qui font les hommes sous ces arbres,
Passent comme eux pour baladins.

LV.

Que si leur pesanteur les garde
Du saut en l'air à cette fois,
Me deussay-je rompre les doigts,
Si faut-il que je les nazarde.
Vieux simulacres effacez,
Pauvres haires repetacez,
Oh ! que votre morgue est flétrie !
Et qu'à bon droit on peut encor
Taxer Rome d'idolatrie,
De vous priser au poids de l'or!

LVI.

Je hue aussi tous vos semblables,
Bien que principaux ornemens
De ces monstrueux batimens,
Dont on raconte tant de fables;
Je foitte sans compassion
Ces coursiers d'emulation,
Où l'œil expert trouve à redire;
Le hagard taureau me deplait,
Et je tiens quiconque l'admire
Plus grosse bête qu'il ne l'est.

LVII.

Vestiges d'orgueilleux trofées,
Sous qui les sanglantes fureurs
De tant de cruels empereurs
Ne sont pas encor étouffées ;
Murs demolis, arcs triomfaux,
Theatres, cirques, echaffaux,
Monumens de pompes funestes,
Ma Muse à la fin du souper
Fait un ragout de tous vos restes,
Qu'elle baille au Temps à friper.

LVIII.

C'est trop parler de choses mortes ;
Clion, pren des objets vivans,
Et fay voir aux ages suivans
Quelle est la verve où tu t'emportes,
Ce Cours vaut bien le chapitrer ;
Tu ne pouvois mieux rencontrer
Dans ton humeur de pesterie,
Ny faire de plus digne choix
Pour dresser une batterie
De serbatanes et de pois.

LIX.

Que voy-je là dans ce carosse ?
Quoy, moine, vous venez icy ?
Et quoy, vous saluez aussi
Ces chiennes qu'il faut que je rosse ?
Ha ! c'est trop, vous en abusez,
Nous sommes tout scandalisez
De vos œillades libertines.
Retirez-vous, Peres en Dieu ;
Ny les vespres ny les matines
Ne se chantent point en ce lieu.

LX.

Oh! que ces guenuches coiffées,
Avec leur poil fauve par art,
Leur taille de vache et leur fart,
Sont à mes yeux d'étranges fées !
Qu'après ce plat de Jacobins
Le sot garbe de ces Zerbins
A ma ratte donne de joye !
Et qu'ils se font bien remarquer
Ces faux galands en bas de soye
Dessus des selles à piquer !

LXI.

D'un : Serviteur ! — Et moy le votre,
Qu'ils se dardent en grimaçant,
Ils semblent vouloir en passant
Jetter leur tête l'un à l'autre ;
Le bord flotant et rabatu
Du feutre mince et sans vertu
Qui couvre leur vaine cervelle,
Pour être ainsi qu'eux lâche et mol,
Ondoye au trot et bat de l'aile
Comme un choucas qui prend son vol.

LXII.

Ferme, cocher, de peur du crime
Qui provient d'incivilité !
Nous devons toute humilité
A la pourpre eminentissime.
O quel regiment d'estafiers !
Que ces chevaux sont gais et fiers
D'avoir des houpes cramoisies !
Rome étincelle sous leurs pas,
Et devant eux les jalousies
Font eclater tous leurs appas.

LXIII.

Maint trait d'œil glissant en fusée
De bas en haut est decoché,
Afin de couvrir un peché
Dont l'humeur noire est accusée ;
Mais en vain par cette action
A l'orde reputation
Veut-on apporter des remedes,
Les sens par les sens sont trahis,
Et l'on sait que les Ganimedes
Supplantent icy les Laïs.

LXIV.

La preuve n'en est que trop claire,
On a beau le dissimuler,
L'effet ne cesse d'en parler
Lors que la bouche le veut taire ;
Même je puis dire à ce coup
Qu'on ne s'en cache pas beaucoup
Du voisin ny de la voisine ;
Tout y vise au sale guichet,
Temoin la chaize Borghézine,
Qui prend les culs au trébuchet.

LXV.

Que ces soutanes de Castille,
Dans qui s'engoncent ces magots
Plus mal bâtis que des fagots,
Bouffent d'une audace gentille !
Qu'il fait bon veoir ces capelans
Trencher à pié des fiolans
Sous une gueuserie enorme,
Et qu'on dit bien à leur façon
Que de Lazarille de Torme
Ils ont autrefois pris leçon.

LXVI.

Retournons à l'hostellerie,
Ou dans l'enfer, pour dire mieux,
Enfer dont un ours grand et vieux
Est le Cerbere en sa furie;
Il est temps de se retirer,
Il est plutost temps de pleurer,
Puisque la nuit est revenue,
Je crains et la table et le lit,
Et dans une horreur continue
Ma volupté s'ensevelit.

LXVII.

Moy qui me plais sur toute chose
A briffer bien et promptement,
Moy qui suis dans mon element
Quand je chiffle ou quand je repose,
Faut-il me veoir icy reduit
A n'avoir rien, ny cru ny cuit,
Que la menestre et la salade,
Et, qui pis est, que du vin noir
Ou du vin jaune, doux et fade,
Qui fait rechigner l'entonnoir?

LXVIII.

Faut-il après que, pour litiere,
A boyau vuide et piteux train,
Je m'en aille ronger mon frein
Dans un vray grabat de l'hostiere?
Les matelas en sont pourris;
Maints grisons secs et mal nourris
M'y font la guerre à toute outrance;
J'en gronde comme un vieux limier
Bref, je gite, en melon de France,
Sur une couche de fumier.

LXIX.

Quels tyrans de leurs propres aises,
Quels assez rudes champions,
Y soutiendroient les scorpions,
Les fiers cousins et les punaises ?
Qui pourroit s'y parer des maux
Causez par certains animaux
Qui font vrayment mourir de rire ?
Je meurs de peur en y pensant ;
Mais je ressuscite pour dire
Que l'on en guérit en dançant.

LXX.

A tel chanfreneau telle emplâtre :
Si tost que vous êtes mordu,
Et qu'on voit qu'à groin pourfendu
Vous riez en verrat qu'on châtre,
On fait dancer avecques vous
Des gens qui trepignent en fous
Pour chasser ce tourment risible ;
Si qu'à veoir et remede et mal,
On diroit d'un sabat visible
Où le diable donne le bal.

LXXI.

Portière à bas, voicy la grange
Où le bon destin m'a hutté ;
Bon soir, patron, bonne santé !
C'est-à-dire un cancre vous mange !
Laquay ! le souper est-il prest ?
Apporte vite, tel qu'il est,
Soit cavial, boutarque ou sardine ;
Courage, enfans ! nous voylà bien !
Donnons dessus à la sourdine :
Grand appetit n'épargne rien.

LXXII.

Ouay, l'hoste se met en dépence !
Une fritate d'œufs couvez,
Et d'huile puante abbreuvez,
Se vient offrir à notre pance :
Un morceau de serpent roty,
De menthe et d'hyssope assorty,
L'accompagne avec une rave ;
Et barrette sur le genouil,
Battiste, d'un pas lent et grave,
Fait marcher trois brins de fenouil.

LXXIII.

Quels jolis racleurs de guiterre
Enten-je passer là-dehors ?
Sans mentir, voilà des accords
A mener la musique en terre ;
Aux lamentables hurlemens,
Aux syncopes, aux roulemens,
Dont leur gorge est si bien munie,
Sauf l'honneur de G-re-sol-ut,
Je me figure l'harmonie
D'un concert de matous en rut.

LXXIV.

Allons faire une promenade,
Thyrsis, des cieux le favory,
Et laissons ce charivary,
Qui contrefait la serenade ;
Nous verrons des plus haut hupez,
Travestis et mal equipez,
En tapinois gagner la poste ;
Et rirons d'ouir en voix d'ours,
Les rhymeurs promts à la risposte,
Improviser aux carrefours.

LXXV.

Quant à des Lesbins miserables,
Nous n'en découvrirons que trop ;
Ces maraux vont le grand galop
A l'hopital des Incurables ;
C'est du gibier à ladres verts,
On les voit marcher entr'ouverts,
Sans qu'en rien leur jeu se pallie ;
O creve cœur, ô marisson !
Priape greffe en Italie
Moins en fente qu'en écusson.

LXXVI.

Nous rencontrerons quelque garce
En equipage masculin,
Qui, suivant quelque prestolin,
Nous donnera sujet de farce ;
Ils seront possible attrapez,
Faisans les chevaux echappez,
Par les sbirres de la patrouille ;
Et la jument et l'etalon
Verront si c'est à la citrouille
A vouloir faire le melon.

LXXVII.

Nous ferons un tour chez la Grecque,
Qui nous dira quelqu'un des siens ;
A son hotel vont les Ruffiens,
Comme les Turcs vont à la Mecque.
Nous passerons de mieux en mieux
Chez la Dorothée aux beaux yeux,
Qui fut revendeuse de trippes,
Et sçaurons, en jaugeant le muy,
S'il est vray que dessous ses nippes
Elle en vende encor aujourd'huy.

RIDICULE.

LXXVIII.

De là, nous nous en irons boire
(Ayans pris Nicandre en chemin)
L'aigre de cedre et le jasmin,
Où la fraicheur est en sa gloire.
Ha! que dira le roy des pots
Quand il entendra ces propos?
Et moy, de même, que diray-je?
Ma raison a bien un bandeau
De suivre des plaisirs de neige
Et d'aymer un breuvage d'eau.

LXXIX.

Qu'y feroit-on? c'est la coutume,
On est forcé de vivre ainsi;
Le plus saint se corromt icy,
Et tout s'y change en apostume.
Mais sortons, sans tant deviser;
Si je voulois moraliser,
Je n'aurois pas besogne faite;
Jamais l'objet ne manqueroit,
Et dans une si longue traite
Pegaze enfin se lasseroit.

LXXX.

Toutefois, puisqu'il a des ailes,
Il peut bien aller plus avant,
Et, de ses plumes écrivant,
J'en puis bien conter de plus belles.
Mettons en donc une à la main.
Adieu, Thyrsis, jusqu'à demain,
Il faut obeïr au caprice;
Il faut qu'à ce demon folet
Clion, faite en grosse nourrice,
Donne de l'encre au lieu de lait.

LXXXI.

Ces gens-cy n'ont point l'humeur franche :
A tout gain leur arc est bandé ;
Souvent, pour m'avoir regardé,
J'ay vû me demander la manche.
L'Honneur, qui fait le quant-à-moy,
Ny la bonne femme de Foy,
N'ont point de siege en leurs boutiques,
Et leurs sordides actions
Les font nommer des moins critiques
La chiace des nations.

LXXXII.

Encore ne seroit-ce gueres
Si cet avide soin d'argent,
Qui riche est toujours indigent,
N'obsedoit que les cœurs vulgaires ;
Mais chez les plus grands il fait voir
De tels effets de son pouvoir
Que les Juifs mêmes en ont honte ;
Et là-dessus ma liberté
Veut versifier un bon conte
Qu'autrefois on m'a debité.

LXXXIII.

Lubin, venant icy de Bresse,
Fut prié par frere Zenon
D'en apporter grace en son nom,
Pour avoir senglé son anesse.
Lubin l'obtient, et, de retour :
Eh bien ! dit l'autre, en mon amour
As-tu fait quelque tripotage ?
Ouy, dit Lubin, et, sans gloser,
Pour peu de Jules davantage
On t'eut permis de l'épouser.

LXXXIV.

D'impertinentes simagrées
Ils fardent la devotion ;
Par leur gauche inclination
Les bonnes mœurs sont dénigrées ;
Pourveu qu'un autel soit orné
De maint ex-voto griffonné,
Un saint leur en doit bien de reste ;
Et ce pendant à ces tableaux
La pieté la plus modeste
Rit sous cappe et dit mots nouveaux.

LXXXV.

Ils donnent tout aux apparences,
Et l'amitié qui regne entr'eux
N'est qu'un fantôme vain et creux
Que l'on repait de reverences ;
Leur courtoisie à l'etranger
Ne gît qu'en l'éclat mensonger
De quelque grimace bouffonne ;
Et leurs discours, faits au compas,
Montrent qu'en la place Navonne
Tous les charlatans ne sont pas.

LXXXVI.

L'assassin de glaive ou de bale
Icy se loue à peu de frais ;
Le bouccon, traitre en ses apprets,
S'y vend comme herbe en pleine hale ;
Le jaque-de-maille fringant
Avec la secrette et le gant
Y sont haut étalez sans crime ;
Le masque de fer s'y produit,
Et l'on n'y pratique l'escrime
Que pour quelque bon coup de nuit.

LXXXVII.

Toutefois, hors de leurs querelles,
Qui durent à l'eternité,
L'on y peut vivre en seureté
Et voir putains et maquerelles :
Car l'entretien chaste et benin
Du gentil sexe feminin
Ne s'y permet en nulle sorte ;
Et les hommes sots et jaloux,
Sous l'avertin qui les transporte,
Y sont autant de loups garoux.

LXXXVIII.

D'un brayer que Martel-en-téte
De ses propres mains a forgé
Leurs femmes ont le bas chargé,
De peur qu'il ne fasse la bête ;
Au moins on sçait qu'en la pluspart
Leurs maris usent de cet art,
Tant l'âpre soupçon les devore ;
Mais ce fer, à deux fins servant,
Les fait voir plus jaloux encore
Du derriere que du devant.

LXXXIX.

En cette contrainte inhumaine
Du penil et du croupion,
Un pauvre chetif morpion
Ne sçauroit respirer qu'à peine.
Toutes les raisons furetant,
Je ne m'etonne pas pourtant,
Dônes aux demarches si graves,
Qu'en ces lieux, qui sont vos enfers,
Puisqu'on vous y tient comme esclaves,
On vous fasse porter des fers.

XC.

Mais jusques aux dernieres bornes
Je m'ébahy lorsque je voy
Ces signors qui vous font la loy
Avoir tant de crainte des cornes ;
Votre gros visage platré,
Votre corps si mal accoutré,
Votre esprit sot et miserable,
Bref, en trois mots, et sans mentir,
Votre laideur incomparable,
Les en devroit bien garentir.

XCI.

Et d'ailleurs, pour ce qui regarde
Votre ardante lâciveté,
La peur du morceau redouté
Leur est une assez seure garde ;
Ce n'est pas qu'en dépit de tout
Vous ne veniez parfois à bout
De vos secrettes entreprises,
Et que vous ne montriez fort bien
Qu'à femelles d'amour eprises
Les hanicroches ne sont rien.

XCII.

Changeons de note et de langage,
C'est être sur vous trop long-temps :
L'heure veut qu'au havre où je tens
J'aille finir mon navigage ;
Mais, avant que d'entrer au port,
Où je me voy rire du bord
La palme de la moquerie,
Je chanteray qu'en cette cour
La maudite chiquanerie
Fait son plus éminent sejour.

XCIII.

Je diray que, hors de la banque
Et d'autres moyens d'en avoir
Qu'on cherche icy quelque sçavoir,
On rencontrera toujours blanque ;
Je gronderay qu'en ce pourpris,
Par l'ignorance et le mépris
La doctrine est si ravalée
Que ces deux miracles divers,
Et Campanelle et Galilée,
N'y sont lorgnez que de travers.

XCIV.

Dans une plaisante maxime
Que nul autheur ne nous apprend,
Pour eviter un mal plus grand,
Le bordel s'y croit legitime :
On l'y souffre en tous les quartiers,
Il a rang parmy les métiers
De qui l'utilité s'approuve,
Et, pour les communs braguemars,
Le vray champ de Venus se trouve
Où fut jadis le champ de Mars.

XCV.

Peuple, l'excrement de la terre,
Romains qu'aujourd'huy nous voions
Si vicieux et si coyons,
Vous diffamez ce lieu de guerre ;
Aussi le prince des combats,
Trouvant chez vous son sceptre à bas,
L'emporta-t'il en nos armées,
Où dans les tragiques emplois
Nos lames, de gloire animées,
Ont fait mille fameux exploits.

XCVI.

Les goitres et les ecrouelles,
Après que des Anglois quouez
Nos corbeaux furent engouez,
Ont été mises par rouelles.
Ces buffles d'yvrognes du Nort
Ont connu que sous notre sort
Il faut que l'Europe se reigle;
La France est sans rebellion,
Et ses coqs, ayans bourré l'aigle,
Redoublent la fievre au lion.

XCVII.

Les triquebilles d'Austrasie,
Dont les trois faisoient le boisseau,
Se mettroient toutes dans un seau,
En l'effroy dont elle est saisie.
Bref, notre tonnerre enflamé
D'un seul éclair a consumé
Le tiers de l'orgueil de Bysance;
Et l'ardeur qu'en tant de beaux faits
A temoigné notre vaillance
Glace de crainte Alger et Fez.

XCVIII.

D'entonner toutes nos victoires
Ce seroit un trop haut projet;
Elles fourniront de sujet
A de plus sages ecritoires.
De jaser davantage aussi
Sur toutes ces fadézes-cy
Ma langue en seroit érenée;
Que si quelque esprit curieux
Veut voir cette matiere ornée
D'un vetement plus serieux;

XCIX.

Je le renvoye aux doctes veilles
Du Toscan et de l'Angevin :
Leur enthouziasme divin
A là-dessus prôné merveilles ;
Et, bien que de deux grans sonnets
L'amant de Laure aux vers si nets
Ait été châtré dans son livre,
De rien cela ne peut guérir :
C'est doublement les faire vivre
Que de les faire ainsi mourir.

C.

En marbre, en airain on les grave
Quand on les efface en papier,
Et jusqu'au merle d'un fripier
Il les sifle alors, et s'en brave.
Qu'on me defende, on me lira ;
Par cœur un chacun me sçaura
Si le conclave me censure.
Le jeune est un jour de banquet,
La chasteté fait la luxure
Et le silence le caquet.

CI.

Pour achever en galand homme,
Je dy que je fay plus d'état
Des vignes de la Cioutat
Que de toutes celles de Rome ;
Et d'ailleurs je ne pense point
Qu'elle s'échauffe en son pourpoint
Sur ce titre de *ridicule*,
Puisqu'on voit encore en ce lieu
Qu'au pair d'un Mars ou d'un Hercule
Elle en fit autrefois un dieu.

In Romam, Joseph Scaligeri Scazon.

Spurcum cadaver pristinæ venustatis,
Imago turpis puritatis antiquæ;
Nec Roma Romæ compos, et tamen Roma,
Sed Roma, quæ præstare non potes Romam;
Sed quæ foveris fraude, quæ foves fraudem;
Urbs, prurienti quæ exoletior scorto,
Et exoleti more pruriens scorti;
Quæ, pene victa fæce prostitutarum,
Te prostituta vincis, et tuum facta es
Tibi lupanar in tuo lupanari;
Vale, pudoris urbs inanis et recti,
Tui pudoris nominisque decoctrix,
Turpis litura non merentium rerum.
Ocelle quondam, nunc lacuna fortunæ;
Negotiosa mater otiosorum,
Incesta cælibum quiritium manceps.
Vale, nefanda, constuprata, corrupta,
Contaminata; quippe quid tuos mirer
Putere mores, quando vita computret?

Desiderii Erasmi *vale dicentis Romanæ urbi distichum.*

Roma, vale, vidi: satis est vidisse; revertar
   Cum leno, meretrix, scurra, cinædus ero.

REMARQUES

SUR LA ROME RIDICULE[1].

Je t'envoye enfin, mon cher, le petit Commentaire que je t'ay promis sur la *Rome ridicule*. Si c'estoit quelque chose de fort curieux, tu ne te plaindrois peut-estre pas de ce que je te l'ay tant fait attendre ; mais j'ay bien peur qu'après l'avoir lu, tu ne trouves qu'il ne valoit pas mesme la peine d'estre demandé. Reçois-le du moins, je te prie, comme un gage de mon amitié et comme un effet de la complaisance que j'ay pour tous tes desirs.

Stance 4 : *Vous aviez deux cornes superbes.* — Tout le monde sait que les fleuves sont representez avec des cornes. M. Menage en examine les raisons page 311 de ses *Observations sur Malherbe*.

Comme le mouton precieux. — Il entend le belier à la toison d'or, sur lequel Phryxus se sauva dans la Colchide.

Stance 8 : *Barboüiller, etc.* — C'est la coutume à Rome, quand on veut faire affront à quelqu'un, de jeter de l'encre contre les parois de sa maison. J'ay vu pratiquer cela sur le palais de D. Mario la nuit qui suivit la mort du pape Alexandre VII, son frère.

Stance 10 : *Mole.* — C'est le chasteau Saint-Ange, dont le

---

1. Nous donnons sans les séparer, pour plus de fidélité, ces remarques, que nous trouvons au tome XIII, p. 969-976, des manuscrits de Conrart, collection grand in-fol.

donjon est une grosse tour ronde, qui reste du sepulcre d'A-
drian, qu'on nomme en latin *Moles Adriani*.

Son Mignon. — Il se nommoit Antinoüs. Il y a encore dans
le Belveder une fort belle statue qu'on croit qui le represente.

Des flammes d'Alexandre. — Quelques uns croyent que Saint-
Amant a pris ici un nom pour un autre, et qu'il a cru que le
mignon d'Adrian se nommoit Alexandre. Pour moy, je croirois
plustost qu'il a voulu dire qu'Adrian aymoit Antinoüs, comme
Alexandre le Grand avoit aymé Ephestion, ou, si vous voulez,
Bagoas. Voy. ce que Cœlius Rhodiginus dit de ce dernier au
chapitre 9 de son 15e livre.

Stance 12 : *Colomnes.* — Les deux colonnes de Trajan et
d'Antonin, autour desquelles les victoires de ces princes sont
representées en bas-relief. Elles sont creuses par dedans, et il
y a un degré pour monter sur la platte-forme.

Pointus fastes Egyptiens. — Ce sont les aiguilles ou obelis-
ques que les empereurs faisoyent autrefois apporter d'Egypte
pour les mettre dans leurs cirques. Il y en a encore plusieurs
dans Rome. Les trois principales sont dans la place *del Popolo*, dans la place de Saint-Pierre et devant l'eglise de Saint-
Jean-de-Latran ; celles de Sainte-Marie-Majeur et de la place
de Navonne sont aussi très-belles.

Stance 13 : *Colisée.* — C'est l'amphitheatre de Vespasien,
dans lequel près de 100,000 personnes pouvoyent demeurer
assises et voir commodement les combats des gladiateurs et
ceux des betes. On la nomme *Colisée*, comme qui diroit *colos-
sée*, à cause du colosse de Neron, qui estoit auprès.

Stance 14 : *Pasquin.* — C'est une vieille statue dont il ne
reste presque que le tronc ; mais l'on juge à la posture qu'il falloit
que ce fut la statue d'un gladiateur. Elle est au coin du palais
des Ursins, proche la place Navone, et l'on a coutume d'y at-
tacher les pieces satyriques qui se font dans Rome. Il y a encore trois autres statues celebres parmy le peuple : *Marforio*,
sur le Capitole, où l'on l'a transportée de devant l'eglise *San
Pietro in carcere*; *Marcolfa*, dans la place de Saint-Marc, et
l'abbate Luigi, proche *San Andrea della valle*.

Stance 18 : *Thermes.* — Ce sont les bains, ou, comme les
appelle M. de Balzac, les etuves de Diocletien : *therma Diocle-
tiani*. Les chartreux y ont à present leur couvent et leur eglise.

Voy. M. de Balzac dans son *Socrate chrestien*, discours quatrieme.

Ce vieux fat. — Diocletien,

> Celuy qui prefera son jardin de Solone
> A toutes les grandeurs de l'empire romain.

Je te donne à deviner où j'ai pris ces vers.

Stance 19 : *Pantheon.* — On le nomme à present *la Rotonda*, et l'on en a fait une eglise dediée à la Vierge et à tous les saints. Il ne reçoit de lumiere que par une grande ouverture qui est au milieu de la voute.

Polypheme. — L'on diroit que Saint-Amant fait allusion à ce sonnet italien que j'ay apporté de Rome; du moins est-ce la mesme pensée :

> Questa che s'apre trà le nubi il varco,
> Machina imperiosa e torregiante,
> E par che tenti, al paragon d'Atlante,
> Curvar le spalle allo stellato incarco.

*Nimrod.] Non è quella ch' erisse l'empio gigante *
> Ch' armò contra il suo Dio la mano, e l'arco
> Ne quella onde' l gran dorso hebbe poi carco
> Encelade, ancor crudo e minacciante.

> Mà, come parla il maestoso volto,
> Non potea qui tante bellezze conte
> Altra mano che la Romana haver raccolto :

> Mà, come opra mortal sì vasto monte ?
> Ah ! questi è Poliphemo, e in sasso è volto :
> Vedili il suo grand' occhio in sù la fronte.

Stance 20 : *La fleur des proyes* — *Opima spolia*. On les portoit au temple de Jupiter Feretrien, qui estoit bati sur le Capitole. Toutes ces choses sont si connues que je ne daignerai m'y arrester.

Stance 24 : *Où sont à present vos rempars.* — Entre le mont Palatin et l'Aventin, où fut baty depuis le grand Cirque, *Circus maximus*. Le lieu se nomme encore maintenant *Cerchi*.

Stance 43 : *Mont Testace.* — *Mons Testaceus*, ou *Doliolum*, entre le mont Aventin et le Tibre, proche la porte Saint-Paul. Les potiers de terre, qui se tenoyent autrefois en ce quartier-là, le formerent peu à peu des debris de leur vaisselle, qu'il leur estoit defendu de jeter dans la riviere; et il est encore à present fort elevé.

Stance 44 : *Cette isle.* — L'isle Tiberine, dont Tite-Live raconte l'origine en ces termes : « Ager Tarquiniorum, qui inter urbem ac Tiberim fuit, consecratus Marti, Martius deinde campus fuit. Forte ibi tum seges farris dicitur fuisse matura messi; quem campi fructum, quia religiosum erat consumere, defectam cum stamento segetem magna vis hominum simul immissa sorbibus fudere in Tiberim, tenui fluentem aqua, ut mediis caloribus solet; ita in vadis hæsitantes frumenti acervos sedisse illitos limo; insulam inde paulatim et aliis quæ fert temere flumen eodem invectis factam. Postea credo additas moles, manuque adjectum, ut tam eminens arca firmaque templis quoque ac porticibus sustinendis esset.

Stance 45 : *On la prendroit pour un bateau.* — On donne à cette isle la figure d'un vaisseau, en memoire de celuy qui avoit apporté Esculape d'Epidaure à Rome. Ovide en raconte l'histoire au dernier livre de ses *Metamorphoses*.

Stance 46 : *Quelle pyramide funeste!* — C'est une grande pyramide de marbre blanc qui est engagée dans les murailles de la ville, entre la porte Saint-Paul et la riviere. On l'y engagea apparemment du temps d'Aurelien, lorsqu'on aggrandit le tour des murailles; de sorte qu'à present il y en a la moitié dans la ville et la moitié dehors; et c'est là-dessus que sont fondés ces vers de Saint-Amant :

> Quel sepulcre en ce mur douteux
> Contrefait là-bas le honteux ? Etc.

Du costé de la ville on y lit cette inscription :

C. CESTIUS. L. F. POB. EPULO. TR. FR. PL.
VII. VIR EPULONUM.

Et de l'autre costé on lit aussi la mesme inscription, avec cette autre un peu au dessous, et en plus petites lettres :

OPUS ABSOLUTUM. EX. TESTAMENTO. DIEBUS. CCCXXX.
ARBITRATU.
PONTI. P. F. CLA. MELÆ. HEREDIS. ET. POTHI. L.

Ce qui ne laisse aucun lieu de douter que ce ne soit le tombeau de Cestius, quoyque le peuple l'appelle ordinairement le tombeau de Remus.

Ce goulu. — Il paroît par l'inscription que Cestius estoit l'un de ceux qui avoyent la charge des banquets sacrez. Saint-Amant tourne cela en burlesque, et c'est là-dessus qu'il demande si Cestius, ne pouvant plus jouer des gobelets de la maniere qu'il en jouoit durant sa vie, veut du moins en jouer après sa mort en pipant les yeux. Est-il dehors ? est-il dedans ?

Stance 47 : Ce mont noble et reculé. — C'est le mont Viminal, dont il n'y a qu'une partie qui soit renfermée dans la ville, le reste s'estendant fort loin au dehors ; et c'est pour cela qu'il l'appelle *reculé*. Il le nomme *noble* à cause des vignes qui y sont plantées, et à cause du temple de Baccus qui y est baty. Ce temple de Baccus est un vieux batiment environ à demy-lieue de la *Porte-Pio*, tout proche de l'eglise de Sainte-Agnès, dans lequel on conserve un parfaitement beau vase de porphyre, qu'on appelle communément le tombeau de Baccus, et que Saint-Amant pretend estre de vin rouge congelé. Les savants ne sont pas d'accord sur ce vieux batiment et sur ce beau vase ; mais il suffit, pour entendre nostre poëte, de savoir ce qu'on en dit communement.

Ce coq des beuveurs. — Septemvir epulonum.

Stance 52 : D'une infame et nouvelle histoire. — La voicy en deux mots. Au pié du tombeau de Paul IIIe, Farnese, qui est dans le fond de l'eglise de Saint-Pierre, il y a deux fort belles statues de marbre, dont l'une, qui represente une jeune femme, a esté faite, à ce qu'on dit, sur la maitresse du pape. On l'avoit faite toute nue ; et un certain Espagnol, s'estant un jour trop attaché à la contempler, en devint si amoureux, qu'il se cacha dans l'eglise ; et, quand tout le monde en fut sorty, il se mit en devoir de satisfaire sa passion. Il fut surpris en cette posture, et il fut condamné au feu. L'on a fait depuis une echarpe de bronze à cette statue qui luy couvre le milieu du corps, mais qui laisse encore tout le reste à decouvert.

Stance 54 : Ces miracles du Belveder. — Le Belveder est un petit palais très-agreable joint au Vatican par une longue gallerie. On y conserve dans une petite cour, partie dans des niches, partie sous des arbres, dix ou douze des plus belles

SUR LA ROME RIDICULE.

statues qui nous restent de l'antiquité; comme sont : le Laocoon, avec ses deux enfans devorés par les serpens; l'Apollon, l'Antinoüs, la Venus, la Cleopatre, le Nil, le Tibre, etc.

Stance 56 : *Ces coursiers d'emulation.* — Coursiers, c'est-à-dire chevaux. Ce sont deux chevaux de marbre, plus grands que le naturel, qu'on a trouvés dans les Thermes de Constantin, et qu'on a transportez devant la principale entrée du palais du Pape, sur le mont Quirinal, qui s'appelle maintenant, à cause de cela, *Monte-Cavallo*. On lit sous les pieds de l'un *Opus Phidiæ*, et sous les pieds de l'autre *Opus Praxitelis*; et l'opinion commune est que ces deux sculpteurs les firent à l'envy l'un de l'autre pour representer Alexandre domtant Bucephale. Mais les savants n'en demeurent pas d'accord.

Le hagard Taureau. — On le nomme le Taureau de Farnese, parcequ'il est à present dans le palais de Farnese, où l'on l'a transporté des Thermes de Caracalla. C'est une des merveilles du monde. On y voit sept ou huit figures, aussi grandes pour le moins que le naturel, faites toutes, avec la base qui les soutient, d'une mesme piéce de marbre : Dircé, que Zethus et Amphion, animez par la presence de leur mere Antiope, attachent par les cheveux à la queue d'un taureau, etc. Pline en parle au ch. 5 du liv. 36 : « Zethus et Amphion, et Dircé, et Taurus, vinculumque ex eodem lapide, a Rhodo advecta; opera Apollonii et Taurisei. »

Stance 58 : *Ce Cours.* — *Il Corso*. C'est une longue et belle rue qui s'estend depuis la place *del Popolo* jusques au palais Saint-Marc. L'on y fait les courses du Carnaval, et l'on y va l'eté au cours.

Stance 59 : *Ces chiennes.* — A la plus part des fenestres qui regardent sur la rue du Cours, il y a des courtisannes que l'on salue en passant.

Stance 60 : *Zerbins.* — Ceux que nous appelons des mignons, des muguets; les Italiens les nomment *zerbini*.

Stance 62 : *Ferme, cocher.* — *Ferma, cochiere*, c'est-à-dire : Arreste, cocher. Lorsqu'on rencontre quelque cardinal *con gli fiocchi*, c'est-à-dire, comme Saint-Amant l'a traduit, avec des houpes à ses chevaux, ce qui est la marque de sa dignité, on luy doit cet honneur de faire arrester le carrosse où l'on est jusqu'à ce que le sien soit passé.

Stance 64 : *La chaize Borghezine.* — Dans la vigne Borghese, qu'on trouve à la sortie de la porte Pinciane, il y a une espece de fauteuil dans lequel on ne peut s'asseoir qu'aussi-tost il ne sorte de chaque costé deux crampons de fer qui vous saisissent les deux cuisses et qui vous empechent de vous relever.

Stance 65 : *Capelans.* — Cappelani, chappelains, prestres. Il y en a de fort miserables.

Lazarille de Thormes. — C'est le principal personnage d'un livre espagnol qui decrit la vie des gueux.

Stance 66 : *Dont un ours.* — Il faut que Saint-Amant fût logé *All' Orso*, qui est une hostellerie assez connue, et qui a donné son nom à la rue qui va de celle des Conduits au pont Saint-Ange.

Stance 67 : *Menestre.* — C'est un certain ragoust fait avec du brouët et une espece de paste qu'on nomme *vermicelli* ou *maccaroni*.

Stance 68 : *Grabat de l'hostiere.* — *Letto d'hosteria*, c'est-à-dire un fort mechant lit.

Stance 69 : *Certains animaux.* — C'est-à-dire les tarentules.

Stance 71 : *Cavial, boutargue.* — *Caviale, bottarga.* Ce sont des œufs de poisson secs et salés.

Stance 72 : *Barette.* — *Baretta*, bonnet.

Stance 73 : *Racleurs de guiterre.* — Tout l'esté, les Italiens ne font d'autre mestier, après souper, que de courir les rues avec leurs guittares, dont ils jouent en chantant; et quelquefois vous les voyez s'attaquer les uns les autres par de mechans impromptus. C'est ce que Saint-Amant nomme *improviser*.

Stances 74 et 78 : *Thirsis, Nicandre.* — J'ay bien su autrefois qui estoyent ce Thirsis et ce Nicandre; mais je ne m'en souviens plus. Il falloit que ce fussent deux de ses amis, avec qui il avoit fait le voyage, ou qu'il avoit trouvez à Rome. Il y a parmy ses œuvres une epigramme pour le cher Thirsis eborgné. C'est peut-estre le mesme.

La poste. — *La posta*, le rendez-vous.

Stance 75 : *Lesbins.* — Ce sont les mesmes que ceux qu'il a deja nommez Ganimedes.

L'hospital des Incurables. — Saint-Jacques-des-Incurables est un hopital de la rue du Cours, où l'on voit souvent de ces lesbins qui se font traiter d'un mal infame.

Stance 77 : *La Grecque, la Dorothée.*—C'estoyent deux courtisannes celebres de ce temps-là.

Stance 81 : *La manche.* — *La mancia.* C'est ce qu'on donne par courtoisie à un valet ou à une servante d'hostellerie, à un portier qui vous a ouvert quelque jardin, ou à quelque autre officier de cette sorte qui vous a rendu quelque petit service.

Stance 83 : *Jules.* — Un jule est une petite monnoye d'argent qui vaut 7 sols ou environ.

Stance 85 : *La place Navone.* — C'est une place fort belle et fort marchande, au cœur de la ville. Les charlatans y étalent ordinairement leurs boutiques, et y font leurs tours de passe-passe.

Stance 92 : *L'ombre du morceau redouté.* — La crainte du boucon.

Stance 93 : *Campanelle et Galilée.* — Leurs livres sont defendus à Rome.

Stance 96 : *Les goîtres.* — C'est un mal fort commun dans les Alpes. Il entend par là les Savoyards.

Les Ecrouelles. — C'est le mal ordinaire des Espagnols.

Des Anglais quouez. — La pluspart des Anglois ont le bout de l'os sacrum, qu'on nomme *coccyx*, qui leur avance, ce qui fait une espece de queue. Il est aisé de juger d'icy que ceste piece a esté faite peu de temps après la prise de La Rochelle et le secours de Cazal. Saint-Amant la fit à Rome; et j'ay ouy dire qu'après l'avoir faite, il la montra au cardinal Bentivoglio, avec qui il vivoit assez familièrement.

Redoublent la fievre au lion. — Quelques naturalistes disent que les lions ont toujours la fievre. C'est ce qui fait que Saint-Amant dit que la fievre *redouble* au lion d'Espagne, par la crainte qu'il a des coqs françois, *Galli*. Et ce qui rend l'allusion encore plus riche, c'est que les lions, à ce qu'on dit, ont naturellement peur du chant des coqs. — L'aigle, c'est l'empire, comme chacun sait.

Stance 97 : *Les triquebilles d'Austrasie.* — L'Austrasie, c'est la Lorraine. Un duc de Lorraine avoit fait mettre dans ses drappeaux ces trois lettres : C. D. L., qui signifioient *Carolus Dux Lotharingiæ*. Mais les soldats de ce prince, sur certain bruit qui couroit de luy, les expliquoient autrement, mettant *de Lorraine* au lieu de *dux Lotharingiæ*, et, au lieu de *Carolus*, un *synonyme* de triquebilles que tu devineras aysément.

Dont les trois faysoyent le boisseau. — Comme il n'y avoit que trois lettres sur les drappeaux du duc, ses soldats disoyent qu'il ne falloit aussi que trois de ce que ces lettres signifioyent selon eux pour remplir un boisseau.

Stance 99 : *Du Toscan et de l'Angevin.* — De Pétrarque et Du Bellay, qui ont tous deux écrit contre Rome. L'amant de Laure, c'est encore le mesme que le Toscan. Saint-Amant ne parle que de deux sonnets retranchez; cependant il y en a trois de marquez dans les éditions ordinaires de Petrarque.

Stance 101 *et dernière* : *Des vignes de nostre Cioutat.* — La Cioutat est une ville de Provence dont les vins sont fort célebres.

Que de toutes celles de Rome. — On appelle *vignes*, à Rome, les maisons de plaisance des cardinaux et des autres personnes considerables, comme la Vigne Medicis, la Vigne Borgheze, la Vigne Ludovise, la Vigne Montalte, etc. Je croy que *vigna* se dit par corruption pour *villa*.

Elle en fit autrefois un Dieu. — Il y a eu autrefois, proche de Rome, du costé de la porte Capene, qu'on nomme à present porte de Saint-Sebastien, un petit temple dedié *Deo Ridiculo*.

Voilà mon petit commentaire achevé. Je ne l'ay pas fait plus grand, parceque je n'ay voulu y mettre que ce que j'ay jugé necessaire, et je l'ay fait sans façon, parceque je l'envoye à un amy avec qui j'ay coutume d'en user ainsi. Je n'ay travaillé que pour toy, mon cher; et je n'ay songé qu'à t'esclaircir les endroits de cet *ingenieux caprice* qui auroyent pu te paroistre obscurs. J'ay peur d'avoir passé un peu trop legerement sur quelques uns; mais, s'il faut y retoucher, tu me trouveras prest à te faire voir au moindre signe que tu peux toujours disposer de moy et de mon loisir. Adieu.

L'ALBION

CAPRICE HEROÏ-COMIQUE

DEDIÉ A MONSEIGNEUR

LE MARESCHAL DE BASSOMPIERRE

L'ALBION[1]

CAPRICE HEROÏ-COMIQUE.

Vive gloire de la France,
Unique amour des Neuf-Sœurs,
Qui, malgré tes oppresseurs,
Consolerent ta souffrance;
Grand heros[2] que sans raison
Une insolente saison
A battu d'un long orage,
Et dont pourtant le courage
Triomfoit de sa prison ;

Rare homme entre les illustres,
Honneur de la belle cour
Que tu vas remettre au jour
Après la nuit de deux lustres ;

---

1. Ce poème est imprimé ici pour la première fois, d'après un manuscrit de la Bibliothèque impériale (fonds Colbert, n° 7688 3.3., in—4).

2. Bassompierre (François de), après diverses ambassades en Espagne, en Suisse et enfin en Angleterre, fut mis en 1631 à la Bastille par Richelieu, qui le craignoit, et n'en sortit que le 19 janvier 1643. Sa nuit, comme dit Saint-Amant, dura donc plus de deux lustres. — C'est pendant cette captivité qu'il composa ses curieux mémoires, et aussi ses remarques, ou plutôt ses contradictions, sur l'*Hist. de France* de Dupleix.

Astre noble et gracieux
Dont l'absence fut aux yeux
Cent fois plus insuportable
Qu'une ecclipse espouventable
Du premier flambeau des cieux ;

Modelle de courtoisie,
De valeur, de probité,
Que la generosité
Ne peut voir sans jalousie;
Cœur aux justes mouvemens,
Source des beaux sentimens
Qui les beaux actes produisent,
Solide esprit où reluisent
Les divers raisonnemens ;

Bassompierre, pour tout dire,
Toy qui dans les hauts emplois
As veu ce que de l'Anglois
Peut desgoizer la satire :
Toy, dis-je, qui mieux que tous
Au drôle as tasté le pous,
Sous Bellonne et sous Minerve [1],
Permets que de luy ma verve
T'escrive en fueilles de hous.

Certes, ce peuple insulaire
Est un estrange animal ;
Mais, s'il m'a fait quelque mal,
Il en aura le salaire :
Je le dépeindray si bien
Qu'il ne luy manquera rien
Des piés jusques à la teste,

---

1. Sous Bellone, au siége de La Rochelle ; sous Minerve, dans ses ambassades.

L'ALBION.

Et desjà ma main s'appreste
A luy faire un nez de chien.

Non, je serois un vray buffle,
Commençant mon œuvre ainsy,
D'honorer ce peuple-cy
Des traits d'un si digne muffle :
Le dogue est pourveu d'appas ;
Il est jusques au trespas
Doux et fidelle à son maistre ;
Et le barbare, le traistre,
Monstre assez qu'il ne l'est pas.

Donnons luy donc l'air farouche,
En cette rebellion,
Non d'un genereux lion,
Mais d'un cheval fort en bouche ;
Qu'il ait un peu du pourceau ;
Et, reclamant le rousseau
Qu'en Parnasse l'on adore,
Pour en faire une hydre encore
Esbranlons nostre pinceau.

La sottise et l'arrogance
Composant toutes ses mœurs,
Ses moins ineptes humeurs
Sont pleines d'extravagance ;
Sa fantaisie est sa loy,
Son cœur abhorre la foy
Dont il a chery le culte ;
Il se plaist dans le tumulte,
Et fait la nique à son roy[1].

1. Allusion aux troubles d'Angleterre, qui ne se terminèrent qu'en 1649 par la mort de Charles Ier et le triomphe de « Messieurs les parlementaires », comme dit plus loin Saint-Amant.

La rage qui l'esperonne
Contre l'ordre aux sacrez vœus
Non plus en or qu'en cheveus [1]
Ne peut souffrir de couronne.
Il voit d'un œil d'attentat
Un auguste potentat
Dans la dignité supreme,
Et, rompant son diademe,
Veut deschirer son estat.

Il est vray que la noblesse,
Du moins aucuns de ce ranc,
D'un cœur assez pront et franc
S'oppose au fer qui le blesse;
Il est vray que par miliers
On a veu des escoliers
Pleins de gloire et de courage,
Pour soustenir cet orage,
Desmeubler les rateliers :

L'un s'est armé d'une gaule,
L'ornant de maint affiquet;
L'autre d'un fust de mousquet
S'est enorgueilly l'espaule;
L'autre, de qui le minois
Sent le docteur hybernois,
S'est pris le crin dans un casque,
Et l'autre, un peu lourd et flasque,
A peté sous le harnois.

---

1. Il s'agit, dans ce passage, de ceux qu'il appelle plus loin « ces malignes Testes-rondes ». — C'étoient les parlementaires. On les nommoit ainsi parcequ'ils portoient les cheveux ras, tandis que les *cavaliers* ou royalistes portoient les cheveux très longs, à l'exemple du roi. — Voy. son portrait par Van Dyck.

L'ALBION.

Mais bien que par leur conduitte
Charles regne dans Oxfort,
Cela n'est pas assez fort
Pour mettre l'audace en fuitte ;
Il faut bien d'autres soudars,
Il faut bien de meilleurs dars
Que ceux de leur escritoire,
Pour frustrer de la victoire
Les rebelles estendars.

Ces malignes Testes-rondes,
A qui le trosne est suspect,
Des escluzes du respect
Ont levé toutes les bondes ;
De cruels desbordemens
Avecques des grondemens,
Forçant digues et chaussées,
Des tours les plus exhaussées
Sappent les beaux fondements.

En ce lieu la republique
Prend la monarchie au corps,
Et pour vaincre ses efforts
Tente le droit et l'oblique.
Je les voy s'entre-lutter,
Je les entens disputer
De la grandeur souveraine ;
Et desjà dessus l'arène
L'une a pensé culbuter.

Toutesfois la monarchie
Subtile en tours de Breton
Sera bientost, ce dit-on,
Des bras de l'autre affranchie ;
Et pourveu qu'en ce debat
Le Picte au pouilleux grabat
Chez soy vive, main-en-poche,

La vieille athlete qui cloche
Aura l'honneur du combat.

Ainsy jadis un Entelle
Tout cassé, mais courageux,
Dans une isle, à ces durs jeux
Rendit sa gloire immortelle.
Darès en eut sur le groin,
Il luy fit voler au loin
La creste de son estime,
Puis assomma la victime
D'un horrible coup de poin.

Qu'on en verra d'immolées
Au ressentiment royal,
Si du monstre desloyal
Les cornes sont ravalées!
Pour dire ce que j'en sçay,
Sans doute Manchestre et Say,
Criaillans misericorde,
D'une hache ou d'une corde
Feront le tragique essay.

Ce seront là des spectacles
Bien dignes d'autres concours
Que ceux des chiens et des ours
Dans leurs sales habitacles ;
Les bons et justes desirs
Auront bien d'autres plaisirs
A voir foudroyer ces testes
Que de donner à des bestes
Le plus beau de leurs loisirs.

Messieurs les parlementaires,
N'estes-vous point hors du sens
De mespriser les accens
Des voix les plus salutaires ?

L'ALBION.

Ouy, je respondray pour tous ;
J'ay veu maints terribles fous
Hurler comme dans les gesnes,
Qui sous leurs pesantes chaisnes
Ne l'estoyent pas tant que vous.

De quels bourrus priviléges
Nous venez-vous pas estourdir ?
Voulez-vous encore ourdir
Quelques autres sacriléges ?
Vous avez mesdit des rois ;
Vous avez brisé les crois
Avec d'énormes blasphemes
Cependant, malgré vous-mesmes,
Vos vaisseaux en ont de bois.

En votre presence indigne,
Leurs antennes et leurs masts
Glorieux de cent climats
Forment cet illustre signe.
Il triomfe sur les flots
De vos propres matelots ;
Au plus haut de l'air s'esleve,
Et quoy que leur cœur en creve,
Se rit de tous vos complots.

Je m'estonne en ma cervelle
Que, ne pouvant l'approuver,
Vous n'essayez de trouver
Quelque masteure nouvelle.
Vos chefs de seduction
Dans la reformation
Ont montré tant de manie,
Qu'on reproche à leur genie
Ce deffaut d'invention.

Mais, à propos de navires,
Comment souffrez-vous les noms

De ces grands porte-canons
Qui trenchoyent des maistres-sires?
Pour embellir vos projets
Recherchez-leur en d'abjets
Au gré de cette province,
Puis que et souverain et prince
Sont odieux et sujets.

Sur vos ondes revoltées
Ces deux nobles prisonniers
Des plus rudes mariniers
Ont les larmes excitées.
Leur pitoyable devoir
Dit : Las! faut-il ainsy voir
Deux miracles de Neptune
Languir, par trop d'infortune,
Sous un injuste pouvoir!

On a raison de les plaindre :
Je l'ay fait en les voyant,
Et mon despit flamboyant
A murmuré sans rien craindre ;
Les rochers en ont gemy,
Les echos en ont vomy
Des injures effroyables,
Et l'enfer et tous les diables
De terreur en ont fremy.

J'ay soûpiré, je l'advoue,
Quand je les ay veus tous deux
Esclaves, nus et hydeux,
Croupir le nez dans la boue ;
Ilz n'ont plus cette fierté,
Ce port, cette majesté
Qui montoit jusqu'aux estoiles,
Et leur triste honneur sans voiles
Est tout des-orienté.

L'ALBION.

Tels que sont dans une grange
Deux roussins mal estrillez,
Ainsy sont-ils despouillez
D'appas dignes de louanges;
Mais l'œil qui voit aujourd'huy
En quel abisme d'ennuy
Est tombé leur propre maistre
Croit qu'ils ne voudroyent pas estre
En meilleur estat que luy.

Il faut que tout se rapporte
Dans un semblable malheur,
Et qu'une mesme douleur
Geigne d'une mesme sorte.
Il leur sierroit bien, vrayment,
D'avoir de quelque ornement
La riche et pompeuse marque,
Tandis qu'un si beau monarque
N'a qu'un pietre vestement!

Quelques-uns me pourront dire
Que chaque terre a ses lois,
Et qu'en tous lieux tous les rois
N'ont pas un esgal empire :
On sait ce que l'aune en vaut,
L'un siffle bas, l'autre haut,
L'un vole en duc, l'autre en aigle,
Et l'autre pris dans la reigle
N'ose chanter : il le faut.

Je confesse qu'à cet ordre
De « Tel est nostre plaisir »,
Tous, au gré de leur desir,
N'ont pas le pouvoir de mordre ;
Mais je n'approuveray point
Que pour debattre ce point
Par la seule violence

On en vienne à l'insolence
De mettre un prince en pourpoint.

Dieu ! quelle vicissitude !
Où sont tous ces beaux habis
Où brilloit de cent rubis
La superbe multitude ?
Où sont ces trois diamans,
Ces clairs prodiges charmans
Qui paroyent le front de Jacques
Lorsqu'il en faisoit aux pasques
D'autant d'yeux autant d'amans ?

Où luisent ces esmeraudes,
Ces perles et ces saphirs
Qu'apporterent les zephirs
Des regions les plus chaudes ?
O besoin ! ô cas amer !
Tout a repassé la mer
Pour aller voir les plus froides,
Et des mains fortes et roides
Les detiennent sous mesme air.

On crie en piteux langage
Aux cœurs tristes et loyaux,
Hélas ! et fille et joyaux [1]
Sont dans la Holande en gage
Les perfides, les meschans
Qui forcent à batre aux chans

---

1. « Vers le milieu de février (1642), le roi et la reine se rendirent à Cantorbéry, et de là à Douvres, avec la princesse Marie, leur fille aînée, mariée moins d'un an auparavant à Guillaume, fils du prince d'Orange. La reine passa de là en Hollande, sous prétexte de conduire au prince sa femme, qui n'étoit alors âgée que d'environ dix ans. Le parlement ne s'y opposa point ; mais la reine emporta avec elle les joyaux de la couronne, du moins en grande partie, et les mit aussitôt en

Et marquises et duchesses
Sont cause que ces richesses
Esclatent chez des marchans.

En quelle indicible peine
Ces barbares ennemis
Sur les eaux n'ont-ils point mis
Une genereuse reine?
Elle a couru des dangers [1]
Où tous ces démons legers
Qu'Eole anime de glace
Auroyent veu blesmir d'audace
Des plus hardis passagers.

Les vagues impétueuses,
Comme du mauvais party,
A ses yeux ont englouty
De ses hardes somptueuses :
En ces estranges balets
Les femmes de ses valets
Ont esté prises pour duppes;
Thetis porte de leurs juppes
Et Doris de leurs colets.

Soit dit sans que nul en gronde;
Je ne m'en gausserois pas
Si sa langue en ses repas
N'en railloit devant le monde;
Car, comme on tient qu'il est dous,

---

gage en Hollande. De l'argent qu'elle en retira, elle acheta des armes et des munitions pour soutenir cette funeste guerre qui commença peu de temps après entre le roi et le parlement. (*Hist. du long parlement*, par Th. May.—Collect. Guizot, t. 1ᵉʳ, p. 305.)

[1] Bossuet n'a pas oublié ces dangers courus sur mer par la reine, dans son oraison funèbre.

L'ALBION.

Lorsqu'on s'est sauvé des coups
D'en dépeindre l'horreur mesme,
Ainsy d'une grace extrême
Elle en jaze au nez de tous.

Sa bouche royale et franche
M'a conté tres-volontiers
Comme en neuf soleils entiers,
Son dos ne vit toile blanche ;
J'ay veu par description
La belle reception
Qui luy fut faite en un havre ;
Et, ce qui le plus me navre,
J'ay veu sa consomption.

Qui diantre ne seroit maigre,
Eust-il esté gros et gras,
Parmy tant de gens ingras
Dont la douceur mesme est aigre ?
Quel corps pourroit estre sain
Quand l'esprit à son dessein
Voit mal succeder les choses ?
Et qui garderoit des roses
Les espines dans le sein ?

Race a tout vice portée,
Peuple rogue et mal-nourry,
La fille du grand Henry [1]
Doit-elle estre ainsy traitée ?
Ne craignez-vous point qu'un jour
L'astre qui de nostre cour
Est l'esperance et la joye

---

1. La reine d'Angleterre étoit fille de Henri IV, et, partant, elle étoit tante de Louis XIII. — D'où ces vers et ceux qu'on lira plus loin.

L'ALBION.

Pour la venger ne desploye
Et sa haine et son amour.

Desjà la foudre esclatante
De ce terrible neveu
S'irrite, tonne et fait vœu
D'embrazer tout pour sa tante.
Si ce noble cocq de l'Est
S'esquive une fois à Brest
Selon ses justes envies,
Mon doigt de toutes vos vies
Ne bailleroit pas un zest.

Mais il n'est pas necessaire,
Pour vous mettre à la raison,
D'armer en cette saison
Un si puissant adversaire.
Qu'il r'alentisse son pous,
Qu'il esteigne ce courrous
Que desjà l'on a veu luire;
Je ne veux pour vous reduire
Qu'un vaisseau chargé de loüs.

Qu'on verroit un beau mesnage
En cet infame pays !
Que de troupeaux esbays !
Que de meurtre et de carnage !
Il faudroit bien lors songer,
Au lieu de s'entre-manger
Comme l'un l'autre vous faites,
A banir de vos retraites
Ce grand mangeur estranger.

Vostre seul dieu, vostre ventre,
En auroit bien dans le dos
Voyant tout parsemé d'os
Des extremitez au centre;

Car les avaleurs de pois
Vous nomment, tout d'une vois,
La fleur de la gourmandise;
Ce n'est pas que j'en mesdise,
Mais point de bœuf, point d'Anglois !

On ne doit point mettre en doute
Que ces gloutons inconnus
Ne fussent les mal-venus
S'ils enfiloyent cette route :
Le seul titre de forain,
Dans le temps le plus serain
Et le plus exent de guerre,
Fait trouver en Angleterre
Front de marbre et cœur d'airain.

Là, qu'un estonnement cesse ;
Il ne faut plus s'esbayr
De vous voir ainsy hayr
En ce lieu prince et princesse ;
J'ay decouvert le pourquoy;
C'est assez dit, je vous oy,
Gent qu'inspire une megere,
Vostre reine est estrangere
Aussy bien que vostre roy.

Le bruit commun de cet age
Trop fertile en mal-vueillans
Est qu'ils sont plus Castillans
Que les bazanez du Tage :
La Tamise au vaste cours
Me le prosne tous les jours
D'une onde libre et hauteine;
Et les nymphes de la Seine
Tiennent le mesme discours.

Ha! seroit-il bien possible

Que Charles et sa moitié
A l'espagnole amitié
Eussent le cœur accessible[1]?
Ces conseillers malheureux,
Qui sentent pleuvoir sur eux
Mille traits d'ire et de blâme,
Auroyent-ils gasté leur ame
D'un venin si dangereux?

Non, non, je ne le puis croire,
Quoy que mon œil m'en ayt dit,
Leur sens perdroit son credit
Et leur foy deviendroit noire.
Ils ont promis et juré
Par le grand orbe azuré
Qu'ils seroyent toujours des nostres.
Encor que leurs bons apostres
Tout bas en ay'ent murmuré.

Si dans ce pact ils ne durent,
S'ils nous trompent, à leur dam;
Tous les héritiers d'Adam
N'observent pas ce qu'ils jurent;
Je ne le sçay que trop bien :
Un prince qui me croit sien
Et qu'ont exalté mes veilles
M'a promis monts et merveilles,
Et cependant, niffle, rien!

Mais passe, changeons de notte,
Et, reprenant mon tableau,
Faisons crier sous le fleau
Albion la huguenotte.
Disons plustost s'il luy plaist

---

1. La *Gazette de France* (janvier 1644) a mentionné ces bruits.

Que son cerveau se repaist
De tant d'erreurs insensées
Qu'elle mesme en ses pensées
Ne connoist plus ce qu'elle est.

C'est pourtant un monstre énorme,
Un monstre lousche et pervers,
Qui de cent vieux corps divers
Un corps tout nouveau se forme :
Il blesse tout droit divin,
Il l'encherit sur Calvin
Et sur son antagoniste;
Bref, c'est un zelé Brauniste
Qui ne veut ny pain ny vin.

Ouy, ce monstre d'hérésie
Est bien pire qu'un Luter;
Il retrenche le *Pater*
Et n'est rien que frenesie.
Les cagots des puritains,
Ceux du baptesme incertains,
Sous sa baniere s'amassent,
Et là d'autres s'entr'embrassent
Quand les flambeaux sont esteins.

De là viennent les incestes
Que vous nommez liberté,
Peuple dont l'impiété
Produit des maux si funestes :
De là viennent les sermons
Que vos orgueilleux demons
Font éclater dans ces temples
Qui ne sont pas assez amples
Pour l'effort de leurs poulmons.

Je ne leur fay point d'escornes
En les appelant ainsy;

La pluspart d'eux ont ycy
Le front ombragé de cornes ;
Souvent, au lascif esbat,
Pour la valeur d'un rabat
Leurs belles et propres fames
Leur font payer en infames
Le mespris du célibat.

Ce sont des choses estranges
Que ces diables de docteurs
Par leurs charmes seducteurs
Espousent toujours des anges.
Si dans tout un grand circuit
Une seule beauté luit,
C'est pour monsieur le ministre,
Ou d'une langue sinistre
Chacun fera bien du bruit.

Ils veulent bien des compagnes,
Mais des maistres, point du tout ;
Les chetifs sont au bas bout
Escartez dans les campagnes ;
Ces tiltres et vains et nus,
Ces noms à faux retenus
De leur eglise premiere,
S'en vont perdre la lumiere
Et disent leur *in manus*.

Au fonds, pour de tels evesques
Mon cœur n'est guere affligé,
Et je seray bien changé
Si je pleure à leurs obsêques ;
Qu'on les fasse prisonniers,
Ou qu'ils trottent les derniers,
Privez de leur train superbe,
Je diray : bren du proverbe,
S'ils ne deviennent musniers.

Je n'ay regret qu'à ces orgues,
Qui depuis leur marrisson
N'ont en aucune façon
Montré leurs joyeuses morgues;
Elles n'osent esclairer,
Elles n'osent proferer
Un mot sous les doigts habiles,
Et leurs soufflets immobiles
N'osent mesme respirer.

De leurs voultes mal regies
Les chanoines sont exclus;
Elles ne respondent plus
Aux bruyantes liturgies;
On n'oit plus comme autresfois
Retentir les grosses voix
Des basses aux rouges trongnes
Qui, grimassant en yvrongnes,
Absorboyent fluste et haubois.

La musique rejettée
Ne regne qu'au cabaret,
Où le blanc ou le clairet
Voit sa gloire frelatée;
Seulement quand du soleil
Avec un leste appareil
Les chevaux refont gambade,
Quelque malheureuse aubade
Vient lanterner mou sommeil.

J'ayme bien cette science,
Mais ces fascheux menestriers
Ont fait perdre les estriers
Cent fois à ma patience;
Ils s'en viennent tour à tour
Devant l'huis de mon sejour
Forcer ma bource à respondre.

Le diantre puisse confondre
Leurs cornets et leur bon-jour.

Les voleurs nous persecutent
D'assez d'autres instrumens,
Sans que ces aigres tourmens
Sur moy leur quinte executent;
Ils m'ont fait assez blesmir,
J'ay peine à m'en raffermir,
J'en ay l'esprit en escharpe,
Et leur traistre jeu de harpe
M'empesche assez de dormir.

Ils ont pris nostre vaisselle
Faitte de beaux patagons,
Et, forçant portes et gons,
L'ont mise sous leur aisselle ;
Mais quoy! le sage indigent
(Ce m'a dit un vieux regent
Qui se plaignoit d'un caterre)
Mange dans des plats de terre
Comme dans des plats d'argent.

Fort peu de la noire trouppe
En ont sauvé leur butin;
Il semble et soir et matin
Qu'on les ait encor en crouppe.
Par leur main, faitte en râteau,
L'un en est pour un couteau,
L'autre pour une rapiere,
Et l'autre chez la fripiere
Va pour r'avoir un manteau.

Chacun en est sur les plaintes :
Valizes, castors et gans
Ont senty de ces brigans
Les dommageables attaintes;

Ils en ont eu plus de set,
Et moy qui fay ce verset
Où ma belle humeur se joue,
Qu'on s'en raille ou non, j'advoue
Que j'en suis pour mon gousset.

Encore est-ce un grand miracle
Qu'ayant pris les mal-faiteurs,
Au gré des soliciteurs
Themis ait rendu l'oracle.
Je m'en esmerveille aussy,
Car en semblable soucy
Que l'on crie ou que l'on beugle,
On trouve que cette aveugle
Est sourde et muette ycy.

Nous avons, sans un Hercule,
Veu ces Cacus expirer;
Ils nous ont fait admirer
Leur supplice ridicule;
Six d'entr'eux, le chanvre au cou,
Pour aller on ne sçait où,
Ont dancé sur le modelle
D'une livre de chandelle
Pendue à quelque vieux clou.

Une insensible constance
Les a guidez au trespas;
Ils ont trouvé des appas
En l'horreur de la potance ;
A les ouyr discourir,
A les voir ainsy perir
D'un air que presqu'on envie,
On auroit creu que leur vie
N'eust jamais fait que mourir.

Mais cette froideur brutale,

Ce ladre et stupide effort
En l'infame et vile mort
D'ordinaire ycy s'estale;
Ycy Lucas et Babet,
Après maint gay quolibet
Dit devant une taverne,
Pour s'espouser dans l'Averne
Se fiancent au gibet.

Un drille, au jeu sans revanche,
Narguant la crainte et l'espoir,
Retente le billet noir
Pour la moindre piece blanche ;
Bref, l'Anglois est un oyson
Si fait à la pendaison,
Qu'au premier mal qu'il se forge
Il se pèse par la gorge
Aux poutres de sa maison.

Si dans la mort glorieuse
Il estoit ferme à ce point,
Que ne reduiroit-il point
Sous sa main imperieuse?
Son sort qui va de travers
Engloutiroit l'univers
Comme on gobe une huistre crue,
Et de sa puissance accrue
Il feroit pleurer mes vers.

Mais le pauvre miserable
M'excusera si je dy
Qu'il n'est rien de moins hardy
Dans le peril honorable :
Je l'ay veu moy-mesme en Ré.[1]

---

[1]. L'armée des protestants, conduite par de Soubise, s'étoit retirée dans l'île de Ré, que Louis XIII alla lui-même attaquer et emporta d'assaut (1622).

Pasle, tremblant et bourré,
Regagner la plaine bleue
Et laisser avec sa queue
Son vain orgueil desferré.

Cependant, encor il ose,
Sous ses destins avilis,
Brailler qu'autresfois nos lys
Ont fait hommage à sa rose;
Le cocq qui de toutes pars,
Et hors et dans les remparts,
Le fier lyon espouvante,
Fit la poule, à ce qu'il chante,
Devant ses trois leopars.

Ces sornettes me font rire,
Et j'y respons en un mot :
Du temps du roy Guillemot
Le cas estoit bon à dire ;
Tout se pouvoit dire alors :
La France, en d'aspres discors,
Avoit la France à combatre,
Et souslevoit pour s'abbatre
Ses membres contre son corps.

C'estoit, non l'Anglois superbe,
Mais le Gascon martial
Qui des Normans partial
Avec eux empourproit l'herbe ;
C'estoit, en son dueil récent,
Un qui, fier à l'innocent
Et cruel à sa patrie,
Pour une teste meurtrie
En vouloit foudroyer cent.

Aussy, dès-que tous ces rustres
Reconnurent leur vray chef,

L'ALBION.

On vit voguer nostre nef
Sous des auspices illustres :
L'air desarmé de courrous,
L'onde calme, les vents dous,
Favoriserent nos voiles,
Et le bonheur des estoiles
N'esclata plus que pour nous.

   Une Jeanne[1], au gré du trosne,
D'un Jean la prise vengea,
Si tost qu'elle s'erigea
De bergere en amazône;
Les milors furent rossez,
Les chasseurs furent chassez,
Et Henry, dans cette guerre,
Comme un autre Jean-sans-terre,
En paya les pots cassez.

   Cette terrible poulette,
Pour Charles faisant le cocq,
Fit bien sentir en ce chocq
D'autres coups que de houlette;
Ses bras jeunes mais puissans,
Ses bras toujours agissans
Dans la belliqueuse presse
Montrerent bien leur adresse
Contre les loups-ravissans.

   J'en dirois bien davantage
Traittant la matiere à plein;
Mais le grave Chapelain
Se l'est choisie en partage.
Son stile laborieux,

---

1. Jeanne d'Arc, dont Chapelain avoit ranimé le souvenir par ce poème, auquel toute la France savoit qu'il travailloit.

Ses vers grands et serieux
En font revivre la gloire,
Et nous rendent par l'histoire
Doublement victorieux.

La pucelle magnanime
Y comble encor tout d'effroy,
Et sur un fier palefroy
Encor du glaive s'escrime :
Elle y fend les bataillons,
Et, de tragiques bouillons
Enflant son noble courage;
Y fait ce qu'un rude orage
Fait aux tresors des sillons.

Sa main y lance la foudre
Dont son œil forme l'esclair,
Son bel œil qui perce l'air
Dans des nuages de poudre;
L'ire y devance ses pas ;
Sa valeur et ses appas
Y blessent le corps et l'ame,
Et par le fer et la flame
Elle y donne le trespas.

L'encre de ses braves gestes
Est d'un or meslé de sang,
Où luisent au plus haut rang
De beaux spectacles funestes;
Tout y cede à sa vertu,
Et le vain Anglois batu,
S'y renoyant dans les larmes,
Y quitte encor à ses armes
Le sceptre à tort debatu.

Elle y suit dans la meslée
Dunois au cœur de lyon ;

Orleans comme Ilion
Y voit sa Penthezilée.
Mais, graces au bon destin,
L'ennemy foible et mutin
N'y voit point pour luy d'Achile,
Et devant cette ample ville
Il perd encor son latin.

Il y perd de plus encore
Le sens, la vie et l'honneur
Quoy qu'aux airs d'un tel sonneur
La honte même s'honore :
Le lasche est trop bien traité
D'estre dépeint et frotté
Par un si noble genie,
Et sa propre ignominie
En tirera vanité.

Il n'a garde d'y respondre,
Avec son sot baragoin ;
Sa muse au front de sagoin
Se verroit bien tost confondre ;
Il est bien assez matois
Pour juger que ce patois
Bourru, vilain et frivole
Est un oyseau qui ne vole
Qu'aux environs de ses tois.

Il a neanmoins l'audace
De vanter ses rimailleurs ;
A son goust ils sont meilleurs
Que Virgile ny qu'Horace.
Seneque au prix d'un Janson [1]
Pour la force et pour le son

[1]. Il s'agit ici du célèbre dramaturge Ben- (Benjamin) Jonson (1574-1637). — Voy. un travail de M. E. J. B. Rathery (*Revue contemp.*, 3ᵉ article, 15 oct. 1855) sur les *Relations so-*

N'est qu'un poete insipide,
Et le fameux Euripide
N'a ny grace ny façon.

Bon Dieu! quelle impertinence!
Qui la pourroit supporter?
Cela feroit chévreter
La plus sage contenance.
Anglois, d'opprobes noircy,
Appolon t'appreste icy
Une gresle de nazardes
Si jamais tu te hazardes
A me reparler ainsy.

Nostre admirable Corneille
Et mon rare Colletet,
Mettront au jour un motet
Qui t'estrillera l'oreille;
Les chers L'Estoile et Baro
Feront ensemble un haro
Sur tes plattes comedies,
Et cent autres voix hardies
T'accoustreront en zero.

On n'a que faire d'entendre
Tes carmes durs et glacez :
C'est de l'anglois, c'est assez,
Ils seront reduits en cendre;
Mais laissons-là tes auteurs,
Laissons-là tous tes vanteurs
Dignes du mesme suplice,
Et, r'entrant dans nostre ⸺
Bernons un peu tes acteurs.

---

ciales et intellectuelles entre la France et l'Angleterre. Il y parle longuement de Ben-Jonson et des pièces auxquelles Saint-Amand fait allusion ici.

Nos moindres joueurs de farces
Valent tous ces histrions ;
Par pitié nous en rions
Entre des sots et des garces ;
Ces Landores, ces benests,
Parlans en vrays sansonnets
Qui ne sçavent ce qu'ils chantent
Les amoureux représantent
Chapeaux entez sur bonnets.

Un roy petune en sa chaize
Tandis qu'un begue discourt ;
L'un est borgne, l'autre est sourt
Et n'a ny rabat ny fraize ;
L'autre, attaint du mal des dents,
Estonne les regardans
De sa joue enveloppée,
Et l'autre fait la pouppée
Au gré des yeux impudents.

Ycy l'un trop tost se montre,
Et là l'autre, rebondy
D'un contre-temps estourdy
Heurte l'autre qu'il rencontre ;
L'un, disant Gots pour Romains,
Ou les dieux pour les humains,
Rougit comme une escrevice ;
Et l'autre, simple et novice,
Ne sçait où mettre ses mains.

Quelquesfois, pour intermede,
Leurs plats et maigres bouffons
Osent, dessous des chiffons,
Jouer la pauvre Andromede ;
Quelquefois, venus des cieux,
Ils dancent droits comme pieux
Des moralités muettes

Ou de sottes pirouettes
Ils esblouissent les yeux.

Entrechas et caprioles
(Dieu sçait combien à propos)
Respondent d'un pié dispos
Tant aux sistres qu'aux violes,
Et le roy des instrumens,
Diffamé de tremblemens
Dont le cliquetis me tue,
En rebec se prostitue
A ces goffes mouvemens.

Tantost l'on revoit au monde,
Faits comme des bandoliers,
Artus et ses chevaliers
Gloire de la Table-Ronde;
Tantost l'antique Merlin,
Enfant d'un esprit malin,
Hurle en ombre vaine et pasle,
Et tantost s'exibe en masle
La Reine au nez aquilin.

Tost après le tambour sonne;
Tout retentit de clameurs.
L'un crie en saignant : Je meurs !
Et si l'on n'occit personne.
Les feintes, les faux combas
Font trembler, et haut et bas,
Le cœur du sexe imbecile,
Qui laisse œuvre et domicile
Pour jouir de ces esbas.

L'une, voyant l'escarmouche,
En redoute le progrès;
L'autre, oyant de beaux regrets,
Pleure, s'essuye et se mouche;
L'autre, à l'aise sur le cu,

L'ALBION.

Gabant vainqueur et vaincu,
Gruge quelque friandise,
Et l'autre avec mignardise
Rit auprès de son cocu.

Mere, fille, tante et niece,
Bourgeois, nobles, artisans,
Voudroyent que de deux cents ans
Ne s'achevast une piece;
Ces nigaux de citadins
Applaudissent aux badins
De cris, de mains et de testes,
Et se monstrent aussy bestes
Que leurs brusques guilledins.

Au sortir de leurs theâtres,
Qui font la figue à Bandel,
Leurs femmes vont au bordel,
Dont elles sont idolastres;
Les facquins le sçavent bien,
Mais ils n'osent dire rien
De peur d'avoir sur la mine;
Car la bische ycy domine
Et traitte le cerf de chien.

Là, moins sujettes au lucre
Qu'à l'impudique plaisir,
Elles arment leur desir
De vin d'Espagne et de sucre;
Là les ruffiens enyvrez,
Aprez les assauts livrez
A table et dessus la couche,
Encor la douceur en bouche
Souvent se trouvent poivrez.

Les plus modestes d'entr'elles

Entrent où Bacchus reluit;
Elles y sont jour et nuit,
Vieilles, jeunes, laides, belles :
Vous diriez, à voir leur bec
Donner au verre un eschec,
Qu'à contre cœur il se lave;
Et cependant il n'est cave
Qu'elles ne missent à sec.

Aussy leur fascheuse halène
Se faict-elle bien sentir
Quant un rot tonne au partir
De leur ratelier d'ebène;
L'air mesme en est infecté :
Car, et l'hyver et l'esté,
Trinquer sans eau, c'est leur gloire,
Et ces impures au boire
N'ayment que la pureté.

Enfin leur charbon de terre
Put bien moins qu'elles ne font;
Enfin ma main se morfont,
S'eschauffant sur l'Angleterre.
C'est le pire des climas;
La nue y fait un amas
D'objets tristes et funebres;
Je n'y mange qu'en tenebres
Et n'y boy que des frimas.

On n'y marche dans les villes
Que sur des cailloux pointus;
On n'y voit que pas tortus
Et que morgues inciviles.
Là, pour le haut du pavé,
L'un est attaint et grevé
Par le choc d'un coude rogue,

L'ALBION.

Et l'autre avec un *french-dogue*
Est entrepris et bravé.

La Nimphe, pronte aux remarques,
Leur a beau dans ses rapports
Corner l'accueil dont nos ports
Daignent obliger leurs barques ;
Elle a beau mettre en avant
Combien Paris, leur servant,
A Londres mesme est affable :
C'est les bercer d'une fable
Et semer le grain au vent.

Non, je n'ay rien veu de rude
Comme l'abord d'un Anglois ;
Il triomphe sous les lois
De la noire ingratitude.
Ayez fait pour luy cent pas,
Ayez gorgé de repas
Sa bedaine à toute espreuve,
Si dans la rue il vous treuve,
Il ne vous connoistra pas.

Ce trait aigu se descoche
Sur l'un de ses plus grans dains ;
Ses froideurs et ses dedains
Meritent bien qu'il l'embroche.
Quoyqu'il soit de premier rang,
Il en aura dans le flanc,
L'infame qu'il est, l'indague,
Et je croy qu'un coup de dague
En tireroit moins de sang.

Ce n'est pas qu'on se soucie
Ny d'eux ny de leurs banquets ;
Ils n'ont point de saupiquets
Dont je ne les remercie ;

Et, bien que j'avoue à tous
Que des couleurs ny des gousts
Il ne faut point qu'on dispute,
Leurs plats serviront de butte
A quelques uns de mes coups.

Qui ne banderoit sa quaisse
Voyant leurs souillons crottez
Marier dans les pastez
La confiture à la graisse?
Quel moine au ventre bouffy
Accepteroit le deffy
D'avaler leurs tripotages?
Et devant tous leurs potages
Quel Montmor[1] ne diroit : Fy?

Pour moy, laissant leur mangeaille,
Je dis et redis : Fy d'eux!
Et voudrois voir deux à deux
Noyer toute la canaille.
Je voudrois qu'à son retour
Charles les fist quelque jour,
Pour leurs injures atroces,
Donner aux bestes feroces
Qui rugissent dans leur tour.

Ha! que les griffes royales
De ces nobles animaux
Vengeroyent d'horribles maux
Sur ces ames desloyales!
Que leurs yeux seroyent ardents
Contre ces durs presidents
Qu'en vain nos sages exhortent!

1. Montmaur le grec, le parasite dont Sallengre a publié la vie avec toutes les pièces faites contre lui. — Saint-Amant a donné une épigramme qui l'attaque (tome 1, p. 355).

L'ALBION.

Et que ces grands noms qu'ils portent
Fourniroyent d'ire à leurs dents !

Quand je passe dans leur Bource,
Où le cizeau sous les doigts
A mis en pierre leurs rois,
Dont Guillaume fut la source,
Je me sens soudain saisir
D'un juste et mortel desir
De les voir, gros de vengeance,
Trébucher sur cette engeance
Et les plus traistres choisir.

Quelque chose qu'on m'en die,
J'estime la royauté ;
J'y remarque une beauté
Qui rend toute autre enlaidie.
Ouy, sans aucun interest
A la servir je suis prest
Ou de la plume ou du glaive,
Et jusqu'aux roys de la feve
Le caractère m'en plaist.

Que si, prenant sa deffence,
Je l'ay peinte en ses malheurs
Avec d'estranges couleurs,
Honny soit qui mal y pense.
Je suis assez circonspect
Et sçay bien qu'à son aspect
Delicat, tendre et sensible,
C'est un crime irremissible
Que de perdre le respect.

Et puis ma fleche ne vise
Qu'à ces cœurs sans foy ny loy
Qui voudroyent d'un triple roy
Faire un doge de Venise.

Je n'en veux qu'à ces mutins,
Qu'à ces bourreaux, ces lutins,
Qui tourmentent leur bon maistre
Et qui de maint pauvre prestre
Arrachent les intestins.

Ces Turcs ont cassé les vitres
De cent temples esclatans,
Croyant bien en mesme temps
En effacer les saints titres ;
Mais, malgré leurs propres yeux,
L'Eglize a bien en ces lieux
D'autres vestiges qu'un verre ;
Elle en montre sur la terre
Qui s'eslevent jusqu'aux cieux.

Les hauts clochers leur reprochent
Leur haute infidelité,
Les tombeaux leur dureté
A l'instant qu'ils s'en approchent.
Enfin, pour la mettre à bout,
Il faudroit fracasser tout,
Jusqu'aux os des vieux monarques ;
Encore par d'autres marques
Se verroit-elle debout.

Laissons là les choses saintes,
De peur de les profaner,
Et songeons à terminer
Et nos brocards et nos plaintes.
Aussy bien doy-je en effait
Me croire assez satisfait
Des pierres que j'ay ruées ;
Mais encore deux huées,
Et puis nous dirons : C'est fait.

Si parfois quelque homme rare,

Tel qu'un illustre Baccon[1],
Si quelque amy d'Helicon,
Naist en ce pays barbare,
C'est un seul astre en la nuict,
Un guy sacré dont le fruict
De la perle est la peinture;
Il est d'une autre nature
Que l'arbre qui l'a produit.

Quant au reste, pour te dire,
Ou cher ou hay lecteur,
Qui de ces vers est l'autheur,
Et qui t'a fait geindre ou rire,
Si ce n'est ce Saint-Amant,
Ce bon pifre à l'air charmant
Qui fut autrefois à Romme,
Il luy ressemble, et se nomme
Le Democrite normant.

C'EST FAIT!

De Londres, le 12e de febvrier 1644.

1. Le chancelier Bacon, le rénovateur de la philosophie expérimentale.

POËME
FAIT L'ANNÉE 1659
SUR LA
SUSPENSION D'ARMES

A MONSIEUR DE LYONNE
Commandeur des ordres du roy et ministre d'Estat.

A PARIS,

Chez GUILLAUME DE LUYNE, libraire juré,
au Palais, à la sale des Merciers, à la Justice.

M. DC. LX.

Avec privilege du Roy.

LA
SUSPENSION D'ARMES[1].

Encor donc une fois et la Seine et le Tage,
Au bien de l'univers, à l'honneur de cet aage,
Veulent entrelacer les myrtes aux roseaux
Qui leur parent le front sur leurs superbes eaux?
Nous allons donc revoir, par un grand hymenée,
La paix, la sainte paix, d'olives couronnée,
Remonter sur le trosne, et d'un sceptre aymantin
Reunir tous les cœurs sous un mesme destin?
O Ciel! qui l'auroit creu? quelle bouche d'oracle
Eust jamais sceu promettre un si noble miracle?
La nouvelle en surprend, en charme les esprits,

---

1. Ce poème, inscrit au nouveau Catalogue de l'histoire de France (Bibl. imp.) sous le n° Lb 3301, forme une petite plaquette in-4 de deux feuilles, dont la première page est consacrée au titre et les deux dernières restent blanches.

Il eut pour occasion la suspension d'armes qui précéda les négociations du mariage de Louis XIV et de Marie-Thérèse. M. de Lyonne étoit alors à Paris ministre d'Etat; c'est à lui que sont adressées toutes les dépêches de Mazarin relatives à la paix des Pyrénées. M. de Lyonne avoit d'autres rapports avec les gens de lettres, comme on le voit par divers écrits de Scarron, qui lui aussi, comme Saint-Amant dans le dernier vers de ce poème, cherche souvent, en s'adressant à lui, des rimes à pension.

Et le siecle en avoue et la gloire et le prix.
 Dejà de tous costez l'esgale confiance
Que fait naistre l'espoir d'une telle alliance
Dans les deux grands estats cause un si bel effet
Que la suspension semble un calme parfait ;
Elle est exacte en tout, reciproque et fidelle,
On doit par tout le monde en prendre le modelle,
Et je la considere, au jour qui m'en instruit,
Comme la digne fleur d'une admirable fruit.
En l'odeur qu'elle espand elle n'est point suspecte ;
Mars en cherit l'esclat, Bellonne la respecte ;
Et mesme aux plus ardens, mesme aux plus inhumains,
Au seul mot d'amitié le fer tombe des mains.
 Il est vray que d'abord contre le mot de treve
Un despit heroïque en leur ame s'esleve,
Sur tout dans la fierté de nos avanturiers,
Qui parmy les ciprès recherchent les lauriers.
Il est vray qu'en leur fougue et si belle et si vive,
Ne pouvant accepter une langueur oisive,
Ils murmurent entre eux, et de braves propos
Monstrent leur repugnance aux offres du repos.
Leur valeur, invincible à la propre victoire,
Estime tout relasche un insulte à leur gloire,
Et l'honneur du passé, flatant leur souvenir,
Leur presente par tout l'honneur de l'avenir.
De ce dernier objet l'image et grande et forte
Leur esmeut tout le sang, les presse, les emporte ;
Ils entrent en furie, et leur ambition
Se livre tout entiere à ceste esmotion.
Mais si tost que leur cœur, instruit par leur oreille,
Apprend du beau dessein la hauteur sans pareille,
Aux armes il renonce, il esteint son courroux
Et suit un mouvement plus tranquille et plus doux.
 Ainsi voit-on la mer sous une aspre tempeste,
Au poinct que de ses dieux elle apprend quelque feste,

Refrener tout à coup l'orgueil de ses bouillons,
Et de ses champs esmeus applanir les sillons;
Les vents les plus mutins dont elle est agitée
Suspendent aussi tost leur haleine irritée,
Et, de peur de troubler cet acte solennel,
Ils promettent à l'onde un zephire eternel.
  Enfin de toutes parts les peuples, dans la joye
De gouster le bonheur que le sort leur envoye.
En benissent le Ciel, et de mille plaisirs
Par avance deja repaissent leurs desirs.
  Au lieu des durs appresls d'une fiere campagne,
Deja l'on se dispose à marcher vers l'Espagne,
Mais d'un air pacifique, amoureux et discret,
Qui de l'honneur futur entr'ouvre le secret.
Il se fait deja voir, il s'eschappe, il s'envole,
Il va comme un esclair de l'un à l'autre pole ;
On le veut taire en vain; la pompe le dément,
Et luy-mesme en son cours se trahit noblement.
  Il declare tout haut qu'une adorable INFANTE,
Par une destinée heureuse et triomphante
Fait souspirer LOUYS et l'oblige à courir
Vers l'objet qui le blesse et qui le peut guerir.
  Il dit qu'en cet amour pour la belle TERESE,
Lorsque les elemens reposent à leur aise,
Que tout est assoupy, que la nature dort,
Que l'homme se deslasse en la douteuse mort,
Ce jeune et rare prince, agité de ses peines,
Trouvant pour le sommeil toutes les heures vaines,
Veille, brusle, se plaint au silence des nuits,
Et par son propre espoir redouble ses ennuis.
Il dit de plus enfin qu'en sa douleur profonde,
Sa main renonceroit à l'empire du monde
Pour toucher seulement la main du cher objet
Dont, tout grand roy qu'il est, il se dit le sujet.
  Si par le seul recit, si par les seules armes,

Qu'un illustre pinceau fait agir en ses charmes,
Ce heros nompareil, ce roy toûjours vainqueur,
A receu tant de coups dans l'œil et dans le cœur,
O Dieu! que j'en prevoy de sensibles attaintes
Lorsque les veritez succederont aux feintes,
Et que, par les travaux de son grand CARDINAL,
Il en verra briller l'illustre original.

Puisque ce DEMY-DIEU, ce merveilleux genie,
De l'entiere concorde entreprend l'harmonie,
Je tiens la chose faite, et, comme sans second
Du but de cet employ luy-mesme il se respond,
Il le veut, il suffit; en son noble visage
Il en fait luire à tous le glorieux presage;
Et, bien que son éclat m'en defende l'accès,
J'y lis de ses desseins l'infaillible succès :
J'y voy tout accomply des yeux de la pensée;
L'œuvre en previent la fin dès qu'elle est commencée;
En douter, c'est erreur, et le plus ignorant
Sçait que de son pouvoir le Ciel mesme est garant.

Aussi, fondant sur luy mes hautes conjectures,
Je perce d'un regard les tenebres futures,
J'anticippe les temps, j'approche les destins,
Je voy cesser par tout les orages mutins,
Et deja de la paix l'aymable avant-courriere,
Entre les camps armez posant une barriere,
Transmet de l'un à l'autre, en despit d'Enyon[1],
L'esprit d'intelligence et de reunion.

La cruelle en fremit, en blaspheme, en escume,
Et, voyant d'un œil sombre où la rage s'allume
Qu'on ne les separoit que pour les joindre mieux,
Tout l'orgueil des enfers en pousse jusqu'aux cieux,
Contre leur bel azur elle gronde, elle crache,
Les serpens de sa teste en fureur elle arrache,

---

1. Nom de la furie de la guerre. (S.-A.)

Se bat l'horrible sein, l'aspre levre se mord,
Avec son propre fer tente sa propre mort,
En pleure l'impuissance, à le rompre s'essaye,
Tasche encor d'en former tout du moins quelque playe,
Et, jettant un soupir visible, ardent et noir,
Elle fait en ces mots hurler son desespoir :
 Doncques au seul aspect d'une foible ennemie
Qui n'est que laschete, que honte, qu'infamie,
Après l'honneur d'un regne et si long et si beau,
Il faudra que je voye esteindre mon flambeau ?
Donc, après les plaisirs du meurtre et du carnage,
Où des fleuves de sang font les bains où je nage,
Où je plonge ma soif, raffraischis ma valeur,
Où je ris de la perte, où j'ayme le mal-heur,
Où mon œil est ravy des tristes funerailles
Qui couvrent les guerets, qui bordent les murailles,
Je me verray reduite, ô destins trop cruel !
A jouir simplement du crime des duels ?
Encor par des edicts qu'on trouve et saints et justes,
Faut-il les avouer ? un roy des plus augustes,
Un prince dont le nom partout fait tant de bruit,
En empesche la gloire et m'en oste le fruit.
 Ah ! vous me promettiez, frivoles apparences,
Que malgré les efforts des sourdes conferences,
Malgré tous les projets esbauchés dans Berny,
Mon cours de siecle en siecle iroit à l'infiny ;
Vous me disiez sans cesse, en mes peines extremes,
Que les deux grands seconds des ministres supremes,
Lyonne et Pimentel, pour l'une et l'autre cour
Travailleroyent en vain à me banir du jour ;
Que cent difficultez, cent troubles, cent obstacles,
Feroient bien tost revoir mes tragiques spectacles ;
Que tout estoit rompu, qu'on avoit tout quité,
Que chacun r'alumoit son animosité ;
Que le flateur espoir des plausibles conquestes,

Immolant à mes pieds un milion de testes,
Dont les blesmes horreurs feroyent les doux appas,
Me donneroit encor tous les jeux du trespas
Repaistroit mon desir, satisferoit ma veue
Des coups de quelque main cruellement emeue,
Qui, sans humanité s'acharnant sur un corps,
Voudroit apres la mort y pousser mille morts :
Car, pour ces beaux exploits qu'on vante, qu'on estime,
Où l'on cherche l'honneur plustost que la victime,
Je les laisse à Bellonne, et des maux seulement
Je fay mon bien, ma gloire et mon contentement.
Et cependant enfin, ô puissant trait de foudre !
A quitter ces perils il me faudra resoudre ;
On m'en viendra priver, peut-estre pour jamais,
Et dans mon propre ennuy m'abismer desormais.
Et je le permettray ? j'auray si peu d'audace
Que d'endurer qu'on ose à mes yeux, face à face,
Parler icy d'accord, et près de l'action
Suspendre de mon bras l'ardente fonction ?
Non, non, plustot crever que d'en souffrir l'injure :
Ah ! je m'en vengeray, ma colere le jure,
Mon cœur se le promet et veut qu'à ce beau front
Ma main fasse payer l'insolence et l'affront.

 A ces terribles mots, la furie orgueilleuse,
Courant vers la pucelle, en grace merveilleuse,
Qui du vouloir des roys l'ordre avoit apporté,
Luy veut faire sentir sa haine et sa fierté :
Le desespoir l'anime, elle empoigne le glaive,
Contre ce bel objet la pointe elle en esleve,
Luy porte coup sur coup pour la mettre à l'envers,
Tantost d'une estocade et tantost d'un revers,
S'allonge, se retient, change et change de garde,
Enfin avec despit le fer mesme elle darde ;
Mais l'autre, d'un baston pris d'un jeune olivier,
Pare, donne, l'estend sur le moite gravier.

De douleur et de honte elle fait la pasmée,
Remplit d'estonnement et l'une et l'autre armée,
Y cause quelque joye, en disparoit soudain
Et laisse dans les cœurs un risible dedain.
   Aussi-tost d'un bel air la noble messagere
Dont le corps se couvroit d'une estofe legere,
Dont le front estoit ceint des feuilles du rameau
Où brilloit en naissant un verd et pasle et beau,
Ouvrant les saints tresors de sa divine bouche,
Capable de fléchir l'ame la plus farouche,
Capable de ranger le plus imperieux,
En fait ouir à tous ces propos serieux :
   N'opposez plus, soldats, camp à camp, ville à ville;
Entre les vrays chrestiens toute guerre est civile :
Car comme ils n'ont qu'un Dieu pour objet de leur foy,
Sous tant de roys divers ils n'ont qu'un mesme roy.
L'arbitre souverain, le grand moteur du monde,
Quoyqu'il veuille qu'en tout à son ordre on responde,
Le demande bien plus du devoir des mortels
Qui consacrent leurs vœux sur de mesmes autels.
Tous ces noms differens que portent les provinces,
Ces tiltres singuliers dont s'honorent les princes,
Ne les divisent point en la varieté,
Quand le culte commun fait leur societé.
C'est un lien celeste, une douce contrainte,
Dont ils doivent cherir l'inviolable estreinte;
Un nœu que le respect les force d'avouer,
Et que mesme sans crime on ne peut desnouer.
   Que si, par des raisons hautes et genereuses,
Ils veulent employer leurs armes valeureuses,
La ville adriatique, aux nobles citoyens,
Avec quelque reproche en offre les moyens.
C'est là qu'au gré du ciel unissant leurs cohortes,
Du temple de la Gloire ils s'ouvriront les portes;
C'est là que, secondant ces invincibles cœurs,

Ils auront les lauriers dus aux justes vainqueurs.
En chercher autre part, c'est une chose vaine ;
La paix, que je devance, ou plus tost que j'ameine,
Va si bien s'establir entre vos legions,
Va si bien allier vos amples regions,
Va si bien faire voir aux ames incredules
Ce que peuvent partout les grands ressorts de Jules,
Qu'à peine dans l'Europe (ostez-en quelques lieux)
Le sang humain versé tirera l'eau des yeux.

 Quoy ! ne suffit-il pas à vos mains obstinées
D'en avoir fait rougir tant de belles années ?
Leurs cours à vostre esgard a-t'il duré si peu
Qu'en ce sang votre soif n'ait pu noyer son feu ?
Pensiez-vous, sans pitié, que vos sages monarques,
Sur cette affreuse mer voyant flotter leurs barques
A la triste mercy des vagues de la mort,
Ne chercheroyent jamais la seureté du port ?
Croyiez vous que toûjours ces princes venerables
Pour vous entretenir feroyent des miserables ?
Qu'ils se verroyent sans fin durement obligez
A surcharger d'imposts leurs peuples affligez ?
Que le jour souhaité n'auroit jamais d'aurore ?
Qu'il feroit toûjours nuit ? Et, pour plus dire encore,
Que l'oncle et le neveu, que le frere et la sœur,
Ne feroient jamais luire un rayon de douceur ?

 Non, je n'ay jamais cru qu'une erreur si grossiere,
Aux yeux de vostre esprit jettant de la poussiere,
En pust jusqu'à ce poinct aveugler la raison,
Lorsque vous songeriez à cette liaison.
Mais avant peu de mois on la verra plus ferme :
Anne, la grande reine, en fait haster le terme,
Et ses vœux exaucez joindront en ce beau jour
Les maximes d'estat aux maximes d'amour.

 Ayant si bien parlé, dit de si rares choses,
La pucelle se taist, rejoint ses vives roses,

Se derobe des yeux, fend les airs estendus
Et laisse les deux camps ravis et suspendus,
   Noble et parfait Lyonne, à qui ma voix s'addresse,
Homme dont la vertu, la prudence et l'addresse
T'ont rendu si fameux, t'ont eslevé si haut
Auprès de ce soleil sans tache et sans deffaut ;
Toy, dis-je, qui, montant au grave ministere,
En possedois l'honneur avant le caractere,
Et fis voir aussi-tost, par la comparaison,
Qu'au choix de ton merite esclatoit la raison ;
Enfin toy que j'honore, et que depuis cinq lustres
On a veu reussir en tant d'emplois illustres,
Tantost aux bords sacrez du grand fleuve romain
Où vit son premier jour cet homme plus qu'humain ;
Tantost sur les sablons du riche Mançanare,
Que doit quitter la Nimphe et si belle et si rare ;
Et tantost près du cours où le Mein renommé
De l'empire allemand le chef a proclamé ;
S'il te souvient encor, si j'ose encor te dire
Qu'autresfois tu te plus aux hauts sons de ma lyre ;
Si tu ressens toûjours quelque amitié pour moy,
Si par de beaux motifs tu m'en gardes la foy ;
Daigne approuver ces vers de ma Muse chenue,
Mais qui de quelque ardeur est encor soustenue,
Ces vers, dis-je, formez sur la Suspension,
Sans songer que le mot en rime à pension.

SAINT-AMANT.

Suit un extrait du privilége de 1653, en vertu duquel le sieur de Saint-Amant étoit autorisé à publier (ses œuvres, et par conséquent) ce dernier ouvrage. La cession de ce privilége à G. de Luyne est indiquée, sans qu'il soit dit quel jour le poëme fut achevé d'imprimer pour la première fois.

ŒUVRES DIVERSES

A THEOPHILE[1].

Esprits de feu, sçavants genies
Qui charmez de vos harmonies
Tout ce qui vous peut escouter,
Et qui pouvez faire resoudre
L'ire mesme de Jupiter
A n'user jamais de la foudre;

Poetes qui nous enchantez
Par les doux airs que vous chantez
Quand Amour en fait les paroles,
Qui ne vivez que de plaisirs
Et n'adorez que les idoles
De vos agreables desirs;

Vous qui d'une façon hardie
Faites marcher la tragedie
En sa pompeuse gravité,
Et qui d'un los tout magnifique
Consacrez à l'eternité
La grandeur d'un acte heroïque;

Peintres dont les pinceaux parlens
Avecque des traits excellens

---

1. Cette pièce, signée S.-A., se trouve en tête des OEuvres de Théophile, édit. de Rouen, 1627, in-8, p. 8. — Elle nous a été signalée par M. Alleaume, qui doit prochainement publier dans cette collection les œuvres de Théophile.

Tirent les choses invisibles :
Le bruict, les pensers, les accords,
Les vents courroucez ou paisibles,
Et l'ame au travers de son corps ;

Vous qui dedans la solitude
D'un bois, d'un antre ou d'un estude [1],
Imaginez vos beaux escrits,
Lorsque la saincte poesie
Vous anime et vous rend espris
De sa plus douce frenesie ;

Venez rendre hommage en ce lieu
A cet esprit que vostre Dieu
Recognoist mesme pour son maistre ;
Ployez tous icy les genoux,
Vous devez bien le recognoistre,
Puisqu'un Dieu l'a fait devant vous.

Tirez à ce coup des merveilles
De vos laborieuses veilles,
Pour honorer d'un juste los
Ce grand et ce divin oracle,
Qui fait voir en tous ses propos
Les effets de quelque miracle.

C'est vous acquerir du bon-heur,
C'est travailler à vostre honneur,
Que de chanter à sa louange,
Puisqu'ainsi vos noms et le mien
Seront placez en tiltre d'ange
Pour jamais avecques le sien.

---

1. Un estude (et non une estude), c'est un cabinet d'étude. — Nous avons trouvé ce sens indiqué dans Nicot, qui traduit : *bibliotheca, musæolum ;* mais le genre du mot, dans ce sens, ne se trouve que dans le Dict. ital. de 1634 : Un estude, *Studiolo.*

A THEOPHILE.

Je mets, pour vivre en la memoire,
Le plus riche habit de ma gloire
Dedans ce livre tout exprès,
En recognoissant la nature,
Comme en un coffre de cyprès,
Pour le garder de pourriture.

Mais, vrayment, c'est bien sans raison
Que j'en fais la comparaison,
Puisqu'en ces choses l'on remarque
Une contraire qualité :
Car l'un se dedie à la Parque
Et l'autre à l'immortalité.

Beaux vers, les demons de ma joye,
Qui par une secrette voye
Emportez mon ame en des lieux
Où vont les plus hautes pensées
Demander audience aux dieux
Pour en estre recompensées ;

Que le ciel ne m'a-t'il doué
D'un esprit qui fût advoué
Du jugement le plus severe !
J'escrirois les perfections
De vostre autheur, que je revere,
Sans me servir de fictions.

Muse, aurois-tu bien le courage
D'entreprendre un si grand ouvrage ?
Sonde ta force, esprouve-toy,
Ou l'on diroit, voyant mon style,
Que pour faire parler de moy
Je parlerois de Theophile.

Arrestons-nous doncques icy,

Et ne soions plus en souci
Comme j'accorderai ma lire,
Puisqu'à ce coup, sans en parler,
Je diray tout ce qu'on peut dire
Et ce qu'on ne doit pas celer.

LETTRE[1] DE SAINT-AMANT

A Nicolas Bretel, sieur de Gremonville, ambassadeur à Venise[2].

onsieur,

Après[3] vous avoir treshumblement remercié de l'honneur que vous m'avez fait de m'escrire deux lettres de Venise, qui, en m'apprenant la mort de mon pauvre frere, m'apprennent avec des circonstances si genereuses que vous me faites tousjours la grace de m'aymer; je vous diray que ce qui me rend cette perte d'autant plus sensible, c'est que vous ne me l'a-

---

1. Cette lettre a été publiée pour la première fois dans la *Revue de Rouen* (1er semestre de 1847) par M. A. Chéruel, d'après l'original, faisant partie de la collection de M. Bezuel.

2. Nicolas Bretel, qu'il ne faut pas confondre, comme l'a fait la *Biographie universelle*, avec Raoul Bretel, président au parlement de Normandie, et Jacques Bretel, chevalier de Malte et ambassadeur à Vienne en 1671, naquit en 1606, et fut ambassadeur de France à Venise de 1644 à 1648, année de sa mort. (A. Chéruel.)

3. « J'ai conservé l'orthographe, la ponctuation et l'accentuation de l'original », dit M. Chéruel. — Nous ne pouvons qu'imiter son exactitude.

vez pù faire sçavoir sans vous ressouvenir des vostres[1]. Il y auroit de l'imprudence et de la cruauté à vous en dire davantage, et Dieu vueille que votre digne frere, ce brave Monsieur le chevalier[2], dont le pauvre deffunt m'avoit escrit tant de merveilles, vous recompense long-temps des trois autres que vous avez perdus, et me vange glorieusement des deux seuls que j'avois et que les bourreaux de Mahometans m'ont osté de ce monde, le premier aux Indes Orientales, et le dernier en Candie. Pour ce qui est de mes petits interests, dont je n'espere rien sans vostre assistance, je remets à vous en parler quand je seray à Paris, et m'asseure Monsieur que vous ne m'y desnierez pas vostre faveur, ny vostre credit, et que vous me pardonnerez bien la liberté dont j'en use avecques vous. Je suis ycy dans la belle maison de Prinçay du grand et illustre Monsieur le duc de Rets, qui a toutes les envies du monde que vous faciez amitié

---

1. « M. de Grémonville avoit perdu un frère, Fr. Bretel de Grémonville, au siége de Lérida, en 1644. La bataille de Nordlingen, en 1645, lui enleva encore un frère et un cousin, Mme de Motteville en parle dans ses Mémoires : « J'y perdis « deux gentilshommes de mes parents, Lanquetot et Gremon« ville (Louis), tous deux honnestes gens. Leur perte me fut « sensible, car, outre l'alliance, ils estoient de mes amis. » (*Mémoires de Mme de Motteville*, édit. Petitot, t. 37 de la 2e série, p. 137.) — Note de M. A. Chéruel.

2. « Jacques Bretel de Grémonville, chevalier de Malte. Il fut ambassadeur à Vienne de 1668 à 1671, et M. Mignet a mis en relief son habileté diplomatique dans ses *Négociations relatives à la succession d'Espagne* (t. 2, p. 320-481; t. 3, p. 378-558; t. 4, p. 188-215). Né à Rouen en 1622, Jacq. Bretel mourut en 1684 à l'abbaye de Lyre, département de l'Eure, que lui avoit donnée Louis XIV en récompense de ses services. Les biographies ont oublié cet ambassadeur, qui rendit les plus grands services à Louis XIV et à la France. » (A. Chéruel.)

ensemble, et j'y acheve ce Moyse dont il est fait tant de bruit. Je vous le porteray à la fin de ce mois, et espere bien vous faire faire raison de vostre santé que ce fameux cousin le trescher Monsieur de Tilly[1] et moy avons beue et solennisée mille fois à Colioure. Cependant je vous supplieray de croire qu'il n'y a point d'homme au monde qui ait tant de passion à vous servir et à vous honorer, ny qui admire davantage vostre rare merite et vos eminentes vertus, que,

  Monsieur,
   Vostre treshumble et tresobéissant serviteur,
    S^t A<small>MANT</small>.

De Prinçay, en la duché de Rets, ce 1er d'avril 1648.

1. Le comte de Tilly étoit un personnage important. Quand il mourut, en 1656, on lui fit à Rouen un service funèbre dont il est fait mention dans la *Gazette de France* : « De Rouen, le 2 février 1656. — Le dernier du passé se fit dans l'eglise des Celestins de cette ville un service fort solennel pour le repos de l'ame du sieur de Tilly, gouverneur de Collioure et lieutenant general des armées du roy, auquel se trouverent nostre archevesque, la plus grande partie de ce parlement, et plusieurs autres personnes de marque. » — La *Gazette* du 8 avril nous apprend qu'il fut remplacé par le chevalier d'Aubeterre.

LETTRE

DE MONSIEUR DE SAINT-AMANT

A Monsieur l'abbé DE VILLELOIN, sur son livre *De l'Ame immortelle*[1].

J'ay trouvé si excellent et si beau le livre que vous m'avez fait l'honneur de m'envoyer de la part du rare Monsieur Cotin, qu'il m'a semblé n'en avoir jamais leu de si court. Pour me le faire plus long en quelque sorte, j'en veux ajuster cinq ou six lectures bout à bout, comme j'ay deja fait la seconde à la premiere. J'y decouvre de plus en plus de nouveaux astres et de nouvelles terres, et je ne doute point que cet ouvrage ne participe glo-

---

1. Cette lettre se trouve à la page 34 des *Œuvres galantes, en prose et en vers, de Monsieur Cotin*, Paris, Est. Loyson, 1663, 1re part. — Elle est précédée d'une lettre d'excuses adressée à Cotin par une dame inconnue, qui dit en terminant : « Je suis plus paralytique que celuy de l'Evangile, mais je comprends bien que tous maux sont bons pour aller à Dieu. C'est luy qui vous a inspiré vos reflexions sur l'ame immortelle. On m'a dit que Saint-Amant en a escrit une si belle lettre à M. l'abbé de Villeloin (Michel de Marolles) en vostre faveur, que je brusle d'impatience de la voir. Saint-Amant n'est pas un homme que je soupçonne de flatterie.» — Le *Traité de l'ame immortelle* de Cotin parut in-4 en 1655.

rieusement à l'immortalité de l'ame, dont il fait si bien connoistre les avantages. Pour ce qui est de la mienne, elle s'en tient si fort son obligée qu'elle a fait tout ce qu'elle a pu pour se couler au bout de ma plume, afin de luy en rendre très-humbles graces. Mais, comme dans la circonscription du corps où mon ame est limitée, il luy a esté impossible de passer plus avant que le bout de mes doigts, je vous supplieray très-instamment, mon cher Monsieur, de prendre la peine vous-mesme de m'acquitter de ce devoir, et je vous en auray une obligation très-particuliere.

Secourez-moy de vostre esprit en cette occasion, et me croyez, autant et plus que jamais, s'il se peut,

M.
V. S.

SUR LA NAISSANCE DE LOUIS XIV
CHANSON[1].

1er couplet.

Nous avons un Dauphin, le bonheur de la France; Rions, buvons sans fin à l'heureuse naissance: Car Dieu nous l'a donné par l'entremise Des prelats de toute l'Eglise, Et nous luy verrons la barbe grise.

[1]. On trouve cet air dans le Recueil de la bibliothèque de l'Arsenal, in-fol., belles-lettres fr., n° 80. — Selon qu'on adopte celui-ci ou le suivant (p. 489), les paroles reçoivent quelques variantes sans importance.

2ᵉ.

Lorsque ce Dieu-Donné
Aura pris sa croissance,
Il sera couronné
Le plus grand roy de France :
L'Espagne, l'Empereur et l'Italie,
Le Cravate et le roy d'Hongrie,
En mourront tous de peur et d'envie.

3ᵉ.

La ville de Paris [1]
Se montra sans pareille
En festins et en ris.
Le monde y fit merveille :
Chacun de s'enyvrer faisoit grand' gloire.
A sa santé, à sa memoire,
Aussi bien maistre Jean que Gregoire !

4ᵉ.

Au milieu du ruisseau
Estoit la nappe mise,
Et qui buvoit de l'eau
Estoit mis en chemise.
Ce n'estoit rien que feux, jeux et lanternes,
Et l'on couchoit dans les tavernes ;
Et, si je ne dis vray, qu'on me berne.

1. « Le duc de Montbazon, gouverneur de Paris, et le president Le Feron, prevôt des marchands, n'eurent pas plus tôt fait distribuer aux quarteniers l'ordre qu'ils avoient reçu de la cour de faire des feux de joye et fermer les boutiques le lendemain, que chacun se disposa à surpasser son voisin en allegresse et en magnificence...... Tous ces differents exercices aboutirent en un seul, d'allumer des feux, faire bonne chere et boire à la santé de ce Dauphin si long-temps souhaité... Plusieurs defoncerent les muids de vin, tinrent table ouverte

5ᵉ.

Ce qui fut bien plaisant
Fut monsieur la Ralliere [1] :
Ce brave partisan
Fit faire une barriere
De douze à quinze muids, où tout le monde
S'alloit abbreuver à la ronde
Et s'amusoit à tirer la bonde.

6ᵉ.

Monsieur de Benjamin [2],
Des escuyers la source,
Fit planter un dauphin
Au milieu d'une course
Où six vingts cavaliers, avec la lance,
Luy faisoient tous la reverence,
Et puis alloient brider la potence.

dans les rues, où ils convioyent tous les passants... » Etc. (*Gazette* de sept. 1638, n° 127, p. 525.)

1. La Rallière-Fenestraux, bien connu pendant la Fronde. « Le sieur La Raliere fit ouvrir chez lui une fontaine à quatre canaux, chacun d'un pouce de diametre, y fit couler, depuis midi jusqu'à deux heures après minuit, vingt-six muids de vin exquis, ayant deux longues tables dans la rue, au dessous des canaux, chargées de jambons, cervelas, pastez, gorges de porc et autres semblables aiguillons à boire, où l'on ne s'epargnoit pas. Et toutefois, non content de cela, il se promena une grande partie de la nuit avec deux carrosses pleins de violons, hauts-bois et musiciens, suivis d'un chariot chargé de trois muids de vin en bouteilles et de pareilles viandes et pasticeries, dont il faisoit present à tous les passans, et en laissa chez plusieurs de ses amis. Bref, il faut avoir veu cette liesse pour la croire. » (*Ibid.*, p. 528.)

2. « Les academies où s'instruit en cette ville la noblesse n'ont pu se taire en cette liesse publique. En celle du sieur

7ᵉ.

Au milieu du Pont-Neuf[1],
Près du cheval de bronze,
Depuis huit jusqu'à neuf,
Depuis dix jusqu'à onze,
On fit un si grand feu qu'on eut grand'peine
A sauver la Samaritaine
Et d'empescher de bruler la Seine.

8ᵉ.

Le feu fut merveilleux
Dans la place de Greve[2],
Et quasi jusqu'aux cieux
La machine s'esleve.
Minerve y paroissoit de belle taille,
Vestue de cotte de maille
Qui mettoit tout son monde en bataille.

9ᵉ.

Enfin tout nostre espoir
Estoit que nostre reyne
Quelque jour nous fit voir
Sa couche souveraine

Benjamin, tous les jeunes seigneurs qui sont sous sa charge assisterent au *Te Deum* chanté dans leur chapelle, suivi d'une grande decharge de mousqueterie au son du tambour, faisant voir combien la diligence donne de grace à tout. » (*Ibid.*, p. 527.)

1. « Les bourgeois de la place Dauphine, ayant à leur tête des hauts-bois et musettes conduits par Des Touches, l'un d'eux, firent des rejouissances dignes du nom de leur place. » (*Ibid.*, p. 508.)

2. La *Gazette* (p. 525) ne dit qu'un mot du feu qui se fit en Grève le jour même.

Nous donnant un Dauphin par bon presage.
Il est beau, il est bon et sage ;
Il fera merveilles à son age[1].

[1]. A la suite de cette chanson viennent, dans le n° 82, deux autres couplets, auxquels, dans le n° 80, on trouve joint un troisième, qui semble être le premier d'une chanson en vogue, sur l'air de laquelle auroient été faites et la chanson de Saint-Amant et plusieurs autres, entre autres celle dont suivent deux couplets. Rien n'est plus fréquent dans les Sottisiers que l'addition de différents couplets de différentes chansons dans une autre sur le même air :

> Monsieur de Villeroy,
> Ce grand foudre de guerre,
> A fait craindre le roy
> Aux deux bouts de la terre,
> Car il a pris Trevoux, ville de Dombe,
> Sans canon, bombarde, ni bombe,
> Ville [très-]forte dont le mur tombe.
>
> Le fameux Mars d'Enguien
> Vainquit à Cerisolles,
> A Lens et à Rocroy,
> Les troupes espagnoles ;
> Et maintenant voicy qui me desole :
> Il est porté par un p'tit drole
> Qui ne sçait que donner des paroles.

> Guillot est mon amy,
> Quoyque le monde en raille ;
> Il n'est point endormy
> Quand il faut qu'il travaille.
> Je ne vois rien en luy qui ne me plaise.
> Ah ! que je ris quand il me baise !
> Il pasme de plaisir et moy d'aise.

La seconde notation que nous avons donnée est indiquée dans divers manuscrits, entre autres 175 Arsenal et 214 Louvre, comme reproduisant l'air : *Guillot est mon amy*. La chanson de Saint-Amant se chantoit encore sur : *Adam etant un jour au paradis terrestre*, comme on le voit dans le Recueil de la Bibliothèque impér., suppl. fr. 361, p. 373. Ce nouvel air a nécessité dans le texte quelques variantes sans importance, mais généralement peu heureuses.

Cette chanson se trouve aussi à la Bibliothèque du Louvre, n° F 214, avec la notation suivante :

CHANSON[1]
SUR LE GRAND PRINCE DE CONDÉ[2].

Air : *Laire la laire lan laire.*

L'Espagnol n'eusse pas cru
Que d'Anguien eut eu un cu

1. Ces mauvais couplets se trouvent dans le chansonnier Maurepas, année 1644 ; ils sont reproduits dans le recueil de la Bibliothèque du Louvre (F. 214, I, 275), à la date de 1646, au premier couplet près, qui ne se trouve que dans Maurepas.
2. Qui fut obligé de lever le siége de Lérida après plusieurs

CHANSON SUR LE PRINCE DE CONDÉ.

S'il n'eut tourné le derriere.
>Laire la
>Laire lan laire,
>Laire la
>Laire lan la.

Oui, la Victoire a demandé :
Est-c' le grand prince de Condé[1] ?
Je le prenois pour feu son pere.
>Laire la...

Mais, s'il eut attendu deux jours,
Il auroit reçu du secours
Conduit par la Baziniere[2].
>Laire la...

La Moussaye[3] luy a repondu :
Mal attaqué, mal defendu !
Il a bien manqué de matiere.
>Laire la...

La Gloire va tout soupirant
A l'entour de ce conquerant.
Que dirons-nous donc à sa mere ?
>Laire la...

fanfaronnades, ayant fait venir les violons dans la tranchée. Il avoit fait de beaux exploits à Rocroy et à Norlingue. (*Note du Ms.*)

1. Qui fut obligé de lever le siége de Fontarabie. (*Ms.*) — Le recueil de la Bibliothèque impériale, suppl. fr. 361, donne, page 363, une longue chanson sur cet insuccès.

2. Homme riche de ce temps-là, et de ressource pour le grand Condé. (*Ms.*) — Voy. son historiette dans Tallemant.

3. Amaury Goyon de la Moussaye, qui fut gouverneur de Rennes. Il étoit fils d'Amaury Goyon, 2e du nom, et de Catherine de Champagne, auxquels Cotin avoit écrit plusieurs lettres.

La mere a donné pour present
Six bouteilles de rostinguant,
Les clefs des portes de derriere.
  Laire la...

L'on voit dessus les bords du Rhin
Louvigny [1], son v.. à la main,
S'ecrier : F..... de la guerre !
  Laire la...

Dedans ce malheur Champlatreux [2]
Soupiroit après les doux yeux
De la pucelle d'Orgere [3].
  Laire la...

Quand l'arsé prend à Puisieux [4],
Il s'ecrie : A moy, cher Cayeux [5] !
Et Cayeux tourne le derriere.
  Laire la...

Qui se seroit imaginé
Que Puisieux le brigadier
Suivit l'exemple de son pere ?
  Laire la...

---

1. Le comte de Louvigny, de la famille du maréchal de Grammont.

2. Jean-Edouard Molé de Champlâtreux. Il épousa Mme veuve d'Orgères, fille de Garnier, après avoir eu d'elle quatre enfants. Voy. Tallemant des Réaux, *Historiettes*, nouv. édit. Paris, Techener, 1854-55. — Une note du ms. le donne comme étant alors intendant de l'armée et président à mortier.

3. Vers faux, tel dans les mss.

4. Louis-Roger Brulart, marquis de Sillery, vicomte de Puisieux, né en 1619, mort en 1690, mestre de camp d'un régiment d'infanterie de vingt compagnies de 100 hommes.

5. Nicolas-Joachim Rouault, marquis de Gamaches et comte de Cayeux. Né en 1621, il mourut en 1689, après avoir passé par tous les grades militaires.

Sire, vous estes trop clement,
L'on vous derobe vostre argent,
Et le voleur[1] f..., votre mere.
    Laire la...

Mesme on dit qu'il a protesté
De baiser Vostre Majesté
Et Son Altesse vostre frere.
    Laire la...

Celuy qui a fait la chanson
N'oseroit pas dire son nom,
Car il auroit les etrivieres[2].
    Laire la
    Laire lan laire,
    Laire la
    Laire lan la.

1. Le cardinal Mazarin. (*Ms.*)
2. C'est Saint-Amant, ce poëte que M. le prince de Condé fit assassiner sur le Pont-Neuf. (*Ms.*) — Cette plate chanson n'a d'autres preuves de son authenticité que la note qui précède, et qu'on trouve répétée dans plusieurs manuscrits. Elle est trop connue pour que nous ayons pu négliger de l'insérer parmi des œuvres *complètes*; mais nous croyons devoir faire ces réserves.

CAPRICE D. C[1].

Cher enfant de Venus et du Dieu de la grappe,
Puissant demon de ::, adorable Priape,
Qui, plus majestueux qu'un empereur romain,
Portes, au lieu de sceptre, un vietdaze à la [main,
Et de qui le beau chef, que la gloire environne,
Mesprisant l'or fatal, maintenant se couronne
Au milieu des jardins du plus gros artichaut
Dont on puisse esperer le secours le plus chaut,
Fourny-moy de quelque herbe ou de quelque racine
Qui puisse me servir de prompte medecine
A guerir mon outil d'un chancre verolé
Qui luy ronge le mufle et l'a tout desolé.
Vueille bien loing de luy destourner cette injure :
Le mal heureux qu'il est à ce coup t'en conjure
Par le satirion, par les mirabolans ;
Par le cœur des moineaux, au chocq si violants ;
Par le doux aiguillon des pistaches confites ;
Par ces poissons de mer qu'on appelle zophites ;
Par la proprieté des jeunes champignons ;
Par les :: de coq soustenus de pignons ;
Par le lubrique effet des mouches cantarides ;
Bref, par tout ce qui peut des corps les plus arides
Faire fluer le sperme, et remettre en vigueur
Les nerfs des plus vieux :: abbatus de langueur.

1. Cette pièce se trouve dans l'edition de 1651 et dans la plupart des autres.

CAPRICE.

Priape, ainsi jamais les œufs frais ne te manquent,
Ainsi jamais au lict tes forces ne s'efflanquent,
Ainsi te puisses-tu plonger jusqu'au menton,
Comme dans un bain chaud, dans le jus de mouton !
Fay-moy doncques sentir, ô bien heureux genie,
Par la fin de mon mal ta puissance infinie.
Tu peux en ma faveur l'exercer noblement,
Et mon :: à genoux t'en supplie humblement.
Mais de quel terme usay-je ? ô que cette parole,
Priape, en ton endroit doit passer pour frivole !
Las ! je ne voy que trop, en ma debilité,
Que tu ne hais rien tant comme l'humilité,
Et qu'un membre superbe aux cieux levant la teste
Bien plus facilement obtiendroit sa requeste,
Ayant affaire à toy, qu'un engin marmitteux
Qui baisseroit l'oreille et feroit le piteux.
J'arse encore pourtant, mais ce n'est pas d'envie
De gouster les plaisirs où l'amour nous convie;
Ce n'est que de douleur, ce n'est que de despit :
Le :: dans mes reins oysivement croupit;
Que s'il en sort parfois, touché de quelques charmes,
Ce n'est, las ! ce n'est plus qu'en qualité de larmes.
Il pleure mes ennuys, et semble regretter
Le temps où dans le :: je le soulois jetter,
Quand avec la Neveu, cette Lays seconde,
Cet astre des bordels qui luit à tout le monde,
Ou sur quelque autre garce un peu moindre en beauté,
J'assouvissois l'ardeur de ma lasciveté.
Car, à dire le vray, ce qui le plus me fasche
N'est pas tant de souffrir un tourment sans relasche
Comme d'estre privé, par ce mal, de ce bien
Sans lequel icy bas le vivre ne m'est rien.
Aussi le plus souvent je m'escrie en ma peine :
Plust au :: des :: que ma :: fust saine,
A la charge d'aller au rang des Quinze-Vingts

Et de perdre à jamais l'usage des bons vins !
Bacchus, mon gros falot, pardonne à ma luxure ;
J'en dy trop, je l'avoue, et merite censure.
Mais toy-mesme, en ce mal qui rend un ∷ perclus,
Que ne dirois-tu point si tu ne ∷ plus ?
J'oseroy bien jurer que, quand sur un rivage
Tu trouvas la beauté qui te mit en servage,
Et de qui la couronne éclatte dans les cieux,
Qui ne brillent pas tant que faisoient ses beaux yeux,
Quoy que son pauvre ∷ du ∷ de Thesée
Fust encore tout chaut, tout gras et tout mouillé,
Et que jusqu'au nombril son ventre en fust souillé,
Tu n'eusses pas voulu pour tout le vin de Nise
Qu'un chancre t'eust gardé de lever sa chemise,
Et lui faire sentir flanc à flanc, bec à bec,
Qu'à la dance du loup tu valois bien le Grec.
O chancre ! ô maudit chancre ennemy de ma joie !
O cruel animal, dont mon ∷ est la proye,
Qui rongeroit un corps quand il seroit de fer,
Non pas signe du ciel, mais bien signe d'enfer,
O monstrueux poisson, qui vis de chair humaine !
O funeste present de madame Germaine !
Me faut-il donc resoudre à la decoction !
M'iray-je empoisonner de cette infection
Que je croy qu'on boiroit, tant elle est effroyable,
Pour du jus de fumier, à la santé du diable,
Et que je ne puis voir, ny couché, ny debout,
Sans faire la grimace et pester contre tout,
En jettant la moitié le plus souvent à terre,
Ou tantost, de colere, et le reste et le verre,
Au nez imperieux de ce chien de barbier
A qui, par tant de fois, j'ay servi de gibier !
Las ! encore est-ce peu s'il ne faut que Mercure
Se desguise en onguent pour faire cette cure,
Et si, pour m'achever après cette sueur,

CAPRICE.

Dans un poësle ou du jour n'entre aucune lueur,
Je ne me voy reduit, sur une triste couche,
Au remede vilain d'un puant flux de bouche,
Qui, m'ulcerant la langue et m'esbranlant les dents ;
Me laisse pour ce mal de pires accidents,
Et me face estonner, me voyant de la sorte,
S'entend aussi muët qu'une personne morte,
Qu'avec une pillule, ou deux au plus aller,
Le dieu des babillards m'empesche de parler.
Mon corps tremble d'horreur d'une telle pensée ;
Mon tourment s'en accroist, mon ame en est blessée ;
Et je bave desjà, dans ce poignant frisson,
Comme un limier en queste ou comme un limaçon.

O toy, vieille putain, cause de mon martyre !
Toy chez qui tout le jour on dit que se retire
Le noir moine bourru, pour prendre le deduit,
Lorsqu'il revient crotté d'avoir couru la nuit ;
Toy qui vas au sabath en forme de grenouille,
A cheval sur un jong ou sur une quenouille ;
Toy louve, toy guenon, qui m'as si bien poivré
Que je ne croy jamais en estre delivré ;
Toy que je chevauchay quasi par penitance ;
Toy qui, dans ma douleur, fais bouquer ma constance,
Pour te recompenser, inspiré d'un lutin,
Je prie, en reniant au bourreau du destin,
Que le diable te :: avec un :: d'escaille,
Qu'aux barbets pour pisser tu serves de muraille,
Que les chats enragez soient tes plus chers galans,
Qu'il ne pleuve sur toy que des estrons volans,
Que ton :: et ton :: ne fassent rien qu'un gouffre,
Que l'air pour tes nazeaux soit tout rempli de souffre,
Qu'à chacun de tes pas tu puisses faire un rot,
Que pour toy ton guildin n'aille que le grand trot,
Qu'il tombe sur tes dents un horrible catherre,
Que ton pain le meilleur n'ait que le goust de terre,

Qu'à la glu de tes yeux se prennent les hibous,
Qu'on face de tes bras des bastons à deux bouts,
Que ton ame, à la fin, pourrisse de verole,
Qu'au hurlement d'un ours se change ta parole,
Que les cloux de saint Main te viennent accueillir,
Qu'un eternel hocquet te face tressaillir,
Que jusqu'en tes sourcils les morpions se nichent,
Que les placarts d'enfer dessus ton front s'affichent,
Que tous tes excremens tu rendes par le nez,
Que contre tes desirs tes sens soient mutinez,
Que rien que d'effroyable en ton oreille n'entre,
Qu'un sourd à coups de fouet t'estrille dos et ventre,
Que ton cuir ait l'esclat des bottes d'un pescheur,
Que ta main ait d'un gril la forme et la blancheur,
Que ta gorge ressemble aux .:. d'un hermite,
Que dessus un fumier ton age se limite;
Bref, que de tes cheveux, au lieu de bracelets,
On face des licoux à pendre des valets.

TABLE DES MATIÈRES
CONTENUES DANS CE VOLUME

Dernier Recueil de diverses poésies.

Epistre à Monseigneur le duc de Mortemar.	7
Preface.	13
La Vistule sollicitée.	17
La Polonoise	26
Stances à la reyne de Suede.	37
Sonnet à la reyne de Suede	39
Sonnet sur Amsterdam.	40
Autre sonnet sur le sujet precedent.	41
Epistre à M. l'abbé de Villeloin	43
Epigrammes.	51
Galanterie champestre.	73
L'Atlas en cadran.	76
La Rade	77
Placet à Monseigneur le chancelier pour un privilege de verrerie.	81
Impromptu	82
Petit mot d'avis par précaution (sur *le Gobbin*).	83
Le Gobbin.	84
Galanterie.	86
Desbauche hypocratique	88
Deux couplets	90
Impromptu	91
Advis	92
Stances sur la grossesse de la reîne de Pologne.	93
Sonnet sur les prochaines couches de S. M. Polonoise	98
Sonnet sur la naissance du prince de Pologne.	98
Epigramme à madame la duchesse de Longueville, sur l'enterrement des prisonniers des Aydes.	99
Stances à M. Corneille sur son *Imitation de Jesus-Christ*.	100
Advis	114

TABLE DES MATIÈRES.

Fragment d'un Poëme de Joseph et de ses freres en Egipte 115
Fragment d'une Meditation sur le Crucifix. 134

Moyse sauvé, idyle heroïque.

Preface. 139
A la Serenissime reine de Pologne, sonnet. 149
Premiere Partie 151
Seconde Partie 164
Troisiesme Partie 179
Quatriesme Partie 193
Cinquiesme Partie 207
Sixiesme Partie 222
Septiesme Partie 240
Huitiesme Partie 256
Neufviesme Partie 271
Dixiesme Partie 286
Onziesme Partie 300
Douziesme Partie 315
Lettre de Saint-Amant à Bochart sur le Moyse . . . 329

La Seine extravagante 335

La Genereuse, second idyle heroïque.

A son altesse madame la princesse Palatine 347
Au Lecteur 354
La Genereuse. 357

La Rome ridicule, caprice.

La Rome ridicule 391
Remarques sur la Rome ridicule 426
   L'Albion, caprice heroï-comique 435
   Poëme fait l'année 1659 sur la suspension d'armes. 473

Pièces diverses. 502

A Théophile 487
Lettre de Saint-Amant à Nicolas Bretel, sieur de Gremonville 496
Lettre de Saint-Amant à l'abbé de Villeloin 494
Sur la naissance de Louis XIV, chanson 496
Chanson sur le grand prince de Condé 497
Caprice. 502

FIN.

www.ingramcontent.com/pod-product-compliance
Lightning Source LLC
Chambersburg PA
CBHW071710230426
43670CB00008B/968